本书获广东外语外贸大学外国文学文化研究中心所承担的广东省“211 工程”三期重点学科建设项目“人文学中心建设——比较文化视野的文学通化研究”经费资助

本书属于广东省学位与研究生教育改革研究重点项目（编号：11JGXM – MS24）“人文类研究生改造知识结构问题求索”规划内容

人文学丛书 第三辑

主编 栾栋

白璧德人文思想研究

杨劼 著

暨南大学出版社
JINAN UNIVERSITY PRESS

中国·广州

图书在版编目（CIP）数据

白璧德人文思想研究/杨劼著. —广州：暨南大学出版社，2013.6
（人文学丛书·第三辑）
ISBN 978－7－5668－0722－9

Ⅰ.①白… Ⅱ.①杨… Ⅲ.①白璧德，O.（1865—1933）—思想评论
Ⅳ.①B712.59

中国版本图书馆 CIP 数据核字（2013）第 191571 号

白璧德人文思想研究
著　　者：杨　劼

丛书策划：史小军
责任编辑：杨亚蒙
责任校对：黄　斯　方俊聪

地　　址：中国广州暨南大学
电　　话：总编室（8620）85221601
营销部（8620）85225284　85228291　85228292（邮购）
传　　真：（8620）85221583（办公室）　85223774（营销部）
邮　　编：510630
网　　址：http：//www.jnupress.com　http：//press.jnu.edu.cn
排　　版：广州市天河星辰文化发展部照排中心
印　　刷：佛山市浩文彩色印刷有限公司
开　　本：787mm×960mm　1/16
印　　张：20.5
字　　数：338 千
版　　次：2013 年 6 月第 1 版
印　　次：2013 年 6 月第 1 次
定　　价：42.00 元

总 序

栾 栋

克服“单面人”生产和突破“块垒式”教学，探索宽基础、大口径、深层次培养通识通才的途径，是世界所有高校的重大难题，也是广东省建设文教大省不可回避的关隘之一。从2003年12月起，我们以省普通高校人文社会科学重点研究基地外国文学文化研究中心为依托，进行了集约性融通的尝试，一系列成果聚焦于“人文学中心建设——比较文化视野的文学通化研究”。2008年底，我们以此为题，获省“211工程”三期重点学科建设项目立项，一个融通人文学科的核心实践在广东外语外贸大学拉开序幕。2012年底，该工程经省发改委、教育厅、财政厅组织专家审核，顺利通过验收，这一项“从无到有的创制”首战告捷。

何谓人文学？从学科脉络上讲，她是研究文史哲互根的学问；从学术本质上看，她是求索中西学融会的艺术；从学理辐射而论，她是探讨教科文贯通的方略；从学丛变数展望，她是文科大类场域趋通的津渡。我们将之作为文学化感通变的“核心加速器”，从“比较文化视野”多向度运作，以推动中外语言文学的通化性研究。这是我们创新团队数十年的精心设计，是我校长期师资建设和学术积累的集成绽放，是我校的比较文学在本科、硕士、博士学位授权点和博士后流动站配套后的新拓展，尤其是我校作为省属涉外型重点大学对“明德尚行，学贯中西”校训的认真践履。

“人文学中心”是广东省文科基地（外国文学文化研究中心）重点项目建设的一个工作站。本中心面向海内外招聘学术带头人和教研骨干，大力推动国内外同行间的多向交流，旨在打破近代以来人文领域分科治学人为分界的局限，同时坚守合理的规则，以具有长远规划、长期积累和趋向性影响的重大项目实施，带动人文主干学科的多面建设。

从省文科基地已经完成的“人文学研究”成果和全校人文力量的整合情况来看，以“人文学中心建设——比较文化视野的文学通化研究”为题，全面推进省“211 工程”三期重点学科建设项目的效率日益加强。广东外语外贸大学的人文人为学校、全省和全国高教界践履这一历史使命作出了突出的成绩。这个工程已经如期结项，然而其积极的成果还在源源不断地涌现，科研成果的实践性转化也在与时俱进地展开。

本团队积极进行中外语言文学的教研改革，力求在人文学探索上有较大的突破，把中心建成教学科研、学术交流和资料信息的综合平台，努力实现省内领先、国内出色的目标，扩大在国际学术界的知名度。增强实力，协调运作，承担对本学科发展具有中长期导向作用的重大课题，使本中心成为国内外有一定影响力的人文学高层次人才培养基地和文史哲通化研究的资料中心。

“人文学丛书”是“人文学中心”建设的一个信息窗口，她将本项目的水平标高展现给社会。“人文学丛书”也是“文学通化研究”的一个交流平台，她把本团队融贯文史哲和匀兑中西学的成败利钝呈现出来，与学界同仁品鉴。这套丛书包含三个方面的内容，其一是人文学原理与方法探要，其二是中外文史通义问题求索，其三是中外文学通化现象研究。毋庸讳言，这样一套丛书的编著，连同上述“人文学中心”建设的重大任务，都属于既“吃螃蟹”又“尝蜘蛛”的艰险行动。但是全球化的历史潮流迫使我们斗胆进取，面对国际教科文演变的一道难题，中国的人文学者总得交出自己的答卷。

“人文学丛书”第一辑的 10 部著作已于 2011 年问世，第二辑 10 部著作在 2012 年出版发行。第三辑即本系列 15 部著作整装待发。本辑的第一本是张进教授的《历史诗学通论》。“历史诗学”问题是一个跨越学科语际和时代国别界限的理论和实践问题，关系到当前文艺发展的命脉和全局，但目前尚没有一部打通如上界限的“通论”性质的专题著述。《历史诗学通论》旨在打通学科界限、时代界限和国别界限，对古今中外的“历史诗学”思想资源进行综合比较和通化研究。在文学与史学相贯通的基础上，打通人学与史学、文本学和审美学之间的学科壁垒，对论题展开科际整合研究；在综合古今相关思想资料的基础上，通过历史诗学形态的历史比较研究，揭示其历史演替和范式转换的过程；在跨越国别语际界限的意义上，对中国、英美和俄苏的历史诗学作宏观统照，通过对相关思想的文化比较研究，阐发历史诗学的思想内涵和多重取向，进而实现对历史诗学问题向心式挖掘与横向性贯通相统一的研究目标。在综合比较基础上的通论研究和通化研究是本书的基本特色。

第二本是张进教授的《新历史主义文艺思潮通论》。新历史主义是20世纪70年代末期以来崛起于英美等国的一种跨学科、超国界、多流派的文艺文化批评运动。80年代末，这一“外生”批评运动与中国文艺文化领域“内生原发”的历史文学书写活动策应互动，渐次演变成一种声势浩大的新历史主义文艺思潮，至今仍方兴未艾。它所提出的问题涉及历史哲学观念和历史理性精神的价值取向，关乎文艺文化发展的命脉和全局。本书在当代世界文论和国内文艺的实践背景上，通过对历史文学、历史转向和新历史主义及其间复杂关系的具体研究，以及历史哲学、批评流派与创作实践之间的对勘互证，全方位、立体式地考察这一思潮的精神风貌、思想谱系、文学观念、创作实践、批评探索和价值效应等问题，探索历史理性与人文精神、诗性智慧与历史逻辑的深层对话和整合会通的可能途径，规范和引导历史文学的理论与实践，推动新历史主义文艺思潮在中国文化传承创新过程中发挥出更大的正能量。全方位的会通研究是本书在内容和方法上的主要特色。

第三本是冯晓莉老师的《人文通识教育新论》。人文通识早先被理解为对一般人文知识的撷取。20世纪末叶，人文精神的讨论将之推进到人文思想的层面，近十多年渐次成为国内外高校教育改革和教学研究的重要内容。本书以“人文学”研究为主脉，以当前中国高校的通识教育改革为切入点，全面而深入地探讨了人文通识教育的关键问题，包括人文通识教育的人文学内涵、中西方人文通识教育的历史渊源、外语类大学人文通识教育的实践经验、全球化背景下加强人文通识教育的现实意义等方面。本书内容分为三大部分，共十二章。三大板块分别聚焦于人文通识教育的历史演变、人文通识教育的案例分析、人文通识教育的多向突围。其中关于广东外语外贸大学人文学建设的跟踪研究，可谓人文学前沿的实录和通识教育创新的亮点。

第四本是李安博士的《乔叟文学思想研究》。杰弗里·乔叟（Geoffrey Chaucer，约1343—1400）是中世纪向文艺复兴转变时期的文学翘楚，是英国文学史上里程碑式的人物。他在英语文学中的历史地位，一如但丁之于意大利文学。面对法、意文化的碰撞和思想新潮的冲击，乔叟可谓第一个自觉用本民族语言进行创作的英国作家。乔叟在西方世界很受关注，相关研究颇为活跃。国内的兴趣点主要集中于《坎特伯雷故事集》和《特罗勒斯与克丽西德》两部作品。再早一点的作品几乎被学界忽略。本书作者力求全面观照乔叟的文学思想，将其早期诗歌和后来的作品作整体理解，不仅深入释读《公爵夫人之书》、《声誉之宫》、《百鸟议会》，而且细致剖析作家同期短诗和法语文本《玫瑰传奇》的翻译活动。从意气风发的王室家臣到沉郁顿挫的海关税收官，乔叟经历了始而高举理想、继则怀疑迷惘、最终重立信念的过程。《乔叟文学思想研究》生动地再现了诗人在基督教传统和人文主义过渡中的矛盾性格，扼要地勾勒出了他在贵族阶层理想与历史批判眼光之间的取舍过程。乔叟的诗作曾借女神立言："因此我——自然女神——宣判，我不会撒谎；/我不会对任何阶层有所偏袒。"李安博士赞赏诗人博大的胸怀和对新世界的憧憬，其知人论世的严谨治学和以意逆志的诗学情采，都为本书增色不少。

第五本是陈穗湘教授的《莫里哀戏剧话轮研究》。作者从莫里哀戏剧的对话话语层面，尤其是话轮交替层面突显实现人际意义的语言手段，揭示语言手段所折射出来的社会层面的人际意义。本书的核心是人物的社会身份决定人物采用的语言手段以及非语言手段，譬如：手势语、肢体语言（非语言手段由剧作家对演员的演出指示。反之，语言手段的选择反映人物身份以及社会地位，换言之，人物语言特征取决于人物的社会地位）。本书着重分析了权势者和弱势者人物的语言特征，聚焦于两组人物的对话：主人与仆人、父亲与孩子。莫氏戏剧中的主人和父亲代表权势者，而仆人和孩子象征弱势群体。主仆呈对立关系，主人主宰仆人，仆人唯有服从主人。观察这两组人物采用的语言策略，人物的性格特征也可见一斑。

第六本是袁兆文博士的研究成果——《〈恶之花〉及其现代性研究》。自《恶之花》问世以来，层出不穷的研究大都集中在诗学角度，本书作者重点关注"诗"与"思"融通视域下的思想文化特征。循《恶之花》由诗向思的推进，本研究揭示了波德莱尔精神世界的纠结，揭示了诗人所展现的悖谬的现代性样态，揭示了启蒙现代性与审美现代性的矛盾冲突。作者给我们勾勒出了波德莱尔症结的历史看点，即现代社会深层的现代性焦虑。正如栾栋所言："波氏诗作和波氏焦虑是互为表里的同一个文化现象，其中隐含着现代性张力，昭显出现代性历史阵痛在'这一个'作者身上的种种表现。美与丑交织，美与恶同源，美与资本勾结，美与进步错位。《恶之花》的发表象征了审丑的崛起，同时提出了审恶的话题。这本书是思想文化演变的重要节点。而且，《恶之花》引出的审丑论为矫治审美贵族化倾向作出了深一层的解说；《恶之花》体现的应和论为万物相似性作出了神秘性的诠释。"概言之，《恶之花》是人类文明史上的奇葩，在意识上是审丑文艺的生发和扬厉，在创作上是象征方法的凝练和凸显，在思想上是现代主义的溃疡和痼疾，在文化上是自由情感的红杏出墙，在心理上是欲念根底的沉渣泛起，在人性上是精神提升的反面推力。袁兆文的《恶之花》在这些方面有明显的突破，其深度和创新程度值得学界关注。

第七本是杨劼博士的《白璧德人文思想研究》。这本著作借鉴栾栋先生人文学思想中的"檃栝理论"，从"文史哲互根"和多元文化涵养通和的思路，深入地论述了白璧德学说的核心思想。白璧德非常关注现代社会分裂人格的问题，提倡内在超越的生命哲学，主张以"人之法则"克制"物之法则"的僭越，并且殚精竭虑地推进二者的调和。他借鉴东方体验、省思的方法，洞察内在超越的生命根源。其"更高意志"是"知性直觉"所感悟到的始源事实，也是一种超越庸常的"道德想象"。在美国崛起的时代背景下，白璧德的人文构设有引领美国和世界文化的理论诉求，其思想有着和平的人文旨归。万物相檃栝，宇宙本超然。作者把工具理性纳入人文理性之中观照，对白璧德学说的研究，多了几分多元文化生态的意味，增加了许多现实性的考量。从这个角度重新审视"五四"学人和"五四"文化，对当今中国梦的构建无疑具有积极的作用。

第八本是雷晓敏博士的《苦闷文学反思——以厨川白村与鲁迅为枢纽》。厨川白村与鲁迅都是各自民族的脊梁，也都是人类文学文化的翘楚。他们在文学本质及其功能问题上有着惊人的吻合。本书从两位思想家的内在联系和时代背景等方面爬梳剔抉，深层次地解读了中日文化交流中这一奇特的"共鸣"现象。作者从《苦闷的象征》中挖掘出了厨川白村隐性的思想源头，即他对马克思主义部分元素的吸收。将苦闷问题与命运问题、人文精神问题统合圆观，特别是把这些问题与厨川白村和鲁迅的多舛人生以及艰难的奋斗经历交叉互证，新见迭出，妙趣横生。值得称道的还有文学理论方面的多元探索。从模仿说、实证说、象征说一直到檃栝思想，作者对文艺理论的钻研可谓锲而不舍，如剥笋，似观澜，又像登山，给读者展现的是丰富多彩的学术进路。读者或可从中领悟到这样的看点："文学是'为人生'活动的写照，文学也是'非人生'事物的提炼，在出生入死和钩深致远的意义上，文学是多面神，是九头怪，是星云曲。人类不可无文学，因为她是想象的摇篮；文学不能弃人类，因为人类是文学的真正的载体。"（栾栋语）本书或可为一记佐证。

第九本是张平功教授主编的《全球化与文化身份认同》。国内外学术界对全球化与身份的研究方兴未艾。本书旨在介绍全球化与文化身份的基本理论，呈现该理论在中国语境下的接受和发展趋势，内容包括全球化的形成及其后果，针对全球化与文化传播、多元文化主义、大众文化研究、海外流散文学、文化形象建构、中国影视、传统医学、休闲方式以及"迪斯尼化"等方面的问题展开了细致分析。与此同时，在充分吸收国内外现有分割式研究成果的基础上，也对全球化与文化身份认同的理论和实践进行了综合探讨。本书深入浅出、言简意赅地揭示了全球化与身份研究的超领域和跨学科性质。一方面可以适应专业课及通识课的教学参考之需，另一方面也希望为那些对全球化和身份研究感兴趣的读者提供具有一定纵深性和广延性的著作，为全球化多角度的文化释读提供新的可能。

第十本是裴云博士的《波德里亚理论及其在中国的传播》。波德里亚是西方后现代主义的代表人物之一。他的学说在欧美广为传播，进入21世纪之后，其文化生产与消费的思想引起了更多领域的关注，诸如文化的符号特征、爆裂方式、虚拟生成、替代关系等方面的见解，在国际学术界内外都有所反响。波德里亚理论在20世纪末叶逐渐传入中国。国内学者对他的思想有研究，但是深度和广度都有待发展。作者认为，我国正处于大力发展文化创意产业的起步阶段，波德里亚对符号政治经济学的批判、拟像与拟真学说、象征性交换理论，对我国发展文化产业具有重要的启示作用和借鉴价值。该书系统地梳理了波德里亚理论在中国传播的过程和本土化情况，对其思想内涵和学术特点有深入的发掘，为学界深入研究提供了很好的基点。借他山之石以攻玉，研究波德里亚可为中国如何实现现代化寻找更多的参考点。就思想文化的互动性而言，本书也是一个有意义的个案研究，读者或可从中披阅出20世纪中西方文化交流的新特点。

第十一本是张向荣博士的《跨越空间的对话——波伏娃与张爱玲文学的女性意识之比较研究》。本文主要对法国的西蒙娜·德·波伏娃和中国作家张爱玲进行比较研究。波伏娃与张爱玲作为不同文化背景下的女性文学典范，让人看到“作家即文化演变的产儿”这一历史真言。阐释二者独特的文学思想是本书的思想进路。作者对波伏娃和张爱玲文学中的女性意识进行了系统的分析，揭示了波伏娃概念化的、超越性的女性意识，比对了张爱玲作品作为女性命运的“苍凉”注脚的意蕴。在整个文明发展史上，女性是弱性，波伏娃称之为“第二性”。社会实际往往把女性当异类，对于这一点，波伏娃的理论解析颇为深刻，其小说创作则比较概念化。张爱玲与之相反，她的理论思考很少，但是文学作品却入骨三分，对女性的不幸遭遇有许多穿透历史谎言的真切描述。张氏作品不啻女性悲惨命运史和女性被歪曲历史的矫正史。可以再补一句，张爱玲一生的经历和结局，本身就是女性特别是中国女性命运的一个缩影。张向荣博士对波伏娃和张爱玲均有深切的理解，对女性的生存和尊严有多方面的探讨，对当今世界的拜物倾向和精神空虚问题有认真的思考，这些研究都是很有现实意义的文学观照。

第十二本是马利红的译著《副文学导论》。这本书的法文作者是达尼埃尔·库埃尼亚斯（Daniel Couégnas）。作者以质疑副文学既定的身份属性为出发点，分别从副文学作品中的重复形式、参照错觉、意义解读、主导性叙述和人物分类五大方面对副文学作品进行了详细的诗学分析，通过“副文学模式”和“副文学标准”的建构，深层探讨了副文学性和副文学话语存在的逻辑前提，论证了副文学品种及其样态的必然性与合理性。就其学术特色而言，《副文学导论》是第一部从诗学的角度观照副文学现象及其作品的法文著作。这部著作首次提出了诸如“副文学模式”和“副文学标准”等比较新颖的原创性文学批评观点。该书的翻译旨在向广大的汉语读者提供完整的译本，推动国内学界对法国副文学理论的研究。翻译者马利红是广东外语外贸大学培养的文学博士，研究方向为法国文学与比较文学。她目前是暨南大学外国语学院副教授、广东外语外贸大学外国文学文化研究中心兼职研究员，在“人文学丛书”第一辑出版有专著《法国副文学学派研究》。这本《副文学导论》译著和马利红研究法国副文学思想的专著，是目前国内外国文学思潮研究的一个新动态，即栾栋所说的“文学他化于烈为今”，“文学非文学于今为烈”。马利红的译介和研究印证了这一文学变数。这些成果对我国的外国文学研究和广义的文学批评都将产生积极的影响。

第十三、十四两本书是马歌东教授编选、校点的《日本诗话二十种》（上、下卷）。日本大正九至十一年（1920—1922）相继出版了日本唯一的诗话总集“日本诗话丛书”全十卷，共收载日本诗话59种，其中和文诗话29种，汉文诗话30种，本书从其汉文诗话中精选出20种，加以校点，以飨读者。日本诗话伴随着日本汉诗千余年发展史，其作者为日本古代著名汉诗人、汉学者。日本诗话奉中国诗话为圭臬，其内容既品评我国古代诗歌，亦品评日本汉诗，并探究二者的渊源关系。本书的出版对于我国古代诗歌与诗话域外繁衍史研究、国际汉学研究、中日文化交流史研究等多项基础研究及理论研究，都将提供珍贵的文本资料。而诗话这种形式本来就因富于知识性、趣味性与可读性在我国拥有永久的读者，本书所选日本诗话置我国古代诗话中几可乱真，熟悉的格调语言，新颖的内容趣味，加之首次被引入国内，一新耳目，故其读者几可涵盖我国古代诗话读者群。

第十五本是张宪生教授主编的《东亚近世历史与思想的地平线——差异·冲突·融合诸相》。这是中日两国学者合力完成的学术成果。中方主要撰写者还有日本文史专家韦立新教授及赵晓亮、姚奇志等中青年学者。日本作者是立命馆大学桂岛宣弘教授、神户女学院滨下昌宏教授。韩国作者有东西大学李元范教授。这三位日韩专家均为日本历史与思想史研究领域的著名学者，其中桂岛宣弘曾任日本思想史学会副会长。他们都有丰硕的学术成果，受到学界广泛关注。更为难能可贵的是，桂岛宣弘教授与滨下昌宏教授均对近代以来日本国家的路线持质疑态度与批判立场，在研究近世历史与思想时，也表现出强烈的批判精神。进入17世纪，日本民间知识界习儒风气日益浓厚，与此同时，日本知识分子的主体意识也在觉醒。国学派等日本本土思想与作为外来思想的儒学之间产生了明显的冲突，这个变化构成了日本近世思想史的重要内容，并影响了日本历史的走向。作者选取了其中一些重要事例作为切入点，既注意微观层面的实证研究，又重视宏观方面的理论概括，以日本为聚焦点，描绘出一幅近世东亚思想空间中多种观点冲突交错与融合的复杂图景。本书选题新颖，资料翔实，论证深刻，许多章节都有所创见。作为国际合作的学术著作，本书的出版为我国日本文史研究领域贡献了一项重要成果，展示出中、日、韩学术界同行交流的最新动向，为国内外读者提供了了解日本近世社会历史和思想文化的前沿成果。

上述十五种论著从不同角度阐发了人文学的一些大的方面。表面上看，这些著作云行雨施，各有所专，与建设“人文学中心”的主旨若即若离，实际上都很切近人文学思想的大主题，每部书都从治学理路上体现“文史哲互根”的命题，从学术格局上注重“中西学融会”的方略，在学科交叉上追求“教科文通化”的目标。细心的读者可以从每本书的字里行间看到文史与哲理的磨合，看到思想与逻辑的链接，看到学问与学科的切磋。人文学在茁壮成长。

这套丛书的主编是广东外语外贸大学外国文学文化研究中心主任栾栋教授。他是广东省“211 工程”三期重点学科建设项目“人文学中心建设——比较文化视野的文学通化研究”的首席学者。该丛书的总策划是暨南大学出版社总编辑史小军教授。

“人文学丛书”的出版渐入佳境。外国文学文化研究中心的工作焕然一新。仅从这套丛书的出版情况即可看出，不仅人文学研究循序渐进，外国文学文化研究中心的三大主攻方向也有新的成色。国别研究又有收获，比较研究进入熔铸研究的阶段；人文学研究上了一个新的台阶，原理研究与专题研究均有突破；跨文化语言研究有了新的拓展，从戏剧到诗话，由文学而文化，东亚协奏，中西共鸣。在本辑的15部著作付梓之时，另一个系列著作的撰写也在有条不紊地进行。诸如栾栋教授的《人文学举要》、《文学通化论》等书稿业已竣工。此外，人文学研究“走出去”的思路也在酝酿中。

我们不难看出，外国文学文化研究中心为人文学研究奠定了在全球化大潮中拼搏的平台，人文学研究为外国文学文化研究中心带来了脱胎换骨的改造。人文学的创制，从学术凝练、学科变革和学人培植等方面为外国文学文化研究中心开创了走向未来的新格局。对于广东外语外贸大学的人文学者而言，外国文学文化研究中心是他们实现良性全球化的工作站，人文学中心建设是打造这个工作站的核心工程。它们是合二为一的学术擘画，也是持之以恒的学术追求。这套丛书的研发是外国文学文化研究中心发展的标志性成果，凸显了省文科基地的一个里程碑路段。人文学研究未有穷期。

2013 年 5 月 27 日于广州白云山麓

目　录

绪论

第一节 比较的时代

自15世纪“地理大发现”以及之后的环球航行以来，欧洲开始把全球纳入自己的视域。西方国家经历了18世纪和19世纪的两次工业革命之后，在经济、政治和军事等方面都取得了很大发展，并在世界各地进行更大规模的扩张。至19世纪，西方列强在世界各地瓜分殖民地和划分势力范围，试图把世界各国都纳入到他们所主导的政治格局和秩序之中。但是，随着“二战”之后殖民体系的瓦解，纷纷独立的民族国家力图突破西方的普遍性话语，开始表达自身的文化诉求，“第三世界国家在世界范围内的经济、政治和文化交往中必然要强化主权意识，强调经济发展的自主性、政治过程的独立性和文化形态的特殊性，从而导致政治格局的多极化和文化形态的多样化”[①]。随着20世纪信息技术的发展和世界“时空的压缩”，人类将面临一个共同“地球村”的文明状况。[②] 在这个前所未有的新文明时代，地球村里“时空距离的消失并没有使人类状况向单一化发展，反而使之趋向两极分化。它把一些人从地域束缚中解放出来，使某些社区生成的意义延伸到疆界以外——而同时它剥夺了继续限制另外一些人的领土的意义和赋予同一性的能力。对某些人来说，这预示着史无前例的自由……对其余的人而言，这预示着他们再也不可能享用和安于这块探明没有机会弃之而去的土地”[③]。面对全球化的趋势，不管是有心还是无意，不管是赞成还是反对，我们每个人都有可能“被全球化”，因为“对每一个人来说，

---

① 阎孟伟、朱丽君：《全球化的实质和进程与马克思的全球化理论》，《南开学报》（哲学社会科学版）2007年第1期，第79～85页。

② 许纪霖、黄万盛、杜维明：《当前学界的回顾与展望——许纪霖、黄万盛、杜维明三人谈》，《开放时代》2003年第1期，第129～145页。

③ 阎孟伟、朱丽君：《全球化的实质和进程与马克思的全球化理论》，《南开学报》（哲学社会科学版）2007年第1期，第85页。

全球化是世界不可逃避的命运，是无法逆转的过程”①。

对此，马克思早在19世纪发表的《共产党宣言》中就预见了“各民族在各方面的互相往来和互相依赖”的局面，并认为“物质的生产是如此，精神的生产也是如此”。在这种局面里，“正像它（资产阶级）使农村从属于城市一样，它使未开化和半开化的国家从属于文明的国家，使农民的民族从属于资产阶级的民族，使东方从属于西方”②。马克思的“从属”判断具有很强的物质文明改造世界的决定性作用。③ 不管这里是否存在东方与西方的二元思维框架，那种“鸡犬之声相闻，老死不相往来”的世界格局都将难以存在，那种孤立于地球村的某个角落而抱残守缺的“部落意识”和“部落行为”，无疑是自欺欺人的。西方文明在其发展过程中，也不是没有回流或旋涡，但它的优势在于它能够不断地对自身进行反思性批判，从而更好地进行文化调适和文化认同。当一种文化的发展陷于困境时，它若能突破自身的局限性，积极地吸纳“他者”的异质文化因素来丰富自己，弥补自身的不足，以增强自身文化肌体的免疫力，那么这样的文化往往具有生命力。古希腊文明有着古埃及的文明因子，中世纪的犹太—基督教文化也是东西方文化合璧的产物，而近现代西方自由民主的文明，除了在世界各地进行强势地传播之外，同时也在不断地吸纳异质文明的养分，以弥补自身的不足。在很大程度上，中华文明的活力也在于诸多要素的多元互补和不断的自我调适。当然，这并不是说文化交往没有任何冲突和矛盾，而是说，文明发展本身就包含着冲突和矛盾，但这并不意味着不可以吸纳异质文化要素。实际上，正是异于自身的“他在”为丰富自身提供了条件。在现代性的语境中，这种文化冲突既有时间维度上“新”与“旧”的冲突，如近代中国人所讲的“古今之变”；也有空间维度上自

① 阎孟伟、朱丽君：《全球化的实质和进程与马克思的全球化理论》，《南开学报》（哲学社会科学版）2007年第1期，第79页。

② ［德］马克思、恩格斯著，中共中央马克思恩格斯列宁斯大林著作编译局译：《共产党宣言》，北京：人民出版社1997年版，第31～32页。

③ 陈乐民、周弘：《欧洲文明的进程》，北京：生活·读书·新知三联书店2003年版，第389页。

我与他人的冲突，如近代中国人所讲的“中西之争”。[1] 诚如尼采论述的那样：

人们受传统的约束越小，他们的种种内心动机也就越发蠢蠢欲动，因此他们外在的骚动不安、他们相互间的交往和融合以及他们种种努力的多重交响也就日益加强。现在谁还会对一个地方恋恋不舍，以至于把自己和后代困在这一个地方呢？谁还会对任何事物有任何难舍难分的感情呢？正如所有的艺术风格都被一个接一个地模仿，道德、风俗、文化的所有阶段和种类也都被模仿——这个时代是通过这样的方式获得其意义的：各种世界观、各种风俗文化在这个时代可以被人一个一个地加以比较，被人一个一个地经验到；这在以前是不可能的，因为以前一切文化都只有地域性的支配地位，所有艺术都束缚于一个特定的时间和地点。现在，各种形式都把自己摆在人们面前以供比较，而一种强化了的审美感受力将在这种种形式中做决定性的取舍：其中的大部分，即所有被这种审美感受力所排斥的东西，人们将会任其湮灭。同样，在今天，一种较高的道德形式和伦理也在选择，这种选择的目的不是别的，正是要剪除那些较低的道德。这是比较的时代。[2]

正如张旭东所说，这段话虽短，内涵却挺丰富，譬如传统的瓦解，时空的压缩，人性动机的骚动以及种种跨历史、跨地域实践所带来的形式和经验的多样性等。在这些形式和经验的多样性背后，尼采洞察了时代道德的颓废，并向人们提出了这样的问题：这种种内心瘫痪状态的丰富性和多样性是否符合“一种更高的人性”、“一种更高的道德”？在这个比较的时代，人们所面临的是道德的选择和对自身人性的追问。若说“由令人眼花缭乱的丰富性而产生的混乱状态，不过是一种更高秩序出现前的序幕，那么‘比较’就必须臣服于一种坚定的道德哲学和无情的政治哲学，而不能满足于种种风格、形式、经验的玩赏、兼得、嫁接、斡旋”。尼采给出的

---

① 张旭东：《全球化时代的文化认同：西方普遍主义话语的历史批判》，北京：北京大学出版社2006年版，第1页。

② 转引自张旭东：《全球化时代的文化认同：西方普遍主义话语的历史批判》，北京：北京大学出版社2006年版，第1~3页。

方略是，把“一个颓废的、历史主义和虚无主义式的‘比较’概念转化为一个受权力意志支配的、战斗的‘比较的时代’”①。

尽管我们未必认同尼采有关西方现代性危机的批判性方略，但若把其论述放到全球化过程中来审视，也不乏诸多启示。其一，在这些所谓的“比较”之后或之下，我们看到的不是现代单一学科范围的问题，不是狭义的比较文学或文学批评方面的问题，也不是什么影响研究或平行研究的问题，而是“文化—政治体系的自我定位、自我理解和相互交往、竞争的问题。这是一个哲学问题，一个方法论问题，而这里所说的方法论不是一种技术手段、一套批评论述的工序，而是指向一个价值领域、一个生活世界的方法论；更准确地说，方法指向不同的价值领域和生活世界之间的相互渗透和相互竞争的关系”②。其二，当今，世界各国交往日益频繁，走一条封闭的、孤立的、纵向的发展道路已经不可能，那么人类族群和民族应该如何进行交往和互动？若是以尼采超人的权力意志的哲学思路来看，人类就无法摆脱霍布斯所说的人与人战争的状态，无法摆脱康德所说的人类自然状态。这种状态实质上处于一个弱肉强食的丛林世界。当今，全球经济越来越体现出一体化的趋势，世界各地的文化和价值观也处于相互影响之中，民粹主义和以西方为主导的全球化都不可能有好的出路。当然，全球化的趋势打破了中西二元对立的参照，使我们能够以全球为文化坐标来审视自身的文化建设，西方思想家的思考无疑为我们提供了不可或缺的参照系。

当今时代，人类已经可以在太空中倒挂金钟式地俯视地球，可以在同一时间把信息传送到世界各地，能够在敲击键盘的瞬间转移国际金融资本……在此情形下，民族、国家遇到了前所未有的挑战，其地位和作用受到越来越多的消解和削弱。杜维明认为：“以文化认同、族群认同为核心而形成的生命共同体将取代国家成为社会的基本单位，一种严格意义上的

---

① 张旭东：《全球化时代的文化认同：西方普遍主义话语的历史批判》，北京：北京大学出版社2006年版，第1~3页。

② 张旭东：《全球化时代的文化认同：西方普遍主义话语的历史批判》，北京：北京大学出版社2006年版，第3页。

文化‘国家’将使世界展现不同于今天的新的景观。”① 不管文化国家的前景如何，杜维明引述并强调了美国普特南所说的“社会资本”和法国布赫迪所说的“文化资本”的重要性。若没有复杂的社会资本，不管是个人、社群还是一个国家，都不能很好地发展。同时我们也应该看到这种“文化资本”或“社会资本”并不是当前全球化的特定现象。其实，这种文化资本在任何时代都是需要的，只不过在当前形势下，其重要性更加凸显而已。因此，“全球化事实上是一个机会，划时代的机会，尤其对于有大传统的民族，它让你有机会来调动你的资源参与全球建设，同时发展你自己”②。在这个全球化时代，既不能沉迷在虚拟的对抗中，也不能不注意其中所蕴含的复杂性；既要看到时代的大趋势，又要注意到时代的当下性和特定性。

对于如何“调动你的资源”这个问题，人们可能有着不同的观点，但是在这个全球化的时代，我们不仅要顾及自身库房的文化资源，同时也需要以这个地球村为参照系广采博收，以丰富自身文化。这应是题中应有之义。为此，我们选择美国人文主义大师欧文·白璧德作为一个观察的案例，研究他是如何吸纳东西方文明成果，以解决他心目中的西方文明问题，特别需要关注的是，他怎样解决有关美国当时所面临的现代转型问题，以丰富美国文明的“文化资本”。之所以选择白璧德，部分原因还在于他与中国社会的相关性。20世纪上半叶，白璧德的思想通过他的中国弟子们传播到中国，其思想也间接地参与了近现代中国的文化转型建设过程。历史轨迹好像在这里转了一个圈，白璧德吸纳东方丰富的文化，特别是印度文化和中国文化，而其中国弟子又把其思想传播到中国。这里有什么样的经验和教训仍然值得我们探究。这个专题的成果，将会对当下的中国文化建设具有借鉴作用。

---

① 许纪霖、黄万盛、杜维明：《当前学界的回顾与展望——许纪霖、黄万盛、杜维明三人谈》，《开放时代》2003年第1期，第129～145页。

② 许纪霖、黄万盛、杜维明：《当前学界的回顾与展望——许纪霖、黄万盛、杜维明三人谈》，《开放时代》2003年第1期，第129～145页。

第二节 白璧德研究学术史回顾

欧文·白璧德（Irving Babbitt，1865—1933），是美国19世纪末至20世纪上半叶新人文主义运动的主要思想奠基者。虽然人文主义运动为时不长，但产生了深远的影响。白璧德作为人文主义思想的奠基者和人文主义运动的领军人物，其思想在学术界一直颇有争议。近年来，国内外对其研究呈现上升趋势。

白璧德一生的著述主要有：《文学与美国的大学》（*Literature and the American College*，1908）、《新拉奥孔》（*New Laokoon*，1910）、《法国现代批评大师》（*Masters of Modern French Criticism*，1912）、《卢梭与浪漫主义》（*Rousseau and Romanticism*，1919）、《民主与领袖》（*Democracy and Leadership*，1924）、《论创造》（*On Being Creative and Other Essays*，1932）、《西班牙人的性格及其他》（*Spanish Character and Other Essays*，1940）[①] 以及他从巴利文所翻译的《法句经》（*The Dhammapada*，1936）。白璧德的著作虽然不多，但几乎都涉及人文学科的各个领域，其人文思想体现在哲学、文学、教育、宗教等诸多方面。目前，白璧德已经成为众多人文学科领域的研究对象。下面简述国内外关于白璧德研究的状况。

白璧德自1897年发表《古典学的合理研究》以来，其思想逐步进入人们的视野。在20世纪初开始为人所知，至二三十年代，其影响逐渐扩大并为世人所重视，他和保罗·艾尔默·穆尔（Paul Elmer More）所发起的这场文化思想活动，被一些人称为“新人文主义运动”。但白璧德的人文主义思想始终颇受争议，20世纪20年代后期，人文主义者在通俗杂志和文学刊物上进行了一场“书籍之战”[②]。论战双方都编纂并出版了文集，白璧德的学生诺曼·佛斯特（Norman Foerster）主编的《人文主义与美国：

---

① 该书于1995年再版，改名为《性格与文化：论东方与西方》（*Character & Culture：Essays On East and West*），瑞恩（Claes G. Ryn）为此版本撰写了长篇序言。

② J. David Hoeveler Jr.，*The New Humanism：A Critique of Modern America*，1900-1940，Charlottesville：University of Virginia Press，1977，pp. 81-106.

现代文明观论文集》[①] 和对方阵营编辑的《人文主义批判》[②] 都在 1930 年出版。批判白璧德阵营的主导性观点是自然主义[③]，而这也正是白璧德所批判的。不管这场人文主义之争的双方阵营是否切中问题的肯綮，论争本身都在客观上促进了人文主义学说的传播和影响。随着 20 世纪 30 年代经济危机的蔓延，“不断加深的经济萧条使得关于道德、古代智慧的争论以及‘内省’的需要在某种程度上不那么重要了”，新人文主义运动所产生的影响逐渐隐退下去，但在第二次世界大战之后，美国一些知识分子经历了 20 世纪文化的“令人痛苦的道德真空”，由此，白璧德的思想重新进入了人们的视域。[④] 正如拉塞尔·柯克（Russell Kirk）所言：“据说大萧条已经毁掉了新人文主义，但是新人文主义从来就不是一场以攫取国家权力为意图的政治运动：它是一次复兴人们思想和良知的努力。过去半个世纪所发生的政治和社会事件说明了：白璧德及其同事们的思想观念与当前美国思想和美国性格的相关性不是减弱了，而是增强了。”[⑤] 在 20 世纪 60 年代，白璧德的声望跌入低谷，白璧德的“内聚力的哲学”可谓处于归潜阶段，但在一定程度上也是对当时的“百事可乐一代”发出的另外一种微弱的声音。[⑥]

20 世纪 80 年代，白璧德对美国保守主义的政治领域的影响日益明显。20 世纪 90 年代，设立在美国天主教大学的“美国人文研究所”重要项目

---

① Norman Foerster, *Humanism and America: Essays on the Outlook of Modern Civilization*, New York: Farrar and Rinehart, 1930.

② Clinton Hartley Grattan, *The Critique of Humanism: A Symposium*, New York: Brewer and Warren, inc., 1930.

③ Norman R. Phillips, *The Quest for Excellence: the Neo-conservative Critique of Educational Mediocrity*, New York: Philosophical Library, Inc., 1978, p. 108.

④ ［美］大卫·侯弗勒：《白璧德与美国当代保守思想》，美国《人文》杂志社、生活·读书·新知三联书店编辑部编，多人译：《人文主义——全盘反思》，北京：生活·读书·新知三联书店 2006 年版，第 147 ~ 154 页。

⑤ Russell Kirk, The Enduring Influence of Irving Babbitt, In George A. Panichas & Claes G. Ryn (eds), *Irving Babbitt in Our Time*, Washington D. C.: Catholic University of America Press, 1986, p. 19.

⑥ ［美］大卫·侯弗勒：《白璧德与美国当代保守思想》，美国《人文》杂志社、生活·读书·新知三联书店编辑部编，多人译：《人文主义——全盘反思》，北京：生活·读书·新知三联书店 2006 年版，第 149 ~ 150 页。

之一就是白璧德研究，其主办的《人文》（*Humanitas*）杂志不时刊载研究白璧德的论文以及相关研究成果，成为研究白璧德的一个有效平台。此外，美国的《现代》（*Modern Age*）[①] 杂志也常登载一些有关白璧德思想的文章。这两份杂志对白璧德的研究起着有益的推动作用。1983 年，在美国天主教大学召开了纪念白璧德逝世 50 周年的学术会议，与会学者从各个侧面论述了白璧德的思想，或以白璧德思想作为理论资源分析当下的各种文学、政治、教育等方面的问题。这次会议的一些代表作被收录在由乔治·帕尼科斯（George A. Panichas）和克莱斯·G. 瑞恩（Claes G. Ryn）合编的论文集《欧文·白璧德在我们的时代》（*Irving Babbitt in Our Time*, 1986）中。在东西方的学术语境中，白璧德不像查尔斯·山德尔斯·皮尔斯、威廉·詹姆斯、约翰·杜威等实用主义思想家影响那么大，但并不表示其思想就次他们一等。其实，对白璧德思想的深入理解能够推进美国的实用主义研究。西方研究者几乎涉猎了白璧德思想的各个方面，集中于白璧德的人物传记评论以及美国的政治、文学、哲学、宗教、教育等方面，并取得了较丰硕的成果。

就有关白璧德的人物传记或概述性的著作而言，这方面的研究一般比较全面，但往往不够深入。史蒂芬·布伦南（Stephen C. Brennan）和史蒂芬·亚伯勒（Stephen R. Yarbrough）的著作《欧文·白璧德》[②] 对白璧德的一生及其思想作了一次全面评述，尤其对白璧德的成长历程进行了较详细的评述；该著作认为白璧德“可能仍然是 20 世纪被忽视和误解的最重要的美国思想家”，并说他的论著“若不能恢复白璧德的影响，但至少是恢复白璧德的思想观点，使白璧德的不同寻常的地位得到更加公正的评价”。从总体上说，这部著作对白璧德思想的各个方面都有论述，诸如哲学、政治、教育、文学批评以及宗教思想等，但缺少中西比较向度和异域视野的洞察，也没有从会通视阈去整合白璧德思想，对白璧德思想的一致性缺乏深入探讨。乔治·帕尼科斯把白璧德视为一位批评家和一位人师，

---

① 学术杂志《人文》和《现代》分别由克莱斯·G. 瑞恩（Claes G. Ryn）和乔治·帕尼科斯（George A. Panichas）担任主编多年，现已卸任。他们都是白璧德研究方面具有影响的学术人物。

② Stephen C. Brennan & Stephen R. Yarbrough, *Irving Babbitt*, Boston: Twayne Publishers, 1987, Preface.

以此来定位其批评思想，剖析白璧德的人格魅力、使命感、宗教思想等，并且联系美国其他批评家来阐发白璧德的学术影响及其贡献。[①] 托马斯·莱文（Thomas Nevin）[②] 从美国超验主义文化传统方面来论述白璧德的思想，认为白璧德承继了美国超验主义传统，并且是其中的最后一位；同时，他认为白璧德的笔调及其思想受法国文化影响较大。其实，这种判断还是比较狭窄的，没有突破西方的文化圈。虽然作者对白璧德的整体面貌都有所论述，但对其核心思想缺乏整合性的研究。值得一提的是，小豪维勒（J. David Hoeveler Jr.）详细地梳理了西方人文主义者群体，在人性基础上论述人文主义的教育、政治和宗教思想，同时还提及东方佛教的影响。但是，作者主要从人文主义者群体来定位白璧德，这在一定程度上遮蔽了白璧德思想的独立性和特殊性。此外，作者还把这些人文主义者的思想定性为“文化保守主义”，认为白璧德与P. E. 穆尔都远离了美国生活的文化方向。[③] 这些论断都显示出作者并没有把握白璧德思想的现实性和未来的人文指向。

而要理解白璧德的思想，其哲学和宗教思想是绕不过去的门槛。可以说，若不能理解他的哲学和宗教思想，也就很难从整体上把握白璧德思想的其他侧面，因为其思想是一个连贯的综合的整体，而哲学和宗教思想是其核心。在西方学术界，对白璧德的哲学和宗教思想进行研究的代表人物主要有：梅西耶（Louis J. A. Mercier）、莱恩德（Folke Leander）、格罗塞林（Dom Oliver Grosselin）和莱恩德的学生以及美国传统保守主义政治哲学的代表人物克莱斯·G. 瑞恩（Claes G. Ryn）等人。虽然这些研究者研究的侧重点都有所不同，且涉及的范围和领域也都较广泛，但这些研究的重心一般都落实在白璧德的哲学和宗教思想上。梅西耶是白璧德在哈佛大学法语系的同事，在白璧德在世期间，他就把美国人文主义运动介绍到

---

① George A. Panichas, *The Critical Legacy of Irving Babbitt: An Appreciation*, Wilmington, DE: Intercollegiate Studies Institute, 1999.

② Thomas Nevin, *Irving Babbitt: Thematic Aspects of His Humanism*, Madison: University of Wisconsin-Madison, 1973.

③ J. David Hoeveler Jr., *The New Humanism: A Critique of Modern America, 1900–1940*, Charlottesville: University of Virginia Press, 1977, pp. 106, 189.

了法国。[①] 此外，他还著有《人文主义之挑战》以及《人文主义与新时代》等代表作。[②] 前者主要论述白璧德对自然主义的批判，从比较的视角和基督教传统阐发了白璧德的二元论哲学观以及宗教观。尽管梅西耶对白璧德的宗教思想把握得不够准确，特别是把白璧德的“更高意志”等同于“上帝的恩典”（就此，格罗塞林、莱恩德以及瑞恩等人都有所指出），但他对白璧德所针对的时代弊端的阐述，无疑是有价值的。同时，他把白璧德与其他思想家进行比较研究，这有助于读者进一步领会白璧德思想。梅西耶的后一部著作虽然涉及了白璧德的东方文化因素，但也只是蜻蜓点水般地浮在表面。瑞典学者莱恩德的著作《人文主义与自然主义》论述了白璧德的意志哲学，对白璧德的“更高意志”的理解有所偏差，后来他在论文《白璧德与审美学家》和《白璧德与克罗齐》中对此都有所纠正。[③]

格罗塞林的著作《欧文·白璧德的直觉意志论：反超验主义、反理智主义的哲学》对白璧德哲学思想进行了深入研究。基于新托马斯主义的思想学说，他把白璧德的学术视为“反超自然主义和反理智主义”，并把白璧德新人文主义归类为白璧德所批判的“自然主义”，认为白璧德人文主义不具备超越性蕴含。显然，他的天主教立场遮蔽了白璧德的现代性问题及其思想的内在实质。尽管作者以天主教的宗教立场来论述白璧德，但值得称道的是，他能够深入白璧德文本，特别是对白璧德的直觉观进行了细致的分析。就此，他认为白璧德的想象与意志几乎是同一个意思，并指出白璧德的意志观具有认识论的价值（关于这方面的研究成果，莱恩德和瑞恩不仅有所借鉴，而且有所发挥）。此外，作者还注意到白璧德对东方的“道路”思想的借用，并把白璧德的人文主义基本上定位于“现代的、

---

① Louis J. A. Mercier, *Le Mouvement Humaniste Aux États-Unis*: *W. C. Brownell*, *Irving Babbitt*, *Paul Elmer More*, Paris: Hachette, 1928.

② Louis J. A. Mercier, *The Challenge of Humanism*: *An Essay in Comparative Criticism*, New York and London: Oxford University Press, 1933; *American Humanism and the New Age*, Milwaukee: The Bruce Publishing Co., 1948.

③ Folke Leander, *Humanism and Naturalism*: *A Comparative Study of Ernest Seillière*, *Irving Babbitt and Paul Elmer More*, Goteborg: Wettergren and Kerber, 1937; Irving Babbitt and the Aestheticians, *Modern Age*, 1960, 4 (4), pp. 395 - 404; Irving Babbitt and Benedetto Croce, In George A. Panichas, Claes G. Ryn (eds), *Irving Babbitt in Our Time*, Washington D. C.: Catholic University of America Press, 1986, pp. 75 - 102.

后—康德的、反理智主义意志哲学之一”①。虽然很难说白璧德的学说是反理智主义的，但把它定位为后—康德的现代哲学思想，这种判断还是颇有见地的。由于作者不是从白璧德所针对的现代性问题着笔，他对白璧德思想的着力点的把握未能够到位，譬如他认为白璧德与自然主义的分歧不在于“情感的直接性”方面，而在于白璧德不赞成自然主义者抛弃了理性。②理性固然重要，但白璧德所关注的是“超理性区域”的存在。

克莱斯·G. 瑞恩是一位颇有影响的美国当代传统保守主义代表，也是在“白璧德研究”方面最有影响的学者之一。他不仅撰写了有关白璧德的专门论著，而且把他所理解的白璧德思想运用到自己的政治哲学论述中，如他所说，他的诸多著作都具有白璧德因素。下面不妨引用他在白璧德研究和运用方面的自述：

《意志、想象与理性：欧文·白璧德与实在问题》的中心议题是对白璧德哲学思想的阐释和运用。而为《卢梭与浪漫主义》和《性格与文化》撰写的占较大篇幅的前言部分，不仅可作为对白璧德的阐释，也可当作关于白璧德的一般信息资料来源。这些对你的研究都会有所帮助。当然，在我许多已出版的著作中，它们虽然没有以白璧德为标题，但也论述了白璧德思想或显示了他的影响。《意志、想象与理性》这本著作不仅清楚地表明了我是如何把白璧德诸多思想融进我的思想之中，而且表明了我扩展并补充了他的思想。《共同的人性基础》（密苏里大学出版社，2003 年版）也是如此，这是我在北京大学出版社 2001 年版的修订版，是以 2000 年在北大的系列演讲为基础修订而成。《民主与伦理生活》主要是一部政治理论著作，但也具有鲜明的白璧德因素；此外，该著作还涉及了政治研究之外的诸多领域。③

① Dom Oliver Grosselin, *The Intuitive Voluntarism of Irving Babbitt: An Anti-Supernaturalistic, Anti-Intellectualistic Philosophy*, Latrobe, PA: St. Vincent Archabbey, 1951, p. 117.

② Dom Oliver Grosselin, *The Intuitive Voluntarism of Irving Babbitt: An Anti-Supernaturalistic, Anti-Intellectualistic Philosophy*, Latrobe, PA: St. Vincent Archabbey, 1951, p. 65.

③ 引自瑞恩（Claes G. Ryn）先生于 2011 年 11 月 16 日答复笔者的邮件。

可以说，上述话语是瑞恩本人对白璧德研究的概述和自评。瑞恩的著作《意志、想象与理性：欧文·白璧德与实在问题》，不仅阐述了白璧德的哲学思想，而且有所扩展和补充。[①] 就哲学方面而言，瑞恩主要从知识论的角度探讨白璧德的实在思想，在此，他承继了格罗塞林有关白璧德学说中的"意志"思想和莱恩德的"哲学理性"思想。[②] 关于哲学理性的问题，瑞恩与迈克尔·温斯坦（Michael A. Weinstein）进行了一次学术对话，前者为哲学理性的正当性和合法性进行了辩护，后者则主要从后现代的视角探究了白璧德的想象观。[③] 他们之间的切磋有助于从后现代语境探究白璧德的当下学术意义。此外，瑞恩还以白璧德思想为理论资源阐发他对美国政治的看法，使白璧德思想在美国政治哲学中得到了延伸。在某种程度上，瑞恩的白璧德研究使白璧德思想渗透到当下美国的文化生活中，特别是美国的政治哲学中。这充分体现了白璧德思想与当前文化的相关性。

白璧德政治文化方面的思想对美国保守主义思想一脉影响较大，代表人物除了瑞恩之外，还有拉塞尔·柯克、彼得·菲瑞克（Peter Viereck）等人。白璧德对拉塞尔·柯克的影响就如柯克本人所言："白璧德以非常具有逻辑和力量的方式所表达的信念，是我的家庭数代人所持的信念……他对我的影响巨大，超过任何20世纪其他作家。正是通过白璧德，我逐渐地认识了埃德蒙·伯克，白璧德激发了我撰写《保守主义心智：从伯克到艾略特》这本著作，他影响我的程度丝毫不亚于伯克。"[④] 可以看出，白璧

---

① Claes G. Ryn, *Will, Imagination and Realism: Irving Babbitt and the Problem of Reality*, Chicago: Regnery Books, 1986.

② Folke Leander, *The Inner Check: A Concept of Paul Elmer More With Reference to Benedetto Croce*, London: Edward Wright, 1974.

③ Michael A. Weinstein, Irving Babbitt and Postmodernity: Amplitude and Intensity, *Humanitas*, 1993, 6 (1), pp. 42 – 48; Michael A. Weinstein, Concentric Imagination: An Alternative to Philosophical Reason, *Humanitas*, 1993, 6 (2), pp. 91 – 99; Claes G. Ryn, Philosophical Reason: Historical, Systematic, and Humble, *Humanitas*, 1993, 6 (2), pp. 81 – 90.

④ Russell Kirk, The Enduring Influence of Irving Babbitt, In George A. Panichas, Claes G. Ryn (eds), *Irving Babbitt in Our Time*, Washington D. C.: The Catholic University of America Press, 1986, p. 20.

德的人文思想激发了柯克的思想灵感且激发了他研究白璧德的兴趣。就其著作《保守主义心智：从伯克到艾略特》而言，柯克主要联系英国的保守主义政治，论述美国的保守主义思想的流变。① 其中，他把白璧德纳入了美国东部新英格兰清教思想传统之中，论述范围基本上是在西方，尤其是在英美的范围里，而没有注意到白璧德人文主义思想的多方面来源，更没有论述白璧德的会通视阈。另外，彼得·菲瑞克所撰写的《不适应的人》以及《再探保守主义：抗议意识形态》等都不同程度地体现了白璧德的思想。② 当然，也有学者对白璧德的民主观点持批判态度，譬如大卫·斯比策（David Spitz）在其著作《反民主思想的模式》中就视白璧德政治思想为“反民主”的。③ 以上各类论述白璧德的哲学和宗教思想的文章都比较重视白璧德思想中的道德和伦理基础，在一定程度上都彰显了白璧德的相互渗透的学科思想，譬如，瑞恩和拉塞尔·柯克都注意到这些方面并运用到自己的政治话语中，只是他们都对白璧德的东方文化背景缺乏关注。

上述研究者都在不同程度上涉及了白璧德的宗教思想，并且意见不一。对此，人文主义阵营内外都有不同意见。譬如：劳伦斯·海德（Lawrence Hyde）对白璧德所主张的“内在控制”思想就不以为然，他认为“有比对较低本能冲动的克制更为根本的东西，生活的道路不是‘抑制’，而是‘转变’”，而转变之道不是拘囿于人“自身之内”，而是“与某物同质为一”，否则我们将不能达到人文主义者的“平衡”状态，而只会“停留在半途”；人们处在这种“枯竭的中立状态下”，“尽管世界可以被超越，但是人不能再生，即死亡不能被再生加冕”。之所以如此，海德认为白璧德很大程度上被他的“理智主义”所限制，人们仍然“在法则之下生活”。④ 大卫·斯比策在论述白璧德的政治思想时说到，白璧德的政治

① Russell Kirk, *The Conservative Mind: From Burke to Eliot*, Chicago: Henry Regnery Company, 1978.

② Peter Viereck, *The Unadjusted Man: A New Hero for Americans*, Boston: the Bacon Press, 1956; *Conservatism Revisited: the Revolt against Ideology*, New York: Scribner, 1949.

③ David Spitz, *Patterns of Anti-Democratic Thought*, New York: Free Press, 1965, pp. 265 – 294.

④ Lawrence Hyde, *The Prospects of Humanism*, New York: Charles Schriner's Sons, 1931, pp. 87 – 96.

思想本质仍然是“非神学的清教”，他发现佛教严厉的禁欲主义和严厉的清教传统精神彼此相投契，认为超自然是人的内在洞识和控制，而西方教条的启示宗教则被视为外在于人，并且“特别厌恶那些被视为超人机构的教会”；白璧德所关注的“不是光荣的未来前景，而是过去的传统”。[①] 他们的看法都不乏见识，但是其视野往往局限于西方基督教传统的藩篱。这正是白璧德与他们的不同之处，也是这些研究者的局限所在。

但问题并非如此简单。即使西方思想家或研究者对东方文化具有一定的认识，也不一定会赞同白璧德的宗教主张。这也是人文主义阵营内部的分歧所在。“新人文主义”运动的另一位领军人物 P. E. 穆尔[②]和白璧德的高徒 T. S. 艾略特[③]都持不同的意见。他们与白璧德的分歧最终都体现在宗教方面。需要注意的是，他们都对东方的印度文化有深入了解。在反映西方现代精神的杰作《荒原》中，艾略特明显地借鉴了印度文化；穆尔不仅研究古希腊哲学，而且研究梵文，钻研吠檀多（Vedanta）哲学，并且编写了《一个世纪的印度警句》，向西方介绍印度文化，白璧德还就此撰写了一篇书评。[④] 就穆尔与白璧德在宗教方面的分歧而言，一些研究者认为白璧德“始终处在基督教教会之外，是佛陀而非基督的信徒”，而穆尔却最终在基督的信仰中找到了归属。[⑤] 梅西耶认为穆尔曲解了白璧德的思想，他之所以与白璧德产生分歧，是因为穆尔早期着迷于柏拉图和印度哲学，这使他疏离于基督教，正由于受到柏拉图主义和印度吠檀多哲学的影响，

---

① David Spitz, *Patterns of Anti-Democratic Thought*, New York: Free Press, 1965, pp. 265 – 266.

② P. E. More, A Revival of Humanism, In *On Being Human*, Princeton: Princeton University of Press, 1936, pp. 1 – 24.

③ T. S. Eliot, The Humanism of Irving Babbitt, In *For Lancelot Andrewes: Essays on Style and Order*, London: Faber & Gwyer, 1929, pp. 126 – 143.

④ 这篇书评最初发表在 1899 年 10 月的《大西洋月刊》上，后以“一个世纪的印度警句”为题收录在白璧德的文集《西班牙人的性格及其他》（*Spanish Character and Other Essays*），这本文集于 1995 年又以“性格与文化：论东方与西方”（*Character & Culture: Essays on East and West*）为题目再版。

⑤ Nicol Macnicol, The Non-Christian East in the ‘Christian’ West, *The Expository Times*, 1939 (50), p. 206.

反而使得穆尔最终认同基督教启示。[①] 其实，梅西耶本人对白璧德的宗教观点的解读也是很成问题的，他把白璧德的“更高意志”解读为人内心体验到的“恩典”,[②] 这同样违背了白璧德的思想。对此观点，乔治·埃利奥特（George R. Elliott）有所肯定，认为他以“精妙的天主教观点”对白璧德的宗教思想进行了解读。[③] 而 T. S. 艾略特则提出“未能在白璧德人文主义学说中发现任何宗教的有效性”[④]。对此，瑞恩提出了不同的看法，在宗教事务上，那些持基要主义（Fundamentalist）倾向的人会觉得“他们遵从的只能是上帝，永远不会是人，他们甚至不能遵从白璧德所说的‘更高意志’，这种反应都显示了对白璧德的误解，或者说未能对白璧德的思想本身进行应有的审视”[⑤]。瑞恩这里的评述不仅适合艾略特、穆尔以及梅西耶等人，甚至也适合他本人。因为白璧德的宗教思想借鉴的东方文化要素较多，而西方人对东方宗教体验的理解的确具有一定的难度。对人文主义内部的宗教之争，小豪维勒对此有详细的分析,[⑥] 并且论述了白璧德与穆尔不同的宗教思想对美国文化的后续影响。国内学者张源和段俊晖对人文主义阵营内部的宗教分歧也有所分析，可资参考。[⑦] 笔者将在后文对艾略特和穆尔与白璧德的分歧进行详细论述。

相对于他的文学批评，白璧德在政治哲学方面产生的影响更大，这本身就透露出其思想所具有的政治性和宗教性，也说明了他的宗教思想与政

---

① Louis J. A. Mercier, *The Challenge of Humanism: An Essay in Comparative Criticism*, New York and London: Oxford University Press, 1933, pp. 201 – 255.

② Louis J. A. Mercier, *The Challenge of Humanism: An Essay in Comparative Criticism*, New York and London: Oxford University Press, 1933, p. 264.

③ George Roy Elliott, *Humanism and Imagination*, Chapel Hill: The University of North Carolina Press, 1938, p. 88.

④ George Roy Elliott, *Humanism and Imagination*, Chapel Hill: The University of North Carolina Press, 1938, p. 99.

⑤ Claes G. Ryn, *Will, Imagination and Realism: Irving Babbitt and the Problem of Reality*, Chicago: Regnery Books, 1986, p. 40.

⑥ J. David Hoeveler Jr., The New Humanism, Christianity and the Problem of Modern Man, *Journal of the American Academy of Religion*, 1974, 42 (4), pp. 658 – 672.

⑦ 张源：《从“人文主义”到“保守主义”：〈学衡〉中的白璧德》，北京：生活·读书·新知三联书店 2009 年版，第 63 ~ 91 页；段俊晖：《白璧德与艾略特的人文之争》，《四川外语学院学报》2008 年第 4 期，第 28 ~ 33 页。

治哲学的相关性。在其他领域，各路学者对白璧德的研究也都作出了程度不等的贡献，只不过他们的影响没有在政治领域那么大而已。

在文学批评领域，代表性的人物有白璧德的弟子诺曼·佛斯特（Norman Foerster）、莱文（Harry Levin）和奥斯汀·沃伦（Austin Warren）等，其他比较有影响的批评家还有帕尼科斯、弥尔顿·亨德斯（Milton Hindus）、瓦尔特·贝特（Walter Jackson Bate）、奥尔德里奇（A. Owen Aldridge）、勒内·韦勒克（Rene Wellek）等。就白璧德的人文主义思想被运用于文学批评著作方面而言，佛斯特的论著《通向标准：当今美国文学界批评运动研究》和《美国批评：从爱伦·坡到当前的文学理论研究》对白璧德的研究都具有重要的参考价值。① 这两本论著主要体现了人文主义美学思想在文学批评中的运用，对理解白璧德思想是有帮助的。前者侧重于文艺思潮的批评，后者侧重于单个美国批评家的研究。莱文作为首位哈佛大学"白璧德比较文学讲座教授"的文学批评家，他就职演讲的标题就是"欧文·白璧德与文学教学"，② 讲述了白璧德的人文生涯及其贡献。沃伦在其《新英格兰圣人》③ 中把白璧德列入了新英格兰的圣徒当中，凸显了白璧德的精神力量给后人的影响。另外，弥尔顿·亨德斯的著作阐述了白璧德的文学与教育、政治等相关的文化意义。④ 贝特则把白璧德人文主义批评列入西方人文主义批评传统之中。⑤ 而奥尔德里奇侧重于白璧德的比较文学研究，论述语域涉及白璧德的美学思想、文学文化批评以及对北

---

① Norman Foerster, *Towards Standards: A Study of the Present Critical Movement in American Letters*, New York: Farrar and Rinehart, 1930; *American Criticism: A Study in Literary Theory from Poe to the Present*, Boston and New York: Houghton Mifflin Company, 1928.

② Harry Levin, *Irving Babbitt and the Teaching of Literature*, Cambridge: Harvard University Press, 1961.

③ Austin Warren, *New England Saints*, Westport: Greenwood Press, 1956.

④ Milton Hindus, *Irving Babbitt, Literature and the Democratic Culture*, New Brunswick, New Jersey: Transaction Publishers, 1994.

⑤ Walter Jackson Bate, *Preface to Criticism.* New York: Doubleday & Company, Inc., 1959.

美比较文学的影响等。[①] 论文《从“内在控制”到“银行支票”》论述了美国哈佛大学白璧德比较文学讲座教授的席位变迁以及美国学术思想和社会思想的变化，说明了颓废的社会文化状况。此外，作者还专文论述了白璧德在中国的影响。[②] 尽管勒内·韦勒克谈的是白璧德的文学批评，但论域并不止于文学，还涉及历史、宗教等，他还对白璧德思想的复杂性有一定的认识。譬如：他反对那些视白璧德为新古典主义者的所谓公认的看法，认为白璧德“绝非新古典主义传统的崇拜者”，而是“对艺术、诗歌和想象力抱着一种浪漫主义的观点”。尽管我们不能说白璧德的思想是浪漫主义，但这种看法还是有一定道理的，因为他至少看到了白璧德与浪漫主义并非水火不容，而是有着一定的关联性，但他又批判白璧德沉浸于对现代世界和现代文学的全面谴责，并认为白璧德在这方面缺乏识见。在韦勒克看来，“白璧德与其说是文学批评家，还不如说是一位史学家，善于通过依傍史料的佐证对文明的弊端作出诊断”。同时，作者指出了白璧德的文学批判的哲学和宗教背景：一方面，白璧德深受爱默生超验主义思想的影响，他与爱默生的关系并非只是尊重，更多的是一种延续，甚至是“有意识的薪传”；另一方面，人们并不能简单地用美国超验主义者的一个传人来形容白璧德，而应该把白璧德称为一位佛教徒。这些看法虽有一点道理，但把白璧德视为佛教徒终究不符合实际。事实上，这种看法遮蔽了白璧德借鉴东方文化的现实用意。当然，作者指出白璧德与 P. E. 穆尔二人的著述毕竟不同，“他们提出的是不同的问题，给出的是不同的答案”，应该分别论述他们才好，并认为白璧德所标举的是一种“直觉的唯意志论”。显然，韦勒克注意到了白璧德的“意志”思想以及意志与直觉的关系。韦勒克的这些分析虽然不够准确，但对理解白璧德思想的独特性还是

---

① A. Owen Aldridge, From ‘Inner Check’ to ‘Bank Check’: Post-Babbitt Literary Criticism, *Humanitas*, 2001, 14 (2), pp. 104 – 119; Irving Babbitt and North American Comparative Literature, In M. J. Valdes, A. Owen Aldridge (eds), *Comparative Literary History as Discourse: In Honor of Anna Balakian*, Bern: P. Lang, 1992, pp. 51 – 65; Babbitt, Literary Positivism and Neo-positivism, *Humanitas*. 1996, 9 (1), pp. 65 – 78; Irving Babbitt and the Standards of Aesthetic Judgement, *Neohelicon*, 14 (2), pp. 23 – 32.

② A. Owen Aldridge, Irving Babbitt in and about China, *Modern Age*, 1993, 35 (4), pp. 332 – 339; Irving Babbitt and Lin Yutang, *Modern Age*, 1999, 41 (4), pp. 318 – 327.

有帮助的。[①] 希顿（James Seaton）从当前的文化批评角度论述了白璧德文学批评的价值以及与西方人文主义传统的关联，批驳把白璧德学说视为“纯粹的反动教条主义”的观点。他认为，白璧德对浪漫主义批判不依赖于任何先验的古典文学标准，甚至也不依赖于传统道德，而是基于对现代运动自身诺言失败的批判，浪漫主义者所宣称的人性善所带来的结果并不是幸福，而是绝望。[②] 麦凯恩（Keith F. McKean）在其著作《文学的道德尺度》中论述了白璧德文学思想的道德内涵，认为“不能把作为社会批评家的白璧德与作为文学批评家的白璧德分割开来，因为白璧德从来没有把社会问题与文学问题分割开来”。这种认识是非常有见地的。可惜的是，作者并没有从文史哲贯通的角度展开分析，而只是拈出“二元论”、“经验的层面”和“以适度法则引导的意志力量”等几个关键词来阐释其文学思想。这种解读方式客观上割断了白璧德思想的有机联系，也导致了作者的教条式判断，比如，他认为白璧德的“更高意志”“实质上是一种精神实体”，并评判白璧德为“一位偏激论者，一位道德家和绝对论者”。[③] 因此，麦凯恩的论述基本上偏离了白璧德的本意。

一般来说，论述白璧德的政治、宗教和人文传统的研究者都会涉及白璧德的教育思想。就笔者所搜集的资料来看，以白璧德的教育思想作为专题研究的成果并不多，而要论述他的教育思想则不能离开其哲学思想，可以说，白璧德的政治哲学在某种程度上是教育哲学，很难把它们剥离开来。这里仅以教育为题的学术成果稍作介绍。迈克尔·R. 哈里斯

---

① ［美］雷纳·韦勒克著，杨自伍译：《近代文学批评史》（第6卷），上海：上海译文出版社2005年版，第31~63页。译文参照了原文并有所改动。见 Rene Wellek, Irving Babbitt, Paul Elmer More and Transcendentalism, In Myron Simon, Thornton H. Parsons (eds), *Transcendentalism and Its Legacy*, Ann Arbor: University of Michigan Press, 1966, pp. 185 - 199.

② James Seaton, Irving Babbitt and Cultural Renewal, *Humanitas*, 2003, 16 (1), pp. 4 - 14; On the Future of the Humanistic Tradition in Literary Criticism, *Humanitas*, 1998, 11 (1), pp. 4 - 13.

③ Keith F. McKean, *The Moral Measure of Literature*, Denver: Alan Swallow, 1961, pp. 49 - 60.

(Michael R. Harris)[1] 认为白璧德的教育思想反潮流，即与时代主流相背离。詹姆斯·迪龙（James J. Dillon)[2] 从人文心理学角度阐发了白璧德的人文思想对人格发展的正面作用。戴维斯（Glenn A. Davis）从“道德想象”方面论述白璧德的人文教育与进步主义教育的区别，批判美国教育过于重视教育的社会和政治功能，指出需要重视白璧德教育思想中的伦理因素。[3] 他的观点恰恰与戈特弗里德（Paul Gottfried）的看法形成一定的对照，后者则更侧重于白璧德教育思想的政治性和美国本土性。[4] 威廉·斯帕诺斯（William Spanos)[5] 从后殖民主义的文化视角论述了西方人文主义者所体现的二元思维逻辑，为西方文化提供了一个解构性的视角。遗憾的是，作者没有涉及白璧德的东方文化要素，把白璧德纳入后殖民的二元逻辑之中进行论述，也有观念先行的弊端。虽然白璧德的特殊性在文中没有得到凸显，但是这种后现代式的解读还是有一定意义的，至少它让中国读者注意到了白璧德与西方大传统的关联。约瑟夫·巴尔德克诺（Joseph Baldacchino）认为，罗伯特·梅纳德·哈钦斯（Robert Maynard Hutchins）虽然在其著作中没有提及白璧德的名字，实际上，他的教育思想深受白璧德影响。[6] 该文的不足之处是作者没有指出他们之间的区别。其实，哈钦斯重视理性和形而上学，而白璧德则更重视超理性的意志，强调经验的重

---

① Michael R. Harris, *Five Counterrevolutionists in Higher Education*, Corvallis: Oregon State University Press, 1970.

② James J. Dillon, Irving Babbitt's "New Humanism" and Its Potential Value to Humanistic Psychology, *The Humanistic Psychologist*. 2006, 34 (1), pp. 59 – 73.

③ Glenn A. Davis, Babbitt, the Moral Imagination and Progressive Education, *Humanitas*, 2006, 19 (1&2), pp. 50 – 64.

④ Paul Gottfried, Education and the American Political Tradition, In Joseph Baldacchino (ed), *Education For Virtue*, Washington D. C.: National Humanities Institute, 1988.

⑤ William Spanos, The Apollonian Investment of Modern Humanist Education: The Example of Matthew Arnold, Irving Babbitt and I. A. Richards (Part One), *Cultural Critique*, 1985 (1), pp. 7 – 72; The Apollonian Investment of Modern Humanist Education: The Example of Matthew Arnold, Irving Babbitt and I. A. Richards (Part Two), *Cultural Critique*, 1986 (2), pp. 105 – 134.

⑥ Joseph Baldacchino, The Road Not Taken, *Humanitas*, 1995, 8 (1), pp. 75 – 86.

要性，反对任何形而上学。斯弥莉（Kipton Dale Smilie）的博士论文[①]论述了有关白璧德在课程教育方面的思想，把白璧德同哈佛大学校长艾略特和约翰·杜威进行比较，以旁观者的视角来看待当时课程教育方面的思想变化以及白璧德教育思想的当下意义。

可以看出，国外的白璧德研究不再满足于新人文主义理论简单的复述或解释，已经达到一定的深度和广度。不管是对白璧德思想持赞成还是反对的态度，国外研究者往往都具有较强的问题意识和现代批判精神。他们不仅对白璧德的思想进行批判与反思，而且把它作为一种思想资源应用于当代人文社会各个学科领域。但是，他们鲜有从东西方文化会通视域来研究白璧德的思想，其论述都侧重于白璧德的西方文化传统和美国本土性特征，而很少涉及白璧德思想中极为重要的东方文化要素。个别学者即使有所涉及，论述往往也不够深入，如格罗塞林就论及了白璧德向东方所借鉴的“道路”思想，但这也仅是一个小节的篇幅而已。可以说，这些研究尚未达到王国维所说的“得乎其内，出乎其外”的学术境地。

与西方的白璧德研究相比，中国国内对白璧德的引进和介绍主要通过其中国弟子们的译介。从整体上说，国内的白璧德的译介工作正在不断推进，而对白璧德思想本身进行研究的突破性成果并不多见。20 世纪 20 年代，当白璧德新人文主义进入鼎盛阶段的时候，其思想也被转渡到中国并产生了一定的影响。吴宓、梅光迪、梁实秋、徐震堮、张歆海、张荫麟、胡先骕等学者都程度不等地译介或传播了白璧德的思想。通过他们的译介与阐释，白璧德思想进入了中国的文化语境，在一定程度上参与了中国新文化的建设，并且在中国的不同时期产生了不同程度的影响。根据张源的初步分类，白璧德“人文主义”的学说进入中国之后，中国的白璧德研究主要呈现为四种阐释形态，它们分别是：①“学衡派”所译介和阐释的人文主义学说（1922—1933）；②梁实秋应用以及阐释的人文主义学说（1926—1934）；③台湾学者自侯健以降对该学说的阐释（包括译介、应用以及相关影响研究，主要始于 1973 年）；④“新时期”大陆学者对该学

---

① Kipton Dale Similie, *Irving Babbitt's New Humanism: An Outsider's Perspective on Curricular Debates at the Turn of the 20th Century*, (PhD. Diss.) University of Kansas, 2010.

说的阐释（包括相关研究与译介，主要始于 1989 年）。[①] 其实，上述分类不过是有关白璧德的比较文化研究的各个侧面，从广义上说，国内的白璧德研究几乎都属于比较文化范畴。下面将在上述分类的基础上，主要按照译介与研究两种形态作一些评述，其他两种形态也附带论述。但论述不求面面俱到，主要以一些代表人物作为评述重点。

迄今为止，国内尚没有把白璧德的著作全部译成中文。《学衡》从第 3 期译载《白璧德中西人文教育谈》（胡先骕译）开始，陆续刊载了有关白璧德思想的文章，主要有：《白璧德之人文主义》（梅西耶著，吴宓译，第 19 期）；《白璧德论民治与领袖》（吴宓译，第 32 期）；《白璧德释人文主义》（徐震堮译，第 34 期）；《白璧德论欧亚两洲文化》（吴宓译，第 38 期）；《白璧德论今后诗之趋势》（吴宓译，第 72 期）；《白璧德论班达与法国思想》（张荫麟译，第 74 期；原载于《大公报·文学副刊》，1929 年 5 月 27 日，第 72 期）；《现今西洋人文主义》（梅光迪著，第 8 期）。[②] 而刊载在吴宓主编的《大公报·文学副刊》上的有关白璧德的文章，这里也稍作列举：《白璧德论今后诗之趋势》（吴宓译，1929 年 11 月 18 日，第 95 期；后刊载于《学衡》）；《白璧德论卢梭与宗教》（吴宓译，1930 年 9 月 7 日，第 191 期）；《悼白璧德先生》（吴宓著，1933 年 12 月 25 日，第 312 期）。[③] 梅光迪与吴宓的文章都对其师赞誉有加，梅氏在《现今西洋人文主义》一文中称白璧德乃"当世批评界之山斗"，其学说"独具创见，自为一家之言"，同时他还注意到白璧德与其友穆尔的思想差异，"两先生虽为至友，虽为学同出一源，然其思想议论，亦时有出入"。白璧德去世之后，梅光迪还撰写一篇英文文章以纪念其师，誉其为"名副其实的人之师"[④]。而吴宓也在《悼白璧德先生》中说其师为"今日全世界中学德最

---

① 张源：《从"人文主义"到"保守主义"：〈学衡〉中的白璧德》，北京：生活·读书·新知三联书店 2009 年版，第 11 页。

② 沈松侨：《学衡派与五四时期的反新文化运动》，台北：国立台湾大学出版委员会 1984 年版，第 222～223 页。

③ 段怀清编：《新人文主义思潮——白璧德在中国》，南昌：江西高校出版社 2009 年版，第 8～96 页。

④ Frederick Manchester, Odell Shepard (eds), *Irving Babbitt: Man and Teacher*, New York: G. P. Putnam's Sons, 1941, p. 127.

高之人”。当然，纪念文章难免有些溢美之词。

侯健在论述梅光迪与白璧德之间关系的时候，认为白璧德深深影响了梅光迪，而梅光迪也影响了白璧德，[①] 师徒互有启发。这是完全有可能的。白璧德在其主要著作中提到了梅光迪、张歆海、郭斌和等人，这也是佐证。他的中国大弟子梅光迪于1915年投其门下求学，正如梅光迪所说，尽管白璧德在其著作中尚未出现有关中国的文字，但他已经对中国文化、特别是孔子和早期道家都有了丰富的认识。白璧德在其后的著作中，不但提及中国弟子的地方越来越多，而且提到儒家思想的地方也越来越多。在白璧德的中国弟子中，如吴宓所说，梅光迪“从学最早且久，受知亦最深”，自己与郭斌和为“最笃信师说，且致力于宣扬者”。[②] 但梅光迪的《现今西洋人文主义》也只是介绍白璧德的一个概论，原本计划“汇集各书中之精意，分章讨论，为一有统系之介绍”，可惜的是，这成了梅氏未竟的计划。与其他中国弟子相比，梅光迪和张歆海在国外的影响都超过了在国内的影响。梅光迪曾以英文撰写的文章《人文主义与现代中国》刊载在1931年的《读书人》（*The Bookman*）杂志上，论述了现代中国的人文主义运动所展开的形式，并认为中国有着自身的问题和特定的情况，“中国肯定不能全盘照搬美国人文主义者的规划”[③]。梅光迪对其师的学说能够活学活用，

---

① 侯健：《梅光迪与儒家思想》，傅乐诗编：《近代中国思想人物论——保守主义》，台北：时报文化出版事业有限公司1986年版，第264页。

② 根据吴宓的说法，在白璧德的中国弟子中，梅光迪“从学最早且久，受知亦最深”，其后有吴宓、汤用彤、张歆海、楼光来、林语堂、梁实秋、郭斌和等等，不及遍举。其中，林语堂“虽曾从先生受课，而极不赞成先生之学说”，梁实秋“曾屡为文称述先生之人文主义，又编印《白璧德与人文主义》”，而要“以吴宓、郭斌和为最笃信师说，且致力于宣扬者”。“门弟子以外，如胡先骕君，曾译述先生著作，又曾面谒先生，亲承教诲”，又“如吴芳吉、缪钺君等，或没或存，皆读先生书，间接受先生影响”。参见吴宓：《悼白璧德先生》，《大公报·文学副刊》1933年第312期；又见段怀清编：《新人文主义思潮——白璧德在中国》，南昌：江西高校出版社2009年版，第8~9页。此外，陈寅恪曾由吴宓引见，拜访过白璧德，“白师述其往日为学之经历，又与陈君究论佛理”。参见吴宓：《吴宓日记》（第二卷），北京：生活·读书·新知三联书店1998年版，第37页。

③ K. T. Mei, Humanism and Modern China, *The Bookman*, 1931, pp. 365 – 374.

这种活学活用也在《国事兴趣的需要》一文中提到。[①] 而国内学界对这些文献的重视不够。张歆海的英文论文《欧文·白璧德与东方思想》论述了白璧德与孔子和佛陀的思想关联，对白璧德学说中的东方文化要素作了较为详细的论述，但张氏所强调的是白璧德的学说本身为佛法所确认，而不是佛法对白璧德思想的影响。[②]

1929 年，梁实秋把刊载在《学衡》上的白璧德部分作品的译文结集以单行本形式出版，[③] 并附序言说，这本书虽然“并不能代表白璧德思想的全部，但是主要的论据在这里是都完备了”，并认为白璧德的学说“稳健严正，在如今这个混乱浪漫的时代是格外的有他的价值，而在目前的中国似乎更有研究的必要”，并说这本书把“白璧德的本来面目”摆在读者面前了。其实，很难说译作呈现了白璧德思想的“本来面目”。而在白璧德的中国弟子中，如吴宓所说，林语堂“虽曾从先生受课，而极不赞成先生之学说”，他曾在《〈新的文评〉序言》中说，“白璧德的人文主义不同于文艺复兴时代新文化运动中所张扬的人文主义，它一方面与宗教相对，一方面与自然相对，颇似宋朝的性理哲学”[④]。其实，林语堂的看法也有偏颇之处，白璧德的人文主义很难说与宗教相对，实质上是融合了宗教的合理因素，调和了宗教和自然之间的关系。此外，林语堂在该文中赞成与白璧德论争的斯宾甘的观点，明确反对白璧德，认为“斯宾甘所代表的是表现主义的批评，就文论文，不加以任何外来的标准纪律，也不拿他与性质宗旨作者目的及发生时地皆不同的他种艺术作品作评衡的比较”，在林语堂看来，“艺术只是在某时某地某作家某种艺术宗旨的一种心境的表现”。[⑤] 这种单一学科的立场无疑使林语堂错过了深入领悟白璧德思想的机会。

---

① 梅光迪：Our Need of Interest in National Affairs，梅铁山编：《梅光迪文存》，武汉：华中师范大学出版社 2011 年版。

② Chang Hsin-Hai, Irving Babbitt and Oriental Thought, *The Michigan Quarterly Review*, 1965 (4), p. 237.

③ 梁实秋编，胡先骕、吴宓、徐震堮译：《白璧德与人文主义》，上海：新月书店 1929 年版。

④ 林语堂：《〈新的文评〉序言》，《语丝》（第 5 卷），1929 年第 30 期，第 1 ~ 12 页；又见张明高、范桥主编：《林语堂文选》（下册），北京：中国广播电视出版社 1990 年版，第 7 页。

⑤ 林语堂：《〈新的文评〉序言》，《语丝》（第 5 卷），1929 年第 30 期，第 3 页。

《学衡》杂志于1933年白璧德去世当年宣告停刊，在《大公报·文学副刊》1934年1月1日出版了第313期之后，吴宓也不再担任主编。自此，“学衡派”对白璧德学说的推介工作陷于中断，由于国内政治环境的影响，大陆学者对白璧德的译介工作也基本上处于停滞状态。

根据张源的说法，梁实秋对白璧德学说的“挪用”构成了其在中国的又一阐释形态（始于1926年，基本止于1934年）。其实，梅光迪和吴宓等人又何尝不是如此，他们不仅“挪用”，而且是以彼身而赋予新灵魂。吴宓说其师的思想是“以理治欲”，并把白璧德的“存在的三个层面”解读为物界、人界和天界“三界说”。其实，这是吴宓“挪用”其师思想的典型案例，很难说这还是白璧德的思想。梁实秋不仅把白璧德的一些思想挪用到自己的文学批评中，而且也曾撰文论述白璧德的思想。他在《白璧德及其人文主义》（1934年）[①] 一文中说到白璧德人生的三种境界说，认为白璧德的人文主义有着自然的境界、人性的境界和宗教的境界，而人文主义是“处在中间境界的一种持中的人生观”，并认为白璧德的学说，“在纯粹的理想主义者看来，他是现实主义者；但是在极端的现实主义者看来，他又是一个理想主义者”，还认为人文主义不是宗教，但是宗教的最宝贵部分“亦曾渗入在人文主义里”，并说白璧德“能融合各家之长改造成为实用的哲学，对于任何民族任何时代都可以应用的”。梁实秋的判断颇有见地，但是他把白璧德的人性论解读为“普遍固定的人性”，则可见他对其师思想的把握并不到位。这种看法在他的《关于白璧德先生及其思想》一文中得到进一步体现，他认为白璧德“所尊崇的是理性”，并把白璧德的二元人性论视为“欲望与理智的冲突”，而“理智便是内在的控制力”（Inner Check）。[②] 这基本上是曲解。

1949年，梁实秋选择在台湾定居，与其门生侯健在台湾继续译介白璧德的学术成果，1961年，梁实秋翻译的《浪漫的道德》（《卢梭与浪漫主

---

① 梁实秋：《白璧德及其人文主义》，《现代》（第5卷），1934年第6期，第902～909页；又见段怀清编：《新人文主义思潮——白璧德在中国》，南昌：江西高校出版社2009年版，第97～102页。

② 梁实秋：《关于白璧德先生及其思想》，徐静波编：《梁实秋批评文集》，珠海：珠海出版社1998年版，第211～217页。

义》中的一章）载于《美国文学批评选》,[①] 文集《文学因缘》（1964 年）收录了上面的《关于白璧德先生及其思想》一文。自 20 世纪 70 年代以来，侯健对白璧德思想的阐发工作基本上没有中断，他在美国纽约州立大学所撰写的博士论文《欧文·白璧德在中国》探讨了白璧德与中国文化的关联，对白璧德与梁实秋之间的关系论述得较为详细,[②] 他的文章《梅光迪与儒家思想》也涉及了白璧德的思想，认为白璧德受到了梅光迪的影响，并判断"《民主与领袖》是以儒家思想立言的"。若以纯粹的儒家立场来立论，论域不仅显得狭隘，而且遮蔽了白璧德学说所要解决的问题之实质，但此文对梅光迪的评判还是有价值的，认为梅氏"在打倒孔家店重新认定儒家思想上，尽到了建立转捩契机的力量"[③]。他的著作《文学与人生》[④] 也渗透了诸多白璧德的思想要素。但从总体上说，梁实秋、侯健师生的研究都没有摆脱中国本土的褊狭视角，视白璧德思想为儒家"克己复礼"的再现。[⑤] 他们的论述都没有超过梅光迪、吴宓等人的视阈，梅光迪和吴宓都领会到了白璧德学说中的国际主义视野，说白璧德具有不为"一时一地"的超时空的文化维度,[⑥] 当然，他们对白璧德思想都缺乏批判。林丽月在《梅光迪与新文化运动》一文中认为白璧德"主张舍美感而取道德，换言之，其思想自人文主义出发，而以文学的功能为其归宿"。这种看法还是比较狭隘的，未得白氏思想之本意，但他评判梅光迪"不是新文

① 林以亮：《美国文学批评选》，香港：今日世界出版社 1961 年版。

② Hou Chien, *Irving Babbitt in China*, (PhD. Diss.) State University of New York at Stony Book, 1980.

③ 侯健：《梅光迪与儒家思想》，傅乐诗编：《近代中国思想人物论——保守主义》，台北：时报文化出版事业有限公司 1986 年版，第 259 ~ 274 页。

④ 侯健：《文学与人生》，台北：九歌出版社 1980 年版。

⑤ 梁实秋：《影响我的几本书》，《雅舍菁华》，长沙：湖南文艺出版社 1990 年版，第 64 ~ 65 页；侯健在《梁实秋先生的人文思想来源——白璧德的生平与志业》一文中也指出："白氏尊孔子为世界四大思想家之一（另三人为佛陀、苏格拉底和耶稣）。他的论著中有关儒家思想浓重，有的文章几乎是以儒家思想为阐释的根本。"转引自朱二：《鲁迅、梁实秋和白璧德人文主义》，《鲁迅研究月刊》1987 年第 12 期，第 50 页。

⑥ 吴宓：《悼白璧德先生》，《大公报·文学副刊》1933 年第 312 期。

化运动的守旧派”[①]。这确实是卓见。此外，台湾学者李有成撰有《白璧德、新人文主义与中国》一文，以赛义德的“旅行理论”为分析工具，论述白璧德在中国的影响与变迁，认为“白璧德的中国之旅必定是失败之旅，而其最终落落寡欢，终老台湾，（白璧德）则已经与中国当代的文化政治无涉”[②]。对于白璧德对中国的正面影响，该文显然论述不够。周淑媚在《论学衡派的思想资源——阿诺德的文化论与白璧德的人文主义》一文中认为白璧德和阿诺德对“学衡派”的影响并非单向灌输，而是“一种内在的精神契合”[③]。朱双一认为当代台湾文学有一股人文主义脉流，其脉络早在20世纪50年代就已萌生，而当代台湾文学之所以存在这股人文主义脉流，作者认为是梁实秋的人文主义文学理念起到了很大的作用，由此也说明：一方面，台湾文学的脉络实际上与“五四以降的中国现代新文学（其中某一或某些脉络）有着密不可分的对应传承关系；另一方面，又显示了台湾文学有别于中国文学整体的某种个性特征，它使台湾文学具有较强烈的人性挖掘主题”[④]。可以说，通过上述的研究和传播，白璧德研究在中国台湾呈现出一定的连贯性和持续性，但对白璧德思想本身尚欠发掘。

目前，就大陆有关白璧德著述的译介情况而言，20世纪60年代初，中国社会科学院外文所文美惠翻译了白璧德的文章《批判家和美国生活》[⑤]。吴学昭翻译了《欧文·白璧德与吴宓的六封通信》，刊载在2002年第10辑的《跨文化对话》上。孙宜学翻译了《法国现代批评大师》（广西师范大学出版社，2002年）、《卢梭与浪漫主义》（河北教育出版社，2003

---

① 林丽月：《梅光迪与新文化运动》，汪荣祖编：《五四研究论文集》，台北：联经出版事业公司1980年版，第383～402页。

② 李有成：《白璧德、新人文主义与中国》，《在理论的年代》，台北：允晨文化实业股份有限公司2006年版，第102～130页。

③ 周淑媚：《论学衡派的思想资源——阿诺德的文化论与白璧德的人文主义》，《东海中文学报》2009年第21期，第149～178页。

④ 朱双一：《当代台湾文学的人文主义脉流》，《厦门大学学报》（哲学社会科学版）1995年第3期，第1～6页。

⑤ ［美］白璧德著，文美惠译：《批评家和美国生活》，中国社会科学院文学研究所西方文学组编：《现代英美资产阶级文艺理论文选》，北京：作家出版社1962年版；后收录于胡经之、张首映主编：《西方二十世纪文论选》，北京：中国社会科学出版社1989年版；朱立元、李钧主编：《二十世纪西方文论选》，北京：高等教育出版社2002年版。

年)、《性格与文化：论东方与西方》（上海生活·读书·新知三联书店，2010年)，由于该译者对白璧德的思想缺乏深入研究，译作中的错讹之处较多，如对“人文主义”（Humanism）与“人道主义”（Humanitarianism）未作区分，而对这些关键词的辨析是至关重要的，因为这实际上涉及了白璧德所针对的现代性问题。张沛、张源翻译了《文学与美国的大学》（北京大学出版社，2004年）和《民主与领袖》（北京大学出版社，2011年），他们为读者提供了较好的译本。段怀清所汇编的资料集《新人文主义思潮——白璧德在中国》编选了《学衡》杂志所译介以及五四学人论争的一些文章，给研究者提供了一些资料便利。2003年3月，美国《人文》杂志社与生活·读书·新知三联书店合作出版了《人文主义——全盘反思》一书，除了选译白璧德的《文学与美国的大学》中的两篇重要论文《什么是人文主义》和《培根与卢梭》外，该书还选译了《白璧德在我们的时代》文集和《人文》杂志中的一些文章，这些举措无疑有助于把国内白璧德研究推向纵深处。白璧德的著作《新拉奥孔》和论文集《论创造》尚未有中文译本，除此之外，白璧德发表在期刊上的一些文章也没有被翻译。

自20世纪80年代以降，大陆学者主要以《学衡》上所刊载的译文以及最近以来的翻译文本为基础来作研究，而且大多数观点都是炒冷饭，都未能跳出吴宓、梅光迪、梁实秋等人的窠臼。翻译本身就是一种文化过滤行为，原文中的很多信息都在翻译过程中流失了。因此，若凭借译文来展开研究，我们就很难探究白璧德思想本意，更遑论取得突破性成果了。尽管国内学界对白璧德的研究有所推进，但根据原文来研究白璧德思想本身的成果，目前尚鲜见。即使一些研究者涉及了白璧德原文，但一般也没有深入发掘其思想本身。从整体上说，国内的研究现状基本上如此。当然，这并不是说国内学界就没有一些代表性成果，而只是说有关白璧德思想本身的研究成果还很欠缺。

中国大陆对这一课题的学理性探讨，不像台湾的白璧德研究具有一定的延续性，国内的研究若以1989年乐黛云的《世界文化对话中的中国现代保守主义——兼论〈学衡〉杂志》[①] 一文为起点，迄今只有20多年的时

---

① 乐黛云：《世界文化对话中的中国现代保守主义——兼论〈学衡〉杂志》，《中国文化》1989年第1期，第132～136页。

间。此文对中国大陆的白璧德研究具有开启之功，但她把白璧德的中国弟子归类为“文化保守主义”，这在某种程度上影响了国内研究者对白璧德的看法。视白璧德为保守主义分子，这种观点无疑值得商榷。对此，杨扬提出了不同的看法，他认为白璧德的理想是要“为人类价值信念提供一种普遍的人文基础”[①]。这种看法具有一定的见地，但是白璧德想提供什么样的“普遍的学理基础”，他的“普遍的人文基础”又是如何奠定的？对于这些关键问题，作者都没有涉及。

国内学者张沛、张源兄妹不仅对白璧德著作有译介，而且对白璧德的思想作了较为深入的研究。就白璧德研究而言，张源的著作《从“人文主义”到“保守主义”：〈学衡〉中的白璧德》[②] 是国内关于白璧德研究方面具有代表性的一本著作。该著作主要从译介学入手分析白璧德的思想，试图以白璧德思想的原意为参照，分析《学衡》杂志所刊载的译文的文化变异及其原因。国内研究者不仅缺乏对白璧德原文的深入研读，而且缺乏从西方文化发展脉络中对白璧德进行定位，但对“学衡派”的“转述”深信不疑。因此，张源的研究对白璧德在中国的传播影迹起到了一定的还原和矫正作用。该著作虽然是根据《学衡》杂志上的7篇译文展开的，但所论范围较广，涉及了白璧德思想中的教育、宗教以及政治等诸多方面。作者认为白璧德的宗教思想具有类似于中国内在超越的特征，并把白璧德的政治思想纳入美国的自由主义传统之中，进而辨析白璧德的“保守”与“自由”思想。这些论述都推进了国内的白璧德研究。但是，该著作毕竟受到译文范围的局限，对白璧德的问题意识和宗教思想缺乏深入解读，也没有涉及白璧德的人文主义方法，更没有论及白璧德是如何会通东西方文化的。从总体上说，该著作对国内的白璧德研究有所推进，但对白璧德的整体思想和核心观点尚待提挈。

张沛的论文《民主与领袖：白璧德人文思想述评》[③] 对白璧德的政治思想进行了一些分析，堪称国内研究白璧德政治思想为数不多的文章之

---

① 杨扬：《中国现当代文化语境中的白璧德》，《读书》2011年第5期，第92页。

② 张源：《从“人文主义”到“保守主义”：〈学衡〉中的白璧德》，北京：生活·读书·新知三联书店2009年版。

③ 张沛：《民主与领袖：白璧德人文思想述评》，《国外文学》2009年第3期，第20～26页。

一。不足的是该文毕竟是一篇评述性文章，对白璧德的认知程度尚不够准确，有些地方曲解了白璧德，或者说没有把握白璧德的思想内核。譬如：作者比较了康德和白璧德的道德法则后，认为白璧德没有注意到康德的自律思想与其思想的相似处，并论断这是白璧德的失察。其实作者没有注意到，他们之间的不同正是白璧德思想的核心要义，这是作者本人对白璧德思想精义的失察，而非白璧德的失察。该作者在另一篇文章《比较文学·比较诗学·人文之道》中也涉及了白璧德，认为白璧德心目中的“比较文学是古典文学的延伸，理想的古典研究应当是‘比较文学’”，并且说白璧德所说的“比较方法”就是“实证主义的历史比较方法”。[①] 在此，作者并没有把握白璧德的“实证”的要义。白璧德固然强调“历史的透视”，但白璧德的“实证”不仅在自然主义层面上使用，而且在人文主义层面和宗教层面上使用，即他所说的“伦理经验”或“道德经验”。换言之，白璧德所说的经验的事实具有两种不同的层面，一种是与“物之法则”相应的事实，另一种是与“人之法则”相应的事实，白璧德更侧重于内在控制的“人之法则”方面。张源对此有一些分析。[②] 不难发现，在把握白璧德的思想方面，张源比其兄长理解得更深入一些。

虽然段怀清对白璧德研究的时间较长，但他对白璧德的把握并不到位。在他看来，白璧德无疑是一位“绅士传统冥顽不化的坚守者”[③]。之所以如此，个中原因部分在于作者没有把握白璧德所针对的现代性问题，部分在于作者对白璧德原始文献缺乏深入解读，却过多地依赖研究者的文献。这种情况也体现在他的专著《白璧德与中国文化》中。该著作基本上是其博士论文的修订版，主要从西方汉学的视角来论述白璧德与中国文化，梳理白璧德与中国儒道释文化的关联。虽然该著作指出了白璧德的中国研究“从一开始就不是服务于纯粹客观的研究目的，而是服务于他的东西方经典思想文化的整体观，也就是他的新人文主义”，但是，由于没有

---

① 张沛：《比较文学·比较诗学·人文之道》，《北京大学学报》（哲学社会科学版）2010 年第 5 期，第 119 页。

② 张源：《从“人文主义”到“保守主义”：〈学衡〉中的白璧德》，北京：生活·读书·新知三联书店 2009 年版，第 114 页。

③ 段怀清：《欧文·白璧德：绅士传统冥顽不化的坚守者》，《社会科学报》2003 年 8 月 14 日第 6 期。

从现代性问题出发和从会通归一的整体观来提炼白璧德思想的核心，该著作力图要阐发的关注点——“中国要素是如何被白璧德所发现、所观照并被整合进他的新人文主义体系之中，且成为其中不可或缺的组成部分”——并没有被阐发出来。[①] 白璧德“新人文主义”之“新”在很大程度上不是该作者所称誉的“他的新人文主义体系”，而是对西方逻各斯所主导的各种“主义”的突破。换言之，该作者所赞誉的正是白璧德所要突破的藩篱，而白璧德反对的理由和底气很大程度上来自东方文化。

朱寿桐详细论述了白璧德新人文主义在中国的传播和影响。他以人文主义的宽泛概念统摄中国的人文主义踪迹，不仅把“学衡派”知识分子群、梁实秋、林语堂等与白璧德直接关联的人物纳入视野，而且把辜鸿铭和新儒家也纳入他的分析框架，分析范围的拓展将会促进国内学者有关白璧德与中国的关系的研究。但是，实际上问题并不在于研究范围的拓展，而在于作者没有对白璧德本人的思想作深入的分析，那么，如何能确定“新人文主义的中国影迹”？作者没有对新人文主义的核心内涵进行深入探究，更没有从中西思想史的角度深入分析当时中西方所面对的问题。在这些必要的前提尚未梳理的情况下，作者就提出了另外一种与工具理性和价值理性有所区分的理性形态——“意念理性”，并以此“意念理性”来统摄白璧德的人文主义思想。[②] 以这种方式行文的好处是，文章脉络清楚，以便文章统摄为一，但弊端也很明显，至少他把白璧德思想的复杂性简单化了。另外，作者难以回避的问题是，“意念理性”也可以运用到其他思想家那里，若此，白璧德思想的独特性就被遮蔽了。其实，白璧德的人文主义思想不仅重视理性的工具作用，更加强调意志和想象的作用。若仅从意念理性去理解人文思想，显然理性代替了意志。而白璧德新人文主义与旧的人文主义的主要区别不仅仅表现在对待理性的态度上，更表现在对“超理性区域”的认同上。白璧德重视意志、想象、个人主义以及现代批判精神，其思想要义不是他的“理性”，而是他的“超理性”的“更高意

---

① 段怀清：《白璧德与中国文化》，北京：首都师范大学出版社 2006 年版，第 1 ~ 12页。

② 朱寿桐：《新人文主义的中国影迹》，北京：中国社会科学出版社 2009 年版，第 11 ~ 15 页。

志”。显然，仅从概念出发难以把握白璧德的深义要旨。[①]

尽管以上代表性论述不能涵括国内白璧德研究的全貌，但是主要人物及其观点基本上都涉及了。除了张源对白璧德的思想本身有一定研究之外，大多数学者都没有依据白璧德的原文作深入研究，对白璧德思想本身缺乏整体性的把握，所论范围和深度也没有越出吴宓、梁实秋等人的范围，所理解的深度也未达到白璧德的中国弟子们的水平，其中，大多数是以吴宓、梅光迪、梁实秋、林语堂等人的观点来认定白璧德的。尽管他们都力求有所突破，但仍拘囿于理性的藩篱。除了段怀清所说的“理性体系”和朱寿桐所说的“意念理性”，其他研究者也大多持相类似的看法，譬如：罗刚[②]、旷新年[③]、刘聪等人都认为白璧德的核心观点是善恶二元的人性论，而所谓的二元是指理欲之争。罗刚论断白璧德的学说是一种“向后看”的现代古典主义，刘聪还判断白璧德的宗教观是理性过度的结果，他说道：“理性过度的境界是宗教境界，欲望过度的境界是自然境界，这二者都是他所批判的，理性与欲望中庸合度的境界即是他所赞赏的人文境界。”[④] 这种“理性过度”的宗教观背离了白璧德的思想。

为了拓展白璧德研究的涉及面，这里对其他研究者也稍作评述。于海兵的博士论文《跨文化的白璧德》论述了白璧德的宗教观，认为白璧德的“更高意志”具有神学内涵，但并没有进一步阐释这种神学内涵与基督教上帝之间的关系，也没有涉及白璧德思想中的东方内涵。从整体上来说，该文选题跨度较大，但论域并不宽广，主要以《文学与美国的大学》和《卢梭与浪漫主义》两部著作作为分析文本，且对原始文献分析不够。对于白璧德的哲学思想，该作者几乎完全依赖史蒂芬·布伦南和史蒂芬·亚

---

① 吴宓要求国人若要深究白璧德的思想，则“当取原书读之”，朱氏对此不以为然，认为这是在“幼稚、苛刻、荒唐”经验层次的理论要求。朱氏与吴宓的学术思想在此交锋。笔者认为吴宓所说的“窃尝以人事之繁、虚文之多，为中国社会之病根”的观点在当今社会并不过时。参见朱寿桐：《新人文主义的中国影迹》，北京：中国社会科学出版社 2009 年版，第 277 ~ 278 页。

② 罗刚：《梁实秋与新人文主义》，《文学评论》1988 年第 2 期，第 80 ~ 94 页。

③ 旷新年：《现代文学与现代性》，上海：上海远东出版社 1998 年版，第 237 ~ 238 页。

④ 刘聪：《白璧德人文主义运动与现代新儒学》，《文学评论》2009 年第 6 期，第 116 页。

伯勒的《欧文·白璧德》中的论述。就白璧德与东方宗教的关系而言，陈怀宇的《白璧德之佛学及其对中国学者的影响》重点探讨了白璧德从学的经历及其与20世纪初叶近代佛学之关系，考察了白璧德与佛教的关联，并通过这种关联来分析其学术取径及其对中国留学生的影响，认为白璧德对印度学的兴趣主要源于从东方思想中寻找有益因子以补充西方思想的不足。① 但该作者未能论述白璧德如何吸纳东方思想及其取舍原因，也没有以现代性问题为导向来发掘白璧德人文主义构设的深层原因。段俊晖则主要从历史纵向和横向面交叉的视角来比较白璧德、特里林以及萨义德三位思想家的“批判的人文主义”思想，分别从“伦理想象”、“个人主义”和“政治内涵”三个方面来论述三位学者的人文思想。② 应该说，作者涉及了白璧德思想的主要方面，但其思想的连贯性和整体性也被割裂了。此外，该作者还曾撰文分析了白璧德与艾略特之间的宗教分歧，并对艾略特的批判观点持肯定态度，这说明了作者并没有领会白璧德现代性批判的用意所在。③ 王晴佳分析了“学衡派”诸人的文化背景与求学经历，并指出“学衡派”与新人文主义之间的关系“与其说是一种内容上的接受，毋宁说是一种思想上的认同”④。这种观点显然遮蔽了白璧德对中国弟子们的深刻影响。刘小新探究了白璧德对20世纪初留美学生文化守成思想形成的影响，他认为白璧德的影响建立在两个互动的基础上，其一是中美人文主义文化思想存在一种明显的互动，其二是激进文学革命论与文化守成思想之间的辩证抗衡。正是这种辩证抗衡促进了20世纪初留美学生文学文化保守

---

① 陈怀宇：《白璧德之佛学及其对中国学者的影响》，《清华大学学报》（哲学社会科学版）2005年第5期，第31～48页。

② Duan Junhui, A Study of American Critical Humanism: Irving Babbitt, Lionel Trilling and Edward Said, *Comparative Literature: East and West*, 2010 (1), pp. 70－78. 此文基本上是该作者的博士论文概述。见段俊晖：《美国批判人文主义研究：白璧德、特里林和萨义德》，四川大学博士学位论文，2009年。

③ 段俊晖：《白璧德与艾略特的人文之争》，《四川外语学院学报》2008年第4期，第28～33页。

④ 王晴佳：《白璧德与“学衡派”：一个学术文化史的比较研究》，《人文东方》2004年第2期，第57页。

主义的形成。[1] 该作者并没有脱离乐黛云的分析框架，但他对留美学生文化背景的分析还是有价值的。

学术界在阐发“学衡派”思想的时候，一般都会附带地论述白璧德的思想，所依据的材料和观点也都是国内的译本和白璧德中国弟子的观点。这种类型的论述很难符合白璧德思想的本意，甚至有背离白璧德思想的现象。1995 年，国内出版了资料汇编性质的《国故新知论——学衡派文化论著辑要》，此后，陆续出版了多部关于“学衡派”的专著与文集。沈卫威的专著《回眸“学衡派”——文化保守主义的现代命运》[2] 从文化史的角度阐述了新人文主义对“学衡派”的影响以及“学衡派”的文化命运，注重史料的搜寻。郑师渠在《在欧化与国粹之间——学衡派文化思想研究》中论述了白璧德的部分理论及其对中国学生的影响，把白璧德的新人文主义概括为：“‘一’、‘多’融合的认识论，善恶二元的人性论，以理制欲的实践的道德论”[3]，在一些地方他甚至说出“美国的新人文主义自称为科学的人文主义”[4] 这样悖逆白璧德思想的话。当然，该著作不是白璧德的专题研究，鉴于国内目前的研究水平，出现一些失误也在所难免，该著作对“学衡派”学术思想的研究还是有价值的。周云的著作《学衡派思想研究》也是根据《学衡》杂志上的译文以及“学衡派的白璧德”来阐释白璧德，然后再根据“学衡派的白璧德”来阐释“学衡派”的，这种循环论证很难呈现白璧德的思想本身。在此，该作者说道：“白璧德的全部学说则是维护道德、权威和传统的思想潮流在美国的版本。这一思想理路，可以看做是‘学衡派’思想的西学背景。”[5]其实，白璧德主张现代批判精神，反对任何权威。另外，国内陆续出现一些与白璧德相关联的博士论文，如：蒋书丽的《论吴宓中西融合的文化理想与实践》、李广琼的《学

---

① 刘小新：《白璧德与 20 世纪初留美学生文化守成思想的形成》，《华侨大学学报》（哲学社会科学版）2006 年第 2 期，第 105 ~ 112 页。

② 沈卫威：《回眸“学衡派”——文化保守主义的现代命运》，北京：人民文学出版社 1999 年版。

③ 郑师渠：《在欧化和国粹之间——学衡派文化思想研究》，北京：北京师范大学出版社 2001 年版，第 47 页。

④ 郑师渠：《在欧化和国粹之间——学衡派文化思想研究》，北京：北京师范大学出版社 2001 年版，第 80 页。

⑤ 周云：《学衡派思想研究》，兰州：甘肃人民出版社 2005 年版，第 34 页。

衡派与新人文主义中国化》以及周佩瑶的论文《“学衡派”的身份想象：“人文主义者”与“圣人”》等，她们都程度不等地涉及了白璧德思想，但又都是基于“学衡派的白璧德”来阐释白璧德，因此，对白璧德思想本身的探讨都付诸阙如。

从整体上说，近年来对白璧德的研究在国内学术界呈现上升态势，对白璧德思想的各个方面几乎都有所论及。毋庸讳言，国内学者所取得的学术成果给后继的研究夯实了基础，起到了铺垫作用。但同时也应该看到，就白璧德思想本身而言，他们没有深入探究白璧德所面临的现代性问题，缺乏从人文学科贯通的思路来发掘其思想的内在联系和整体性，对白璧德思想本身缺少应有的研究，特别是对白璧德的哲学思想缺乏深入的发掘。之所以如此，部分原因或许与国内研究者的知识结构不无关系，如梁实秋所说，尽管白璧德学说涉及文学批评、思想史、伦理、宗教、教育等诸多方面，但是其核心思想是哲学方面的。① 如果研究者没有一些东西方哲学的背景知识，那么就很难深入白璧德的学说堂奥。

第三节　问题与方法

从上文对白璧德研究的学术史的梳理，我们可以看出白璧德研究尚有诸多罅隙可以补漏，但研究本身不是为了研究而研究，其中也隐含着研究者的选择与判断。在已有研究成果的基础上，白璧德研究尚有很多方面还需要推进，这也是笔者聚焦本专题的原因所在。

截至目前，国外一些的研究者在论述白璧德的时候，虽然涉及了一些东方文化要素，但从总体上说，普遍缺乏东方视阈，更鲜有从东西会通视阈来对白璧德进行专题性研究。西方的研究者主要依靠自身的文化资源来论述，这样就难免陷入西方的文化语境而不能拉开一段距离来审视白璧德的思想，这可能与他们缺乏东方文化知识背景或以西方文化为本位有关。

---

① 梁实秋：《关于白璧德先生及其思想》，徐静波编：《梁实秋批评文集》，珠海：珠海出版社 1998 年版，第 214 页。

在很大程度上，他们的研究遮蔽了白璧德思想中丰富的东方活性因子。若不能深入探究其中的东方文化要素，就很难发掘出白璧德思想的独特性，西方研究者看到的往往都是他们能看到的，或他们想要看到的。因此，白璧德的整体面貌很难呈现出来。这是西方研究者的短板。本书力争在这个方面有所突破，并不是为东方文化的优越性辩护，而是力求还原白璧德的本来面目，在世界距离变得越来越近的特定语境下，探究白璧德当年所主要针对的问题以及他是以什么为出发点来处理东西方的文明与文化。

目前，国内的白璧德研究并不尽如人意，主要体现在以下几个方面。首先，国内学术界对白璧德整体的核心思想缺乏探讨。若不能在这方面进行较为准确的把握，每一个研究者都难免自说自话，可能出现错解和误读，甚至背离了白璧德思想却还以为是白璧德的原意。当然，研究过程和结论难免会出现不同的见解和主观性判断，但是若以深入解读白璧德的原文为基础，总不至于把黑的说成白的。从总体上看，研究对象大体上还是有一个思想的语域。白璧德思想具有很强的一贯性，而国内的白璧德研究却比较零散，好似各种零部件的组装，没能够把白璧德思想当作一个整体来研究。诚然，白璧德思想有着各个方面的内涵，如文学、政治、伦理、心理、教育、哲学、宗教等，但是这并不表示他没有一个思想核心。本书力图突出白璧德的思想内核，若对此有了准确的把握，那么就可以“揽一总万”，为对其思想的各个侧面进行研究提供很好的前提和基础。换言之，尽管各个侧面的研究有助于拓展其思想的丰富内涵，但研究者若不能把握其思想内核，将难以深入展开有关各个学科的专题研究。此外，白璧德研究也可以帮助我们理解美国的实用主义思想，它们都是美国现代转型时期所出现的文化思潮。总的来说，国内学界比较重视实用主义的研究，对白璧德的研究相对薄弱。实际上，缺乏对美国人文主义思想的研究，也制约了对实用主义的深入理解。另外，国内的研究普遍缺乏问题意识：白璧德想着力解决的问题是什么，白璧德是如何融摄东方的异质文化因子而熔铸其学说方略的，他提出的解决方略对东西方文化或者说人类的文化有什么贡献以及他的研究对我们有什么启发等。就这些方面而言，国内的研究都有所欠缺。一般来说，国内的大多数研究者只是着眼于知识类型的探讨，缺乏从白璧德所针对的问题来立论，更缺少对白璧德的思想进行历史的透视。

本书力图把白璧德放回到西方和美国现代转型特定的历史语境中，探察当时西方现代性危机及其时代心理情境，力求“回到事情本身”，着力发掘白璧德思想的核心问题，尤其着力于其思想的前提和基础，探究白璧德新人文主义之“新”的思想根据，从而透视白璧德如何应对其心目中的现代性危机。在当前的全球化社会，从某种程度上说，研究西方是为中国的文化建设提供借鉴。因此，对白璧德进行研究，无疑对当下中国的现代化转型具有重要的理论意义和实践价值。本书不主张那种就知识而知识的研究，摒弃那种静态的、定论式的“社论性”论断，因为它们看上去并不像我们想象中的那样具有什么权威的。

“工欲善其事，必先利其器。”方法虽然不能剥离内容，但是不同的思维路径往往会呈现出不同的研究格局，对探究的深入程度和成果的面貌并非毫无意义。就研究方法而言，笔者主要借鉴栾栋先生创制的“人文学”建构性原理与方法来探究白璧德的核心思想。一般来说，国内学人的“人文学”大致是文史哲等人文学科的表层相加，而栾栋先生所说的“人文学”与此路数完全不同。按照笔者粗浅的理解，主要是以整体性的思路来提炼人文群科的内在关联，体现了一种“通化”的研究方略。栾栋先生认为：“在不同角度，所见会有不同，但是至少有以下几个趋同点可供研究者参酌。从已有学科体制来判断，人文学自然是所有人文学科的共同之学，或曰是人文群科的汇总之学；以人类古老的学理概念来推导，人文学必然是‘观乎人文以化成天下’之学；就当今急迫的学术思想大端来考量，人文学当然是文史哲融会且中西学贯通之学。”①

白璧德一生主要从事教学和文学批评工作，其学术思想涉及文史哲等人文学的各大类别，其核心主要是哲学方面的，任何单一学科方法都难以把握这样一位涉及众多学科的思想家。栾栋先生所提出的“文史哲互根”命题，探究了人文学科的内在学理和方法，无疑给笔者提供了一个非常好的分析利器。

文史哲互根不仅阐发了文史哲不分家的历史原因，而且揭示了文史哲之间难以割舍的血肉亲情。它们互为表里，互为依据，互为支撑，互为资

① 栾栋：《人文学概论》，广州：暨南大学出版社2012年版，第5页。

> 粮，互为形神，是一个名副其实的思想檃栝和文化共体。文史哲互根的思理，解决了文史哲有家而又无家的佯谬，突破了文史哲有科而又去科的悖论，消弭了文史哲有疆而又化疆的吊诡，它们在根本上脉络相连，在精神上息息相通。①

这种能够汇集人文群科的大类场域的学理而阐发的“文史哲互根”理论，真正找到了文史哲相互关联的根源和学科贯通的理据。这就为笔者研究白璧德提供了很好的思路与方法。文不离史哲，哲不离文史，史不离文哲，如上所说，文史哲“互为表里，互为依据，互为支撑，互为资粮，互为形神，是一个名副其实的思想檃栝和文化共体”。笔者主要运用“文史哲互根”的理论来论述白璧德的核心思想。白璧德的核心思想主要是哲学思想，笔者之所以不以哲学思想作为本书的标题，原因主要在于：若以哲学来拟题容易遮蔽其他方面的思想，如宗教、伦理、文学、历史、政治等学科的作用。而以“核心思想”作为标题，至少可以表达以下几个层面的意思：其一，以哲学提挈并凝聚白璧德各个方面的思想，如栾栋先生所说，哲学一如人文学的脑中枢神经，② 它虽有局限性，但是涵摄面宽，穿透力强，概括性高；其二，“论从史出”，论文以问题为导向，即主要是从西方学术脉络和理路角度，来探究白璧德所针对的问题以及他的解决方略；其三，提炼白璧德的核心思想，仅仅依靠哲学和史学是不够的，白璧德主要从事文学批评，他的思想门径主要是从文艺美学理路进入的，可以说，这是“论从文出”，他的哲思不离文思，诗哲交融互渗，想象与逻辑互补，白璧德的文心有诗思，但更有哲思，在一定程度上说，探究白璧德的核心思想就是探究其“文心”。因此，本书涉及哲学、文学、史学、政治、宗教等诸多学科，可以说，这是要做一次“游谈”的冒险，但能避免“无根”之弊端。本书的立意主要在于探究白璧德学术的本根，也希望此书本身成为有“根”的研究，从而“贯一为拯救之药”③。从某种程度上

---

① 栾栋：《论人文学术还家——兼释“文史哲互根”》，《学术研究》2007 年第 10 期，第 6 页。

② 栾栋：《感性学发微》，北京：商务印书馆 1999 年版，第 202 页。

③ 刘勰著，陆侃如、牟世金译注：《文心雕龙译注》，济南：齐鲁书社 1996 年版，第 363 页。

说，笔者是对白璧德这个论题作了一次人文学的“文史哲互根”理论的实践，希望在这方寸之地能够形成一个文史哲“思想槼栝和文化共体”和一个开放的人文生命的场域，并尽可能做到有点无际，有“根”界而又开放。因此，本书是一项跨学科、跨文化的综合性研究成果。

而在“人文学”这个大学科相邻的诸多学科中，栾栋先生重新整合现代知识体系，提出了不同的学科分类法。从方法论的角度，把众多学科区分为人文学科、社会学科和自然学科三大学科群；从全球化和人文宇宙学的意义上，栾栋先生把当今各种学科归纳为四个门类，即“人文学”、“自然学”、“社会学”和“科学学”。[①] 这些大学科与“人文学”相邻，既有区分又互相联系。就当前大的学科分类来说，一般都拘囿于近代以来的“科学主义”的影响，以“科学”为权威、准绳和标准来进行学科分类，如自然科学、社会科学和人文科学等。其实，这是一种以科学僭越人类一切位置的越界行为。把科学用于自然，或用于“物”事尚有其道理，但如果用于“人”事就不免僭越了不属于它的位置。对此，白璧德也有着类似的批判，当然，这并不是说人事与物事不相关，只是它们各有各的范围和特性。栾栋先生的大学科分类法打破了目前以科学垄断的分类法，以“人文学”的“人文化成”的功夫来涵摄、导引当前的学科文化，软化硬性的科学学、人文化自然学和社会学。正如栾栋先生所说：“我们不赞成用人文科学涵盖人文学，主要在于人文不完全和不仅仅是科学。在学理的深层，科学分享人文资源但肢解人文精神。科学提供了一些促进人文发展的可能，却也遮蔽了人文学涵养科学和化解科学局限的机会。在此意义上，将人文学按照科学的方式格式化为人文科学，甚至以人文科学作为整合人文各科的统称，实际上是用人类世界的一种方式取代了天人互动的本旨，把人文群科以及人文心灵的博大境界压缩为工具理性的一个试管。”栾栋先生之所以创设人文学，其用意“至少应该有包举人文群科、涵摄科学精神的宏大规略。这样一个大门类应该关切人文化成和重整学术分野的立意。从学术结构上讲，人文学要成为涵摄科学精神，但又超乎科学思想的开放性门类”[②]。可以说，“人文学”学科的创设是一次重新调整人类文明

---

① 栾栋：《人文学概论》，广州：暨南大学出版社 2012 年版，第 21 页。

② 栾栋：《人文学概论》，广州：暨南大学出版社 2012 年版，第 6 页。

方向的努力精进。

钱钟书曾说："东海西海，心理攸同；南学北学，道术未裂。"[1] 尽管人类有各种各样的不同，但也有其相同、相通的地方。用马克思的话说，人类毕竟具有"类"的特征，这就表明东西方文化不仅具有自身的特殊性，同时也具有相通和契合之处。在地球村落，人类立于天地之间，难免要面临诸如世俗与神圣、事实和价值等类问题。本书主要从融汇东西学、贯通人文各大学科的角度来阐释白璧德思想。当然，论述的对象主要是白璧德的思想，而不是人文学，主要把白璧德放到人文学的大场域中，尽可能地探究白璧德思想本身。因此，本书主要借鉴了人文学的原理和方法，但又不拘泥于其中，以"集约成一""会通归一"的贯通性思路论述白璧德人文主义的核心思想。对于白璧德的"颖脱之文"，如果我们仍以"龌龊于偏解，矜激乎一致"的方式来理解，就难免陷入白璧德所批判的片面性陷阱。白璧德认为，理想的批评应能"把圣伯夫的广度、多面性和差异感与爱默生的高度、洞见和统一感紧密地结合在一起……虽然这样的高标准难以完全达到，但是人文主义者力图以判断来'调和'各种杂多的印象主义批判从而取得一些进展，这却是有可能的"[2]。在论述过程中，笔者主要以白璧德的问题意识为切入点，论述白璧德的人文思想构设，从不同的角度层层推进，步步深入，以环环相扣的方式阐发白璧德的人文主义思想核心。笔者在第二章阐发白璧德新人文主义的构设思想；在第三章讨论了有关二元人性的、超越的人生哲学；在第四章又从方法与路径的角度探讨"一"与"多"调和的思想，深入探究白璧德思想的根源，以便我们能够深刻地理解白璧德的现代性方略；在第五章分别论述了白璧德思想对东西方的现实意义，特别是对当下中国文化转型所具有的借鉴意义。希望本课题的研究对中国的文明建设和社会转型具有一定的参考价值。

---

① 钱钟书：《谈艺录·序》，北京：中华书局1988年版，第1页。

② Irving Babbitt, *The Masters of Modern French Criticism*, Boston and New York: Houghton Mifflin Company, 1912, p. 392.

第一章

没有约束的现代性——白璧德的问题

第一节 "现代性"近照

在著作《文学与美国的大学》的扉页中，白璧德征引了爱默生的诗来描述他心目中的现代性景象。可以说，这幅景象体现了西方现代性危机的特征，而白璧德的人文主义方略的构设，主要针对的是西方文明危机，特别是美国现代转型过程中所出现的危机。这种危机的产生虽有一个逐渐发展的过程，但是在白璧德所生活的时代，时代危机的症状更加凸显。

存在着两种法则，
彼此分立而无法调和：
人之法则与物之法则；
后者建起城池船舰，
但它肆行无度，
僭据了人的王座。

——爱默生①

这样一幅文化图景也在英国诗人叶芝的诗作《基督重临》中有所体现，"在外扩的旋体上旋转呀旋转，猎鹰再也听不到主人的呼唤，一切都分崩离析了，再也保不住中心，世界上到处弥漫着一片混乱"②。西方世界在 19 世纪末 20 世纪初处于一个关键的转折时期，呈现出一幅"没有约束

---

① Irving Babbitt, *Literature and the American College: Essays in Defense of the Humanities*, Boston and New York: Houghton Mifflin Company, 1908, p. 6. 这里的译文参考了张沛、张源的译本。见［美］白璧德著，张沛、张源译：《文学与美国的大学》，北京：北京大学出版社 2004 年版，开首页。

② William Butler Yeats, The Second Coming, In M. Ferguson, M. Jo Salter, J. Stallworthy (eds), *The Norton Anthology of Poetry*, 4th ed, New York: W. W. Norton & Company, 1970, p. 1091.

的现代性”[①] 的症候性景象，这也是西方文化内在逻辑发展的结果。正如人不能拽着自己的头发脱离地球，一种思想的产生也脱离不了自己的时代，“每个人都是他那个时代的产儿。哲学也是这样，它是被把握在思想中的它的时代。妄想一种哲学可以超出它那个时代，这与妄想个人可以跳出他的时代，跳出罗陀斯岛，是同样愚蠢的”[②]。白璧德人文主义思想的产生也脱离不开他的时代问题，若想象它是一种空降的学说，这不仅欺人也是自欺。时代的问题不胜枚举，但若以发生学的眼光来列举，也是不适当的。关键之处在于什么时代问题进入白璧德的视野并进而成为他的题域，这是本论题所要关注的。这里结合西方，特别是美国历史情况，并尽可能地过滤出白璧德的学术语境和问题脉络。

从一定意义上讲，美国是西方资本主义国家发展的衍生物，是资本主义国家向外扩张的结果，美洲大陆的发现是整个 15 世纪“地理大发现”的一个重要成果。从地理政治的角度来说，西方的扩张以开拓海外殖民地为起点，一直到 20 世纪亚非拉的民族独立为止。在此过程中，美国这个新生国家，可谓后来居上。17 世纪以来，清教徒开始移民到美洲大陆定居，开拓殖民地，再到摆脱英国的殖民统治而独立建国。美国一方面承继了欧洲文化传统，同时也在特定的地域环境中一直谋求发展自身特色的文化，以确立自身的文化身份。英国清教徒在美洲大陆的殖民从一开始就具有很强的商业特征，英国在美洲大陆以及世界各地多以殖民公司的形式进行统治。另一方面，清教徒以其独特的思想，意欲按照自己的意愿和方式来信仰上帝，实施基督教的真正精神，以“建造一个山巅之城，为万众瞻仰”[③]。这些文化因素赋予美国独有的文化特色，即浓厚的商业文化和宗教

---

① 白璧德对西方的现代转型时期所呈现出的“没有约束的现代性”特征的看法，与沃格林很相近。但沃格林认为这是现代灵知主义的人造宗教所造成的结果，对此，白璧德认为这是由于人丢失了古典的和传统的约束机制造成的。可以说，沃格林仍然持西方传统的基督教观点，而白璧德则更具开放性的世界性视野。参见［美］沃格林著，张新樟、刘景联译：《没有约束的现代性》，上海：华东师范大学出版社 2007 年版，第 15 ~ 89 页。

② ［德］黑格尔著，范扬、张企泰译：《序言》，黑格尔：《法哲学原理》，北京：商务印书馆 2010 年版，第 12 页。

③ ［美］丹尼尔·J. 布尔斯廷著，时殷弘、陈秀华等译：《美国人：殖民地历程》，上海：世纪出版集团。上海译文出版社 2009 年版，第 3 页。

文化相混为一，很难被一分为二地切分开。美国这种合一的商业精神和宗教精神给当年到美国考察的托克维尔留下了深刻印象："我认为，当第一个清教徒踏上美国这块土地时，我就可以看到整个美国的命运已经包含其间了。"[①]

对美国人的精神生活而言，美国的宗教文化起着重要的文化凝聚力作用。那些清教徒饱受宗教迫害，他们因不满英国严酷的社会现实而移民美洲，他们"'进入荒野的使命'的基点就是建立一个基于神恩之上的共同体"。在构建这个神圣的共同体的过程中，一种新的民族认同感逐渐发展起来，它把所有宗教与世俗认同的成员都团结在一起，"清教主义以一种世俗的市民德行来界定成员，这种形式囊括全体人员。一个新的集体认同感出现了。神恩不再以来世的条件来界定，而是作为现世的一个属性来构筑神圣共同体；原来神恩存在于圣徒的社区里，而现在内在化进入个人的良知"[②]。另外，"清教主义强调个人的自主和社区的共同性，这构成了美国市民社会的道德基础。同时，清教主义强调教徒与僧侣的平等，强调现世的生活秩序，这对形成美国特色的文化起了奠基性的作用"[③]。换言之，清教徒所崇尚的个人自立、自治的自由民主精神渗透在各种社会组织当中。一方面，他们信奉一个共同的、普遍的理念——个人是一个自主的实体；另一方面，他们自愿地顺从上帝，生活在由这些独立个体所组成的"神圣共同体"里。由此，社会不再由原始的亲缘团体或地区性团体之内的传统所决定，而是由共同信仰的纽带把人们联系在一起，从而产生了身份认同和共享的道德原则，这就为美国社会的规范性道德秩序的形成奠定了基础。[④] 但这种"神圣共同体"的理想日益受到世俗世界的影响而逐渐变弱，一个典型的例子是：弗吉尼亚清教徒的子孙后代日益疏离了他们的

---

① Robert N. Bellah, et al. (eds), *Habits of the Heart: Individualism and Commitment in American Life*, Berkely: University of California Press, 1985, p. 28.

② 朱世达：《当代美国文化》，北京：社会科学文献出版社 2001 年版，第 6 页。

③ 朱世达：《当代美国文化》，北京：社会科学文献出版社 2001 年版，第 6 ~ 7 页。

④ 朱世达：《当代美国文化》，北京：社会科学文献出版社 2001 年版，第 2 ~ 7 页。

上帝，后来不得不改变原来的契约而使之成为“半途契约”，[①] 这种宗教世俗化进程给美国带来的影响日益突出。

事物发展到极盛而处于危机的时候，存在的问题往往就能暴露得比较明显。通过美国内战和战后重建，美国摧毁了南方奴隶制经济，消除了南北对峙的格局，巩固了国家的统一。在内战之后的一百多年间，美国本土基本上没有发生大规模的战争和严重的政治动荡，这种长期稳定的政治局面为美国的快速发展提供了非常有利的政治条件。由此，美国进入了一个具有划时代意义的重要发展阶段。19 世纪 70 年代，美国进入马克·吐温所描述的“镀金时代”，这个时代的社会状况在一定程度上类似于英国小说家查尔斯·狄更斯在小说《双城记》中所描述的场景：“那是最昌明的时世，那是最衰微的时世；那是睿智开化的岁月，那是混沌蒙昧的岁月；那是信仰笃诚的年代，那是疑云重重的年代；那是阳光灿烂的季节，那是长夜晦暗的季节；那是欣欣向荣的春天，那是死气沉沉的冬天；我们眼前无所不有，我们眼前一无所有；我们都在径直奔向天堂，我们都径直奔向另一条路——简而言之，那个时代同现今这个时代，竟然如此惟妙惟肖，就连它那叫嚷得最凶的权威人士当中，有些也坚持认为，不管它是好是坏，都只能用‘最’字来表示它的程度。”[②] 美国国内呈现出诸多复杂的社会状况，任何抽象的法则都难以一言以蔽之。我们不妨以具体的、历史的方法来考察这种状况。美国在 20 世纪初进入史家所称的“进步时代”(1900—1917)[③]，一直到美国参加“一战”，这也是美国重要的改革年代。

---

① 清教徒的自治是从宗教开始的，就是公理会，引申到政治，就是乡镇议会，成为民主的雏形。不过那时的民众参与只限于合格的教会会员，而会员资格则需要经过复杂的审批手续，申请者还要当众陈述自己的宗教皈依体验。一旦批准为教会会员，就成了“可见的圣人”。但是随着美国宗教的日益世俗化，清教领袖们发现原先筛选再三的“圣人”已经来源不足，只得放低标准，在 1662 年搞了一个“半途契约”，规定凡是会员的子女都能成为“部分会员”或“半会员”，使得他们的子女能照样受洗，并有望成为会员。在清教领袖不得不改变原则来适应外界的时候，他们也就亲手开启了清教美国化和现代化的过程。钱满素：《美国自由主义的历史变迁》，北京：生活·读书·新知三联书店 2006 年版，第 12 ~ 13 页。

② ［英］狄更斯著，张玲、张扬译：《双城记》，上海：上海译文出版社 2003 年版，第 3 页。

③ George B. Tindall, David E. Shi, *America: A Narrative History*, 5th ed, New York: W. W. Norton, Company, 2000, p. 823.

不管怎么说，这是美国国内发展的黄金时代，是美国在世界背景下崛起的关键时期。除了国内安定的政治环境，作为一个后发的资本主义国家，美国具备那些欧洲老牌资本主义国家所没有的诸多优势，比如：美国是一个比较彻底的资本主义国家，没有欧洲长期的历史包袱；那些来到美国新大陆的清教徒，很多都是既有商业开拓精神又有宗教精神的优秀知识分子；相对于欧洲承继的悠久传统，较少的美国人口却拥有巨大的、丰富的自然资源；欧洲在国内市场不足的情况下以在全球进行殖民来开拓资本市场，而美国首先是不断地开拓内部市场，然后以战争、购买以及其他诸多方式开疆拓土。这些有利的发展条件都为美国后来赶超欧洲发达国家蓄积了正能量。美国西进运动使其国土面积不断增大，从大西洋一直扩展到太平洋，形成了统一的国内大市场，而欧洲老牌资本主义国家在20世纪却面临着殖民体系的纷纷瓦解，这对欧洲列强来说无疑是釜底抽薪。① 另外，美国发展需要大量的劳动力，外来的移民不仅填补了劳动力缺口，也带来了大量的技术和管理经验，移民文化给美国这个肌体输进了新鲜的血液。② 这些元素使人感觉到美国是一个充满活力的、好动的、喜欢变化的国家。另外，美国处于相对隔离的美洲大陆，它采取孤立的外交政策，不卷入欧洲事务，但另一方面它又尽可能地扩展海外贸易，一心谋取国内发展，追赶并试图超越欧洲列强。在此阶段中，美国抓住第二次工业革命的机会，科技水平不断提高，经济发展迅速，顺利实现了由传统农业社会向现代工业社会的转变。

从国际形势来看，在这一时期，世界主要资本主义国家实现了从自由向垄断的过渡，在世界范围内建立了自己的殖民体系，但这一体系当中充满了矛盾和斗争，主要资本主义国家在政治经济发展不平衡规律的作用

---

① 陈乐民、周弘：《欧洲文明的进程》，北京：生活·读书·新知三联书店2003年版，第402页。

② 美国内战（1861—1865）之后，移民人数从19世纪70年代的300万到80年代500万，90年代的经济萧条十年间降到350万，而到20世纪的头十年，移民人数窜至880万之多。1880年之前的移民主要来自北欧和西欧，之后东欧和南欧的移民骤加，1890年这些新来的东欧和南欧移民成为移民主体，20世纪的头十年占据了这个国家移民总数的70%。这些移民有着不同的文化、语言和宗教背景，如犹太教和天主教等。参见George B. Tindall, David E. Shi, *America: A Narrative History*, 5th ed, New York: W. W. Norton & Company, 2000, pp. 717 - 718.

下，都为自己的商品寻找销路，同时也为了掠夺殖民地、争夺地区和世界霸权，它们必然发生分化组合。在白璧德所生活的时代，美国已经开始向外扩张，1898 年的美西战争使美国开始成为有海外殖民地的国家，这是美国的扩张由大陆转向海外的标志。[①] 可以说，这是美国向处于世界领导地位的欧洲的第一次叫板，是向欧洲发起的公开挑战。1899 年，美国提出了“门户开放”政策，获得了同欧洲列强在中国问题上的机会均等的话语权，欧洲领导世界的地位受到了来自美国的剧烈冲撞。[②] 第一次世界大战之后，美国总统威尔逊给国家社会提出了“十四点原则”，主张用公开立约替代秘密外交，要求裁军、民族自决以及商业贸易自由，建立由民族国家组成的国际组织来保障国家和平。[③] 无疑，这些举措是为了提高美国的大国地位，尽量削弱欧洲列强在国际上的势力，同时提升自身的国际影响力。尽管白璧德没有活到“二战”时期，但他已对此作了前瞻性的预判。19 世纪末，美国的经济实力已雄踞资本主义国家之首，时至 1889 年，美国的钢产量已经跃居世界首位。在此期间，国际力量已经产生了微妙的变化，美国在一定程度上开始影响欧洲所主宰的世界格局。当然，尽管美国的经济已经成为世界首强，各个方面也都在崛起，但当时的美国还不足以成为世界政治大国和军事强国。自 20 世纪初，美国政府便开始“金元外交”和“大棒政策”，通过经济渗透和军事侵略，向拉丁美洲和远东进行扩张。第一次世界大战期间，欧洲交战各国的力量受到削弱，而美国却通过向交战国进行贸易扩大了资本和商品输出，大战后的美国已经由债务国变成了债权国；1929 年，美国掌控全世界黄金储备的一半，世界金融中心也由英国转移到美国，第二次世界大战之后美国终于取代英国夺得世界霸权。[④] 从事后的眼光来看，美国之所以能成为目前唯一的世界超级大国，与它在现代转型期能够韬光养晦地获得快速发展是分不开的。

与工业化相伴随的是美国的城市化，“城市、工厂、机器、高楼大厦

---

① 何顺果：《美国史通论》，上海：学林出版社 2001 年版，第 211 页。

② 高国俊：《19 世纪末 20 世纪初的世界形势简析》，《黄淮学刊》（哲学社会科学版）1998 年第 3 期，第 71 ~ 72 页。

③ ［美］J. 艾捷尔著，赵一凡、郭国良等译：《美国赖以立国的文本》，海口：海南出版社 2000 年版，第 386 ~ 390 页。

④ 徐玮：《略论美国第二次工业革命》，《世界历史》1989 年第 6 期，第 20 ~ 29 页。

取代了莽原、农场、猎枪和圆木小屋，美国人面对的是一个与欧洲相似的世界”①。伴随着美国的城市化、工业化的大发展，美国不断开疆拓土，但到19世纪末，美国国内的边疆基本上被拓垦完毕。可是，美国人并没有摆脱特有的“边疆心理”②，美国也像欧洲老牌的资本主义国家一样，从自由资本主义向垄断资本主义过渡。正如马克·吐温所说的，这不是一个真正的黄金时代，而是一个“镀金的时代”，是加入了诸多杂质的、喧嚣的、浮躁的时代，是一个以金钱为价值或为上帝包装的时代，如查尔斯·A. 比尔德所说：“在美国的镀金时代中，金钱纽带完全是社会关系的一个显著特点。”③ 社会经济的快速增长与尖锐的社会矛盾并存，社会普遍缺乏伦理价值，人们产生了严重的信仰危机，用白璧德的话说，这是一个“物质高效与伦理无效”并存的时代。信仰危机是当时西方社会共同面临的问题，但在美国这个新生的国家又具有自身的一些特色。美国在崛起的过程中，国内就出现了严重的危机和挑战。美国一方面鼓励不断扩张的边疆个人主义，另一方面采用自由放任的资本主义经济政策。应该说，美国采用亚当·斯密所主张的自由放任的市场经济，对美国内战之后的社会重建和经济发展确实起到了积极的促进作用，但同时也应该看到，当“无形的手”影响下的自由竞争发展到不择手段的时候，社会的道德状况必然下滑，甚至崩溃。与当时自由放任的经济相对应，美国流行着赫伯特·斯宾塞的社会达尔文主义，“适者生存”的生物法则在美国社会大行其道，亚当·斯密所主张的道德情操在“强者通吃”的现实面前显得微不足道。

从19世纪末20世纪初，美国的工业化、城市化以及不断涌入的移民潮，都深刻改变着美国的社会结构和形态，特别是原来的利益格局被打破了。在新的利益分配原则下，获益最多的不再是那些诚实劳动、锐意进取的持传统价值观的人，而是那些投机钻营、行使贿赂、不顾社会道德的人，于是少数人凭借着各种不法手段牟取了社会的绝大部分财富和权利，

---

① 李剑鸣：《大转折的年代：美国进步主义运动研究》，天津：天津教育出版社1992年版，第24页。

② Irving Babbitt, *Democracy and Leadership*, Boston and New York: Houghton Mifflin Company, 1924, p. 240.

③ ［美］查尔斯·A. 比尔德著，许亚芬、于千译：《美国文明的兴起》（下卷），北京：商务印书馆2010年版，第1245页。

美国社会也因此出现了严重的两极分化，中间阶层在社会中也被边缘化，而按照亚里士多德的观点，一个中间阶级力量大的社会往往最为稳定。[①] 美国为了培育自身经济竞争的优势，扶植大公司的发展和兼并，这也导致了垄断组织横行、贫富差距悬殊、劳资关系紧张、政治极端腐败以及环境破坏严重等问题。此时，风起云涌的罢工浪潮此起彼伏，美国国内面临着激烈的阶级矛盾。到 1900 年，占美国人口 1% 的富人拥有美国财富的 87%，而人口中的约 1/8 都生活在极度贫困中，可见贫富悬殊已经到了非常危险的地步。这一时期，劳资冲突的规模、频率和持续时间也以惊人的速度增加。其中比较著名的事件有 1877 年的铁路工人大罢工，1886 年干草市场（Haymarket）事件及其后的围剿，1892 年洪姆斯特（Homestead）罢工，1894 年普尔曼（Pullman）铁路工人大罢工，以及 1902 年的美国矿工联合会发动的煤矿工人大罢工等。[②] 工业化和城市化不仅改变了美国人的物质生存环境，也改变了美国人的精神状态，康马杰指出："1890 年以后的两代人目睹了从确定到不确定、从信仰到怀疑、从安全到不安全、从看上去很有秩序到表面上混乱不堪的变迁过程。"[③] 可以说，美国社会的巨大转变也带来了严重的社会矛盾和危机。

在社会诸多经济和政治问题的背后，是深层的文化转型问题，而新旧的文化转型并不是一刀切的截然两分。现有的社会文化模式出现了严重危机，其稳定性也遭到了一定程度的破坏，而新的文化精神却尚未确立，因此整个社会处于一种无序的状态。[④] 在这个时期，没有统一的文化模式，没有确定的文化精神，各种文化形式从彼此和谐的关系变为互相矛盾的情形，如摩尔根所指出的那样，人类社会发展的"每一个阶段都包括一种不

---

① ［古希腊］亚里士多德著，吴寿彭译：《政治学》，北京：商务印书馆 2009 年版，第 208 ~ 213 页。

② 张亚红、王秋石：《美国两次镀金时代及其后的治理转型》，《浙江大学学报》（人文社会科学版）2012 年第 2 期，第 36 页。

③ 转引自孙有中：《美国精神的象征：杜威社会思想研究》，上海：上海人民出版社 2002 年版，第 294 页。

④ 李庆霞：《社会转型中的文化冲突》，哈尔滨：黑龙江人民出版社 2004 年版，第 27 页。

同的文化，并代表一种特定的生活方式”[①]。因为文化“往往是历史地凝结成稳定的生存方式，它不像经济和政治那样处于社会的表层和中层，而是处于社会的最深层，经过长期的积淀才得以形成，而一旦形成就有很大的稳定性。从这个意义上说，文化是支撑经济和政治存在的内在的、机理性的东西，并从根本上制约着社会成员的活动方式”[②]。由于文化的形成如此漫长和艰难，文化的作用和重要性往往不为人所认识，但一种生活方式的形成并非一蹴而就，而是有着内在的、历史的发展进程的。

第二节　“扩张时代”与“内敛时代”

美国与欧洲国家有着地域性的文化差异，彼此都有不同的文化认知。白璧德认为，在欧洲人看来，美国是一个没有多少文化且追求物质高效率的国家；同时他也看到，美国社会现代转型所出现的种种危机虽然具有自身的特殊性，但并不是孤立的问题，而是整个西方社会现代性危机的一部分。在一定程度上，美国的现代性危机是西方的近现代文化危机的症候，换言之，西方的现代性问题是美国现代性问题的根源，它们之间有着内在的联系。在白璧德的话语中，他较少使用现代性或现代性危机等字眼，而常用“现代运动”、“自然主义”、“人道主义”、“浪漫主义运动”等语汇来表达西方的现代性问题。他之所以使用这些与以往批评家略显不同的语汇，在很大程度上是因为他不是从西方文化本位角度来看问题，而是从东方文化来反观西方文化的不足。这就体现出白璧德世界性的视野和强烈的批判意识，这也是他与许多西方本位的批评家最显著的差异所在，在论述比较文学时，白璧德说道：“比较文学所开启的视野，使得19世纪很少有人能够取得的一项技艺变得容易——从外部来看待浪漫主义和自然主义运

---

① ［美］路易斯·亨利·摩尔根著，杨东莼、张栗原译：《古代社会》，北京：商务印书馆1983年版，第9页。

② 李庆霞：《社会转型中的文化冲突》，哈尔滨：黑龙江人民出版社2004年版，第29～30页。

动的技艺。”①

西方文化的发展往往呈现出阶段性、突破性和超越性等特征。文化往往是从一个极致走到另一个极致，古希腊—罗马的文化开掘出理性传统，而中世纪的西方人吸收了古希腊的哲学传承，把信仰文化发挥到极致，把彼岸的文化推进到无以复加的程度。按照中国《周易》的说法，“亢龙有悔”，一种文化一旦发展到极致，也就意味着再继续顺着原来的路径发展已经没有多少余地，这时候文化往往就会转向。欧洲的文艺复兴是西方人对中世纪神学的悖逆，正如雅各布·布克哈特所说，文艺复兴是“对世界的发现和人的发现”②，西方人把眼光从彼岸收回来，降落到此岸世界，把对神仰望的目光垂落到人自身。与中世纪的宗教文化相比，这是一条日益世俗化的道路。而这种世俗化的演进历程可通过不同的方式来体现，但白璧德认为西方文化的矛盾症结主要在于科学理性和宗教相颉颃。文艺复兴以来，个人主体性不断凸显，其中的矛盾不断突出，西方文化中的古今之争也都是这方面的表现。

在白璧德看来，虽然一个时代允许有众多的文化思潮和反对的意见，“无论是某一位个体，还是某一个具体的时代，通常都会有一些与主要潮流背道而驰的因素，并且这些因素一般都是至关重要的。但是，如果某人不是一位不得不证明其独创性的德国博士，或是一位喜欢为了悖论而悖论的人，那么他还是能够在各种各样的潮流和反对意见中分辨出主要趋势的”③。就这种主要趋势而言，列奥·施特劳斯的观点与白璧德很相似，施特劳斯把西方现代性运动的基本性格和方向分为“三次浪潮”。第一次现代性浪潮主要以马基雅维利、霍布斯、洛克等人为代表，第二次浪潮以卢梭、康德、黑格尔和马克思等人为代表，而第三次浪潮则以尼采和海德格

---

① Irving Babbitt, *The New Laokoon*: *An Essay on the Confusion of the Arts*, Boston and New York: Houghton Mifflin Company, 1910, p. 12.

② ［瑞士］雅各布·布克哈特著，何新译：《意大利文艺复兴时期的文化》，北京：商务印书馆2010年版，第311页。

③ Irving Babbitt, *Literature and the American College*: *Essays in Defense of the Humanities*, Boston and New York: Houghton Mifflin Company, 1908, pp. 15 – 16.

尔为代表。[①] 白璧德没有把尼采所生活的时代作为第三次现代运动的浪潮来批判，而是作为第二次推进个人主义的现代扩张运动的一部分来进行批判。依照白璧德的分期划分，西方后现代的文化思潮在一定程度上是西方启蒙运动以来的延续和深化，仍然是西方第二次扩张运动的余续，后现代所反叛的正是他们所依靠的启蒙理性。当然，白璧德也处在这个历史潮流之中，只不过，他具有自己的文化独特性而已。

对白璧德而言，西方文化经过文艺复兴时期和近代科学的启蒙运动，两次推进了个人主义的扩张运动，人们在给"世界祛魅"的同时，也给"自身祛魅"。一方面，现代人培养了现代批判精神；另一方面，他们也失去了基督教和古典文化的约束，但最终也没能创造出有效控制本能冲动和性情放纵的文化标准。对于西方现代运动批判来说，白璧德显然借鉴了马修·阿诺德在《当今批评的功能》一文中使用的"内敛时代"和"扩张时代"的语汇，但白璧德赋予这两个语汇不同的外延和内涵。阿诺德说法国大革命时代的革命暴力"放弃了智性的范围，而一头冲进政治的领域"，没能产生文艺复兴的思想运动所带来的"智性成果"，却创造了一个与自身相反的"内敛时代"。当时的英国也受此影响，但"内敛时代"没能永远持续下去，后来欧洲的思想逐渐与英国本土概念结合起来，尽管物质进步有诸多不足，但也可能导致"知性生活的出现"，英国从此步入了"扩张时代"。[②] 阿诺德指出，"扩张时代"究其实质是"思想的运动"，并认为自己就处于"扩张时代"，而"惟有各种思想达成和谐，扩张时代才有出路"。[③] 阿诺德把文学批判推进到人生批评，把文学与文化批评联系起来，但是他的现代性批判视野还是局限于西方文化之内，并且主要指代法国大革命以来的西方文化，这两个语汇的所指还是比较狭窄。对此，白璧德赋予了这两个语汇以新意。

白璧德认为中世纪神学独大而人性萎缩，文艺复兴实质上是反对那个

---

① ［美］列奥·施特劳斯著，刘小枫编，彭磊、丁耘等译：《苏格拉底问题与现代性》，北京：华夏出版社 2008 年版，第 32 ~ 47 页。

② Matthew Arnold, *Poetry and Criticism of Matthew Arnold*, A. Dwight Culler (ed), Boston: Houghton Mifflin Company, 1961, pp. 243 – 246.

③ ［英］马修·阿诺德著，韩敏中译：《文化与无政府状态：政治与社会批评》，北京：生活·读书·新知三联书店 2002 年版，第 53 页。

神性有余而人性不足的时代，反对中世纪神学对人性的压制与阻碍，反对把某种致命的约束力强加于纯粹人性的、自然的人类官能。就此而言，人性的解放具有自身的合理性。白璧德主张把西方文艺复兴的第一个时期视为“第一次现代扩张运动”，是对个人主义的第一次向前推进，“这场伟大的现代扩张时期”是那个时代的主流思潮，“是对人的感官解放、人的理性解放，在欧洲北方国家还涉及对良知的解放”。[①] 在此期间，人们所关注的重点主要是知识和同情的扩张，“那时候的人们对知识有着饿狗般的胃口”，他们那种打破中世纪传统的镣铐与束缚的热情以及欢庆愈合自然与人性宿怨的兴奋性情，一时间遮蔽了适度和选择的要求。[②] 白璧德以法国作家拉伯雷为例，说明自然主义者忽略了克制的益处，过于强调自由的好处，这无疑会给那个特定的“扩张时代”带来诸多罪恶。拉伯雷固然是一个天才，但他失去了人文主义者所具有的适度和选择，在有教养的古人眼中，他不过是一个野蛮人，而非人文人。过度自我张扬与自我放纵所导致的无政府状态对社会构成了一种威胁，因此，社会开始对个人进行了一定程度的反动，“扩张时代”之后，随之而来的是“内敛时代”。[③] 可以说，文艺复兴后期的主要趋势远离了自由扩张的人文主义，而转向了具有最高程度的规束与选择的人文主义。在白璧德看来，人们本可以坚持规束与纪律，同时也无须对个人主义保持怀疑，但就在这个时期，由于“过分地强调一种外来的、自上而下的强制性纪律，并且过多地强调由大量细节性规定所编撰的信条”[④]，很多人文主义者变成了学究，他们不免流于僵化和狭隘。在此，白璧德以苛刻闻名的斯卡利杰（Scaliger）和孤傲的马勒布（Malherbe）为例来说明内敛时代的不足，贵族式的孤傲虽然具有严格的选

---

① Irving Babbitt, *Literature and the American College*: *Essays in Defense of the Humanities*, Boston and New York: Houghton Mifflin Company, 1908, p. 14.

② Irving Babbitt, *Literature and the American College*: *Essays in Defense of the Humanities*, Boston and New York: Houghton Mifflin Company, 1908, p. 14.

③ Irving Babbitt, *Literature and the American College*: *Essays in Defense of the Humanities*, Boston and New York: Houghton Mifflin Company, 1908, p. 15.

④ Irving Babbitt, *Literature and the American College*: *Essays in Defense of the Humanities*, Boston and New York: Houghton Mifflin Company, 1908, p. 16 – 17.

择，却缺乏广泛的、同情的知识。[①]

西方文化的阶段性特征充分体现在时代精神的更替方面。17 世纪“内敛时代”之后，西方文化又出现了新的更替和反动，拉伯雷式非选择性的自然主义在 18 世纪重新浮现。这种完全填平自然与人性（人之自然）之间鸿沟的 16 世纪自然主义，在 17 世纪的“内敛时代”潜入地下，一度销声匿迹之后，它在 18 世纪重新浮现出来，并将现代的自然主义与文艺复兴时期的自然主义勾连起来。就对知识的欲望而言，18 世纪的现代扩张运动有着一种真正的“高康大式的渴望”[②]。白璧德以百科全书派的狄德罗为例，说明那种知识渴望的无节制、无限度和无约束，从而导致一种“认知淫”（libido sciendi）。当然，我们不能把现代性的黑暗面归结于某些个别思想家，虽然如此过后现代性的一切问题似乎都消失了，更不能说现代性的问题就是某些个别思想家造成的，而只能说现代性的问题往往与这些思想家有着不可或缺的关联。譬如，18 世纪的第二次现代扩张运动就同培根、卢梭、狄德罗等思想家紧密联系在一起。白璧德认为，16 世纪的培根（1561—1626）是科学自然主义（或者说科学人道主义）的完美代表，而情感自然主义一直到 18 世纪才在让—雅克·卢梭（1712—1778）的作品中得到最充分的体现。不管是以培根为代表的科学自然主义，还是以卢梭所代表的情感自然主义，它们都代表了正在瓦解传统规约的主要趋势（不管是人文的，还是宗教的传统规约）。当时，人们正生活在西方的第二次伟大扩张运动之中，西方所谓的现代主义运动不过是第二次个人主义推进运动的延续罢了。换言之，这是西方启蒙运动扩张的不同侧面，不管是以科学为特征的自然主义，还是以情感为特征的自然主义，在白璧德看来，它们都体现了以“物之法则”为特征的一股文化思潮。许多研究者认为白璧德的论域较少涉及现当代的人物，这是因为他们没有看到白璧德是从西方文化思想史的纵向面来展现当下的历史状况的。在许多西方思想家看来，以卢梭为代表的浪漫主义思潮是对以理性为宗旨的启蒙运动的一种反动，一些研究者还认为现代浪漫主义美学思想挑战了预测和控制自然的道

---

① Irving Babbitt, *Literature and the American College*: *Essays in Defense of the Humanities*, Boston and New York: Houghton Mifflin Company, 1908, pp. 16 – 17.

② Irving Babbitt, *Literature and the American College*: *Essays in Defense of the Humanities*, Boston and New York: Houghton Mifflin Company, 1908, pp. 42.

德理性霸权。[①] 对此，白璧德也认为它们之间确实具有悖反的地方，但他更看到它们的同谋之处，并把它们放在一起进行批判。白璧德之所以把培根与卢梭放在一起进行批判，这与他对历史批判的问题意识分不开。白璧德所批判的重点主要落实在西方第二次伟大的扩张运动，即西方个人主义的第二次推进运动中。而要进一步分析，就需要论及白璧德这方面的问题意识。

第三节　“超理性区域”的确立——“人道主义”批判

如罗素所言，近代以来，人的思想见解和中古时期的思想见解有许多不同，但其中有两点最为重要，即教会的威信衰落下去，而科学的威信逐步上升。[②] 科学的上升削弱了教会的影响力。白璧德认为，16 世纪哥白尼的天文学说取代了古老的人类中心说，人类感觉到了一种前所未有的无限宇宙世界，不再把地球看成宇宙的中心，也不再把自己看成世界的中心，而是在无限的空间中漂泊。在这无限之中，人们发现要想确认自身本质上的优越性已经变得越来越难，因此也不再把自己看作一个“国中之国”，而是视为自然的一部分。从情感方面来说，在人失去了超自然的特权之后，那种人与自然相统一的崭新感觉便赋予人类以新的安慰；从科学方面来说，按照培根的说法，知识就是权力，人类渴望获得对自然的支配权，人类通过遵从自然的行为来征服自然。[③] 在白璧德看来，培根具有爱默生所说的“双重意识”——“公共的”和“私人的”天性，他深知物质进步并不能确保人类道德的进步，并且确实可能危害到更高的人性。在其著作《新工具》的序言中，他做了以下祈祷：“打开感官的路径，点亮自然

---

① ［美］查尔斯·拉莫尔著，刘擎、应奇译：《现代性的教训》，北京：东方出版社 2010 年版，第 222 页。

② ［英］罗素著，马德元译：《西方哲学史》（下卷），北京：商务印书馆 2001 年版，第 3 页。

③ Irving Babbitt, *Literature and the American College: Essays in Defense of the Humanities*, Boston and New York: Houghton Mifflin Company, 1908, pp. 32 – 33.

之光，可能不会削弱人类灵魂中的信仰，也不会导致人类灵魂无视于神性的奥秘。”[①] 对此，培根似乎预见到了现代人战胜自然和取得物质效率所带来的巨大代价是“失去了愿景”，人们“加冕”不断取得进步的物质力量，与此同时，人类精神方面也遭到了“废黜”。[②] 就人类精神生命的流放而言，白璧德与沃格林的看法颇为接近。尽管这个时代的特征是支离破碎和纷繁复杂的，但在各种各样的变化之中，人们还是可以看出一些中心要点来的，一种与中世纪迥然不同的现代形式的人类意识的诞生。对此，沃格林描述如下：

这个共同的因素，就是对人是宇宙中意义起源的日益增长的意识，在这个汇聚点上，产生了一种宇宙观念，其意义要归功于下述事实：这个宇宙概念，是由人的心灵所唤起的。这种新的意识——对此我们将以现代命名——在自然与历史的维度上，构成了与中世纪的封闭宇宙概念的根本决裂。中世纪的封闭宇宙观，让位于一种开放的、无限扩展的宇宙观，后者是由人的心灵及其无限性在空间上的投射所唤起的。神意的、直线发展并终结于末世论危机的中世纪历史观念，让位于一种有像人自己这样的自然力量所决定的内在于物质世界的（intramundane）历史观念。[③]

正如上文所述，这种开放的、无限扩展的宇宙观与科学的进步关系密切。人类对自然的征服与对“内在于物质世界”的迷恋进一步推动了对人性的崇拜。白璧德认为“自然主义者的性情气质可分成情感的和科学的两个类型；相应地，与这两种类型的自然主义者最为接近的就是科学人道主义者和情感人道主义者”。白璧德进一步补充到，“那些实证主义者和功利主义运动主要是在科学人道主义激发下发展起来的，而情感自然主义若不是所谓的浪漫主义运动最重要的要素，也是其中的一个重要因素”。白璧

① Irving Babbitt, *Literature and the American College: Essays in Defense of the Humanities*, Boston and New York: Houghton Mifflin Company, 1908, p. 40.

② Irving Babbitt, *Literature and the American College: Essays in Defense of the Humanities*, Boston and New York: Houghton Mifflin Company, 1908, pp. 40 - 41.

③ ［美］沃格林著，霍伟岸译：《宗教与现代性的兴起》，上海：华东师范大学出版社 2009 年版，第 7 页。

德认为，尽管没有足够的篇幅来讨论自然主义的各种类型与人道主义在现代思想中如此紧密的联系，但其中至关重要的一个因素却是明显的，那就是“进步”的观念。近现代以来，怀疑代替信仰的“自然之光”与近代“进步”历史观念紧密联系在一起，“尽管古希腊人和罗马人都以科学的态度研究自然，但同时也与自然达到了某种程度的情感交流，人文主义和自然主义在古典时代的人们身上得以共存，就如同在文艺复兴时代的人身上得以共存一样，常常以几乎难以察觉的次序相互转化”。但是只有到了近代，随着科学的进步以及对自然界的不断征服，科学的征服如此显著以至于人类将获得“普遍的、系统的和全面的‘进步’希望”。以往的博爱观念（the old philanthropy）与“进步”观念获得了更加紧密的联系，产生了深刻的变化并转化为近现代的“人道主义”（humanitarianism）观念。[①]

而“进步”观念则奠基于这样的信念，“只要与自然更加密切地合作，整体的人类都将获得利益”，“人类总梦想着将黄金时代置于未来而不是过去”，对此，白璧德引用勒南的话说，“对于人性的观念和人性总体成就的崇拜，是判分新旧时代的伟大分界线。随着传统信仰的衰落，对人性的崇拜日渐成为我们真正的宗教”。[②] 这种注重未来而非重视过往历史的观念是西方现代性的突出特征，是西方古今之争延续的表现形式。就古与今之间的关系而言，白璧德与列奥·施特劳斯和尼采诸人都有类似的看法，白璧德认为西方古今之争并没有过去。施特劳斯把西方的现代性根源归于“青年造反运动”，也即由马基雅维利开端的西方现代性对古典的反叛。而在白璧德和施特劳斯之前的尼采也有“主人道德”与“奴隶道德”之分说，“主人道德”或“贵族道德”的全部道德基础是对古老传统的尊重，而西方现代性则颠覆了这一道德原则。这是因为西方现代观念本能地相信进步与未来，在尼采看来，这是奴隶反对主人、低贱反对高贵的运动。因此，西方的现代性不是以取消高贵与低贱的区分，而是以进退和新旧与否作为

---

① Irving Babbitt, *Literature and the American College: Essays in Defense of the Humanities*, Boston and New York: Houghton Mifflin Company, 1908, pp. 32－34.

② Irving Babbitt, *Literature and the American College: Essays in Defense of the Humanities*, Boston and New York: Houghton Mifflin Company, 1908, pp. 34－35.

衡量事物的标准。[1] 尽管尼采以其血统的贵族气质蔑视卢梭，但他对西方现代性症状的诊断还是有见地的。在批判现当代学术缺乏对古典学的吸收和反思的时候，白璧德说道："对人类传统中所体现的'古老而永恒的意义'缺乏应有的敬意，而对那些'年轻人和新观念'却有着情有独钟的偏见。"[2] 当然，白璧德不是主张要回到不可能的过去，而是主张历史传统和人类历史经验不可忽视，重视古今文明在当下的文化实践，主张古今合作。在进步的历史话语替代道德观念的背后，人们以科学理性削弱人的信仰为代价，"随着传统信仰的衰退，这种对人性的崇拜越来越成为我们真正的宗教"[3]。在这个人性崇拜的时代，把"上帝之爱"视为"人类之爱"以外的某种东西几乎不可想象了。[4]

白璧德认为培根的人道主义观念，即主张以科学研究和科学发现取得进步的那种观念，起初对教育的观念影响与渗透还比较迟缓，其负面作用并没有充分显现出来；相反，在培根时代和之后的历史进程中，培根思想实际上对人类社会的物质进步和科学发展起着重要的推进作用。但当与 18 世纪遍及欧洲的知识与同情的扩张运动结合起来以后，它才显示出实际的影响。[5] 白璧德把西方这次扩张运动主要归结于"科学自然主义"和"情感自然主义"两种类型，也即"人道主义"的两种类型，它们都以"人类之爱"的各种形式来体现。培根所提倡的"知识就是力量"的进步观与卢梭的自由观结合起来，对现代西方产生了巨大影响。在白璧德看来，科学进步并不意味着其他方面也都进步，但西方的"科学"话语霸权在 18 世纪和 19 世纪都很突出，各种新兴的学科都在科学的名义下纷纷出现，就连

① 甘阳：《政治哲人施特劳斯：古典保守主义政治哲学的复兴》，见［美］列奥·施特劳斯著，彭刚译：《自然权利与历史》，北京：生活·读书·新知三联书店 2003 年版，第 9 页。

② Irving Babbitt, *Literature and the American College: Essays in Defense of the Humanities*, Boston and New York: Houghton Mifflin Company, 1908, p. 110.

③ Irving Babbitt, *Literature and the American College: Essays in Defense of the Humanities*, Boston and New York: Houghton Mifflin Company, 1908, pp. 34 – 35.

④ Irving Babbitt, *Literature and the American College: Essays in Defense of the Humanities*, Boston and New York: Houghton Mifflin Company, 1908, p. 35.

⑤ Irving Babbitt, *Literature and the American College: Essays in Defense of the Humanities*, Boston and New York: Houghton Mifflin Company, 1908, p. 41.

哲学这门最古老的学科也以科学为门面营业，黑格尔以其哲学为科学体系的观念为荣，以理性逻辑的方式来推衍人类的道德进步。白璧德显然不同意“从自然王国到自由王国”的逻辑演进。19世纪，西方的进步话语以社会达尔文主义的变体形式出现。但吊诡的是，以进步理性推进的人类先祖却不是理性的人，而是前人类或亚人类的动物。

白璧德认为，历史的演变以及对世界的认知在很大程度上受到想象的支配，这就不同于传统的逻各斯问题。问题的关键是你要做什么样的人，科学的进步和情感的泛滥都不能有效地塑造人。物质高效并不意味着人的道德品质的完善，白璧德认为自身所处的时代正是“物质高效与伦理无能并存”[①] 的时代。就道德伦理的提高而言，对西方现代性影响很大的两个人——培根与卢梭——可谓乏善可陈。而白璧德之所以拈出这两个人，是想试图说明现代性的进步并没有给人类带来道德的进步，物质进步和精神提升未必相互对应，在这个万物流变不居的世界面前，人们失去了评价标准。如果历史是流变无常的，那么相对主义盛行下的人们是否还有永恒和中心。诚如白璧德所说，这个扩张流变的时代面临着一个需要回答的哲学问题，即“哲学家能否发现一个统一的原则以反对纯粹的流动性和相对性”[②]。康德的理性自我和尼采的生命意志所体现的超人都不能够解决此难题，但他们所揭示的西方问题仍然存在。有趣的是，白璧德把培根和卢梭的道德卑劣与他们的学说主张联系在一起以说明其间的相关性。就此而言，白璧德常被一些研究者所诟病，他们认为白璧德并“不是在进行什么科学的、专业的批评，而是在进行有些专断的道德评判，甚至不太大度的人身攻击。也有论者认为这是白璧德批评的主要特征——没有能够与人分离而孤立存在的思想，而倘若思想不能够成就人，这样的思想也就不能成其为思想”[③]。后者的批评大致不差，但若联系白璧德的问题意识来论述，那么我们对白璧德的理解还可更进一步。

白璧德之所以把培根作为一个“科学自然主义”或“科学人道主义”

---

① Irving Babbitt, *Rousseau and Romanticism*, Boston and New York: Houghton Mifflin Company, 1919, p. 389.

② Irving Babbitt, The Modern Spirit and Dr. Spingarn, *The Journal of Philosophy, Psychology and Scientific Methods*, 1914, 11 (8), p. 215.

③ 段怀清：《白璧德与中国文化》，北京：首都师范大学出版社2006年版，第67页。

的典型代表，很大程度上说明了科学主义、功利主义以及实用主义等类学说，但并不能使人趋于完善和完整。他认为，培根的卑劣人格与他的进步历史观念所获得的光荣之间形成反差，但它们的关系并不是割裂的；相反，这种堕落与进步观有着相同的起源。他在寻求获得对外在事物的控制中，失去了对自身的控制，培根杰出的能力与猥琐卑劣的人格相混合，这使人联想到美国工商界大亨们时不时爆出的惊人内幕。[①] 由此可见，白璧德在批判培根的时候，其实就是在批判美国当时的历史现状。换言之，美国目前的社会现状所出现的思想与培根的科学历史进步观一脉相承。此外，现代科学发展给人带来的负面效应也不可忽视。可以说，科技的发展是一把双刃剑。一方面科学技术为资本主义社会带来了丰饶的物质，西方社会率先进入了先进的物质文明时代；但另一方面，机器生产使人的物化现象也越来越严重，当人们感到在这个物化世界自己不再居于主体地位时，传统的道德、价值观就被抛弃。就此而言，白璧德同尼采、马克思、海德格尔一样，都对西方现代性有着深刻的认识并进行了犀利的批判。

白璧德认识到西方物质高效所带来的负面效应的同时，参照并借鉴了东方的文化资源以弥补西方文化的不足。如此说，并不是为了抬高白璧德而要贬低其他思想家的贡献，而是说各个思想家所看到的问题都有不同的侧重点，因而他们所提出的解决方略也会有些不同。马克思在人类理性的范畴里看到了无产阶级对资产阶级的更替，在某种程度上是激进的、颠倒的黑格尔学说；而尼采和海德格尔的学说是在启蒙理性衰落的过程中对西方所面临的难题进行探索。但在白璧德看来，尼采的那句“上帝死了”是那个时代信仰危机的真实状况，随之而来的问题便是，如何重建人类的信仰和价值。西方中世纪到近代的历史几乎就是一部基督教的历史，人们信仰上帝是因为仰仗他能给人们带来福音，而人类解放的福音并没有给个人带来幸福和安宁，在民族国家间所进行的是不断的战争和屠杀，国家间的关系也不是如康德所希冀的“永久和平”[②]。

不仅人类的弑神和神圣文化的衰落与培根所代表的科学自然主义紧密

---

① Irving Babbitt, *Literature and the American College: Essays in Defense of the Humanities*, Boston and New York: Houghton Mifflin Company, 1908, p. 39.

② Irving Babbitt, *Democracy and Leadership*, Boston and New York: Houghton Mifflin Company, 1924, p. 131.

相关，而且与卢梭所代表的情感自然主义也关系甚大。正如白璧德所说，培根的学说与卢梭的自由观的相遇，大大地推动了西方的个人主义解放运动。而卢梭与培根给人的感觉相似，卢梭既是一个可憎的卑鄙小人，同时又是一位光荣的自由的奠基人。白璧德认为："如果说卢梭真是一个可憎的卑鄙小人，这正是他的自由观念所造成的；培根的道德败坏与此同理，他并不是确立了进步观念之后而道德败坏，而恰恰是由于他的进步观念才导致他的道德败坏。"[①] 对卢梭而言，白璧德认为培根有一句话特别适合卢梭，"某些自我愉悦的头脑对于任何约束都异常敏感，几乎会把身上的腰围和吊带都看成是束缚和枷锁"[②]。就此而言，卢梭篡改了美德，美德不再是人格中的否定性力量，而是人本能的冲动，任何冲动都是好的而不应加以限制。在白璧德所生活的时代，"人们对自由的好处相当敏感，对限制的益处却视而不见"[③]。人们本应该强调"约束"的好处，最后却在大谈自由的益处。白璧德以古罗马为例来说明美国自由的过度发展和缺乏约束性。

只有空洞的教条主义者才可能否认，自由在这个国家类似于古罗马的自由，正紧绷到要断裂的程度。我们面临着同样的危险，即：自由将膨胀到如患上胸膜炎般急症的程度，因其自身的过度发展而死亡。就以我们的铁路为例，从宁愿投机取巧、也不愿遵守规则的最低一级的雇员，到自行其是、大闯红灯的高层总裁和金融家们，所有人面临的困境都是缺乏纪律和自制。[④]

由此，我们不难看出卢梭对传统基督教美德的疏离和篡改。在希腊神

---

① Irving Babbitt, *Literature and the American College: Essays in Defense of the Humanities*, Boston and New York: Houghton Mifflin Company, 1908, p. 49.

② Irving Babbitt, *Literature and the American College: Essays in Defense of the Humanities*, Boston and New York: Houghton Mifflin Company, 1908, p. 49.

③ Irving Babbitt, *Literature and the American College: Essays in Defense of the Humanities*, Boston and New York: Houghton Mifflin Company, 1908, p. 66.

④ Irving Babbitt, *Literature and the American College: Essays in Defense of the Humanities*, Boston and New York: Houghton Mifflin Company, 1908, pp. 66 – 67.

话中，普罗米修斯尚有宙斯的统摄；在中世纪，人们尚有高高在上的、完美的上帝；而在近现代社会，那种普罗米修斯式的个人主义缺乏的是之上和之内的约束。人们内在的自然性情得以充分释放，以盗取天庭的火种为荣的英雄们以自然之光临照所有精神空间，他们僭越了神圣的秩序，以人间天堂的黄金之国替代遥不可及的彼岸天堂，白璧德认为以纯粹的“人类之爱”替代“上帝之爱”导致了西方的信仰危机和道德失范，“在这个危机性的时刻，我们急需的是人文的约束性原则”。[①] 自然主义或者科学的、情感的人道主义，这股思潮催生了日益提高的机械效率，也刺激了不断膨胀的扩张和侵略的野心，西方社会的自由民主正日渐失去“内在控制”，正潜伏着美国宪政自由的终结和帝国主义兴起的极大危机。对此，白璧德说道：

> 今日美国所面临的困境与古罗马可堪类比。我们似乎正达到权力的巅峰，与此同时抛弃了过去的标准。随着对过往标准的解放，穷奢极欲和自我放纵日益盛行，人们为了自身的舒适和商业繁荣，可以将一切都抛掷于脑后，这样的人数远远超过了古罗马时代。这一症状已经很令人不安，但是比起下面的症状就不算什么了：各种集团在我们国家所起的作用日益增加，而这些集团的领导人却极不道德——他们可以为了某些特殊集团的物质利益，不惜牺牲整个社会的利益。这一症状的实际严重性可能被夸大了，但这种情况一旦继续下去，这将预示着我们国家的宪政自由的终结和颓废的帝国主义的兴起。[②]

在白璧德看来，那些热情的改革者以及要求重塑世界的乌托邦主义者都急于改造社会与世界，而不是他们自己；他们自命是进步的，然而他们所追求的不过是力量与速度而已，“这样的人只求越走越快，却不在乎他

---

① Irving Babbitt, *Literature and the American College: Essays in Defense of the Humanities*, Boston and New York: Houghton Mifflin Company, 1908, p. 67.

② Irving Babbitt, *Democracy and Leadership*, Boston and New York: Houghton Mifflin Company, 1924, p. 19.

们走向何方"[①]。白璧德认为，现代转型时期的美国正处在选择方向的路口，那种不知节制而竟自个性解放和放纵欲望的人，不仅会威胁到美国的立国根基——"宪政自由"，而且会把美国拖入"颓废的帝国主义"，由这种类型的人主政是对社会的极大威胁。在国际通讯日益顺畅便利的时代，国家之间若不能很好地进行交流，国际间的冲突将不可避免。白璧德去世之后，第二次世界大战的爆发果真印证了他的预言。

从文化层面来说，经过文艺复兴时期和启蒙运动的两次个人主义扩张推进运动，现代西方人具有了批判精神的同时，失去了基督教和古典文化的约束，也没能产生能够有效控制本能冲动和性情放纵的文化机制。[②] 早在尼采喊出"上帝死了"之前，黑格尔已经道出"上帝本身死了"[③]。上帝之死预示了"超感性世界的真理及其与人之本质的关系解体"，撼动了西方的价值秩序。这也导致了"上帝和教会权威的消失，取而代之的是良知的权威、理性的权威或由反抗这种权威而来的社会本能；对彼岸世界永恒幸福的期待代之以尘世间的幸福，宗教文化被文化创造与文明扩张所取代"[④]。现代这种本能冲动和性情放纵需要一种文化的约束力量，如果没有一种社会的向心性力量，社会将会面临极大的风险，如白璧德所说："离心性的力量使得人与人斗，阶级与阶级斗，最后是国家与国家斗。"[⑤]

回到过去的道路是不可能的。尽管传统基督教的作用仍然不可或缺，但当面临越来越多的非宗教信徒和不同信仰的宗教信徒时，人们就需要一条不同的路径、一个新的替代物。对现代运动病症的准确诊断，无疑有助于诊治方案的提出。对此，白璧德说道："如果深入地思索一下现代运动

① Irving Babbitt, *Democracy and Leadership*, Boston and New York: Houghton Mifflin Company, 1924, pp. 3 – 4.

② Irving Babbitt, Genius and Taste, In Irving Babbitt, et al. (eds), *Criticism in America: Its Function and Status*, New York: Harcourt, Brace and Company, 1924, p. 164.

③ 转引自邓先珍：《黑格尔与作为隐秘虚无主义的现代性》，《现代哲学》2011年第2期，第10页。

④ 转引自邓先珍：《黑格尔与作为隐秘虚无主义的现代性》，《现代哲学》2011年第2期，第15页。

⑤ Irving Babbitt, *On Being Creative and Other Essays*, Boston and New York: Houghton Mifflin Company, 1932, p. 197.

的话，人们需要考虑科学自然主义和情感功利主义冲突之处和一致之处，这两种类型的自然主义者都一致否定了‘超理性区域’（a superrational realm），其分歧主要体现在对待理性的态度上。”① 如此说来，如何确定超理性区域便是问题的关键所在了。可以说，这是白璧德的问题聚焦点，也是把握白璧德思想的至高点。同时，白璧德曾明确地说其学说是为了满足“那些完全不默认传统权威而又看到了自然主义混乱之危险的人的需要”②。同时，我们也需注意白璧德的人文主义对未来文明走向的关注，特别是关注在世界崛起的背景下，美国将以什么样的理念来规划未来和走什么样的道路等问题。白璧德曾说美国不能只成为“欧洲的垃圾场”，“我们必须始创标准”。③ 那么我们不禁要问：白璧德要创造什么样的标准？这种标准与超理性区域是什么关系？这种标准又如何能确立？这种标准与东西方文化有什么关联？一旦我们把握了白璧德所针对的问题、言说的对象以及其立场，那么，对其思想的探究就会更加具有针对性。

不同的思想家对问题有着不同的看法，也往往具有不同的侧重点。在这个现代文化出现危机的当口，西方很多思想家都提出了自己的学说主张以拯救乱局。美国兴起了实用主义哲学思潮，而与此相应的是，白璧德提出了自己的不同主张——“新人文主义”学说。

---

① Irving Babbitt, *Rousseau and Romanticism*, Boston and New York: Houghton Mifflin Company, 1919, p. 165.

② Irving Babbitt, *On Being Creative and Other Essays*, Boston and New York: Houghton Mifflin Company, 1932, p. 79.

③ Irving Babbitt, Genius and Taste, In Irving Babbitt, etal (eds), *Criticism in America: Its Function and Status*, New York: Harcourt, Brace and Company, 1924, p. 172.

第二章

白璧德新人文主义方略构设

美国是一个年轻的国家，爱默生说美国“没有历史，只有人物传记”[1]，对现代化过程中出现的问题缺乏相应的批判机制，对此，美国国内产生的实用主义思想在某种程度上为美国扩张提供了理论性解释。在此历史当口，白璧德会通古今和东西方各家之说，如他所说，恭顺地臣服于一个时代的智慧是不够的，而应忠实于“一切时代的智慧”和人类的经验来处理时代危机。[2] 对此，白璧德熔东西方文化要素于一炉，提出了他的新人文主义方略。当然，其中涉及诸多方面的要素，难以枚举。本章节主要限定于白璧德个人背景、人文主义释义及其会通思想来论述其人文主义方略的构设。

第一节　白璧德其人其事

一种思想的成型往往离不开作者本人自身的生活经历和体悟，虽说生活环境不是什么决定性的要素，但其作用不可忽视，只是环境的最终作用还要通过人文化过程才能成为人文的。白璧德的成长过程就是这样一个人文化的过程，他的家庭背景、学术背景和大小社会背景都是其人生历程的一部分，贯穿其中的是他本人的内在人格力量。欧文·白璧德[3]于1865年8月2日出生于美国俄亥俄州西南部城市代顿市（Dayton），在家排行老二，其上有长其6岁的兄长汤姆，其下有小其5岁的妹妹凯瑟琳。巧合的是白璧德出生的那一年正是美国内战的结束之年，而其自身的成长历程也是在美国现代化转型的关键期。可以说，白璧德是那个时代的大小历史事

---

① ［美］爱默生：《历史》，吉欧波尔泰编，赵一凡等译：《爱默生文集：论文与讲演录》（上集），北京：生活·读书·新知三联书店1993年版，第260页。

② Irving Babbitt, *Rousseau and Romanticism*, Boston and New York：Houghton Mifflin Company, 1919, p. 199.

③ 本小节主要参考了以下一些资料：Stephen C. Brennan, Stephen R. Yarbrough, *Irving Babbitt*, Boston：Twayne Publishers, 1987；Frederick Manchester, Odell Shepard (eds), *Irving Babbitt：Man and Teacher*, New York：G. P. Putnam's Sons, 1941；Claes G. Ryn, *Introduction*, in *Rousseau and Romanticism*, New Brunswick, New Jersey：Transaction Publishers, 2009.

件的见证者和亲历者。白璧德的人文主义思想也是那个时代的产物，是一次历史的机缘偶合。

白璧德的家庭谱系深深地植根于新英格兰清教文化，秉承博学教士的文化传统，有着对学问和文化的敬重，应该说这是白璧德家族的一个重要文化遗产。按照其父系的谱系，白璧德的远祖于1643年定居于马萨诸塞之普利茅斯。其曾祖和祖父分别是哈佛大学与耶鲁神学院的毕业生。他们都是公理教会的牧师，尊重传统文化，反对福音派新教会的反理智主义，抵制对高雅文化的蔑视。白璧德的母亲奥古斯塔（Augusta Darling Babbitt）是那种性格温善、身体比较虚弱的女子，她没有给她的小儿子留下多少持久的印象；但是其父埃德温·白璧德（Edwin Babbitt，1828—1905）对小白璧德的影响是巨大的。老白璧德一反祖辈严苛自制的家庭传统，成为时代潮流的追随者，信奉所谓乐观的、缥缈的唯灵论；他自视为一位实业家般的医学博士、一位有着各种古怪倾向的教育家，脑海中充满各种各样所谓“先进”的观点，对各种“光色”理论感兴趣，著有一些有关“生命力”、磁性和社会改良等方面的书籍。在小白璧德眼里，老白璧德的“伪科学”和情感主义几乎是腐蚀整个西方传统文明大方向的典型事例。布伦南认为，老白璧德是一位科学人道主义者、情感主义者以及利他主义者，他本身就是当时的时代缩影，小白璧德深受其父的影响，他“反复争辩说科学人道主义和情感人道主义的孪生灾祸是培根和卢梭所留下的可恶结果，但是他对这些祸害的反感和憎恶直接源于同其父困窘的交往经历。老白璧德相信人性本善和自然同情，并相信通过对自然的控制，人类将取得无限进步，他融合了这两股腐蚀人类文明的自然主义趋向”①。可以说，老白璧德的一生体现了19世纪典型的美国生活特色，即不断向外追求以期速成。与之相反，白璧德终身向内努力，并视内在的宁静与和平为幸福，在此过程中也可见出其父颠倒的影子。

就孩童时期的生活情况来说，老白璧德的生活飘忽不定，常常居无定所，家庭也不时陷入经济困境，小白璧德还曾在亲戚家中度过了相当长的时间。他们家在纽约市过了几年断断续续的团聚生活。白璧德在孩童时就

---

① Stephen C. Brennan, Stephen R. Yarbrough, *Irving Babbitt*, Boston: Twayne Publishers, 1987, pp. 7 - 9.

开始在街头卖报以贴补家用，有时候为了保护自己，还不得已与一些流浪街头的小混混作斗争。在白璧德11岁的时候，母亲去世。白璧德与兄妹被送到俄亥俄州麦迪逊维尔市郊外外祖父的农场里生活，其兄长汤姆后来到西部德克萨斯州去放牧。在此期间，白璧德在当地一所小学校读书，直到1881年，当白璧德16岁的时候，其父亲与继母在辛辛那提市定居，他和妹妹才得以回到父亲身边。后来白璧德到辛辛那提市伍德沃德高中（Woodward High School）读书。辛辛那提市是当时美国中西部的文化中心，在伍德沃德高中读书期间，白璧德有幸受到一位优异的古典学老师的熏陶，熟练掌握了希腊文和拉丁文，并且开始知悉贺拉斯的优雅而适度的文化美德。无疑，这些给白璧德日后的古典学研究奠定了一定的基础。小白璧德除了对文史哲有浓厚的兴趣之外，还学习了大量的数学和自然科学知识。在高中读书期间，有两个夏季令白璧德难以忘怀：一是他在辛辛那提当记者的生活，一是他去怀俄明州叔父的牧场当一回西部牛仔的生活。在当西部牛仔的日子里，户外的艰苦生活和冒险对淘气的白璧德具有很强的吸引力，他曾被一位西部牛仔戏谑地称为“高个崽”（the long kid）[①]。而做记者的生活或许没有西部的围猎生活那样有趣，但更有价值，白璧德与那些粗俗的记者们打交道，报道法庭的新闻，厕身于他们中间，听他们讲笑话，与他们一起大笑，但从来不欣赏那些谈话。[②] 白璧德在1885年以优异成绩毕业，并且作为学生代表在毕业典礼上作告别演说。

白璧德差点未能到哈佛大学读书。婉拒了肯尼亚学院的奖学金后，白璧德决定去哈佛读书。期间，他因在一家报社当记者而错过了6月份哈佛在辛辛那提市所组织的为期三天的入学考试。为了能进入哈佛学习，白璧德得凑齐学费且通过在剑桥所组织的9月份的入学考试，这些都必须赶在开学上课前完成才行。在其叔父的资助下，白璧德通过了这场考验，并置身于“婆罗门枝干上的新芽”[③] 之中。白璧德常说，到了哈佛他才发现，

---

① Stephen C. Brennan, Stephen R. Yarbrough, *Irving Babbitt*, Boston: Twayne Publishers, 1987, p. 6.

② Frederick Manchester, Odell Shepard (eds), *Irving Babbitt: Man and Teacher*, New York: G. P. Putnam's Sons, 1941, p. 11.

③ Stephen C. Brennan, Stephen R. Yarbrough, *Irving Babbitt*, Boston: Twayne Publishers, 1987, p. 4.

对于哈佛大学的学习，他准备得过于充分了。[①] 当时的哈佛大学正处在查尔斯·艾略特（Charles W. Eliot）校长的管理之下，他借鉴了德国大学的教育思想，对哈佛进行“新教育”改革，主张不再以培养牧师和饱学之士为宗旨，而是给学生以“实用教育”。原本的古典学课程已经在1883年（即白璧德入学的前两年）被革出了“必修课”的范围；[②] 学生的入学考试已经对希腊语和拉丁语不再作任何要求。在白璧德看来，哈佛的许多课程狭窄而沉闷，尤其是那些文献式学究们所讲述的内容，因其远离生活的中心问题而令他大失所望，因此他也时不时地逃课。布伦南曾记载了白璧德大学生活的一件轶事，他说：在白璧德大学四年级的时候，一位学究开设了莎士比亚课，一学年下来只涉及五六部剧本，而且他几乎按照台词一行一行地讲授。学生们在课堂上获得了大量的人物传记知识和文字信息，却没有领会多少莎士比亚戏本中所体现的人生意义。白璧德说这些学究爱的是词语，而不是思想。[③] 由于白璧德不愿意遵照学究们的要求和方式学习，同时也由于在课堂上与教师争论，虽说他的各项成绩优异（成绩都是A），但莎士比亚课程只得了一个C-。对于这种傲慢的文献式的科学主义范式，白璧德不乏反感和厌恶之情。[④]

白璧德好读书的习惯几乎伴随其一生。他的博学在大学一年级期间就在同学间流传，他上课一般坐在前排最显眼的地方，他不时地抬头，并向授课的年轻博士们提些深奥的问题以致他们常常难以回答。白璧德的学识与个性给他的大学同学基瑟（William F. Giese）留下了深刻印象，他曾说：“或许出于对被激怒的教师的同情，我称这位过于自负的新生为‘白璧德副教授’（Assistant Professor Babbitt）。”[⑤] 实际上，白璧德真正成为副

---

① Frederick Manchester, Odell Shepard (eds), *Irving Babbitt: Man and Teacher*, New York: G. P. Putnam's Sons, 1941, p. 11.

② 张源：《从“人文主义”到“保守主义”：〈学衡〉中的白璧德》，北京：生活·读书·新知三联书店2009年版，第24页。

③ Stephen C. Brennan, Stephen R. Yarbrough, *Irving Babbitt*, Boston: Twayne Publishers, 1987, p. 14.

④ Stephen C. Brennan, Stephen R. Yarbrough, *Irving Babbitt*, Boston: Twayne Publishers, 1987, p. 15.

⑤ Frederick Manchester, Odell Shepard (eds), *Irving Babbitt: Man and Teacher*, New York: G. P. Putnam's Sons, 1941, p. 1.

教授则迟至1902年，即在他进入哈佛大学作讲师8年之后（1894年进入哈佛大学进行教学工作），1912年才晋升为全职正教授。白璧德性格中的锋芒在日后的工作中不断地修正，即便如此，但他那一触即发的急智和难以克制的斗志是他的秉性所赋予的。① 白璧德在哈佛读书期间进一步修习了希腊语、拉丁语，同时还学习了法语、德语、意大利语、西班牙语和梵语。虽然白璧德反对对知识的过度追求，认为那是一种“认知淫”，但这并不表示白璧德没有强烈的求知欲和好奇心。正如有论者认为，就对知识的不懈追求而言，白璧德颇像他的父亲，老白璧德涉猎广泛，渴望做一个“哲学与宗教上的真正自由人”，一个能够实践“对世界各地的知识兼收并蓄，并且吸纳所有的灵感、所有的圣经典籍、所有的科学所体现的真理”的人。② 老白璧德认为黄金法则是世界各大宗教的本质，并认为佛教徒、穆斯林、印度徒在慈善与悲悯上超过基督徒，因此他尤其敬仰佛教徒，认为其行为的五条戒律比基督教的十条戒律更具生活的实用性。白璧德根据自己的研究发现，这些宗教都具有共通的生活真理，即一种内在生命的约束力。不管怎样，白璧德非常敬重东方思想，并对东方思想采取兼收并蓄的态度，这在很大程度上归因于其父亲的影响。③ 但白璧德对知识的渴求并不是为知识本身，基瑟说：“他（白璧德）的主要关注点完全是思想和运用。若我敢以决定论意味的词语来刻画一位非常敌视决定论的人的性格的话，他从一开始就是一位哲学家——应当说他天生就是哲学家。”④

布伦南认为，白璧德在大学二年级的那一年至关重要。白璧德刚到哈佛时并没有什么明确的打算和计划，除了高中时候学过古典学，他还学习过工程和簿记类等实用性课程，其家庭也鼓励他朝着实用的方向发展，但大二时白璧德发现早期目标“鄙贱”。虽然白璧德还缺乏目的感，但已投

---

① Stephen C. Brennan, Stephen R. Yarbrough, *Irving Babbitt*, Boston: Twayne Publishers, 1987, p. 11.

② Stephen C. Brennan, Stephen R. Yarbrough, *Irving Babbitt*, Boston: Twayne Publishers, 1987, pp. 9 – 10.

③ Stephen C. Brennan, Stephen R. Yarbrough, *Irving Babbitt*, Boston: Twayne Publishers, 1987, p. 10.

④ Stephen C. Brennan, Stephen R. Yarbrough, *Irving Babbitt*, Boston: Twayne Publishers, 1987, p. 4.

身于“最广泛意义上的自我发展”，犹如当年的哥伦布，虽然不知道驶向哪一个海岸，但确信船头指向正确。① 白璧德在大学期间做了一件最重要的事——在大三那一年与高中好友一起进行了一次为期15个月的欧洲之旅。② 白璧德一路风餐露宿，沿着莱茵河并穿越荷兰，主要以步行的方式走访了法国、西班牙、意大利和瑞士。尽管这次游历不能给他提供明确的生活方向，但回到哈佛的俄亥俄州农场的小子至少变得更具有世界性的视野。这次游历使白璧德有时间去整理很多事情。他在高中时候就已经对东西方文明有了一些认识，在哈佛档案里还存有一篇白璧德在高中时撰写的文章《古人的错误》，该文一方面批评希腊人缺乏美国人在喧闹的工厂与车间里所体现出的进取实干精神，另一方面又认为美国也需要更多的生活诗意以及古希腊人对文学艺术的精妙想象。③ 此次旅行，开阔了白璧德的视野，使他能够从不同的视角来审视美国文化的弊端。其中，他对东方文化和古希腊文化的兴趣是转化其性格的重要文化因素。④ 根据其自述，白璧德在高中已经赞成亚里士多德的中道思想，在大学期间，更是浸润在古典学当中。⑤ 不仅如此，在大学二年级的时候，白璧德已经对佛教教义有了较深的理解。对此，老同学基瑟印象深刻。白璧德常引述佛学思想来论述理智的局限性和有效性，认为理性的虚荣是“瓶装无限”，并以此来批判西方的本体论和宇宙论，认为以好奇的头脑“罐装”不可知的无限，这是知性的傲慢，而不是陶冶性情。对于佛陀所讲的“不可知”（unthinkable），若以纯粹的思辨来处理，注定无效。

---

① Stephen C. Brennan, Stephen R. Yarbrough, *Irving Babbitt*, Boston: Twayne Publishers, 1987, p. 11.

② Stephen C. Brennan, Stephen R. Yarbrough, *Irving Babbitt*, Boston: Twayne Publishers, 1987, pp. 11 – 12; See also: Frederick Manchester, Odell Shepard (eds), *Irving Babbitt: Man and Teacher*, New York: G. P. Putnam's Sons, 1941, p. 11.

③ Stephen C. Brennan, Stephen R. Yarbrough, *Irving Babbitt*, Boston: Twayne Publishers, 1987, p. 9.

④ Stephen C. Brennan, Stephen R. Yarbrough, *Irving Babbitt*, Boston: Twayne Publishers, 1987, p. 12.

⑤ Stephen C. Brennan, Stephen R. Yarbrough, *Irving Babbitt*, Boston: Twayne Publishers, 1987, p. 145.

白璧德已经深深地沉浸于佛教之中，佛教对其思想的影响从一开始就非常显著，其他方面的影响（亚里士多德除外）除非作为丰富其内容的旁支，否则几乎无须援用和提及。若要充分理解他的人文主义（当时好像是他哲学思想显露的一个方面）背后的最终信念，只有以东方的视野来进行研究，尽管亚里士多德提供了分析的方法。佛教主张灭人欲，因此激烈地反浪漫主义。当我对这个非欧洲学说的道德效能投之以怀疑时，白璧德幽默地高呼道：什么！你不认为佛教是好宗教——一个有着 14 层地狱的宗教。①

1889 年，白璧德以优等成绩从哈佛大学古典学系毕业，同年申请研究生奖学金，希望能够进一步研习现代语言和梵语，从而“避免专家的狭隘而力求达到透彻理解”，但是申请被拒绝。② 该年 9 月白璧德到一所较小的长老制教会学校蒙大拿学院任教，教授基本的希腊语和拉丁语。在此任教两年之后，白璧德赴法留学一年（1891—1892），在法国高等研究院（Ecole des Hautes Etudes）师从长其两岁的著名东方学者列维（Sylvain Levi），研习梵语、巴利文以及印度哲学。在此期间，白璧德广泛而独立地阅读早期佛典，深入探究哲学、宗教和文学。早在 19 世纪，宗教学（Religionswissenschaft）就开始作为一门新兴的学科出现，当时人们并没有把宗教学与哲学、神学、心理学、语文学或人类学进行区分。这个领域的多数欧洲研究者都把它依附于神学系，而在法国是例外，那里把它视为科学来尊重。③ 在巴黎的那一年即将结束时，白璧德在给哈佛的东方学家查尔斯·兰曼（Charles R. Lanman）的信中写道：“我对梵语的兴趣与其说与比较语文学有关，不如说与比较文学和比较宗教有关。尽管我尚未决定把它定为自己的专业，但确切地说，我无论如何将继续研究，以便对古梵

---

① Frederick Manchester, Odell Shepard (eds), *Irving Babbitt: Man and Teacher*, New York: G. P. Putnam's Sons, 1941, p. 5.

② Stephen C. Brennan, Stephen R. Yarbrough, *Irving Babbitt*, Boston: Twayne Publishers, 1987, p. 13.

③ Stephen C. Brennan, Stephen R. Yarbrough, *Irving Babbitt*, Boston: Twayne Publishers, 1987, p. 16.

语、巴利语和佛典都达到相当熟悉的程度。”① 在当时的美国，比较宗教通常意味着历史资料的科学分类，处于个体宗教的历史研究和有关宗教本质的宗教哲学之间。布伦南认为，白璧德之所以用比较文献和比较宗教的措辞和用语，主要是一种策略，因为他希望其研究计划能够被语文学家们接受。不管怎样，白璧德顺利入读哈佛研究生院。② 1892 年，白璧德在兰曼的指导下继续他的东方学研究，攻读硕士学位课程，并成为兰曼高级课程班上的两名学生之一，另一位便是日后成为白璧德挚友和美国人文主义运动领袖之一的保罗・艾尔默・穆尔。兰曼对东西方宗教的关联有兴趣，这也是白璧德本人的兴趣所在。在攻读硕士学位期间，白璧德也修习了艺术史学者查尔斯・艾略特・诺顿（Charles Eliot Norton）开设的“但丁研究”课程。诺顿开课的方法与白璧德在本科期间语文学究所开设的莎士比亚课程迥然不同，诺顿以普遍的人类道德法则来判断文学，这无疑给白璧德日后的批评工作以诸多启发，尽管白璧德后来发现诺顿在哲学方面的思想存在局限，即他的思想不足以对治美国的物质主义。③ 毋庸置疑，这两位导师对白璧德的思想都产生了有益影响。

硕士毕业之后，白璧德期望在古典学系谋职，但当时的古典学课程已经处于边缘位置，教工编制也在缩减。这次努力没有成功。也有学者认为这可能是白璧德不善逢迎之故。④ 随后，白璧德到威廉斯学院任职一年，讲授罗曼语。1894 年，哈佛大学法语系的一位年轻讲师因为涉嫌“文字剽窃”案而被艾略特校长开除。⑤ 由于白璧德在哈佛大学读书期间法语成绩优异，白璧德就这样被召回到母校任教。自此之后的 39 年，白璧德的主要工作时间都是在哈佛度过，直至他病逝。从白璧德发表的第一篇学术文章

---

① Stephen C. Brennan, Stephen R. Yarbrough, *Irving Babbitt*, Boston: Twayne Publishers, 1987, p. 16.

② Stephen C. Brennan, Stephen R. Yarbrough, *Irving Babbitt*, Boston: Twayne Publishers, 1987, p. 16.

③ Stephen C. Brennan, Stephen R. Yarbrough, *Irving Babbitt*, Boston: Twayne Publishers, 1987, pp. 19 – 20.

④ Hoffman Nickerson, Irving Babbitt, *The Criterion: A Literary Review*, 1934, 13 (LI), p. 180.

⑤ Stephen C. Brennan, Stephen R. Yarbrough, *Irving Babbitt*, Boston: Twayne Publishers, 1987, p. 20.

《关于古典学的合理研究》(1897 年)[①] 算起，白璧德陆续出版了一系列学术著作，但从整体上说，白璧德并不是那种以产出数量取胜的学者，他对自己发表的文字很慎重，在给老友穆尔的信中说："我一般抑制自己的思想，直至思考到彻底成熟之后才发表。"[②] 这必然影响到产量。但有一点需要说明，白璧德的大多数著作是以课堂讲义的形式出现的，其思想在出版之前就大致成型了。[③] 另外，白璧德的思想并不像一些人所说的那样是杂乱的，而是前后连贯一致的，并且是不断深化发展的。1930 年，在卡耐基大厅发生那场人文主义与反人文主义之间的大辩论的前夕，当记者要求白璧德给出人文主义的定义的时候，白璧德就曾建议他们参看《关于古典学的合理研究》这篇他最早发表的文章（此文后来成为《文学与美国的大学》中的一章）。可见白璧德对其思想是"道一以贯之"。但这也为那些反对者所诟病，认为其学说一如其僵硬的、执拗不屈的性格一样，是"非人的僵化"[④]。尽管白璧德没有受到公正的评价，但其思想的一贯性得到了绝大多数研究者的肯定。[⑤]

由于白璧德的学术主张与整个时代的主潮相反，又由于在艾略特校长主政下的哈佛大学倾向于科学研究等实用学科，白璧德在哈佛的生活并不顺利，他受到来自各个方面的排挤。正如他所说："与整个时代战斗并不是一件愉快的事情。"[⑥] 就个性而言，白璧德与他的老同学穆尔差异很大，尽管穆尔身上体现了白璧德思想的影响，但这位"普林斯顿的隐士"总是

---

① 白璧德早在 1895 年就以报告（lecture）形式向威斯康辛大学师生展现了他的人文主义学说主张，两年后以这个标题刊载在《大西洋月刊》上。因此，若以时间算，白璧德的第一篇人文主义的文章应是 1895 年面世的。参见 Irving Babbitt, The Rational Study of the Classics, *Atlantic Monthly*, 1897, 79, pp. 355 - 365.

② Stephen C. Brennan, Stephen R. Yarbrough, *Irving Babbitt*, Boston: Twayne Publishers, 1987, p. 22.

③ Stephen C. Brennan, Stephen R. Yarbrough, *Irving Babbitt*, Boston: Twayne Publishers, 1987, p. 65.

④ Harry Salpeter, Irving Babbitt, Calvinist, *The Outlook*, 1930, p. 421.

⑤ 可以参看 Milton Hindus, The Consistency of Irving Babbitt (Part One), *Modern Age*, 1992, pp. 106 - 115; The Consistency of Irving Babbitt (Part Two), *Modern Age*, 1993, pp. 204 - 214.

⑥ George A. Panichas, Introduction, In *Irving Babbitt: Representative Writings*, London: University of Nerbraska Press, 1981, p. 35.

表现得有些害羞且离群索居，而白璧德则被称为“哈佛战佛”（the Warring Buddha of Harvard）。[①] 在白璧德所在的法语系，以科学方法来研究人文学科的学究占据了学术要津，这使得希望以人文通识教育为主旨的白璧德在“语言文献辛迪加”那里很难得到认可。他几次面临失去教职的风险，最终在学生、朋友以及一些同事们的合力帮助下，才得以保留在哈佛的教席，并且在1912年晋升为全职教授。[②]

白璧德与中国文化有着很深的契合。1900年，35岁的白璧德与23岁的朵拉（Dora Drew Babbitt）结为连理，婚后育有一女一男。朵拉在中国出生长大，其父是一位牧师，曾在中国天津帝国海关任职。[③] 白璧德的妻子和岳丈与中国都颇有渊源，据吴宓所说，他曾结识白璧德的岳丈——杜德维先生（Edward B. Drew），他在中国居住四十多年，不仅通中文，而且“和蔼恳切，识解高明，绩学，尤关心吾国事”[④]。白璧德与中国的关系不太像与印度的关系，因为白璧德精熟巴利文和梵文，从巴利文翻译了《法句经》，对印度小乘佛典有着深入的研究。但这并不是说白璧德没有受到中国的深刻影响。白璧德对中国素有好感，娶了一位在中国出生的美国妻子，这是否与他的中国情结有关也未可知，但白璧德对中国文化的熟悉程度也非一般学者所能企及。他主要依据英译的中国典籍来研究并吸收中国文化。白璧德的中国大弟子梅光迪于1915年投其门下读书，他们初次见面时，白璧德就给了梅光迪深刻的印象，“尽管当时他尚没有这方面的文字出版，但白璧德对孔子和早期道家已经有了丰富的认知；至于他何时开始对中国这么有兴趣，尚不清楚。毋庸置疑，他对中国儒家学说中的人文主义精髓进行了评价，并且看到了早期道家与现代西方自然主义者之间的相似之处，由此建立了两种不同的人生观，这两种不同的人生观代表并且

---

① J. David Hoeveler Jr., *The New Humanism: A Critique of Modern America*, 1900 - 1940, Charlottesville: University Press of Virginia, 1977, p. 11.

② 具体的情况可参见 Stephen C. Brennan, Stephen R. Yarbrough, *Irving Babbitt*, Boston: Twayne Publishers, 1987, pp. 20 - 24.

③ 梁实秋说白璧德母亲在宁波出生。根据笔者所能查到的资料，没有任何蛛丝马迹可佐证，梁氏所记可能有误。参见梁实秋：《白璧德及其人文主义》，《现代》1934年第5卷第6期，第902~909页；又见段怀清编：《新人文主义思潮——白璧德在中国》，南昌：江西高校出版社2009年版，第97页。

④ 吴学昭：《吴宓与陈寅恪》，北京：清华大学出版社1996年版，第21页。

区分了两种普遍的思想层次。在对中国文化能作出如此评判的西方学者当中，白璧德是第一人。除了佛陀之外，孔子可能是与白璧德性情最为投契的教师”[①]。白璧德对于中国的好感与认知，也如吴宓所言：“巴师谓于中国事，至切关心。东西各国之儒者，Humanists 应联为一气，协办行事，则淑世易俗之功，或可冀成。”[②] 白璧德对中国的一些看法和见解也给新人文主义的一位主将、白璧德的朋友埃利奥特（G. R. Elliott）留下了深刻印象。

在社会态度方面，我们美国人不妨从法国人或中国人那里吸取经验教训，他称中国人为“东方的英国人”，这是因为他们有内在的理智，但他更喜欢阐发他们礼节中的宗教传统的优越性。他对孔子的学术在中国当前的衰落深感遗憾，他常与那些来到他门下学习的中国学生讨论这些问题。在他看来，中国的复兴几乎不仅对于那个国家，而且对于整个社会都是极为重要的任务。[③]

布伦南认为白璧德的人文主义运动起始于课堂，[④] 这种判断不是没有道理。一方面，白璧德的思想正是在其课堂上得到传播并得以修正的；另一方面，白璧德的学术思想也是通过其学生和朋友在世界各地得到一定程度传播的。中国弟子梅光迪、吴宓、楼光来、梁实秋、郭斌和等把其思想带入了中国，可以说，白璧德的思想也间接地参与了重建中国新文化方面的论争。在美国20世纪二三十年代，新人文主义或者说美国人文主义得到了较为广泛的传播，这甚至引起了反对者们的抱怨：“今天，到处是人文主义者的刊物，人文主义者的出版社，各个名牌大学里都充斥着人文主义

① Frederick Manchester, Odell Shepard (eds), *Irving Babbitt: Man and Teacher*, New York: G. P. Putnam's Sons, 1941, pp. 119 – 120.

② 吴宓：《吴宓日记》（第二卷），北京：生活·读书·新知三联书店 1998 年版，第 212 ~ 213 页。

③ Frederick Manchester, Odell Shepard (eds), *Irving Babbitt: Man and Teacher*, New York: G. P. Putnam's Sons, 1941, p. 153.

④ Stephen C. Brennan, Stephen R. Yarbrough, *Irving Babbitt*, Boston: Twayne Publishers, 1987, p. 60.

的教授，人文主义的批评家、科学家、政治思想家（如果还没有人文主义艺术家的话），这一运动甚至得到了《纽约时报》的支持。"① 厄普顿·辛克莱也曾强烈地抗议《读书人》（*The Bookman*）刊载过多有关人文主义的文章，"我抗议你们把《读书人》变成了那两个文学木乃伊穆尔和白璧德的宣传喉舌。有他们的一篇、两篇文章没问题，但是月复一月地刊载关于他们的文章，我们将不再阅读贵刊"②。白璧德的影响与日俱增，其学术也逐渐得到认可，1920 年他被选入国家文学艺术院（The National Institute of Arts and Letters），1926 年成为法兰西学院伦理与政治科学学院（Academie Des Sciences Morales et Politiques）的通讯院士——这对一个美国人来说是一项殊荣。③ 1930 年白璧德成为美国人文学院（The American Academy of Arts and Letters）院士。

纵观白璧德的一生，可以说是其践履自己信念的一生，其思想信念是他不断思考和践履的结果。老白璧德教育儿子去痛恨加尔文教的严厉教条，但白璧德在那些清教伦理中看到了敬畏，并在东方的佛教和儒家伦理中看到了谦卑的宗教传统。从 1932 年 1 月到 1933 年，白璧德顶着病患仍然一如既往地授课，直至卧床不起。1933 年 5 月，在去世前的几周里，白璧德已经极度虚弱，但仍坚持批阅试卷和论文。当老同学基瑟前去看望他并恳求他休息的时候，白璧德说："当被雇做一件事，坚持到底才适当。"④

---

① 张源：《从"人文主义"到"保守主义"：〈学衡〉中的白璧德》，北京：生活·读书·新知三联书店 2009 年版，第 40 页；Malcolm Cowley, Humanizing Society, In Clinton Hartley Grattan (ed), *The Critique of Humanism: A Symposium*, New York: Brewer and Warren Inc., 1930, p. 64.

② Stephen C. Brennan, Stephen R. Yarbrough, *Irving Babbitt*, Boston: Twayne Publishers, 1987, p. 72.

③ Stephen C. Brennan, Stephen R. Yarbrough, *Irving Babbitt*, Boston: Twayne Publishers, 1987, pp. 72 – 73.

④ Stephen C. Brennan, Stephen R. Yarbrough, *Irving Babbitt*, Boston: Twayne Publishers, 1987, p. 26.

第二节 “人文主义”概念释义

朱斯蒂尼亚尼（Vito R. Giustiniani）指出：“‘人文主义’作为一个哲学术语似乎首先出现在18世纪下半叶的法国，这个术语的其他意思在德国几乎同时出现。之后，humanismus一词在德国开始使用。”① 而按照麦格拉思的说法：“‘人文主义’一词是19世纪杜撰出来的用语。德语的Humanismus首先出现于1808年，指一种强调研读希腊文化与拉丁文化古典著作的教育形式。英语的‘人文主义’（humanism）一词稍后出现。它首次见于泰勒（Samuel Coleridge Taylor）的著作（1812年），用来指称一个基督论的立场——认为耶稣基督纯粹是人的信念。这个用语在文化的意义上的首次使用则是在1832年。”② 自从“人文主义”词语出现，其词义一直多变不一，在不同的时代和地点，不同的人往往会有不同的理解。一些学者认为“人文主义”没有确切的定义并不是缺点，反而具有明显的优势，甚至说“人文主义”的意思，取决于说这个词的人想让它有什么意思。③ 阿伦·布洛克认为，对于“人文主义”（humanism）一词，没有人能够给出满意的定义，但他本人还是从历史的角度指出，人文主义已经形成了一个传统。

作为暂性的假设，我姑且不把人文主义当作一种思想派别或者哲学学说，而是当作一种宽泛的倾向，一个思想和信仰的维度，一场持续不断的辩论。在这场辩论中，任何时候都会有非常不同的、有时是互相对立的观点出现，它们不是由一个统一的结构维系在一起的，而是因对某些共同假

---

① Vito R. Giustiniani, Homo, Humanus and the Meanings of “Humanism”, *Journal of the History of Ideas*, 1985, 46 (2), p. 175.

② ［英］阿利斯特·麦格拉思著，蔡锦图、陈佐人译：《宗教改革运动思潮》，北京：中国社会科学出版社2009年版，第39页。

③ Jeaneane D. Fowler, *Humanism: Beliefs and Practice*, Brighton: Sussex Academic Press, 1999, p. 7.

设与某些特有的问题和话题的关注而维系在一起，而这些问题和话题也因时而异。我能够找到的最贴切的名词是人文主义传统。①

布洛克的论述颇有道理。朱斯蒂尼亚尼也指出，“人文主义”的意义驳杂，若要分析它的全部意思几乎是不可能的。② 作为一个思想和信仰的维度，“人文主义”并没有什么固定的定义，也没有一个统一的结构，但毕竟可作为一个文化传统。那么，作为一种文化传统，“人文主义”就应有其历史的变迁，并且具有相对稳定的思想内核。《劳特里奇哲学百科全书》指出：“哲学词汇‘人文主义’指代一系列有关人性的相互关联的观念，以定义人的特点、能力、教育和价值。”③ 而《剑桥哲学词典》则说明：“人文主义不仅仅是一种思想学派，或各种特定信念、学说的汇集，更是一种看待世界的一般性的视角。”④ 当然，我们说西方人文主义传统有着一定的延续性和思想内核，并不表示人文主义传统没有产生显著的变化。然而，人们通常会犯这样一个错误，“就是把人文主义历史发展的某一阶段当作整体的代表”⑤。虽然人们常常把人文主义与文艺复兴联系起来，事实上，“人文主义”一词在文艺复兴时期并没有使用过。⑥ 而要探究人文主义的思想传统和内涵，我们不妨追根溯源。

朱斯蒂尼亚尼指出，“人文主义”（humanism）这个术语是法国人所说的虚假同源词（faux amis）之一。尽管“人文主义”是以各种现代语言、各种相近的形式出现，但其含义是不断变化的，就是在同一种语言中，它

---

① ［英］阿伦·布洛克著，董乐山译：《西方人文主义传统》，北京：生活·读书·新知三联书店1998年版，第3页。笔者根据原文对译文有所修改。Alan Bullock，*The Humanist Tradition in the West*，London：Thames and Hudson，1985，p. 9.

② Vito R. Giustiniani，Homo，Humanus and the Meanings of “Humanism”，*Journal of the History of Ideas*，1985，46（2），p. 167.

③ Edward Craig，*Routledge Encyclopedia of Philosophy*，London and New York：Routledge，1998，p. 3672.

④ Robert Audi，*The Cambridge Dictionary of Philosophy*，Cambridge：Cambridge University Press，1999，p. 397.

⑤ ［英］阿伦·布洛克著，董乐山译：《西方人文主义传统》，北京：生活·读书·新知三联书店1998年版，第270页。

⑥ ［英］阿利斯特·麦格拉思著，蔡锦图、陈佐人译：《宗教改革运动思潮》，北京：中国社会科学出版社2009年版，第39页。

的含义也是不断变动的。[1] 即便如此，考察这个词的源头也并非毫无意义。根据朱斯蒂尼亚尼的说法，humanism 来源于 humanus，而 humanus 又是来源于 homo。而在古典拉丁文中 humanus 具有两种特定的含义，即“仁慈的”（benevolent）和“博学的”（learned）。当今，humanus 作为“仁慈的”含义仍在流行，但作为“博学的”义项则在中世纪拉丁文中丢失了。在英文 human（e）、法文 humain、意大利文 umano（直接的派生词）和德文 menschlich 等词语中也都不见此义项。[2] 按照珍妮安·D. 福勒（Jeaneane D. Fowler）的考证，humus 的含义是“地面、泥土”，humanus 意为“人的、泥土的”，而 homo 则意为“泥土的存在”。这些词语都反映了人与神之间的对立。[3] 对于该词的出现及其意涵而言，雷蒙·威廉斯作出了如下的溯源性考证：

也许直接源自 18 世纪末期的德文组合词 Humanismus，其所根据的是 Humanity 所演变的抽象意蕴。在讨论当代的文化与文明的发展时，论者往往会提出一个复杂论点，即对宗教的看法。在这个议题上，Humanism 是具有正面意涵的词，其受欢迎的程度超过具有负面意涵的 atheism（无神论）。Humanism 这个词的广义用法——被解释为人类的自我发展（self-development）与自我完善（self-perfection）——与后启蒙（post-Enlightment）时期对历史的概念有关，并且在 19 世纪变得普遍。Humanism 的广义用法与新用法部分相同，皆可呈现 humanist 及 the humanities 的演变意涵。新的用法将与 humanism 视为一种特别的知识学问——可以让我们联想到有关文化、人的发展或人的完善等特别概念。[4]

---

① Vito R. Giustiniani, Homo, Humanus and the Meanings of “Humanism”, *Journal of the History of Ideas*, 1985, 46 (2), p. 167.

② Vito R. Giustiniani, Homo, Humanus and the Meanings of “Humanism”, *Journal of the History of Ideas*, 1985, 46 (2), p. 168.

③ Jeaneane D. Fowler, *Humanism: Beliefs and Practice*, Brighton: Sussex Academic Press, 1999, p. 9.

④ ［英］雷蒙·威廉斯著，刘建基译：《关键词：文化与社会的词汇》，北京：生活·读书·新知三联书店 2005 年版，第 211 ~ 212 页。

根据阿伦·布洛克的考证，如果要作进一步追溯，humanism（人文主义）还可以溯源到15世纪末。那时意大利的学生已经把教授古典语言和文学的老师称作umanista（英文即humanist），而把教法律的老师称作legista，两者所教的课程统称为studia humanitatis，相当于英文的the humanities（人文学科）。而humanitatis在拉丁文里又源自于humanitas，主要意为人性的修养。[1] 对于这方面的考证，朱斯蒂尼亚尼说："'人文主义者'（humanist）先于'人文主义'（humanism），在考察人文主义含义的时候，我们需要特别注意。而人文主义者（humanist）相继反映了humanus的古典拉丁文'博学的'含义。遗憾的是，这个义项是今天许多写作有关人文主义的人所不熟悉的。"[2]

正如董乐山所说，人们不仅对humanism一词的内涵没有一致的认识，而且在汉语的译名上也出现诸多混乱，其译名可谓繁多，诸如"人文主义"、"人本主义"、"人道主义"、"人性主义"，还有人主张仿唯物论、唯心论的译名译成"唯人论"。就翻译行为而言，"一词多义，一词多译本是翻译理论中的一个基本原则"。然而，该词"正如其他一些抽象名词一样，一旦译成了汉语以后，人们对它们的理解往往绝对化了，或者根据中国的特殊文化背景，衍生了与原意有所出入甚至背离的含义"[3]。因此，除了要对该词的蕴含作一些词源上的考证之外，我们还需要对该词的概念演变史作一些梳理。

艾布拉姆斯（M. H. Abrams）把文艺复兴时期的人文主义溯源到古希腊，认为那些"人文主义者"对古希腊和古罗马典籍的整理与疏解为欧洲的文艺复兴库存了大量的材料和思想，同时他们还以亚里士多德、柏拉图、西塞罗等古典作家为基础，撰写了很多有关教育、道德和政治主题的

---

① 石敏敏：《希腊人文主义：论德性、教育与人的福祉》，上海：上海人民出版社2003年版，第4页。

② Vito R. Giustiniani, Homo, Humanus and the Meanings of "Humanism", *Journal of the History of Ideas*, 1985, 46 (2), p. 171.

③ 董乐山：《序言》，[英] 阿伦·布洛克著，董乐山译：《西方人文主义传统》，北京：生活·读书·新知三联书店1998年版，第1~2页。

文章。[①] 这同珍妮安·福勒所持的观点基本相同，“人文主义的思想源于古希腊，在柏拉图和苏格拉底等伟大的希腊哲学家所生活的时代”[②]。当然，文艺复兴人文主义不仅吸收了古希腊的人文主义，同时也以反叛的形式吸收了中世纪的犹太—基督教文化遗产。近现代的西方文明基本上承继了上述两大传统，即古希腊和犹太—基督教的文化传统，西方文明的活力在很大程度上取决于这两大文化传统之间的张力作用。尽管如此，古希腊的理性与希伯来的信仰也并非截然对立，它们都有“关于实在的仰望”，只不过古希腊文化与犹太—基督教文化提供了有关“人”的不同视野，“犹太—基督教关注的是‘神’，从与神的关系衡度人；希腊传统则以人为中心，是最先意识到根据人文‘理性’实现人的‘教化’的文明传统之一。在希腊传统中，人属于‘人文’而非‘宗教’的范畴”[③]。古希腊人看重人的潜能和人与社会的关系，强调人的价值，以人的自我完善和发展作为追求目标。阿伦·布洛克指出：“古希腊思想最吸引人的地方之一是，它是以人为中心，而不是以上帝为中心。苏格拉底之所以受到特别尊敬，正如西塞罗所说，是因为他把哲学从天上带到了地上。人文主义者不断反复要求的就是，哲学要成为人生的学校，致力于解决人类共同的问题。”[④] 对此，朱斯蒂尼亚尼则分析得更为深入和细致。一方面，古希腊人文主义是以追求人性完整和卓越为目标的，其整个世界观都是以人为中心，“人是万物的尺度”；另一方面，“在古希腊文明最伟大的时代，关于人的这些理论并没有发展成为一种形而上学，个性的绝对观念并不是希腊的。没有任何希腊哲学家认真地对待此事。对希腊人来说，绝对标准和价值在于诸神，而不是终有一死的人”。[⑤] 这种分析更能体现时代的复杂性。

---

① M. H. Abrams, *A Glossary of Literay Terms*, Boston: Heinle & Heinle, 1999, pp. 116 - 117.

② Jeaneane D. Fowler, *Humanism: Beliefs and Practice*, Brighton: Sussex Academic Press, 1999, p. 12.

③ 石敏敏：《希腊人文主义：论德性、教育与人的福祉》，上海：上海人民出版社2003年版，第1~3页。

④ ［英］阿伦·布洛克著，董乐山译：《西方人文主义传统》，北京：生活·读书·新知三联书店1998年版，第14页。

⑤ Vito R. Giustiniani, Homo, Humanus and the Meanings of “Humanism”, *Journal of the History of Ideas*, 1985, 46 (2), p. 169, 183, 184.

阿伦·布洛克认为，在古罗马人的世界里，就像在古希腊世界里一样，由于没有印刷的书籍，没有报纸或其他交流媒介，公共事务在很大程度上依赖说话的能力，“这不仅是指把话说得动听的能力——罗马人认为人有别于动物就是由于说话的能力——而且还指能够抓住和提出论点或者批驳论点的思维能力，这就需要在人文学科中受到全面教育。这种全面教育，希腊文叫 enkylia paedeia（英文 Encyclopaedia［百科全书］一词即源于此），西塞罗在拉丁文中找到一个对等的词 humanitas，他所根据的是希腊人的这个观点：这是发扬那些纯粹属于人和人性的品质的途径”①。虽然朱斯蒂尼亚尼与布洛克的观点不完全一致，但毕竟大同小异。“与 Humanism 有着紧密联系的拉丁文 humanitas，而古罗马人以 Humanitas 来翻译古希腊的 paideia（教化），这种翻译得到了格利乌斯（Gellius）的赞成，他便把 humanitas 与 paideia 等同使用。但在这种等同之外，格利乌斯用‘博雅的人文学科方面的知识和教学’（eruditio instititioque in bonas artes）来翻译 Paideia，这更加适当。现代读者必须对格利乌斯的文字进行正确的评价。因为 Humanus 意味着‘博学的’（learned），humanitas 也意味着‘学问’（learning），但是它还包含着其他的价值（品格、美德等）；而 paideia 主要聚焦于文化（culture）。希腊语中没有任何术语可与 Humanitas 相对应，如果它被当作 paideia 使用，它也不过是提喻（synecdoche）或是‘以整体代表部分’（totum pro parte）。如果说瓦罗与西塞罗使得 paideia 与 humanitas 意思一致，原因在于，虽然古希腊和古罗马有关人的概念有所不同，但 humanitas 与 paideia 都代表了人们所要达到的完善的高级阶段。”②由此可见，古罗马文化也非一味地模仿或照搬古希腊的文化传统。其实，它不仅承继了古希腊的文化传统，而且对古希腊文化传统有所推进。就 humanitas 而言，朱斯蒂尼亚尼就认为：“与古希腊的顺从命运相反，人站立着且成功地抗拒命运，这是典型的古罗马的概念，希腊的 paideia 不曾有此含义，而海德格尔把历史上的每一种人文主义都联系到古希腊的 paideia。但是这种观念与基督徒的自由意志学说并不矛盾，事实上也不阻

---

① ［英］阿伦·布洛克著，董乐山译：《西方人文主义传统》，北京：生活·读书·新知三联书店 1998 年版，第 5 页。

② Vito R. Giustiniani, Homo, Humanus and the Meanings of “Humanism”, *Journal of the History of Ideas*, 1985, 46 (2), p. 184.

碍人文主义者和他们的同代人对宗教传统和教会的信仰。”[1] 尽管有关人的概念有所变化，但是对于人性的完善方面来说，对人进行全面教育以完善各个方面的能力，这与古典时代有关人的观点具有共同之处，培养“全人”的这种理念在文艺复兴时期也得以延续和发展。

尽管文艺复兴人文主义及启蒙运动的人文主义都承继了西方的两大文化传统，但近现代人文主义思潮毕竟是一种对以前的文化传统的批判性吸收。可以说，这是一种批判与反思、颠覆与再建构的过程，其中有着连续性、差异性和契合性，但并不是同一性。瑞士学者布克哈特认为，文艺复兴时期的人文主义是“古典文化的复兴”，是“世界的发现和人的发展”，而中世纪则是野蛮的黑暗时代。[2] 毋庸讳言，这种看法抓住了时代的主要特征，但是中世纪与近现代也有着难以割断的内在关联，譬如，许多史家与文化研究学者认为，1517 年所揭橥之宗教改革运动“绝非我们所想象之现代运动，绝对多数改教领袖均为中古世界观之士”。他们都重新发现中古时期与现代世界之间存在着千丝万缕的关系，一些学者倡导将“中世纪”译为“中近代”。以“中近代”之观照来重新设定宗教改革运动的代表学者有古典自由神学家特洛尔奇（Ernst Troeltsch）、历史学家奥伯曼（Heiko Oberman）、德国哲学界的布鲁门伯格（Hans Blumenberg）和文学界的路易斯（C. S. Lewis）等等。[3] 对此，马克斯·韦伯的观点也可佐证，他提醒我们尤其要谨记的是，“伦理的改革纲领从未是任一宗教改革者中心着眼点”，“他们并非为‘伦理文化’而结社的社团创立者，也非人道主义的社会改革运动或文化理想的代表人。灵魂的救赎，而且只此一端，才是其生涯与事业的核心。他们的伦理目标及讲道的实际影响全都锁定在这点上，亦即不外乎是纯粹宗教动机的结果”。[4]

---

① Vito R. Giustiniani, Homo, Humanus and the Meanings of “Humanism”, *Journal of the History of Ideas*, 1985, 46 (2), p. 191.

② ［瑞士］布克哈特著，何新译：《意大利文艺复兴时期的文化》，北京：商务印书馆 2009 年版，第 311 页。

③ 陈佐人：《序言》，［英］阿利斯特·麦格拉思著，蔡锦图、陈佐人译：《宗教改革运动思潮》，北京：中国社会科学出版社 2009 年版，第 4 页。

④ ［德］马克斯·韦伯著，康乐、简惠美译：《新教伦理与资本主义精神》，桂林：广西师范大学出版社 2009 年版，第 67 页。

古希腊人文主义所关注的不是近现代“个人主义”的自由，不是主观的自我，而是人性的普遍法则，具有一定的理想性。[①] 文艺复兴时期的人文主义思想家是“在理性与启示的交界面上讨论人文主义，最初的时候，他们还要以自然神论来调和两者的关系，后来则越来越倾向于理性而贬低启示。文艺复兴初期，他们还只是想用理性的表达来转换基督教神学的信念，以维护或贬低神学的终极意义。然而，进入17、18世纪，他们却割裂了理性与信仰的关系。启蒙运动对理性的赞词在德国尤其明显，思想家们通过研究人类的行为，寻找与人类关系最密切的理性功能在于实用理性”[②]。文艺复兴时期人文主义者和艺术家仍然能够发现，用多重办法“把古典思想和哲学同基督教信念、对人的信任和对上帝的信任结合起来，或者至少互相容纳起来”，这也正如麦格拉思所说：“14、15与16世纪的人文主义者都是极其敬虔的，他们所关心的是基督教会的更新，而不是废除。”[③]

人们在论述人文主义的时候，往往忽略西方的宗教改革运动或把它排除在外，因为在许多方面，这一运动与人文主义之间都具有很大的张力，如路德与伊拉斯谟有关“自由意志”的观点争论。然而若用一种更加宏观的历史视角来分析，人们不难发现，这一运动虽然如马克斯·韦伯所说是出于宗教动机，但事实上强化了人文主义价值观。自路德和加尔文宗教改革以来的新教，打破了基督教世界的一统性，它强调与上帝相通的个体性、直接性，将个人在俗世的成功视为对上帝的荣耀，这些观点的最终结果是强化了个人主义的指向。当然，个人主义并非没有自身的问题，但个人主义和个人的主体性是近现代西方资本主义产生的条件和结果。[④] 就此，白璧德也曾肯定宗教改革的批判意义，“就其基础性的设定而言，宗教改

---

① 石敏敏：《希腊人文主义——论教育、德性和人的福祉》，上海：上海人民出版社2003年版，第2页。

② 石敏敏：《希腊人文主义——论教育、德性和人的福祉》，上海：上海人民出版社2003年版，第4~6页。

③ ［英］阿利斯特·麦格拉思著，蔡锦图、陈佐人译：《宗教改革运动思潮》，北京：中国社会科学出版社2009年版，第39页。

④ 阮炜：《中国与西方：宗教、文化、文明比较》，北京：社会科学文献出版社2002年版，第258页。

革是一次批判性运动。它力图恢复已经被罗马神权制度所败坏的真正基督教的教义，督促个人对这个神权制度进行批判，或者说督促个人行使自我判断的权力，这不过是鼓励依靠自己、信任自己的另一种方式罢了”[①]。

在此意义上说，宗教改革与后来的启蒙运动思潮有着内在的思想关联。话虽如此，但我们还是要看到，“启蒙运动时期的调子、氛围和假设却是完全不同的”[②]，正如彼得·盖伊所说，文艺复兴时期的辩证法同启蒙运动辩证法相比，紧张情况相似，然而解决办法却不同。[③] 从人文主义的历史来说，阿伦·布洛克认为理性在西方人文主义传统中“既具有中心重要性又引起众多争议”，“人文主义的历史可以看成是一场常年的辩论，辩论的不是关于该词的含义，而是关于理性的范围和它的成就”。对于18世纪哲学家来说，理性具有“批判的、怀疑的性质”，“揭露了正统观念和世俗观念的空虚”，只不过到了后来，理性才僵化为教条式的理性主义。[④] 这种观点与白璧德所持的看法相近。白璧德肯定人文主义传统中理性所具有的批判的、怀疑的性质，反对任何的蒙昧主义。但在有关理性的辩论的问题上，宗教与科学之间的问题一直是有争议的话题。随着18世纪的启蒙运动和19世纪自然科学的快速发展，长期以来统治着人们思想的宗教受到剧烈的冲击并开始走向衰落，进化论在某种程度上颠覆了西方宗教的思想根基，人们不仅在物事方面进行科学化的理解，而且对人事方面也进行了科学化、理性化的处理。就拿孔德的历史分期为例，在神学和形而上学阶段之后是科学阶段，在这个阶段，宗教和哲学成了多余，科学成了人文主义的后继者，成了人类理性的最高成就。[⑤] 当人们对上帝的神性产生质疑时，原来与之联系的价值观也同时受到了质疑。由此，人们迷惘、徘徊，失去

---

① Irving Babbitt，*Rousseau and Romanticism*，Boston and New York：Houghton Mifflin Company，1919，p. 188.

② ［英］阿伦·布洛克著，董乐山译：《西方人文主义传统》，北京：生活·读书·新知三联书店1998年版，第78页。

③ ［英］阿伦·布洛克著，董乐山译：《西方人文主义传统》，北京：生活·读书·新知三联书店1998年版，第78页。

④ ［英］阿伦·布洛克著，董乐山译：《西方人文主义传统》，北京：生活·读书·新知三联书店1998年版，第239～240页。

⑤ ［英］阿伦·布洛克著，董乐山译：《西方人文主义传统》，北京：生活·读书·新知三联书店1998年版，第249页。

了行动的方向，就如诗人马修·阿诺德在《作于查尔特勒修道院的诗行》中所说：“（诗人）徘徊于两个世界之间，一个死了，可另一个尚无力诞生。”①

阿伦·布洛克说，人文主义者有一个信念，即每个人在他或她自己的身上都是有价值的，对其他一切价值的根源也都是对此的尊重。这一尊重的基础是人的潜在能力，而且只有人才有这种潜力：“那就是创造和交往的能力（语言、艺术、科学、制度），观察自己，进行推测、想象和辩理的能力。而这些能力一旦释放出来，就能使人有一定程度的选择和意志自由，可以改变方向，进行创新，从而打开改善自己和人类命运的可能性。”② 在19世纪末的思想和文化的氛围里，尼采的那句“上帝死了”的话语有着非同寻常的震撼力，这不仅是对那个虚无主义时代的质疑和回声，而且比较彻底地清扫了19世纪的文明价值观，他把那个世纪末许多知识分子心中要与“那个过分组织和过分理性化的文明决裂的冲动，要让本能和感情超越理智的冲动，用言辞表达出来”③。在此节骨眼上，“人类已经达到了一切价值观都必须重新确定的极限了”④。西方文化面临着一次自我塑造，或者说面临着在没有上帝之后的重新塑造。

第三节 白璧德新人文主义方略构设

瑞恩、格罗塞林和其他批评家都称白璧德所构设的人文主义为“新人

① John Bryson, *Matthew Arnold: Poetry and Prose*, London: Rupert Hart-Davis, 1954, p. 203.

② ［英］阿伦·布洛克著，董乐山译：《西方人文主义传统》，北京：生活·读书·新知三联书店1998年版，第234页。

③ ［英］阿伦·布洛克著，董乐山译：《西方人文主义传统》，北京：生活·读书·新知三联书店1998年版，第198页。

④ ［英］阿伦·布洛克著，董乐山译：《西方人文主义传统》，北京：生活·读书·新知三联书店1998年版，第199页。

文主义”或者“美国人文主义”。[1] 尽管白璧德主张新旧合作和博览约取的价值取向，但是以新代旧，或者以“新”来标榜“进步”和“先进”并不符合白璧德的思想。人们之所以这样来命名白璧德的思想，想必有各种理由，诸如：从地域分布上说，美洲是相对于欧洲旧大陆的新大陆，白璧德思想是在新大陆自身产生的，而人文主义在西方有着悠久的传统，给这个新大陆的思想贴上一个新的标签也不是不可能；从出现的先后来说，白璧德所构设的人文主义是在西方人文主义传统之上产生的，特别是在文艺复兴和启蒙运动以来的人文主义之后出现的，白璧德所处时代的人们以这种方式来命名也不是没有道理；从现实的角度来说，白璧德的人文主义是对西方现代性的批判，它与现实的社会生活紧密结合在一起。以上种种说法都有其道理。但本书之所以主张采用此名称，不是因为约定俗成，追随学界大流，而是因为其与众不同的“构设”。

《文心雕龙·通变》中有言：“参伍因革，通变之数也。是以规略文统，宜宏大体。先博览以精阅，总纲纪而摄契；然后拓衢路，置关键，长辔远驭，从容按节。凭情以会通，负气以适；采如宛虹之奋鬐，光若长离之振翼，乃颖脱之文矣。若乃龌龊于偏解，矜激乎一致；此庭间之回骤，岂万里之逸步哉?”[2] 此节文字中的“会通”一词非常重要，可以说，这是我们打开白璧德人文主义思想构设的一把钥匙。白璧德的中国学生梁实秋这样评价老师的学说：“他没有任何新奇的学说，他只是发扬古代贤哲的主张。实际上他是‘述而不作’，不过他会通了中西最好的智慧。”[3] 其实，“会通”体现了白璧德的人文学术创新精神。白璧德称自己的方法是一种“折中”（eclectic），但这种“折中”不是对知识进行简单的排列组合，也

---

① 参见 Claes G. Ryn, *Will, Imagination and Reason: Irving Babbitt and the Problem of Reality*, Chicago: Regnery Books, 1986, p. 12; Folke Leander, *Humanism and Naturalism: A Comparative Study of Ernest Seillière, Irving Babbitt and Paul Elmer More*, Goteborg: Wettergren and Kerber, 1937; Dom Oliver Grosselin, *The Intuitive Voluntarism of Irving Babbitt: An Anti-Supernaturalistic, Anti-Intellectualistic Philosophy*, Latrobe, PA: St. Vincent Archabbey, 1951, pp. 3 – 6.

② 刘勰著，陆侃如、牟世金译注：《文心雕龙译注》，济南：齐鲁书社 1996 年版，第 389 ~ 390 页。

③ 梁实秋：《关于白璧德先生及其思想》，徐静波编：《梁实秋批评文集》，珠海：珠海出版社 1998 年版，第 214 页。

不是拼凑而成的大杂烩，而是消化吸收、反思和提炼，是一种“熔铸”的方法。栾栋先生对此方法有着透彻的解蔽，“熔铸：熔，通镕，指熔化，冶炼，兼及浇铸过程。古人用镕，指铸造范型，熔化之熔与铸范之镕相合……刘勰将熔镕混一，既熔且范型，尤其强调创新。熔铸作为重要的方法在这里凸显出来”。这里的比较方法主要指称“熔化、铸造和创新的全过程……将各种比较研究对象冶为一炉，把自己研究的内容铸成一个完整的创新作品”①。可以说，白璧德的人文主义之“新”完全可以在此角度下释读。白璧德的新人文主义在其提炼和熔铸之下，已经成为一件完整的新品。而新品的熔铸需要一些新的材料和要素，才能提炼为思想。以下主要参照上面两节的知识背景来阐述白璧德的新人文主义内涵，继而以熔铸的方法来论述其会通的视野和立场，以此来了解白璧德的这种“熔铸”性构设。

白璧德在其第一部著作《文学与美国的大学》中，开首两章就论述其人文主旨——什么是人文主义及其与人道主义的区别，尽管这两章内容尚不是白璧德成熟的思想，但就论述主旨而言，对白璧德思想的理解具有提纲挈领的作用。与雷蒙·威廉斯、阿伦·布洛克等人一样，白璧德也对人文主义的相关词语进行了一番词源性的探究，认为在使用该词之前需要加以解释，否则会引起无穷无尽的误解。话虽如此，但要论述清楚，谈何容易。尽管白璧德在其他场合也曾对他的人文主义作出诸多解释，但人们在关键问题上仍然歧见不断，难以给出一个清晰的、最终的结论。甚至终生与白璧德在学术思想上不断切磋的保罗·艾尔默·穆尔对此也不能给出最终的结论。这说明了白璧德思想的包孕性和变通性，如阿伦·布洛克所说，人文主义“这种能够适应社会和环境变化的能力，同死死守住僵硬不变的正统思想相比，在我看来倒是一个优点”②。

有趣的是，白璧德在对相关易混淆的词意进行疏理时，如：人文的（humane）、人文主义的（humanistic）、人道主义者（humanitarian）和人道主义（humanitarianism）等，第一步便是回溯其拉丁词源 humanus 和

---

① 引自栾栋先生《比较文化十五讲》手稿。

② ［英］阿伦·布洛克著，董乐山译：《西方人文主义传统》，北京：生活·读书·新知三联书店 1998 年版，第 235 页。

humanitas，这同雷蒙·威廉斯等人的路径相似，但用意取向非常不同，威廉斯意在关键词考证，而白璧德则旨在提取思想精髓，构设自己的学说。他认为目前要研究的词都源于这些拉丁词，并说加斯东·布瓦西埃（M. Gaston Boissier）在其研究中证实，humanitas一词的含义最初是指罗马人的一种相对灵活的德性。后来这个词的使用范围日渐宽泛，最终背离了自身的真正含义。白璧德借后期拉丁作家奥卢斯·格利乌斯（Aulus Gellius）之口以指明人文主义并不是泛爱众，并且进一步指出人文主义蕴含着贵族性，意味着信条与纪律：

> 格利乌斯说，humanitas被不当地指称一种“错乱的善行，即希腊人所说的博爱”。而实际上，这个词意味着信条与纪律，它并不适合于芸芸大众，而只适合于经挑选出的一小部分人——简言之，其蕴含是贵族的而非平民的。[①]

同时，白璧德指出，奥卢斯·格利乌斯几乎完全把“同情”排除在humanitas的概念之外，而把该概念限定在规范和纪律之内，也不乏片面性。[②] 若要厘清白璧德的“人文主义”的意蕴，我们还需要进一步辨析“人文主义”（humanism）与“人道主义”（humanitarianism）的内涵及其关系。[③]

根据雷蒙·威廉斯考证，“Humanitarian（基督教凡人论的、人道主义的）最早出现在19世纪初有关宗教的论争中，用来描述耶稣基督是人而不是神的身份”[④]。“后来，humanitarian的词义与humanism的意涵联结。通过这种联结，从19世纪中叶起，humanitarian的词义变得明确：对于人类

---

① Irving Babbitt, *Literature and the American College: Essays in Defense of the Humanities*, Boston and New York: Houghton Mifflin Company, 1908, pp. 5 – 6.

② Irving Babbitt, *Literature and the American College: Essays in Defense of the Humanities*, Boston and New York: Houghton Mifflin Company, 1908, p. 7.

③ 董乐山认为人道主义本是“人文主义在一定历史条件下产生的新内涵”，它属于人文主义内涵的一部分。参见《译序》，［英］阿伦·布洛克著，董乐山译：《西方人文主义传统》，北京：生活·读书·新知三联书店1998年版，第2页。

④ ［英］雷蒙·威廉斯著，刘建基译：《关键词：文化与社会的词汇》，北京：生活·读书·新知三联书店2005年版，第212页。

‘幸福、福祉’的充分考量与具体实践……在19世纪大部分时期，humanitarian往往带有敌视、鄙视的意涵——正如同20世纪do-gooder（不切实际的慈善家）这个词一样。但是humanitarian现在成为最不受鄙视的词之一；过去遭致敌意，原因可能是其将个人片面的行为与态度概括为普遍的社会意识”。[①] 威廉斯的上述观点类似1904年出版的《世纪词典》中所给出的定义：“人道主义者（humanitarian）是指这样的人，他们都采纳这样一种学说或理论，即：人的责任范围主要在于对于人类种族福利的仁慈兴趣和对于人类种族的实际提升，并远离所有的宗教考量。”[②]

白璧德认为人道主义者的含义与上述定义相近，但他对于“人道主义的好名声”提出了异议。在白璧德看来，人文主义者与人道主义者在普遍的博爱与对个人的规束方面具有一些差异，“一个人如果对全人类富有同情心，对人类的未来进步充满信仰，并有为这种进步的伟大事业进行服务的欲望，这样的人不应当被称为人文主义者，而应被称作人道主义者。他所信奉的信条可以被称为人道主义（humanitarianism）。而当前的趋势却是把人文主义一词当作人道主义的一种方便的简化形式，于是必然会出现各种形式的混淆。人道主义几乎把所有的重心都落实在知识的宽广和同情心的博大上。以诗人席勒为例，当他说要‘紧紧拥抱无数人’，并且‘给全世界一个吻’，此时，他就是以一位人道主义者，而非以人文主义者在说话。相比之下，人文主义者所关心的对象更具有选择性”[③]。人文主义者不仅需要纪律和选择，而且也需要同情心，但这种同情应是有所选择的，要在同情与选择之间保持一种适当的平衡。人文主义者在这两者之间，“主要立足于个体的完善，而非人道主义者所欲达到的全人类提升的伟大规划”[④]。白璧德认为，那些人道主义者常被称为所谓伟大的博爱者，事实

---

① ［英］雷蒙·威廉斯著，刘建基译：《关键词：文化与社会的词汇》，北京：生活·读书·新知三联书店2005年版，第212页。

② Russell Kirk, Introduction: Babbitt and the Ethical Purpose of Literary Studies, In Irving Babbitt, *Literature and the American College*, Bowie, Maryland: National Humanities Institute, 1986, p. 11.

③ Irving Babbitt, *Literature and the American College: Essays in Defense of the Humanities*, Boston and New York: Houghton Mifflin Company, 1908, p. 7.

④ Irving Babbitt, *Literature and the American College: Essays in Defense of the Humanities*, Boston and New York: Houghton Mifflin Company, 1908, pp. 7 – 8.

上，他们往往是“人道主义的好事者”，“他们带着各种方案四处游走，试图改革几乎所有的事情——唯独他们自己除外”。[①] 在白璧德看来，“没有选择的同情将会导致优柔寡断，而缺乏同情的选择只会导致冷酷倨傲”[②]。人文主义者试图平衡这两方面的能力，但过度的自然主义和过度的超自然主义都会破坏其平衡。[③] 如白璧德所说，能够达到适度的平衡是困难的，“任何对于适度法则的有效洞见都仅限于少数人——虽然有时是很大一部分少数人，即使在希腊也不例外”[④]。

从白璧德对西方人文主义历史发展轨迹的考察，我们看到了白璧德所背靠的西方人文主义传统，同时他的阐述取向也显示了他的人文主义蕴含，这种阐述取向离不开白璧德对现实的批判。朱斯蒂尼亚尼在论述“人文主义”时，把白璧德所批判的“人道主义者”，诸如 F. C. S. 席勒、杜威等人也归入“人文主义”的范畴，他把白璧德所尖锐批判的“人道主义”称为“人文主义的‘自然主义’概念”。这是一种广义的人文主义概念。但白璧德并不作如是观。在他的概念范畴里，人文主义与自然主义是并列对举的，尽管他的人文主义也涵摄了自然主义的内涵，但他认为这两种概念不是程度的区别，而是类型的区分。

与杜威观点相近或追随他的一群美国知识分子，在 1933 年出版了《人文主义宣言》，宣言中的 15 篇文章“混合了 18 世纪西方启蒙运动的旧信条和对理性的膜拜，濡染了边沁式的功利主义、实证主义和达尔文主义以及 19 世纪对科学能力的绝对信仰等，具有大量的美国实用主义色彩。他们认为宇宙是自存的，而不是创造的，与人相关的都是宗教的，否定了所

---

① Irving Babbitt, *Literature and the American College: Essays in Defense of the Humanities*, Boston and New York: Houghton Mifflin Company, 1908, p. 9.

② Irving Babbitt, *Literature and the American College: Essays in Defense of the Humanities*, Boston and New York: Houghton Mifflin Company, 1908, p. 8. 译文参考了张沛、张源的译本。

③ Irving Babbitt, *Literature and the American College: Essays in Defense of the Humanities*, Boston and New York: Houghton Mifflin Company, 1908, p. 28.

④ Irving Babbitt, *Literature and the American College: Essays in Defense of the Humanities*, Boston and New York: Houghton Mifflin Company, 1908, p. 24.

有超自然的和超验的东西"①。对于这种自然主义，杜威的追随者拉蒙特的观点更加显豁，他说："自然主义认为，人、地球与无边无际的时空宇宙都是大自然的组成部分。存在的整体与大自然是等同的，没有任何东西存在于大自然之外。这种宇宙观或形而上学没有给超自然留下位置，没有给超现实的存在或超物质的上帝留下空位……自然主义一开始就支持和帮助发展科学的世界观，支持人们对理性的依赖……这种自然主义心理学是与二元心理学完全对立的，后者将人——或者至少把理性和灵魂——置于自然之外与自然之上，从而使之去自然化和超自然化。自然主义的阐释把任何不朽排除在问题之外，因而也就相应地包含着一种仅限于现世行为和目标的伦理观。"②

阿伦·布洛克认为，西方思想在看待人和宇宙时主要有三种不同模式："第一种模式是超自然的，即超越宇宙的模式，集焦点于上帝，把人看成是神创造的一部分；第二种模式是自然的，即科学的模式，集焦点于自然，把人看成是自然秩序的一部分，像其他有机体一样；第三种模式是人文主义的模式，集焦点于人，以人的经验作为人对自己、对上帝、对自然了解的出发点。"③ 这种说法把人、自然与超自然分成三个部分，但没有进一步论述三个部分之间的联系。布洛克的著作发表于1985年，没有注意到白璧德在这个领域的论述。在此问题上，白璧德不乏创见。在不同的著作中，白璧德都有不同程度的阐发，他试图借鉴东方文明的有益要素以完善西方的人文主义，诊治西方过于自由的现代文明，其核心要义是力图从现代西方外扩的文明中探究一个内在的向度，以使得西方外扩的文明有着内在的制约力。

当然，对白璧德的人文主义思想作简约式的断言，可能并不符合白璧德的所谓"适度取中"思想。但白璧德在对以人道主义为代表的近现代文

---

① Vito R. Giustiniani, Homo, Humanus and the Meanings of "Humanism", *Journal of the History of Ideas*, 1985, 46 (2), pp. 178 – 179.

② Corliss Lamont, *Humanism as a Philosophy*, New York: Philosophical Library, 1949, pp. 42 – 43；译文参考了贾高建等人的译本，参见［美］科利斯·拉蒙特著，贾高建、张海涛、董云虎译：《人道主义哲学》，北京：华夏出版社1990年版，第30页。

③ ［英］阿伦·布洛克著，董乐山译：《西方人文主义传统》，北京：生活·读书·新知三联书店1998年版，第12页。

明的批判中，其核心原则还是清楚的，那就是“物之法则”和“人之法则”的区分。国内许多研究者都把白璧德的人文主义与人道主义分成几个对立项。张源在解读白璧德人文主义与人道主义的概念时，就以若干组对立概念来区分，如：“人律”（law for man）与“物律”（law for thing）、“一”（the one）与“多”（the many）以及“精约时期”（era of concentration）与“博放时期”（era of expansion）这几组概念。这些概念分为两个阵营，一方与人文主义相联系，如“人律”、“一”和“精约”；另一方与“人道主义”相联系，即“物律”、“多”和“博放”。两个阵营内部之概念的内涵彼此重叠，一个概念的出现往往意味着其他相关概念的同时在场。① 其实，这种并置并没有呈现出白璧德的“人之法则”和“物之法则”之间的真正关系，也没有呈现其他对立项与“人之法则”的实质性关联。白璧德所说的二元人性论并不是任何的二项对立，而是两种不同性质意志的调和，或者说两种法则的调和，即“物之法则”和“人之法则”的调和。这两种法则并不是程度的区分，而是性质的不同，另外，它们之所以有着不同性质的关键在于两种不同性质的意志，即“较低意志”和“更高意志”。人道主义代表了“物之法则”，而“人文主义”不仅涵摄了“物之法则”，更重要的是还体现了“人之法则”，以“人之法则”来克制并调和“物之法则”。换言之，区分人道主义与人文主义的关键在于人道主义者缺乏内在约束的拱心石，即“更高意志”。

如雷蒙·威廉斯所说，在宗教的问题上，人文主义（humanism）是具有正面意涵的词。② “更高意志”在宗教方面具有正面的意涵，是“人之法则”的体现，而探究“人之法则”是白璧德整个人文主义思想的重心所

① 张源：《从“人文主义”到“保守主义”：〈学衡〉中的白璧德》，北京：生活·读书·新知三联书店2009年版，第47页。郑师渠曾把白璧德人文主义概括为“一、多”融合的认识论，善恶二元的人性论和以理制欲的实践道德论。他的概括把握了白璧德新人文主义的一些关键词，但不是它的主旨。参见郑师渠：《在欧化和国粹之间：学衡派文化思想研究》，北京：北京师范大学出版社2001年版，第47页。以上研究者对白璧德的整体思想都欠提炼。如上所述，白璧德在面对纷繁复杂、种类杂多的各种现代“主义”时，准确地把握了“人之法则”和“物之法则”的区别，通过对“物之法则”的批判，重新确立“人之法则”的真正含义。

② ［英］雷蒙·威廉斯著，刘建基译：《关键词：文化与社会的词汇》，北京：生活·读书·新知三联书店2005年版，第211页。

在。实际上，这是白璧德在“上帝死了”的文化背景下，对西方文化的一次颠覆与重构，也是为了应对西方自启蒙运动以来人道主义“物之法则”之肆虐。人道主义是西方在近现代世俗化的人义论，①普遍缺乏神圣意志的克制，用佛陀的话说就是“过度是野蛮的”。要达到适度的法则，白璧德认为这牵涉到“一”与“多”的关系，但协调“一”与“多”又是最困难的事情，因为这是“生活的最高智慧”②。白璧德以史为鉴，论述很多民族由于做不到这一点而走向灭亡的事例，③ 旨在阐明当前现代人的“物之法则”泛滥所带来的恶果。

白璧德思想的形成并不是一朝一夕的事情，而是一个渐进创造的过程。从其文本中，我们可以寻踪白璧德思想的熔铸过程，诚如栾栋先生所说，这是一个“既熔且范型”的过程。如上文所说，《文学与美国的大学》(1908) 是白璧德思想初步形成的阶段性成果，它展示了白璧德思想的基本脉络，只是人文主义的一些关键性的概念尚没有提炼出来，如人文主义中的“二元人性论”。但白璧德提出人文主义者要在“纪律”、“选择”与“同情”之间保持“适当的平衡”，反对极端的“多元论”和“一元论”，这些论述无疑为以后的“二元论”的提出奠定了基础。④ 实际上，在该著作的首篇论文《什么是人文主义》中，白璧德对爱默生式的“人之法则”和“物之法则”概念进行了批判，认为爱默生有过多“精神上的马戏团骑术”，“统一性”与“多样性”不是“作为对立的调和”(not as reconciled opposites)，而是“作为冲突的悖反”(as clashing antinomies) 在起作用。⑤此处，白璧德虽然未明确地说出他“调和”的“二元论”，但是一般意蕴已经清楚，这不是爱默生的分离的“双重意识”，而是“调和的二元性”，

---

① 张志扬：《现代性的问题意识》，《浙江大学学报》(哲学社会科学版) 1998 年第 2 期，第 1 ~ 9 页。

② Irving Babbitt, *The New Laokoon: An Essay on the Confusion of the Arts*, Boston and New York: Houghton Mifflin Company , 1910, p. 252.

③ Irving Babbitt, *Literature and the American College: Essays in Defense of the Humanities*, Boston and New York: Houghton Mifflin Company, 1908, pp. 25 – 26.

④ 张源：《从“人文主义”到“保守主义”:〈学衡〉中的白璧德》，北京：生活·读书·新知三联书店 2009 年版，第 59 页。

⑤ Irving Babbitt, *Literature and the American College: Essays in Defense of the Humanities*, Boston and New York: Houghton Mifflin Company, 1908, pp. 29 – 30.

这种以“调和”替代“冲突”的思路贯穿着白璧德的整个人文主义思想。而那种割裂的、冲突的两橛思维方式将使人不再是“人文的”。

在《新拉奥孔》(1910)中，白璧德批判现代自然主义思想运动，他主要通过追索19世纪浪漫主义时代的思潮演变，以厘清现代之“第二次”的“文艺体裁的混淆”(melange des genres)。[①] 在该书中，白璧德已经涉及“更高直觉的区域”(the region of the higher intuitions)这个说法，[②] 与《文学与美国的大学》中所说的“更高自我”、“比普通自我更高的某种东西”(something higher than his ordinary self)[③] 相对应。但当时白璧德尚未提炼出自己的新人文主义关键词“更高意志”(higher will)。从提出“生命控制”(frein vital)[④] 以对治“生命冲动”(élan vital)来看，白璧德的二元人性论已经出炉，“更高意志”也已露端倪。

白璧德在1912年出版的《法国现代批评大师》一书曾引起“白璧德—斯宾甘之争”，斯宾甘认为白璧德没有任何审美理论，没有对“艺术是什么、文学是什么、批评是什么”这类问题给出任何回答。[⑤] 如白璧德所说，该书主要是针对“批评家之批评”，通过深切地探究“时代的知识

---

① Irving Babbitt, *The New Laokoon: An Essay on the Confusion of the Arts*, Boston and New York: Houghton Mifflin Company, 1910. 在该书的“前言”(preface)部分标示此书完成于1910年3月15日，而根据白璧德在序言文末所示，本书的主要结论已在此书出版之前8年的或之前10年的哈佛课程上，已经提供给学生了，也就是说，本书的中心思想大约从1900年或1902年开始便已形成。参见张源：《从“人文主义”到“保守主义”：〈学衡〉中的白璧德》，北京：生活·读书·新知三联书店2009年版，第34页。

② Irving Babbitt, *The New Laokoon: An Essay on the Confusion of the Arts*, Boston and New York: Houghton Mifflin Company, 1910, p. 99.

③ Irving Babbitt, *Literature and the American College: Essays in Defense of the Humanities*, Boston and New York: Houghton Mifflin Company, 1908, p. 60.

④ Irving Babbitt, *The New Laokoon: An Essay on the Confusion of the Arts*, Boston and New York: Houghton Mifflin Company, 1910, pp. 241 – 242. 白璧德批判柏格森的“生命冲动”(élan vital)的学说而提出的“生命控制”(frein vital)，或许为白璧德“克制”柏格森的仿词。见张源：《从“人文主义”到“保守主义”：〈学衡〉中的白璧德》，北京：生活·读书·新知三联书店2009年版，第56页。笔者认为白璧德提出的“生命控制”不是为了柏格森个人的行为，而是针对19世纪自然主义“生命冲动”的本能泛滥。

⑤ J. E. Spingarn, Review of the Master of Modern French Criticism, *The Journal of Philosophy, Psychology and Scientific Methods*, 1913, 11 (25), pp. 693 – 696.

核心”以追踪该时期的主要思想动向。就白璧德思想的发展而言，该著作对以前的思想有所发展，他阐述了处理“一”与“多”问题的重要性，并且认为要“逃避理智主义不是要沉陷于其下，而是要超越于其上”。[①] 这与前面所论述的“更高直觉的区域”一脉相承。在此书中，白璧德批驳了柏格森直觉主义的错误观点，并提出了理性作用的必要性，从而更好地区分了“一的直觉”和“多的直觉”。这是白璧德在《新拉奥孔》中所论述的“更高直觉的区域”思想的延伸。

在该著作中，白璧德提出了“存在的三个层面”，即“宗教层面、人文主义层面与自然主义层面”（the religious, the humanistic and the naturalistic）。白璧德批判19世纪的各种思想混淆了存在的层面，特别是自然主义思潮混淆了存在的各个层次，他说就连“圣伯夫在论述蒙田时也不能完全避免”[②]。白璧德在《文学与美国的大学》中已经从历史角度阐发了“过度的自然主义”和“过度的超自然主义”的不足及其历史演变，说明了人的高贵不仅与“一”有亲近的关联，而且需要正视“现象自我”（phenomenal self）。[③] 在《新拉奥孔》中论述有关艺术美学的观点时，白璧德继续他在《文学与美国的大学》中所阐发的“一”与“多”的“调和”论。他认为艺术在“形式”和“表达”之间，“它们不是作为冲突的悖反，而是作为对立的调和”。对于“过度自然主义”与“过度超自然主义”之间的关系，也可以这样理解，人文主义是两者之间的调和。把握这一点，对于理解白璧德的思想至关重要。在阐发白璧德这个阶段的思想时，张源论述道：“在这个阶段，白璧德一方面批判过度的‘自然主义’，另一方面亦批判过度的‘超自然主义’，并引出了‘人文主义’以协调二者。在这个结构中，不但‘自然主义’与‘超自然主义’作为两个极端彼此对立，‘人文主义’之‘适度的法则’亦与这两个极端各项对立并进行制约。当然，只有在‘自然主义’与‘超自然主义’‘走向极端’的时

---

① Irving Babbitt, *The Masters of Modern French Criticism*, Boston and New York: Houghton Mifflin Company, 1912, pp. 10－11.

② Irving Babbitt, *The Masters of Modern French Criticism*, Boston and New York: Houghton Mifflin Company, 1912, pp. 112－113.

③ Irving Babbitt, *Literature and the American College: Essays in Defense of the Humanities*, Boston and New York: Houghton Mifflin Company, 1908, p. 28.

候，‘人文主义’才呈现为一种制约的力量，‘走向极端’的‘自然主义’与‘超自然主义’作为两种对立的‘恶’，均与‘适度的法则’的这一种‘善’相对立，是以三者构成了对立的善恶二元，从而此时的‘超自然主义’、‘人文主义’与‘自然主义’三种因素仍不过是构成了一种较为复杂的‘二元’结构而已。”[①] 此处的阐释显然有些过度，或者说曲解了白璧德的思想。人文主义不是“只有在‘自然主义’和‘超自然主义’走向极端的时候才呈现为一种制约的力量”，而是人文主义本身所固有的，“人文主义”所欲达到的“适度法则”也非“这一种‘善’”，而是两种不同性质的意志角逐，一条没有终点的不断精进的无限道路。再者，“超自然主义”、“人文主义”与“自然主义”这三者之间并不是什么较为复杂的“二元”结构，其实这是现代西方人内在的心理结构的体现，白璧德的二元人性论是对现代西方人“脑”与“心”矛盾的诊治。另外，若以“善”与“恶”来论述“人文主义”、“宗教（超自然主义）”和“自然主义”也是成问题的，因为白璧德主张人文主义者需要批判标准，而标准应是灵活的、辩证的和直觉的；若以“善”与“恶”这种价值性的、静态的、固定的方式来进行指称判断，难免悖逆了白璧德的辩证法思想。

白璧德思想的深入表达主要体现在《卢梭与浪漫主义》（1919）、《民主与领袖》（1924）这两部著作中。《卢梭与浪漫主义》涉及的范围广博，且所述主旨也深切，甚至个别研究者声称该著作标题可变为“卢梭与现代世界”或者“卢梭与当代混乱”，而白璧德是以其“百科全书般的学识与广博的判断”来阐述且推翻卢梭及其学说的。[②] 在该著作中，白璧德更加明显地提出了人的“生命经验的三个层面”，即自然主义的、人文主义的与宗教的层面。[③] 显然，这是白璧德在其他著作中已经阐发过的思想，只不过比以前阐发得更加深入而已。该书出彩之处主要在于明确提出了“实证的、批判的方法”。白璧德有时声称自己的学说“与其说是以纯粹的传

---

① 张源：《从“人文主义”到“保守主义”：〈学衡〉中的白璧德》，北京：生活·读书·新知三联书店2009年版，第61~62页。

② Hoffman Nickerson, Irving Babbitt, *The Criterion: A Literary Review*, 1934, 13 (LI), p. 187.

③ Irving Babbitt, *Rousseau and Romanticism*, Boston and New York: Houghton Mifflin Company, 1919, p. 19.

统的方法，不如说是以实证的、批判的方式来处理”[①]。可以说，白璧德学术的新意和创造性在此充分地体现出来了。白璧德批判科学实证主义者实证得不够彻底，人文主义者虽然肯定科学实证主义者“在实证的和批判的基础上”对自然法则的研究，但反对他们通过知识和情感的诡辩否定“人性法则”所导致的人性摧残。白璧德主张人文主义者要做“彻底的实证主义者”（a complete positivist）[②]。这种方法体现了白璧德人文思想创新的重要方面，与西方理性传统有重要区别。白璧德思想的全面出炉应该是在《民主与领袖》（1924）的著作中。在此，白璧德提炼出他的核心概念——“更高意志”，这是白璧德所独有的一个关键词，就连与白璧德一起推动“新人文主义”的穆尔也坦承此词蕴含难解。[③] 在以往的著作中，白璧德曾与穆尔等人借用过爱默生从印度引进的“内在控制”（Inner Check）[④] 来论述他们的“二元论”，但这种控制并没有被人认为有否定上帝之嫌。而此处的“更高意志”的出炉使白璧德的思想明晰起来。这是白璧德会通古今东西方文化，熔铸为“一”的新思想。对此关键词如果没有深刻的理解，就难以了解白璧德的思想精髓，这也是把他与其他新人文主义者区别开来的关键，或者说，这是新人文主义内部思想分歧的关键。从某种程度上说，白璧德的“熔铸”之“新作”是“新人文主义”内部阵营产生分歧

---

① Irving Babbitt, *Democracy and Leadership*, Boston and New York: Houghton Mifflin Company, 1924, p. 6.

② Irving Babbitt, *Rousseau and Romanticism*, Boston and New York: Houghton Mifflin Company, 1919, p. 11. 此处的“彻底的实证主义者”涵摄了科学实证主义者对自然法则的实证研究，但还需更进一步在人性法则上进行“确证”。白璧德的人文主义称其学说是“实证的、批判的人文主义”。实际上，“实证的人文主义”中的“实证”意味着人的体认和精神践履，一种当下体验性的洞察和想象。本文在指称白璧德的人文主义方法时，仍然使用“实证的、批判的方法”，以示其思想的整体性。但在具体的运用时，尤其是指代人文主义和宗教层面上的体验时，根据语境有时候把“实证的”（positive）、“实证主义者”（positivist）译为“确证”、“体认”、“确证主义者”等，以与科学实证主义相区分。白璧德自称这种方法受到了佛陀的深刻影响。——这里的思考归因于栾栋先生的点拨。

③ P. E. More, Irving Babbitt, In *On Being Human*, Princeton: Princeton University Press, 1936, pp. 39 - 40.

④ 白璧德写道：“根据爱默生的说法，上帝被东方人定义为内在控制。”见 Irving Babbitt, *The New Laokoon: An Essay on the Confusion of the Arts*, Boston and New York: Houghton Mifflin Company, 1910, p. 203.

甚至分裂的一个卯榫。

从对白璧德思想的“既熔且范型”过程的追溯中，我们可以看到白璧德人文主义方略创设的大致历程。但对于他的“会通为一”的思想构设，我们还需要作进一步分析。

白璧德的新人文主义的“构设”经常遭到人们的误解，埃德蒙·威尔逊就认为“尽管白璧德在各种不同的国家思想中进行不倦的、令人着迷的旅行，但是他还没有超越西方清教传统的偏见”[①]；大卫·斯比策则认为白璧德的政治思想之本质是“非神学的清教”（non-theological Puritanism），并且认为白璧德所关注的是过去的传统，不太关心或者说毫不关心光荣的未来前景。[②] 不能说他们的说法没有丝毫道理，因为至少白璧德是关注传统的，若站在清教传统的角度来看，他们也不乏洞见。但是他们普遍缺乏对白璧德的全球性视野，或者说“普遍性”视野的认识。若从白璧德所阐发的“一”与“多”的思想来看，白璧德的人文主义思想所包含的各种组成要素只是白璧德熔铸的材料而已，而白璧德的普遍性视域是为了探求普遍性的“一”。各种“多样性”的要素与普遍性的“一”密不可分，但是要提炼出具有普遍性的“一”，白璧德必然要对东西方人文思想要素和古今各流派思想进行适当取舍。

刘勰在《文心雕龙·通变》中说道：“文律运周，日新其业。变则其久，通则不乏。趋时必果，乘机无怯。望今制奇，参古定法。”[③] 这句话完全适合白璧德的人文构建。白璧德不同于那些只注重变化和趋新的学者，他注重东西方文化的会通，参古瞻今，从而创造时代的新成果。他回溯东西方文明衰亡的历程，凭借着“一切时代的人类智慧”来审视东西方文明，将古今的、东西的、多元的以及异质的“文化因子”有机地熔于一体。这种熔铸行为是基于白璧德对西方现代性危机进行审视的结果。

从会通的思维方式来说，白璧德超越了古与今、东与西的二元对立逻

---

① Edmund Wilson, Notes on Babbitt and More, In Clinton Hartley Grattan (ed), *The Critique of Humanism: A Symposium*, New York: Brewer and Warren Inc., 1930, p. 49.

② David Spitz, *Patterns of Anti-Democratic Thought*, New York: Free Press, 1965, pp. 265-266.

③ 刘勰著，陆侃如、牟世金译注：《文心雕龙译注》，济南：齐鲁书社 1996 年版，第 391 页。

辑，以多样性的统一性和普遍性思维构设其人文主义思想。就白璧德的历史意识而言，如笔者在前言部分所说，白璧德主张古今合作，认为“古典以现代为前景就不会产生枯燥和板滞的弊端，现代以古典为依托则能免除印象主义和浅薄”①。就古今方面的思想而言，白璧德的高徒 T. S. 艾略特深受其师的影响。艾略特在论述传统时曾说：“传统是一个具有广阔意义的东西。传统并不能继承。假如你需要它，你必须通过艰苦劳动来获得它……历史意识既意识到什么是超时间的，也意识到什么是有时间性的，而且还意识到超时间的和有时间的东西是结合在一起的。”② 当然，艾略特本人仍然没有超越他所说的历史意识和传统。在这个方面，他的老师白璧德走得更远。白璧德注重文化传统的传承，如他曾反复告诫中国弟子，在中国的现代化过程中“不可把洗澡水与小孩一块扔掉”③，但是他的视野超越了西方的文化范围，诚如梅光迪所说：“白璧德与穆尔致力于支持和恢复世界范围内众多圣贤的学说，他们被那些持现代知识地方主义观点的人指控为反动。现代这个时代概念只是西方文化进程中的一个阶段而已；而西方文化也不过是世界文化的一部分，这可能是合理的观点。然而对于那些视野不超过一两个世纪或西半球界限的人，这种观点确实是不可接受的。在拓宽现代视野方面以及从彻底地修正现代生活根本原则的意义上说，白璧德与穆尔是真正的激进派。”④ 可以说，白璧德的传统是对东西方人文传统的批判性继承。而当时的历史条件也使会通更广泛的东西方文化资源成为可能，如 G. F. 穆尔所说：“在 19 世纪，欧洲学者对东方民族的宗教和宗教哲学，尤其是通过对它们的经典的研究，获得了广泛得多、也更为精确的知识，这包括从《吠陀经》时代起的印度宗教，由伊朗人改革而成的琐罗亚斯德教，中国和日本本土的宗教，以及这些国家中的各个佛

---

① Irving Babbitt, *Literature and the American College: Essays in Defense of the Humanities*, Boston and New York: Houghton Mifflin Company, 1908, p. 204.

② ［英］T. S. 艾略特著，李赋宁译：《传统与个人才能》，《艾略特文学论文集》，南昌：百花洲文艺出版社 2010 年版，第 12 ~ 13 页。

③ Irving Babbitt, Humanistic Education in China and the West, *The Chinese Students' Monthly*, 1921, 17 (2), p. 90.

④ K. T. Mei, Humanism and Modern China, *The Bookman*, 1931, p. 367.

教宗教。”[①]

但是，仅仅有视野是不够的，在浩瀚的东西方文明资源面前，如何把东西方文明的睿智才思熔铸于一炉，这才是问题的关键。而熔铸本身少不了选择的智慧和判断力。白璧德“博采东西，并览古今，然后折衷而归一之”，但这里的“折衷归一”并不像吴宓所说的白璧德学说“不拘囿于一国一时”[②]。应该说，吴宓洞识到白璧德学说的“超时间性”，但是对他的现实针对性重视不够。在笔者看来，白璧德的学说构设至少有两个前提：一是西方思想文化自身出现了危机，二是与这种思想危机紧密联系的东西方文明在现实层面上出现的冲突。[③] 诚如白璧德所说：“当前的极端危险，似乎在于民族和种族之间，物质财富方面的接触越来越频繁，但是在精神层面上人们仍然陌生。在东西方之间，彼此了解的主要障碍在于有种西方人，他们几乎无意识地习惯于假定，东方事事都要学习西方，而东方则很少有甚至没有东西可供西方学习。”[④] 就近现代西方文明的批判而言，人们一般都注意到白璧德重视往昔的智慧，而忽略了白璧德对近现代文化的批判性吸收。实际上，白璧德对近现代的西方学说思想的文化批判，在不同程度上已经不自觉地吸纳了这些或正或反的近现代思想，并且这些被吸纳的思想也成为其人文主义学说的一部分。对对象的深刻批判往往奠基于对其深刻的理解之上，若没有近现代的学术思想背景以及在此基础上的批判性吸纳，白璧德的人文主义就不可能产生。可以说，白璧德所批判的自然主义或者说人道主义，为新人文主义的确立构筑了坚实的基础和前提。时代不是孤立的，当西方文化浮现出诸多病症和危象之时，西方思想家往往能够在过去的文化传统中汲取养分，从而使得文化出现转机和新生，这时文化的断裂性和延续性往往相伴随，文艺复兴是如此，19 世纪末也是如

---

① ［美］G. F. 穆尔著，郭舜平等译：《基督教简史》，北京：商务印书馆 2010 年版，第 300 页。

② 这是吴宓为胡先骕翻译的白璧德论文《中西人文教育谈》所写的按语，参见《学衡》杂志 1922 年第 3 期。

③ 段怀清：《欧文·白璧德与西方主义的批判》，乐黛云等主编：《跨文化对话（8）》，上海：上海文化出版社 2002 年版，第 66 页。

④ Irving Babbitt, Buddha and the Occident, In *The Dhammapada: Translated by Irving Babbitt from the Pali*, New York and London: Oxford University Press, 1936, p. 65.

此，如尼采和海德格尔就回到古希腊苏格拉底之前寻求资源支持。而尼采、海德格尔与白璧德等人所生活的时代都毋庸置疑地给他们提供了更好的交流条件，使得他们能逾越西方文明的藩篱以吸纳东方的文明成果。

白璧德在诊治西方文明症状时，不仅诉诸西方人文主义传统以及美国实用的文化资源，而且诉之于如吴宓所说的“皆不为一时一地”① 的普遍性。白璧德从东西文明交往以及人类文明走向的角度，批判了西方一些人假定的优越感，并且把这些假定归类为三种形式：其一是假定的种族优越感，相对于棕色的、黄色的种族，白人对自身优越性有着近于神秘的信仰；其二是基于自然科学以及它所带来的“进步”，把东方在物质效率方面的劣势视为普遍性的劣势之倾向；其三是假定的宗教上的优越感。此外，这种类似的假定优越感或者思想文化上的自负，在东方对待西方或者其他地区的文化上也曾经有所表现。白璧德以印度和中国为例，过去不少印度教徒坚定地认为：除了印度这块圣土之外，真正的精神就不曾在世界其他地方出现；中国也曾坚信没有任何国家比中国更加文明。② 在白璧德看来，东西方文明需要取长补短，而这种文化上的互通和会通途径应侧重于心理方面的一致性，而不是教义和信条的差异方面。③

在人类心理事实或实证的、批判的基础之上，白璧德批评青年激进派的真正困惑不是他们太现代了，而是他们现代得还不够。白璧德认为在判断“现代”或“现代精神”之时，最好还是先定义一下“现代”和“现代精神”这两个术语的含义。虽然“现代”这个词常常而且必然被用来描述比较近或最近的事，但这不是它的唯一用法。歌德（Goethe）、圣伯夫（Sainte-Beuve）、勒南（Renan）和阿诺德（Arnold）这些学者也用过这个词，但不止用了这一层意思。在白璧德看来，那些自以为处于“现代性极佳状态”的年轻激进派的真正困难是现代得还不够。他们以现代批判精神摆脱了传统的标准，但是尚未现代到建立新标准的程度。现代批判精神主要是一种“实证的、批判的精神”，即一种拒绝根据权威来看待事物的精

---

① 吴宓：《悼白璧德先生》，《大公报·文学副刊》1933 年第 312 期。

② Irving Babbitt, Buddha and the Occident, In *The Dhammapada: Translated by Irving Babbitt from the Pali*, New York and London: Oxford University Press, 1936, pp. 65 - 66.

③ Irving Babbitt, Buddha and the Occident, In *The Dhammapada: Translated by Irving Babbitt from the Pali*, New York and London: Oxford University Press, 1936, p. 121.

神，“当勒南称彼特拉克是文学中的现代精神的创立者时，他所说的是这个意思；当阿诺德解释为什么伟大时期的希腊人在我们看来比中世纪的人更现代时，他所说的也是这个意思”①。

为此，白璧德构设新人文主义来处理当前的现代性问题，强调人类价值的核心，强调知识转化为文化的重要性。他综合吸收了东西方的文化因子，特别是东西方人文宗教方面的合理因素，构筑其新人文主义思想，他认为孔子、亚里士多德、佛陀和基督是“人类精神史上的四位杰出人物”，若世上有一切时代的智慧的话，那么，他们身上就体现了“人类一般经验的核心”。在宗教层面上，佛陀和基督堪为代表；而在人文主义层面上，孔子和亚里士多德可为典范。② 让这些伟大的人类导师“帮助我们发现那些已经存在于我们自身之中的东西”③。中外学者往往偏执于自身的文化立场，从自身的文化传统来阐发白璧德的思想。若不能从文化“会通归一”和“文史哲贯通”的角度来分析白璧德的思想，就不能把握“调和”的新人文主义。④ 艾略特在批评白璧德的宗教观点时，阐述他自己心目中的人文主义观，认为人文主义观点仍从属于而且依附于宗教观点。并且对他来说，宗教就是基督教，而基督教也包含着教会的概念。若白璧德接受这个观点，那将不仅是很有趣的事情，而且是很有价值的，但艾略特也意识到这是不可能的。

这样完美的结果是不可能的。白璧德教授懂得的东西太多，我的意思并不仅仅是指他的博学或见闻或学术成就，主要想表达的是他所懂得的宗教和哲学实在是太多了，并且对这些宗教和哲学的精神实质理解得太透彻

---

① Irving Babbitt, *Rousseau and Romanticism*, Boston and New York: Houghton Mifflin Company, 1919, pp. 10－11.

② Irving Babbitt, *Democracy and Leadership*, Boston and New York: Houghton Mifflin Company, 1924, p. 163.

③ Irving Babbitt, *Literature and the American College: Essays in Defense of the Humanities*, Boston and New York: Houghton Mifflin Company, 1908, p. 196.

④ 如乐黛云曾多次著文指出：“白璧德所倡导的‘新人文主义’就是参照中国的人文精神来立论的。”这种精神主要是《周易・贲・象》中所说的“文明以止，人文也”。孔子的“克己复礼为仁”、“中庸”、“自律”已成为他所倡导的新人文主义的基本支柱。参见乐黛云：《比较文学原理新编》，北京：北京大学出版社 1998 年版，第 13 页。

（就对早期的佛教理解而言，在英美国家可能没有人胜过他），以致他不能献身于任何一个宗教和哲学。结果只能是人文主义。[1]

白璧德新人文主义不属于任何一方，具有自身的独特性，但其核心内涵究竟是什么，还需要我们作深入的探究。

---

① T. S. Eliot, *For Lancelot Andrewes—Essays on Style and Order*, London: Faber & Gwyer, 1929, p. 142. 译文参照了李赋宁的译本，稍有改动。参见［英］T. S. 艾略特著，李赋宁译：《艾略特文学论文集》，南昌：百花洲文艺出版社 2010 年版，第 218 页。

第三章

内在超越的生命哲学

西方哲学往往从某一基点出发来演绎其思想，不管是从界外的“理念”“上帝”的“超验自我”出发，还是从界内的“人性”“此在”出发，人们对世界或自我的理解可能有着不同的侧重点，但都离不开“自我”的存在。从思维方式来说，主客二分的思维模式是西方思想的突出特征，尽管后现代的思想家们力图突破这种二分的思维模式，但是他们从“同一性”走向了“差异性”，这无疑是从一个极端走向另一个极端。欧文·白璧德生活于19世纪末、20世纪上半叶，身处这个时代的当口，他对东西方的文化兼收并录，对时代的病症进行了准确的诊断，并试图在西方思想基础上开拓出另外一条新路。他立足于西方，特别是美国的文化现实，采取了与众不同的东方文化取向，对西方文化进行了一番价值重估。若说白璧德的人文主义学说是“工作哲学”或“伦理哲学”的话，那么这种哲学思想也是建立在其“二元人性论”基础上的。而其人性观又有其独特性，主要体现在他对古今东西文化资源的融合与创造方面，这并非像梁实秋所说的，白璧德没有什么创新，只不过“会通了中西最好的智慧”①。其实，会通并不是任意的、散漫的堆砌和叠加，而是选择、判断与创造。了解其思想，不能脱离其生活的语境，白璧德是在什么思想背景下提出了自己的主张；与前人思想相比，他的思想主张有什么突破或独特性；这些突破或独特性与他的文化会通有何关系；其思想对西方文明，特别是对美国文明具有什么作用和影响等等。这些都有待深入探究。

第一节 二元人性论

二元的人性论观点是白璧德新人文主义学说的原点，也是其人文思想的基石。其文化观点的确立具有很强的现实针对性，而这种现实性与西方近现代的自由思想紧密相连。伴随着西方近现代世俗化的过程，西方近现代自由思想逐渐形成并以立法的形式确立起来；而这种制度性建设所确立

① 梁实秋：《关于白璧德先生及其思想》，徐静波编：《梁实秋批评文集》，珠海：珠海出版社1998年版，第217页。

的自由观清晰地体现在西方的立法制度中，对西方资本主义的文明起到巨大的推动作用。这种自由之所以能够发挥作用，很大程度上得益于在不同的历史阶段得到了不同程度的修正，以促进西方文明的健康发展。

我们不妨以法国的《人权宣言》和美国的《独立宣言》为例，对西方的自由观稍作说明。法国《人权宣言》"揭示了天赋人权、自由平等的原则，否定了封建等级制度，体现了摧毁封建君主专制的要求，成为资产阶级夺取政权和巩固政权的思想武器，它实际宣告了旧封建王权的灭亡和资产阶级政治制度的诞生"，"法国资产阶级用以法律为基础的资产阶级权利取代了以君主个人意志为标志的封建特权。这在政治和法律领域是带有根本性变化的。作为资产阶级革命的纲领性文件，它将启蒙思想发扬光大，并用法律的形式固定了下来，起到承前启后、继往开来的作用，这对欧美以及世界的民主进程产生了巨大的影响"。[①] 美国《独立宣言》的开端就声称以下这些真理是不言而喻的："人人生而平等，造物者赋予他们若干不可剥夺的权利，其中包括生命权、自由权和追求幸福的权利。"[②] 科学、自由和民主是西方近现代文明强大的主要原因，白璧德对此自然心知肚明，并且认为这是东方国家应该学习和改进的地方，他在不同场合都说过，远东的中国应该积极地吸收西方文明的长处，应该革故鼎新，只是不要把洗澡水与澡盆中的婴儿一起扔掉。[③] 任何一种文明能够长存，一定有它存在的理由和过人之处，西方文明的凝聚力在不同的时期都有不同的表现。中世纪有上帝，近现代有自由民主。但过犹不及，一种文明也存有他自身不可克服的弊端与流毒。

白璧德认为自然主义文化思潮的兴盛离不开两个人：一个是17世纪西方功利主义的开创者——英国人弗兰西斯·培根；另一个是西方浪漫主义运动的鼻祖——18世纪法国的卢梭。他们所代表的扩张的自然主义哲学思想将把西方文明拖入危机之中。这并不是说，培根与卢梭没有对西方现代文明产生过积极的影响。在当时的历史条件下，他们的作用还是得到了白

---

① 有关《人权宣言》的历史意义，可参见百度百科。

② ［美］J. 艾捷尔著，赵一凡、郭国良等译：《美国赖以立国的文本》，海口：海南出版社2000年版，第26页。

③ Irving Babbitt, Humanistic Education in China and the West, *The Chinese Students' Monthly*, 1921, 17 (2), p. 90.

璧德肯定的。白璧德就曾说培根具有“双重意识”，科学的发展将可能对人们的信仰产生不良影响。但白璧德不是从一时一地来看他们的历史作用，而是通过长时间的历史透视来审视他们对西方现代文明所产生的不良影响。培根对近现代的实验科学的发展起到了积极的推动作用，马克思和恩格斯就曾说“英国唯物主义和整个现代实验科学的真正始祖是培根”[①]。白璧德也认可培根在历史上的积极作用，认为不应贬低培根在科学方法和发现方面所取得的实际成就，“任何贬抑也无法夺走他的光荣，在他那个时代，他比其他任何人都更是‘人之王国’的先知”[②]。尽管科学的发展是非常必要的，但是它应当在“人之法则”的引导下发挥作用，而不能以“物之法则”僭越“人之法则”。换言之，科学不能统摄一切法则，不论是自然层面的科学，抑或是人本层面的理性，都自有其合理性，但任何一方面都不能僭越人文的那个度，适度非常重要。科技理性必须有人文性的导引和涵摄才能处于适当的位置，否则人类文明走在路途上，可能不知道正确的目的和方向。[③] 卢梭是一位颇有禀赋的时代巨人，在文学、哲学、教育、政治以及宗教等诸多方面都产生了积极作用。白璧德对此并不隐晦，但他认为卢梭对西方文明所造成的负面影响也不容忽视，卢梭的基本主张对基督教文化产生很强的颠覆作用。在基督教教义中，人性本恶、本罪，人的救赎需要上帝的恩典；上帝是仁爱的，为了拯救人，上帝之子耶稣受难赎罪。卢梭继承了西方近代以来的主体性凸显的文化脉络，提出了新的二元人性论——他认为人是性本善的、自由的，人的堕落主要是由社会文明的枷锁所致，所谓“人是生而自由的，却无往不在枷锁之中”[④]。文艺复兴以来的西方人发现来自上面的帮助不能使他们得到解救，他们只能为自身并未得救而承担责任，但卢梭创造了一个新的“承罪”主体，这个主体

---

① 转引自朱光潜：《西方美学史》，北京：人民文学出版社2002年版，第197页。

② Irving Babbitt, *Literature and the American College: Essays in Defense of the Humanities*, Boston and New York: Houghton Mifflin Company, 1908, pp. 37－38.

③ 这里的思想与栾栋先生的人文学思想相通，“从根本上来说，科技和人文都是人类入道的途径，但是由于科技的工具理性特点，它必须获得人文精神导引和涵摄，舍此不能实现载道、贯道以至明道、入道的目的。科技的一脉独张适足以害道，人文的偏颇和自负，也容易陷入迂腐不知通变的泥沼”。参见栾栋：《感性学发微：美学与丑学的合题》，北京：商务印书馆1999年版，第215页。

④ ［法］卢梭著，何兆武译：《社会契约论》，北京：商务印书馆2010年版，第4页。

“不是个别的人，而是社会”[①]。在卢梭的学说中，既然人性本善，那么所要解决的就不是个体自身问题，而是社会对个体自由的压制，即所谓的“出自造物主之手的东西，都是好的，而一到了人的手里，就会变坏”[②]。

对此，白璧德曾引述柏克的话来论证他心目中的自由观，“除非在某个地方对人的意志和欲望施以一种控制力，否则社会将无法存在，内在控制力越小，外在的控制力注定越大，无节制思想的人将无法获得自由。这注定成为事物的永恒构造法则”[③]。自由民主是西方近现代主体性文明所开创的积极成果，白璧德也是在这个前提下展开论述的。因此，白璧德对西方 18 世纪启蒙运动以来自然主义思潮的批判，并不是否定自由与民主，而是探究什么样的自由和民主才能使美国更好地发展。他认为，自由是可贵的，但并不意味着不可不节制——把自身的责任推到社会这个主体身上。白璧德的自由观基于他对现实弊端的批判，同时融会了古今、东西的学说。他的自由观可以追溯到古希腊的先哲那里，柏拉图在其《理想国》中曾说过类似的观点，“无论在个人方面还是国家方面，极端自由的结果不可能变为别的什么，只能变成极端的奴役”[④]。可以说，卢梭与白璧德都承继了西方的自由传统，他们的自由观都成为西方自由史的一部分，对西方近现代的主体性和独立性都持肯定的态度，但白璧德对西方近现代自由的无节制则持批判态度。他对卢梭自由观的批判不仅在西方文化中寻求资源，而且从东方文化中汲取所需要的营养，并试图以此来完善美国的自由民主文化。

白璧德主张人文批判应当具有历史的穿透力，他往往把所论述的问题放在西方文明的整个进程中来透视。正如他反复强调的一样，人文主义者

---

① ［德］E. 卡西尔著，顾伟铭等译：《启蒙哲学》，济南：山东人民出版社 2007 年版，第 145 页。

② ［法］卢梭著，李平沤译：《爱弥尔：论教育》，北京：商务印书馆 2010 年版，第 5 页。

③ Irving Babbitt, *Democracy and Leadership*, Boston and New York: Houghton Mifflin Company, 1924, 扉页。

④ ［古希腊］柏拉图著，郭斌和、张竹明译：《理想国》，北京：商务印书馆 1986 年版，第 342 页。

需要具有“宽阔的思想地平线”，而不是像一些专家“视界萎缩”。① 白璧德认为对近现代西方产生巨大影响的卢梭式的个人—社会的极端二元论是虚假的二元论，他也反对西方文化中极端的“一元论”。在《新拉奥孔》中，白璧德特别针对“一元论”明确提出了批评：“让我们对审美一元论者和任何类型的一元论者进行有益的怀疑。一元论不过是人们为了自己的懒惰、片面，以及不愿对现实生活中多种多样、彼此冲突的各个方面进行调和，而编造的一个动听的名字罢了。”② 白璧德对西方文化中的“一”与“多”的问题都进行了批判，从而提出了他称为“真正的二元人性观”的观点。

对宗教方面的问题，白璧德主张人文主义应当与宗教合作，以面对近现代以来的自然主义运动，即以培根为代表的“科学人道主义”和以卢梭为代表的“情感人道主义”。③ 之所以这样，在很大程度上是因为人文主义者与真正的宗教信徒都认为，在这个“杂多”盛行的时代，人们自立但不谦卑，仍然需要一个克制欲望的中心力量以抗衡时代的诸多弊端，这应该是宗教和人文主义共同关注的话题。近现代以降，以理性为指导原则的科学及其机器工业催生了西方发达的物质文明。但物极必反，正如爱默生所言，“事物在马鞍之上，驾驭着人类”④，在征服自然的力量空前增长的情况下，理性主义膨胀，西方现代人越来越不谦卑。人这个万物之灵长在“物之法则”的支配下，渐渐失去人之为人的标准。在此情势下，如何重塑人文标准，重建人文价值，反对“物之法则”的肆虐；人们如何修成既自立又谦卑的品性，或者说，如何矫正“不健全的个人主义”的弊端以建立“健全的个人主义”：这些便成为思想家们所面临的时代课题。对此，

---

① Irving Babbitt, *Character & Culture: Essays on East and West*, New Brunswick, New Jersey: Transaction Publishers, 1995, p. 196.

② Irving Babbitt, *The New Laokoon: An Essay on the Confusion of the Arts*, Boston and New York: Houghton Mifflin Company, 1910, p. 226.

③ Irving Babbitt, *Literature and the American College: Essays in Defense of the Humanities*, Boston and New York: Houghton Mifflin Company, 1908, pp. 32 – 71.

④ Irving Babbitt, *Literature and the American College: Essays in Defense of the Humanities*, Boston and New York: Houghton Mifflin Company, 1908, p. 21.

白璧德试图作出他的回答。①

> 在当前的情形下，在我看来，最有意义的斗争不是在不健全的个人主义者与传统主义者之间，也不是在不健全的个人主义者与利他主义者之间，而是在健全的个人主义者与不健全的个人主义者之间。而要成为一个健全的个人主义者，在我看来，主要在于把握“内在生命的真理”，即使与过去几乎完全断了联系。②

而要成为“健全的个人主义者”，关键是把握“内在生命的真理”(the truths of the inner life)，③ 而这种“内在生命的真理”是白璧德针对近现代，特别是18世纪下半叶以来的自然主义人生哲学观所提出的诊治方法，以弥补西方文明的不足和缺失。需要注意的是，白璧德的论述以西方近现代以来的“个人主义”文化价值观为基础和前提，换言之，白璧德是在肯定西方个体性和主体性文化的前提下，对其不足和弊病进行修正，而不是要回到过去的“传统主义者”。这种个人主义文化根植于西方文化土壤之中，自然与侧重于“集体主义”的中国文化价值观不同。白璧德是以西方，特别是美国现代转型时期的“个人主义”来立论的，吸收任何有助于解决其问题的有利因素。可以说，白璧德对东西方的历史文化取精用宏，把历史变成活的力量，这才使得他所熔铸的整个学说具有强烈的现实针对性和前瞻性。

在一定程度上说，古希腊人属于城邦，中世纪的人为上帝所主宰，而近现代以来，人的主体性地位越来越突出，并试图成为万物的主宰。白璧德认为，现代人在给世界祛魅的过程中培育了现代批判精神，同时也失去了中世纪基督教和古典文化的约束，没能产生出能够有效控制本能冲动和

---

① Irving Babbitt, *Democracy and Leadership*, Boston and New York: Houghton Mifflin Company, 1924, p. 317.

② Irving Babbitt, *Democracy and Leadership*, Boston and New York: Houghton Mifflin Company, 1924, p. 8.

③ 这里的英文“inner life”也可翻译成“内在人生”、“内在生活”，但考虑到白璧德的人生哲学更侧重于“意志”，因此，笔者主张翻译成“内在生命”，这更能凸显白璧德的思想实质。

性情放纵的文化机制。[①] 在这个以“人义”甚至“物义”替代“神义”的时代，人们自私、自大、狂妄，精神不得安宁。这种不得安宁的心理状态，促使人们去寻求外在的物质，以弥补内在的空虚；而外向的色欲追逐反过来却加深了内心的空虚。当尼采喊出“上帝死了”这句石破天惊的话时，西方文明正面临着“重新评估一切价值”的课题，那么，如何有效地进行价值评估？如何对传统价值进行有效的转换更新？这是哲学的问题，也是人类生活方式的问题，即人应该怎样生活的问题。要了解白璧德对此问题的回答，就需要深入探究白璧德的二元人性思想，也即他的“内在生命的真理”问题，这是白璧德思想的出发点，也是我们管窥白璧德思想的门径，洞察其思想堂奥的不二法门。

白璧德认为，人是“一种注定片面的造物，人之为人就在于他战胜自身本性中命定的片面性，其人文的程度完全取决于调和自身相反德性的程度”[②]。人不是什么全知全能的神，更不是只有本能的动物，人是在两者之间的存在。正因为人是片面的、残缺的，人才需要努力尽可能地完善自身，从而成为一个具有“适度、共通感和共通的行为标准”[③] 的人，而适度的品格需要人文的养成与锤炼。白璧德融合东西方文化于一体，发现了人类文化中的一些共同品格与特性。古希腊的德尔菲神庙有“认识你自己”和“万事勿过度”的箴言，这与中国的“中庸”之道以及古代印度佛家的“中道”思想都相贯通。对于如何去锤炼和锻造具有“适度”品性的个人问题，白璧德把眼光转向了东方。白璧德曾在《向西方解释印度》这篇文章中说：“若要了解古代印度的真正精神，人们需要反思在印度精神中把神性定义为‘内在控制’（inner check）……这个短语提供了一把打开古印度思想的钥匙，这是其他任何短语所不及的。”[④] 其实，这个词语

---

① Irving Babbitt, Genius and Taste, In Irving Babbitt, etal (eds), *Criticism in America: Its Functions and Status*, New York: Harcourt, Brace and Company, 1924, p. 164.

② Irving Babbitt, *Literature and the American College: Essays in Defense of the Humanities*, Boston and New York: Houghton Mifflin Company, 1908, p. 22.

③ Irving Babbitt, Humanistic Education in China and the West, *The Chinese Students' Monthly*, 1921, 17 (2), p. 91.

④ Irving Babbitt, *Character & Culture: Essays on East and West*, New Brunswick, New Jersey: Transaction Publishers, 1995, p. 152.

又何尝不是打开白璧德思想的一把钥匙？弥尔顿·亨德斯（Milton Hindus）认为“贯穿在白璧德所有著作中所欲表达的是给‘内在控制’提供一个令人满意的意义”[①]。

正如白璧德所说：“这种词语通常表达了高度内敛的思想，以集中（concentration）为善，而不是我们所认为的以扩张（expansion）为善。”[②]在西方现代转型，特别是美国现代转型时期，“科学人道主义”、“情感人道主义”等自然主义思潮泛滥，伴随着美国工业化的过程，“物之法则”横行肆虐，白璧德如何能够克制这种物欲横流、恣肆扩张的生活弊端，重塑人文标准以重组人类生活的秩序？我们不禁要问，如何才能使人内在集中与自我控制呢？

白璧德的二元人性主要指代人向内用力的节制，而不是向外用力的扩张。这种节制行为主要归因于人的内在意志，正如白璧德所说：“任何希望恢复真正的二元性的人，都必须把伦理意志升格为首位，以此作为始发点。”[③] 人内在相反的德性主要指代两种不同层面的意志，一种可称为“较低意志”，另一种可称为“更高意志”。当然，白璧德有时候也用其他术语，如针对柏格森的“生命冲动”（élan vital），他创设了另一个术语“生命控制”（frein vital），[④] 并认为基督教中保罗的“精神法则”与“肢体法则”的对立同他的二元人性含义也相近。[⑤] 此外，白璧德还使用其他不同形式的表述，但大致意思都相同或相近，譬如：“自然自我”、“性情自我”与“普通自我”可以互用；对于自己所创建的“更高意志”，白璧德也用“更高自我”、“伦理自我”、“神圣意志”等来表达，但其含义毕竟没有“更高意志”显豁。这些二元的对立项是人内在的不同秩序类型的表达，

---

① Milton Hindus, *Irving Babbitt, Literature and the Democratic Culture*, New Brunswick, New Jersey: Transaction Publishers, 1994, p. 10.

② Irving Babbitt, *Character & Culture: Essays on East and West*, New Brunswick, New Jersey: Transaction Publishers, 1995, pp. 151 – 152.

③ Irving Babbitt, *Democracy and Leadership*, Boston and New York: Houghton Mifflin Company, 1924, p. 226.

④ Irving Babbitt, Experience and Dogma, *Saturday Review of Literature*, 1930, 7 (1), p. 287.

⑤ Irving Babbitt, *Democracy and Leadership*, Boston and New York: Houghton Mifflin Company, 1924, p. 195.

一种是以“生命冲动”为主导的“物之法则”，另一种是以“生命控制”为特征的“人之法则”，这两种秩序都有不同层面上的“客观性”和“现实性”，“人之法则”必须对人的“物之法则”进行克制，从而达到适度的程度。这种生命的节制主要依赖人的内在意志，而不是理性，这是一种“更高意志”对“较低意志”进行克制的行为。

尽管如此，我们也不能把它们分开来理解。这种二元的对立并不要求达到辩证法的最终统一。也就是说，白璧德的二元人性论呈现出辩证法的特征，这种辩证形式不是以一方被另一方消灭而结束；相反，这是一种对立的调和。虽然这种“调和”以辩证法思维的形式呈现出来，但究其实质，这是人的一种“内在行动”。换言之，这种向内用力的二元人性论与其说是一种思辨，毋宁说是一种行动，是一种向内用力的人生历练过程。白璧德反对任何抽象的形而上学，他认为不管是“一的形而上学”还是“多的形而上学”，都远离了人的内在生命的行动。

白璧德把人内在感知到的“直接性的事实”作为出发点，以探究人的“内在生命的真理”。白璧德曾以佛陀为例子：“佛陀对任何事情都以人内在的体验来确证，就狄德罗所说的‘洞穴中的内战’而言，佛陀表达的含义也与他完全相反，什么事情都以实验为根据：人们不需要以权威或传统为佐证，而是向内看。”[①] 这里的“向内看”主要指人的心理活动，也即“没有什么比自我控制的行为更具有生命的特性和直接性，以期这种内在控制行为能够超拔性情的水平”[②]。这种生命的直接性和超拔性主要是向内用力的行动，而这种“内在行动”主要是内在的两种意志力量的角力。白璧德引用东西方的名言来论证自己的观点，如用佛陀的话来说，“若一个人在战场上胜敌千人千次，而另一人征服了自己，后者则是更伟大的征服者”，用约翰·弥尔顿的话来说，“在内在生命中，能够对激情、欲望和恐惧进行控制的人，比国王还要国王”[③]。但弥尔顿所说的还是一种理性的克

---

① Irving Babbitt, *Character & Culture: Essays on East and West*, New Brunswick, New Jersey: Transaction Publishers, 1995, p. 155.

② Irving Babbitt, *Character & Culture: Essays on East and West*, New Brunswick, New Jersey: Transaction Publishers, 1995, p. 155.

③ Milton Hindus, *Irving Babbitt, Literature and the Democratic Culture*, New Brunswick, New Jersey: Transaction Publishers, 1994, p. 10.

制，而白璧德所强调的是意志的克制，“更高意志”对“较低意志”的克制，这是最大的不同。我们并不能以一种学说确定“节制原则”，就认为它们是相同的或完全一致的。[①]

人们常以白璧德强调适度来论断白璧德的思想是古典主义的（主要是古希腊的人文思想）。其实这是误解。古希腊强调的是理性，不是意志；而白璧德强调的是意志的首要性，断言理性与情感从属于意志。这种思想主要是借鉴了基督教中所包含的东方要素、东方印度佛教和中国的儒释道的思想。基督教强调意志，这是上帝的神圣意志，而白璧德反对教条，他以人性论为出发点，而非上帝。就此，白璧德是以西方启蒙运动以来的个人主义与现代批判精神为前提的，回返过去是一条走不通的道路，这就要求思想家们进行创造。白璧德充分借鉴了东方向内用力的“自胜”的文化资源。从精神方面来说，他的思想与孔子的“为己”之学相通。实际上，白璧德正是借鉴了东方的印度佛教和中国的内在修身思想以构筑他的新人文主义。当然，借鉴和吸收不等于雷同。

白璧德的二元人生哲学有着自身的独特性。白璧德借用勒内·笛卡尔和柏格森常用的术语“意识的直接给予物”（immediate data of consciousness）来表述他的“二元”人性思想，但赋予其不同的内涵。其思想的独特性内涵往往被研究者曲解，国内学者段怀清认为“在哲学上，白璧德坚持人性的二元论，在这一点上他与笛卡尔、帕斯卡尔一脉相承。但是，在如何处理人性的内在冲突矛盾上，白璧德并不像近现代思想者那样，将人性的非理性的一面交给上帝，而是将其坚定地限定于理性范围”[②]。应该说，从白璧德对笛卡尔的批判以及对“意识的直接给予物”的采用足以表明笛卡尔对其影响之大，何况批判本身就是一种吸收。但从总体上说，白璧德的二元人性论与笛卡尔差异巨大，不可不察。白璧德称笛卡尔的二元论为“虚假的二元论”[③]，那么他们的二元论思想差异究竟何

① Irving Babbitt, Buddha and the Occident, In *The Dhammapada: Translated by Irving Babbitt from the Pali*, New York and London: Oxford University Press, 1936, p. 120.

② 段怀清：《白璧德与中国文化》，北京：首都师范大学出版社 2006 年版，第 105 页。

③ Irving Babbitt, Buddha and the Occident, In *The Dhammapada: Translated by Irving Babbitt from the Pali*, New York and London: Oxford University Press, 1936, p. 85.

在？鉴于笛卡尔对近现代西方的思想影响巨大，这里不妨对其思想稍作展开。

笛卡尔基本上是从理性主义的立场来论述他的二元人性论的，他坚持心身是两个绝对对立的实体。笛卡尔从“我思故我在”这个命题出发来思考他的人性论，“存在的确实性绝不包含在我的行为中，而只包含在意识的确实性中……意识存在的确实性是笛卡尔利用分析法所得的统一的和基本的真理”①。笛卡尔对西方传统的心灵观、人学观和世界观作了大刀阔斧的改造，完成了“心灵观的一种转向”，对“关于身体、心灵、灵魂的观念”作了一次重构。传统的亚里士多德主义者把心灵看作灵魂的一部分，而灵魂除了是理智活动的原则之外，还有营养、生长、运动的属性。笛卡尔则把世界分为心和物两大类，把人看作由心和身组成的统一体。心灵不再是灵魂的一部分，它就是灵魂本身，内含感觉、思想、情感等，至于亚氏所归之于灵魂的其他功能，如生长、营养、运动等，笛卡尔都将它们与灵魂剥离开来，把它们归于身体或物体。②

对笛卡尔来说，“一切事物不是形体就是精神；实体或是占有空间或是有意识：res extensae（广延的东西）和 res cogitantes（思维的东西）”③。身体作为一种形体占用空间，具有广延的属性，而有意识的东西不占用空间，身心就成为两个分开的、独立的实体，这无疑把世界分成了精神世界和物质世界。这种划分在当时具有继往开来的划时代意义，但也带来了之后的西方现代性的困境。在中世纪，占统治地位的基督教神学受到柏拉图的灵魂观影响很大，一般说来，其主流观点主张“人的本质只是灵魂，只有人的灵魂才是真正的人，而身体只是灵魂的一个器官，是从属灵魂的。因此灵魂可以离开人的肉体而独立存在，是永恒的，不朽的”④。而笛卡尔

---

① ［德］文德尔班著，罗达仁译：《哲学史教程》（下册），北京：商务印书馆1997年版，第535～536页。

② 高新民、严莉莉、张卫国：《笛卡尔式二元论的重新解读与最新发展——从现代心灵哲学的视域看》，《哲学动态》2011年第12期，第91～92页。

③ ［德］文德尔班著，罗达仁译：《哲学史教程》（下册），北京：商务印书馆1997年版，第556页。

④ 潘佳铭：《欧洲哲学史上二元论哲学的两个问题》，《西南师范大学学报》（人文社会科学版）1987年第5期，第66页。

的心身（心物）二元论则把过去灵肉的关系问题明确为心物关系，这就使思维和存在的分化更加明朗化，从而为这一时期对主体的反省奠定了基础，并且构成了唯理论哲学中实体学说研究的主要问题。[①] 因此，笛卡尔的心物二元论对西方近现代的哲学影响巨大，后来裂变成近现代的唯物主义和唯心主义学说，这种思维与存在之间关系的明朗化推动了西方现代性的进程，其中自有功过。一方面，主体性理性的凸显有助于把人从宗教神学中超拔出来，它对人的主体性反思是有帮助的，这种思想在康德、黑格尔那里都得到了充分的发展，西方的主体性形而上学也逐渐建立起来；另一方面，笛卡尔的动物是机器的学说，演化成了拉·梅特里所主张的“人是机器”这样极端的机械唯物论。

由此，我们可以看出白璧德与笛卡尔的思想差异很大，至少表现在以下方面。

其一，白璧德与笛卡尔的基本立场不同。笛卡尔以理性作为衡量标准，具有唯理论倾向，白璧德称其为“现代理性主义者之父”[②] 也是由此而来。白璧德对待理性的态度，并不如段怀清所说“白璧德并不是像近现代思想者那样，将人性的非理性的一面交给上帝，而是将其坚定地限定于理性范围”。其实，白璧德主张意志的首要地位，反对理性的僭越，虽然理性起着不可替代的工具作用，但也只能居于第二位；若以理性来统摄一切价值，那么这种学术就类似于斯多葛哲学思想了。笛卡尔作为一位天才数学家，一心想把数学的普遍形式应用到形而上学中，他“至少自认为摒弃了不能用数字语言表述的一切，例如形式、质量、奇幻力量、美德等。正因为如此，他终其一生都厌恶‘这是不能度量的’，‘这是知性达不到的’，尤其是‘我不知道’等诸如此类的说法”[③]。就笛卡尔所说的“意识的直接给予物”而言，他力图把理性限定在普遍理性的范围中来论述，他认为，“直觉和演绎是人类理性的运用方式，是最基本的认识活动”，直觉

① 潘佳铭：《欧洲哲学史上二元论哲学的两个问题》，《西南师范大学学报》（人文社会科学版）1987 年第 5 期，第 67 页。

② Irving Babbitt, *Rousseau and Romanticism*, Boston and New York: Houghton Mifflin Company, 1919, p. 26.

③ 张立成、张梅：《笛卡尔二元哲学的宗教背景探析》，《济南大学学报》（社会科学版）2011 年第 1 期，第 74 页。

作为心灵对它所理解的事情形成“直接、明确、没有任何疑问的概念”，我们应该以直觉所形成的直接概念作为推断确实无误的事实（概念）的前提。这种以普遍理性囊括一切的思维模式，摒弃了思维在感觉中的可能性，这就使笛卡尔后来力图阐发的“心身结合”问题陷入了困境。[①]

其二，与上述差异紧密联系的是理论与行为的差异。笛卡尔的唯理论倾向明显，他不仅“以追求全面系统的科学知识作为哲学研究的根本任务，从而将认识论置于哲学的中心地位，而且还确定了从方法入手解决一切哲学问题的途径”[②]。这里的一切哲学问题不仅包括自然科学层面的哲学问题，而且包括“关于精神、物质的形而上学知识”的问题。要弄清楚这些问题，必须确定获得这些知识的正确方法，笛卡尔认为这是一切哲学和科学研究的关键，其主要著作《谈谈方法》、《第一哲学的沉思》等都遵循了这样的思路。其中，《第一哲学的沉思》就运用了《谈谈方法》中的方法原则对上帝、灵魂等形而上学问题作更深入的探讨。[③] 可以说，笛卡尔开启了西方近现代认识论的哲学转向，这对后来康德的《纯粹理性批判》影响很大，其探求的不再是亚里士多德求知本性中的“实体是什么”的问题，而是“我能知道什么”，从“我知什么”转入“我能知什么”的认识论，进而对探求知识本身的基础进行质询。在这方面，古典哲学的集大成者黑格尔也是以意识哲学中的“自我意识”为探求的出发点，并作了深入的分析。白璧德认为，凭借逻辑和纯粹数学的方法把科学精密到“一个封闭的体系”，应与笛卡尔相联系，而不是牛顿。尽管笛卡尔和牛顿都不是决定主义者，即他们并不希望把人的一切都完全规约于自然法则和自然原因，但西方启蒙运动以来的肤浅的理性主义主要根源于笛卡尔，他“把人的生命锁定在某种程式之中，对于富有想象力的人来说，这就产生了压抑

---

① 周晓亮：《直觉与演绎：笛卡尔的方法论选择及其困境》，《云南大学学报》（社会科学版）2005 年第 1 期，第 3 ~ 10 页。

② 周晓亮：《直觉与演绎：笛卡尔的方法论选择及其困境》，《云南大学学报》（社会科学版）2005 年第 1 期，第 4 页。

③ 周晓亮：《直觉与演绎：笛卡尔的方法论选择及其困境》，《云南大学学报》（社会科学版）2005 年第 1 期，第 4 页。

感，他需要光和空气”[①]。白璧德强调内在体验（行动）和想象的作用，而不是笛卡尔所谓的清晰的逻辑解释。

对于白璧德和笛卡尔的二元人性论思想的差异，上面所提及的区分足以说明问题。概言之，白璧德反对以理性来囊括一切的立场，理性不能僭越意志的首要位置，这一点是白璧德人文主义思想的核心要点。此外，白璧德不是从认识论立场立论，而是侧重于“行动”，主要是从一种践履的修身立场来论述，这就不同于西方传统的认识论。毋庸讳言，白璧德也具有这方面的知识论背景。瑞恩就是基于西方知识论的传统来阐发白璧德思想的，这自然有其学术价值，但他没有抓住其思想的核心要义。这是笔者与他的分歧所在。此外，白璧德的人文主义行动与实用主义行动也具有很大不同，用白璧德的话说，他的行动是“内在生命的真理”，是一种“内在行动”，而不是西方外扩的、不受约束的“外在行动”。换言之，与其说白璧德学说是一种认知哲学，毋宁说是一种以意志为首要地位的“生命哲学”，而且是一种“内在超越的生命哲学”。当然，这样说有可能缩小了白璧德人文主义所涉及的范围，但相对于自然主义来说，白璧德突出“内在生命的真理”，这是其整个思想的重心所在，也是其思想的实质。因此，这样说不但不背离其主要思想，反而会凸显出他的思想核心。当然，这还需要进一步论证。

就生活意义而言，哲学本质上就是生命哲学。[②] 但在此处主要指代西方近现代的一股反本质主义思潮，它与传统意义上分析的主体哲学不同，主要关注“充满对主观体验直观看法的运动”[③]。费迪南·费尔曼在他的《生命哲学》一书中把近代生命哲学分为两个时期：一个是产生于18世纪和19世纪交替之际的生命哲学，这种生命哲学与浪漫主义很接近；另一

---

① Irving Babbitt，*Rousseau and Romanticism*，Boston and New York：Houghton Mifflin Company，1919，pp. 26－28.

② 邓晓芒：《什么是哲学》，《华中科技大学学报》（社会科学版）2011年第1期，第25页。

③ ［德］费迪南·费尔曼著，李健鸣译：《生命哲学》，北京：华夏出版社2001年版，第15页。

个，也就是“真正的”生命哲学产生于1900年左右。[①] 而这种真正生命哲学的产生与以下一些要素关系密切。如费尔曼所分析的，19世纪下半叶生物学的领先发展、机械性的达尔文主义和赫尔伯特·斯宾塞的进化主义及活力论的各种形式，都对当时的文化生活产生了影响。近代本质主义自然科学的基础是经典力学，它以自然科学规律来统治自然和人，而生物进化论宣称生命是不断进化、生成和创造的，柏格森在他的《创造进化论》（1907）一书中从哲学上发展了斯宾塞的思想。此外，当时青年人的生活感觉也是重要的精神要素，这种感觉控制了世纪交替前所有艺术上的现代派；他们的生活是直接从尽情的生活中发展成诗歌创造的主题。譬如：纪德在他的充满年轻人激情的小说《大地抚育我们》（1897）中宣称：“我教育你要尽情地生活。”[②] 对于这种生命哲学的转型问题，也有人从美学的角度来论述20世纪的西方文化的三次转向：第一次是19世纪和20世纪之交开始的心理学转向；第二次是20世纪初叶到中叶的语言学转向；而第三次则是20世纪中期开始至20世纪后期，直到世纪之交的文化学转向。[③] 可以说，白璧德的生命哲学正处于当时心理学转向的大潮之中，生命哲学主要是一种心理体验、一种自我经验，这就“摆脱了以往意识理论传统的思维习惯，并且为解释自我意识开辟新的道路”[④]。白璧德的思想既处在当时的文化氛围之中，又跳出其外，是对当时的自然主义心理学的“反动”。可以说，白璧德的思想是时代的产物，是各种条件的“缘构”[⑤]，没有当时的文化氛围以及国际性的文化接触，就没有白璧德的构设。

就白璧德的生命哲学而言，其思想与其他生命哲学家又有一些交叉的、共同的学术特征。费尔曼认为，生命哲学把经验的理论与自我的理论紧密地联系在一起了，“试图通过对自我意识的新的解释获得更开阔的、

---

① ［德］费迪南·费尔曼著，李健鸣译：《生命哲学》，北京：华夏出版社2001年版，第17页。

② ［德］费迪南·费尔曼著，李健鸣译：《生命哲学》，北京：华夏出版社2001年版，第19页。

③ 高建平：《杜威美学与当代中国》，《读书》2010年第10期，第74～78页。

④ ［德］费迪南·费尔曼著，李健鸣译：《生命哲学》，北京：华夏出版社2001年版，第8页。

⑤ 栾栋：《诗学缘构简说》，《广东外语外贸大学学报》2012年第2期，第53～56页。

能包罗生活实践的经验范围”，并且由于这种结合，生命哲学呈现出一些很少令人注意的特质，“那就是抽象和形象、思考和感觉交融在一起”，如此一来，自我就不是仅从逻辑上加以建构，而是“发现自己作为生活中的人，作为正在行动和感觉的人，简而言之，作为尘世的主体”。[①] 显然，费尔曼已经注意到了生命哲学与近代主体哲学的不同，它从逻辑主体转移到生命主体、心理主体和体验主体，再到一个生活在世间的个人。白璧德在他的话语中从来不说主体，只说人。这并不表示白璧德就缺乏那些职业哲学家所具有的专业术语，恰恰相反，白璧德主要是从全人的视角来论述他的人学，这可能也是人文思想家与哲学家的一个区分。主体的对象必然是客体，这种主客二元对立的思维模式是西方文化的典型特征。应该说，西方主客对立的思维模式有一种凸显主体性的优势，没有这种思维模式也就没有西方个体性的文化，在这方面，中国缺乏“我思”中的“我”的独立性。中国的“我”往往被淹没在集体的关系网中，这也是中国智力总是内耗的主要原因；但是当西方这种二元对立的文化发展到黑格尔的“绝对精神”的时候，也就陷入了僵局，于是各种生命哲学、生成哲学、存在主义以及身体现象学等学说都得以兴起也就在情理之中了。从总体上说，这是一种从“同一性”的逻辑思维向“差异”哲学发展的路径，西方则力图从“同一性”的圆圈中走出来，这是西方现代哲学的一个主要特征。费尔曼也不能跳脱西方学术的藩篱，瑞恩也从知识论的立场和思维逻辑的角度来定位白璧德的精神现象学。[②] 应该说，白璧德具有认识论的思想背景和特征，但其主要特色在于融进了东方那种非实体的思维特征。瑞恩也注意到白璧德思想中的非逻辑性和超逻辑性，但这种非逻辑的思维特征不是因为

---

① ［德］费迪南·费尔曼著，李健鸣译：《生命哲学》，北京：华夏出版社 2001 年版，第 16 页。

② 瑞恩认为“白璧德所有作品可以描述为 20 世纪的精神现象学，把自我知识、历史和哲学融合为一而呈现给人们”。这是从西方知性的路径和西方的文化立场来论述白璧德思想。当然，瑞恩在这个方面发挥白璧德思想，不仅丰富了白璧德思想，而且在一定程度上是借用白璧德来论述自己的思想了。我们在本篇所探讨的不是瑞恩的白璧德思想，而是白璧德本人的思想，这是问题的关键。白璧德会通归一，自然包含瑞恩所阐发的某些思想，但那也仅仅是他思想的某一个侧面而已。参见 Claes G. Ryn, *Will, Imagination and Reason: Irving Babbitt and the Problem of Reality*, Chicago: Regnery Books, 1986, p. 111.

思维本来就是如此，而是因为思维方式离不开人们的生活方式。东方非实体性的思维特征与东方的生活方式紧密相关。东方人侧重于一种向内用力的修身生活方式，而修身主要是一种践履行为。对此，瑞恩没有论述，这可能是西方人难以深入东方文化腹地的缘故吧。白璧德曾征引佛教“盲人摸象”的寓言故事来说明东方整体性的思维方式和圆观的视角。① 白璧德借鉴了东西方的思维模式，其思维特征体现出一些独特性，简略地说，白璧德试图在“一”与“多”之间走“调和”的道路。后文将详述，此处从略。这里主要论述白璧德的二元生命哲学与同时代的其他生命哲学家的区别。

费尔曼曾说，叔本华与尼采这两位哲学家为生命哲学做好了准备，并且为生命概念是哲学的中心奠定了基础，而亨利·柏格森、威廉·詹姆斯、狄尔泰以及格奥尔格·西梅尔等人则展现了生命运动很大的活动范围，并且这一运动把主体越来越引向实践。② 在此，费尔曼注意到了生命哲学的实践性，这也与白璧德的思想相通。但是在白璧德看来，尽管上述费尔曼所列举的生命哲学家都对理性主义具有一定的反叛性，但他们都遵从着西方自然主义的历史潮流，其思想本身仍然是自然主义，是“多的形而上学”，同他们所反对的理性哲学家并没有本质区分，只不过黑格尔等人的思想是“一的形而上学”而已。所谓“一的形而上学”和“多的形而上学”，依据白璧德的说法，它们都远离了“实证的、批判的态度”，前者由于思辨的态度而可能陷入某一个本质的、实体的和理念的世界，后者则由于过于强调事物的变化和多样性而远离了永恒。③ 其中的堂奥，一些哲学家已经指出来，比如吉尔·德勒兹就认为柏格森的哲学是“期望赋予诸多多样性于形而上学”，是“科学地理解多样性所要求的形而上学”。④

---

① Irving Babbitt, Buddha and the Occident, In *The Dhammapada: Translated by Irving Babbitt from the Pali*, New York and London: Oxford University Press, 1936, pp. 70 – 71.

② ［德］费迪南·费尔曼著，李健鸣译：《生命哲学》，北京：华夏出版社 2001 年版，第 21 ~ 22 页。

③ Irving Babbitt, *Rousseau and Romanticism*, Boston and New York: Houghton Mifflin Company, 1919, p. 13.

④ ［法］吉尔·德勒兹著，张宇凌、关群德译：《康德与柏格森解读》，北京：社会科学文献出版社 2002 年版，第 208 页。

海德格尔也视尼采为西方最后一位形而上学家。

白璧德反对任何形式的形而上学，其思想与他们都有所不同。若说上述诸人的思想是生命哲学的话，那么白璧德的生命哲学可被视为“一种控制生命冲动的生命哲学”，“一种对‘较低自我’进行节制的‘更高自我’的生命哲学”，是对上述生命哲学的反动，是一种以更高的生命存在来克制较低的生命存在的哲学思想。白璧德不仅把尼采、柏格森等人的生命哲学，而且把自培根以来所确立的科学人道主义都视为自然主义哲学。这可能让那些视自身思想为“生命哲学”的人所始料不及，他们都是白璧德所抨击的对象，只不过是自然主义或者说人道主义的不同方面而已。由此，白璧德生命哲学的独特性得以体现出来，白璧德是从大历史观来分析西方现代性问题的，其历史视野难以被费尔曼的《生命哲学》所囊括，在一定程度上说，白璧德的生命哲学是对费尔曼所言说的生命哲学的批判与超越。

白璧德的“生命控制”（frein vital）就是针对柏格森的“生命冲动”（élan vital）所提出来的术语，以矫正“生命冲动”的缺失。柏格森强调“内在生命”、“意识的直接给予物”、“直觉”以及二元性等，白璧德也使用这些用语，他对笛卡尔、柏格森、卢梭等人的批判是在西方自身的思想脉络中展开的；我们如果脱离西方文化语境而仅从概念出发，就难以把握白璧德的思想要义。柏格森的“生命冲动”的产生也非偶然，占据主流的西方文化一直是一种向外扩张的文明，西方近现代文明更是一种不断提升个体主体性的文明。因此，柏格森的“生命冲动”是在一定的历史时期，把西方的自我解放和自我扩张明确地表征出来。自然主义的文明是一种世俗化的、物质性的文明，人的生物性得以张扬，传统的约束力就失去了应有的作用。白璧德认为柏格森的思想只不过是卢梭思想的变体，[①] 都是一种人性的自我谄媚。白璧德的“生命控制”并非如雷纳·韦勒克所说仅是一种“诙谐的用法”，以与柏格森的“生命冲动”相对照。[②] 其实，白璧德对这个词语的创设也有古今、东西的学术背景。就“生命控制”对“生

① Irving Babbitt, Bergson and Rousseau, *Nation*, 1912 , 95 (2472), pp. 452 -455.

② ［美］雷纳·韦勒克著，杨自伍译：《近代文学批评史》（第 6 卷），上海：上海译文出版社 2005 年版，第 48 页。

命冲动”的克制而言，古希腊的亚里士多德认为，人是两种法则的造物，一方面是具有本能和欲望的“自然自我”或“普通自我”，另一方面是具有感知为对本能和欲望进行控制的“人性自我”（human self），可以避免“自然自我”的“过度”泛滥。新古典时期的布瓦洛所说的“自然成为你唯一的研究对象”中的自然，也不是这个或那个个体的人之自然（human nature，即人性），而是具有代表性的人之自然。[①] 再者，白璧德认为佛教与基督教都持人性是二元的观点，并且认为佛陀是“毫不妥协的人性二元论者”[②]。实际上，这是一种视野融合的结果。佛家讲“苦”，基督教讲“罪”；而要从“苦”海中解脱，佛教徒就需要不断地克服自身的欲望——所谓“贪、嗔、痴”三毒，以达到最终解脱；而对于基督教，需要从“罪”中拯救，需要信仰。为了创设自身的学说，白璧德把诸多文化资源熔为一炉以构设自己的“真正的二元人性论”。白璧德说：“一元论者和二元论者的差异聚拢在恶的问题上。”[③]实际上，东方佛教中的“苦”难说就是一种“恶”，显然，白璧德是以东方的宗教来论证基督教的二元性，但他所说的基督教的真理已经不是原本的基督教思想了。若上帝已经不在，还能说有原罪吗？白璧德完全是在新的历史条件下为自然主义的现代运动寻找诊断药方。

尽管白璧德在一些场合论述人性恶的一面，但这并不表示他的二元人性论就是一种抽象的善恶二元论。其实，白璧德是说人有两种相反的德性，这同基督教中的原罪不同，这里的人的“罪”还不能扔掉，还需要以某种新的形式来替代。[④] 换言之，在“上帝死了”的时代背景下，对人性的有限性和不足要有清醒的意识，我们并不能因柏格森的“生命冲动”与白璧德所提出的“生命控制”相对就说它是恶。从抽象的、绝对的善恶二

---

① Irving Babbitt, *Rousseau and Romanticism*, Boston and New York: Houghton Mifflin Company, 1919, p. 16.

② Irving Babbitt, Buddha and the Occident, In *The Dhammapada: Translated by Irving Babbitt from the Pali*, New York and London: Oxford University Press, 1936, p. 106.

③ Irving Babbitt, Buddha and the Occident, In *The Dhammapada: Translated by Irving Babbitt from the Pali*, New York and London: Oxford University Press, 1936, p. 82.

④ Irving Babbitt, *On Being Creative and Other Essays*, Boston and New York: Houghton Mifflin Company, 1932, p. 39.

元论概念出发来阐述白璧德的思想，并不符合白璧德思想本意。白璧德这里的“内在生命的事实”不能简单地以一分为二的思维方式来评判，不能孤立地去评判“性情自我”（“自然自我”、“普通自我”）、“较低意志”和“生命冲动力”为恶，而以“更高自我”（“人文自我”、“伦理自我”等）、“更高意志”和“生命控制力”为善。[①] 事实上，白璧德所言的人性二元都包含这样两种相反力量的角力，任何一方都不能脱离对方而存在，双方相反相成。若说以人性的“性情自我”、“较低意志”为恶，以人性的“更高自我”、“更高意志”为善，就必然会产生一种一分为二的思维模式去割裂人性的完整。对白璧德来说，这种二元的人性是“洞穴中的内战”[②]，任何一方都不能脱离对方而存在。若割裂二者，分别说成两个东西的话，就容易对白璧德的二元人性观点作机械式的理解。这本身就是反人性的，悖逆了人的内在生命。若说白璧德有着善与恶的二元观点，那么也不能以孤立的观点来看待，而要以善中有恶、恶中有善，任何一方都离不开对方的作用的思想来看待。这种观点颇似中国的“易经辩证法”[③]。在中国的易经辩证法中，这不是你死我活的截然对立，而是你中有我，我中有你，类似于阴阳互含互孕。当然，这里也有主次之分，类似歌德笔下的浮士德，人是主体，而魔鬼梅菲斯特是伙伴，没有魔鬼的作用，浮士德也可能一事无成。人就是这样相反德性的存在，歌德曾道出这样的思想：

---

① 张源与段怀清都持善恶分裂的二元观点。参见张源：《从“人文主义”到“保守主义”：〈学衡〉中的白璧德》，北京：生活·读书·新知三联书店 2009 年版，第 61 页；另外，段怀清认为白璧德持人性善恶二元论，如他指出：“白璧德根据人性善恶二元论，提出了自己的所谓的‘自然的’（natural）、‘超自然的’（supernatural）和‘人文的’（humanistic）三种生活方式的观点。其中自然的和超自然的两种生活方式分别对应了人性中的恶与善的两种现实态度或主张。”这是对白璧德二元人性论作机械式理解，悖逆了白璧德的辩证思想。参见段怀清：《梁实秋与欧文·白璧德的人文主义》，《文艺理论研究》2000 年第 1 期，第 37 ~ 38 页。

② Irving Babbitt, *Democracy and Leadership*, Boston and New York: Houghton Mifflin Company, 1924, p. 291; Irving Babbitt, The Bicentenary of Diderot, In *Character & Culture: Essays on East and West*, New Brunswick, New Jersey: Transaction Publishers, 1995, p. 108.

③ 栾栋：《易辩法界说——人文学方法论》，《哲学研究》2003 年第 8 期，第 52 ~ 54 页。

啊！两个灵魂居于我的胸膛，
它们希望彼此分割，摆脱对方
一个执着于粗鄙的情欲，留恋这尘世的感官欲望
一个向往着崇高的性灵，攀登这彼岸的精神天堂！[①]

当然，白璧德不曾说两个灵魂，但是他否认卢梭的“下灵”（undersoul），认为爱默生的“超灵”（oversoul）具有他所说的“更高意志”的要素。他从中拈出所需要的要素，着力强调意志，强调“更高意志”与“较低意志”在内心的角逐，“更高自我”与“普通自我”的角逐。白璧德与歌德都曾受到中国思想的影响，它们的思想都有着东方思想的一些特征，这里的二元论思想有着东方文化中互补的特点。人是一个具有相反倾向的统一体。一方面，人具有毁坏个体和撕扯社会和谐的本能欲望；另一方面，他又有规约其本能的欲望，通向个体和社会的和谐。[②] 当然，白璧德所持的相反的两种德性与歌德有很大差异，比如这里的此岸与彼岸的区分，白璧德就不完全同意歌德的观点，但他们的二元人性都体现出辩证互补的特性，这是需要我们注意的。

白璧德不是反对“性情自我”的人性，而是反对他们的“过度”。“更高自我”（“伦理自我”）的提升也需要“性情自我”（“自然自我”）持续不断的反作用。尽管在不同的精神提升阶段，“性情自我”的境界处于不同的层面，但它们都与“更高自我”联系在一起。这是一种相反相成的关系。白璧德指出，就这方面而言，佛陀最彻底明确，而新柏拉图主义者普洛丁在对待“恶的问题”上与佛陀不同。普洛丁认为“恶不是人内在的现实，而是善的缺席（an absence of the good）”。这种思想倾向于摒弃任何被感觉为否定的和限制性的东西，把对善的追求不是与弃绝相联系，而是与扩张的欲望联系在一起。西方宗教和文学中以各种形式呈现的怀旧与新柏拉图主义的影响不能说不相关。通向这种意义上的“无限”疏离于那些持“更高意志”为内在克制的人的观点，那种持“更高意志”被感知为

---

① 转引自叶隽：《“一体二魂”所反映的二元论问题：〈浮士德〉的理性路径与歌德思想的自我矛盾》，《德国研究》2009 年第 3 期，第 67 页。

② Claes，G. Ryn，*Will*，*Imagination and Reason*：*Irving Babbitt and the Problem of Reality*，Chicago：Regnery Books，1986，p. 29.

克制意志的人是毫不妥协的二元论者。① 白璧德进一步说道："在佛陀意义上冥想的人，在理智方面一定具有敏锐的辨别力，至于'更高意志'方面，一定精进不止。"② 他曾征引孔子的话来说明这个观点，"吾见其进也，未见其止也"③。

至此，我们说白璧德并没有否定恶与善的分别，只是这种恶与善已经不是以基督教意义上的"罪"作为前提，而更多地借鉴了东方佛教中的以"精神怠惰"为恶。对此，白璧德曾清楚地说明了这一点，真正的基督徒的谦卑在于他的"自然自我"从属于上帝的意志，新柏拉图主义者则钝化了这种二元论。④ 在此情形下，白璧德以佛陀的观点作为他的出发点，⑤ 即：人的"精神怠惰"被感觉为"一种确定的恶"（a positive evil）。⑥ 这样的善与恶，主要是两个方面角力的结果。白璧德认为一元论与多元论都是精神怠惰的表现，那么这些学说也就不免具有精神怠惰的色彩。而二元的人性主要指内心斗争，缺失了双方的角力，也就没有精神方面的精进，这便是恶。因此，这里的善与恶不是孤立的，而是双方角力与否。在这方面，白璧德赞同亚里士多德的观点，即大多数人倾向于易而不是难，倾向于做阻力最小的事情，而不是不断挑战自己，在精神方面不断攻坚克难，不断精进。对白璧德而言，极端是容易的，而适度却是难的，因此，人文主义者所欲达到的"调和"，并不是一件容易的事情。

---

① Irving Babbitt, Buddha and the Occident, In *The Dhammapada: Translated by Irving Babbitt from the Pali*, New York and London: Oxford University Press, 1936, pp. 106 - 107.

② Irving Babbitt, Buddha and the Occident, In *The Dhammapada: Translated by Irving Babbitt from the Pali*, New York and London: Oxford University Press, 1936, p. 108.

③ Irving Babbitt, Humanistic Education in China and the West, *The Chinese Students' Monthly*, 1921, 17 (2), pp. 87 - 88. 另见朱熹：《四书章句集注》，北京：中华书局 2010 年版，第 114 页。

④ Irving Babbitt, Buddha and the Occident, In *The Dhammapada: Translated by Irving Babbitt from the Pali*, New York and London: Oxford University Press, 1936, p. 106.

⑤ Irving Babbitt, *Rousseau and Romanticism*, Boston and New York: Houghton Mifflin Company, 1919, p. 153.

⑥ 这里的英文"positive"具有"实证的"、"确定的"以及"正面的、积极的"等内涵。见 Irving Babbitt, Buddha and the Occident, In *The Dhammapada: Translated by Irving Babbitt from the Pali*, New York and London: Oxford University Press, 1936, p. 106.

因此，白璧德认为人的精神境界的不断精进，以“更高意志”对“较低意志”的否定力量（veto power）来展开。这是一种不断倾向于生命整体的活动，以“生命克制”（vital restraint）来对“生命冲动”（élan vital）进行否定，但这种否定力量或克制力量给人“感觉到的是内在的、活生生的法则，而不仅仅是僵死的、机械的外在规则”①。人之为人的法则就在这种相反、对立的矛盾中不断进行战争。当然，这里的战争不是黑格尔矛盾逻辑的演绎，而是一种生命的体认与修行的内在功夫（inner working）；尽管白璧德用了一系列的二元对立项来表现这种内在生命的斗争，但如他所说，这种斗争不是“僵死的、机械的外在规则”，而是活生生的生命真理，白璧德用“生命的辩证法”② 来表达。这种生命并不是理性所能为的，因为理性若不加以限制的话，往往“导致建立终极，或者建立等同于终极的东西——对二元性进行形而上学的否定”③，这种理性的一元论倾向充分体现在黑格尔和克罗齐的对立统一辩证法之中，他们最终取消了善与恶之间的区分。④

对白璧德而言，亚里士多德所说的“求知是所有人的本性”⑤ 还是不够的，人的本性不仅是外向的求知，更是内向的超越。这种活动是生命的修行与提升，而不是外力的张扬。白璧德这种人性的修身功夫更加贴近东方的思想，如佛家讲究的“业”力与儒家讲究的心性和修身等。他们的内在理路都是道德伦理之学，一种内在的修身之学，或者说是“为己”之学。这种内在生命的提升主要依从人生的内在实践，对于那些试图从抽象的概念出发却并不进行内在生命完善的人，要达至孔子意义上的“君子”或成为亚里士多德意义上的“沉毅之人”，那是不可能的。而如何才能达

---

① Irving Babbitt, *The Masters of Modern French Criticism*, Boston and New York: Houghton Mifflin Company, 1912, p. 379.

② Irving Babbitt, *The Masters of Modern French Criticism*, Boston and New York: Houghton Mifflin Company, 1912, p. 359.

③ Irving Babbitt, Buddha and the Occident, In *The Dhammapada: Translated by Irving Babbitt from the Pali*, New York and London: Oxford University Press, 1936, p. 107.

④ Irving Babbitt, Buddha and the Occident, In *The Dhammapada: Translated by Irving Babbitt from the Pali*, New York and London: Oxford University Press, 1936, p. 107.

⑤ ［古希腊］亚里士多德著，苗力田译：《形而上学》，北京：中国人民大学出版社 2008 年版，第 1 页。

至如此真如之境界，白璧德也有详细的论述。若要深入理解白璧德的二元人性论，还需要深入探析白璧德学说中的“经验的三个层面”的思想。

第二节　经验的三个层面

如果说白璧德的二元人性论是其人文主义学说的出发点和奠基石的话，那么这种二元人性论是基于他的“经验”概念的。对白璧德而言，人生与其说是一种认识，毋宁说是一种不断体验和实验的过程。在对待经验的问题上，白璧德与美国实用主义哲学家有着诸多共同点和相似性，他们都体现了美国文化的“实用”特性。美国文化重视经验，强调实效，追求物质财富的成功，这充分体现在美国实用主义人生哲学中。不管是威廉·詹姆斯的“彻底的经验主义”（radical empiricism）[①]，还是杜威的工具主义，经验都是他们学术的奠基石。但白璧德认为自己的学说与他们完全不同，还批评他们抛弃了“中心标准的约束”，是“以纯粹的个人思想和情感作为衡量一切的尺度”。在理解白璧德所说的中心标准之前，我们还需要了解他的“经验”和“经验的三个层面”。白璧德认为“经验”是比较宽泛的概念，对此他曾说道：

经验是有诸多程度不同的，首先是纯粹的个人经验，都是无限小的碎片；其次是人们直接交往的社会圈子的经验、人们所处的时代经验、国家的经验、最近的经验以及其他范围不断扩张的经验等。过去若作为教条，这是伦理实证主义者所反对的，但若作为经验，他不仅承认而且欢迎，他

---

① 威廉·詹姆斯曾明确地说：“我的哲学就是我所说的彻底的经验主义，即一种多元主义，一种偶然主义（tychism），表示逐渐获得并始终处于创造过程的秩序。它是有神论的，但其本质并非如此。它反对一切有关绝对的学术。它是有限论的，但并不把……方法论的重要性归于无限的问题……我确信，不管最终判定它是真还是假，若使哲学思想逐渐清晰明朗，最根本的是应有人激烈地（radically）捍卫一种多元的经验主义。”参见尚新建：《美国世俗化的宗教与威廉·詹姆斯的彻底经验主义》，上海：上海人民出版社2002年版，第91页。

像自然主义实证者不能离开实验室一样，不能离开过去的经验；而在科学进步所培育出的自负中，最有害的自负恐怕莫过于，认为我们已经长大到不需要古老的过去。就像歌德所说，人应该努力以普遍的历史来反对当下的迷途。当前，我们有特别的理由相信，我们所诉求的背景不应当是纯粹的西方经验。东西方物质层面的接触越来越多，这是确定的，但是我们此时应该懂得在没有任何深刻理解的情况下，物质接触的诸多危险。除此考虑之外，远东的经验以非常有趣的方式补全和确认了西方的经验。若我们希望产生出一种真正世界性的智慧来反对目前肆虐的自然主义险恶的片面性，那么我就不能忽视它。按照实际的目的，现在远东的伦理经验可以在孔子与佛陀两个人的教导和影响之中得到总结。若能理解他们教导中的真正精神，就是知道了地球上人数超过半数的族类的最好的、最具代表性的伦理经验。

如同对伟大的西方教导者的研究一样，对孔子和佛陀的研究表明：尽管人类经验表面花样繁多，令人困惑，但人类经验终究可以分成一些主要范畴。我自己喜欢把人类的经验区分成三个层面，即：自然主义层面、人文主义层面和宗教层面。①

白璧德把人类的各种经验划分为三个不同的层面，即自然主义层面、人文主义层面和宗教层面，有时候也以“存在的三个层面”② 来表达。白璧德所说的“存在”的人生哲学并不是从形而上学的抽象概念出发，而是从“经验”出发。白璧德不仅使用经验，而且使用了“伦理经验”，与此相关的还有“伦理实证主义者”和“道德实证主义者”等。白璧德的这些术语，一方面可使他的实证主义与科学实证主义区分开来，另一方面也旨在说明科学实证主义者的片面性。狄德罗说：“任何在人之中的事情都是实验的（经验的）。”但白璧德认为狄德罗本人就是一个不彻底的经验主义者，是有自然主义倾向的主要来源者和例子。自狄德罗以来，“经验”语意变得狭窄了，“人们若能接受狄德罗所说的，在人之中的任何事情都是

---

① Irving Babbitt, *Rousseau and Romanticism*, Boston and New York: Houghton Mifflin Company, 1919, pp. 18 – 19.

② Irving Babbitt, *The Masters of Modern French Criticism*, Boston and New York: Houghton Mifflin Company, 1912, pp. 112 – 113.

经验的话，人们应该毫无保留地接受它，并将坚定地根植于被狄德罗和其他‘不彻底的实证主义者’所拒绝承认的经验事实”[①]。白璧德所说的“经验事实”不仅包括“不彻底的实证主义者”的自然主义经验，而且包括人文主义经验和宗教经验。白璧德批判的中心话题就是自然主义经验。在他看来，实用主义者和主张流变的哲学家所说的经验都属于自然主义层面的经验。而人文主义者则试图调和自然主义经验和宗教经验，以避免那种以行自然主义经验之实而冒称人文主义经验和宗教经验之名的虚伪。对于这种生存意义上的经验，若以自然主义的科学来指称这种人生实际，就不免有些文不对题。事实上，这正是白璧德所批判的靶心之一。

如白璧德所说，人文主义和宗教的“经验事实”是他博览古今和综合东西方的经验而得。其实，白璧德主要借鉴了东方在人文主义和宗教方面的经验，而自然主义，特别是科学自然主义方面的经验正是当时西方文化中的优势力量，东方物质文明的落后与此种经验的缺乏有着很大关系；但对白璧德而言，西方这种优势力量正走向极端并且陷入了片面性的危险。因此，他会通了东方与西方的经验来完善其人文主义学说，尤其是借鉴东方的伦理经验。对此，白璧德也明确地表达借鉴的两点理由：

一是增进对东方真正精神的理解，以避免物质接触的危险性。白璧德的这层考虑是从东西方文明的未来走向来立言的，纯粹的物质追求必然是资源的相互猎夺，这样的局势必然会以以强凌弱的“力量法则”和“狡计法则”为主导，而且将不可避免地导致战争。

二是借鉴东方的伦理经验以补全和确定西方的人生经验，“希望产生出一种真正世界性的智慧，来反对目前肆虐的自然主义险恶的片面性”。

白璧德对这两方面的考虑并不是孤立的，因为自然主义“险恶的片面性”将导致战争，可能会把美国引入衰落的迷途。在白璧德所处的时代，美国在经济、政治与军事等方面正在崛起，时代的“进步”话语是时代的主流，但白璧德认为美国正陷入“致命的下降弧线”[②]中，当前“扩张时代”的人们自立有余、谦卑不足，而如何培养既谦卑又自立的个人是时代

---

① Irving Babbitt, *Rousseau and Romanticism*, Boston and New York: Houghton Mifflin Company, 1919, pp. 11 – 12.

② Irving Babbitt, *Character & Culture: Essays on East and West*, New Brunswick, New Jersey: Transaction Publishers, 1995, p. 325.

必须面对的问题，否则，这种只顾向前奔突的文明必然导致“颓败的帝国主义”。关于新崛起的美国的未来文明走向问题，白璧德非常关注。在1924年出版的政治哲学著作《美国与民主》中，白璧德论述了三种政治思维类型，即自然主义的、人文主义的和宗教的类型，这是上述三种不同的人生观在政治上的体现。在白璧德看来，自然主义者“以牺牲更高的文化价值为代价，进行大规模的社会生产和追求物质效率”①，以人道主义的“扩张原则”代替了人文主义所应有的“控制原则”。而政治领域同经济领域一样以所谓的社会“服务理念”为宗旨，经济领域的扩张在政治领域则以“人道主义服务”为大纛而行使帝国主义之圣战。他希望凭借“一切时代的人类智慧”和“人类普遍的历史”来看待东西方文明的发展问题，回溯东西方文明衰亡的历程，审视未来的文明走向，并认为战争与文明衰亡紧密联系。白璧德认为西方当前的自然主义趋势不是通向文明，而是远离了文明。② 新崛起的美国颇似古罗马，已经发展到巅峰。在当时的美国，各种集团性的力量日益强大，而这些集团的领导人却极不道德，“为了某些特殊集团的物质利益，不惜牺牲整个社会的利益”，白璧德接着说道，“这一症状的实际严重性可能被夸大了，但是这种情况一旦继续下去，将预示着我们国家的宪政自由的终结和颓废的帝国主义兴起。人们对于现代美国或古罗马的境况所思越深，便会愈从心理的意义上考虑帝国主义，而不是从政治上。换言之，若想达到事情的根本，人们必须离开追求权力这种外围表现，转而回到个体的内在生命”③。

白璧德所说的“内在生命的真理”并不表示他完全否定自然主义者的自然法则，“我与那些自然主义者一样，从一开始就拒绝任何外在的权威，而对直接的和经验的东西表示赞成。那些科学人士以批判的方式对待自然法则，我们应当对他们表示尊敬，人性中很大一部分是在自然法则的管辖

---

① Irving Babbitt, *Character & Culture: Essays on East and West*, New Brunswick, New Jersey: Transaction Publishers, 1995, p. 216.

② Irving Babbitt, *Rousseau and Romanticism*, Boston and New York: Houghton Mifflin Company, 1919, p. 10.

③ Irving Babbitt, *Democracy and Leadership*, Boston and New York: Houghton Mifflin Company, 1924, pp. 19 - 20.

之下”[①]。这也说明了白璧德并不是说自然法则就是恶，而是反对自然法则的过度和僭越替代了人性法则。如此，这无疑是施与人类精神本身“决定论的梦魇”（deterministic nightmare）[②]。也就是说，白璧德所说的人文主义者要做个“彻底的经验主义者”，并不能停留在自然主义层面上，还需要更进一步，人生只有具有不同层面的经验，才能达到人的活生生的、内在的和完整的经验。对此，西方的一些人文学者仍然不能很好地把握这一点，可能是他们生活在有着知识论文化传统中的缘故，他们潜意识中对科学和科学方法有一种认同，甚至有一种依赖。以研究比较文学著称的奥尔德里奇，认为白璧德所论述的实证主义与孔德有类似处，都具有科学主义的性质。他以白璧德的人文主义认可“意识的直接给予物”和重视经验与事实的观点断言，白璧德在一定程度上认同孔德的科学实证主义。对此，瑞恩进行了反驳，认为奥尔德里奇扭曲了白璧德的人文思想，并指出白璧德所主张的经验并非是通过科学事实的途径来论述的。[③] 白璧德所主张的宗教体验和人文体验的真实性，并不能以不符合科学或非学术为借口，被那些普通实证主义者排斥在人类经验之外。这里，瑞恩显然注意到了白璧德所论述的经验层次的差异性，人文主义和宗教的经验与自然主义的经验有所不同，或者说，也可以通过体认的证据来支持他的人文主义和宗教的经验层面的主张。这种批判是非常到位的。然而，瑞恩对这种伦理经验和体认（伦理实证）的实质性认识还不够，他仍然局限于西方的认知论传统，正如他所说：“白璧德所理解的‘实证的、批判的精神’使得他与当前存在的实证主义产生了冲突，他对后者术语的使用以标示自己立场的特色，部分原因是修辞性的，但是这也显示了他自己在认识论方面自我理解的不足。我的目的主要是解释和批评性地评价白璧德的知识理论，以延展

---

① Irving Babbitt, *Democracy and Leadership*, Boston and New York: Houghton Mifflin Company, 1924, pp. 6 – 7.

② Irving Babbitt, Experience and Dogma, *Saturday Review of Literature*, 1930, 7 (1), p. 198.

③ Claes G. Ryn, Another Conception of Knowing, *Humanitas*, 1996, 9 (1), pp. 82 – 87.

和补充它，也是为了满足纠正人文学科认识论的需要。”① 其实，白璧德的实证并不完全与科学的实证主义相冲突，至于说白璧德所用的“实证主义”是修辞性的，其实也不然。白璧德借鉴了佛陀的方法，佛家讲究实证，尤其是精神方面的实证，而这种实证主要是一种直觉性的体认和实践性的践履。在内在修身的行为方面，印度和中国文化都具有丰富的资源，然而瑞恩却把白璧德这方面的思想都纳入了他的知识论框架中，譬如，他虽然也重视白璧德的想象和意志，但是把它们纳入了知识论的体系中，把白璧德思想系统化了。白璧德的实证思想深受佛陀思想的影响，佛陀重视知识，但更重视行动。白璧德也是如此，他也重视知识，只是他更侧重于精神方面的实证，而不是纯粹的知识论。本文在后面论及“一”与“多”的问题时将详谈这个问题。

如上文所说，这种“意识的直接给予物”与笛卡尔所表达的意思并不相同。不能用科学的统计数据或科学量表来衡量白璧德的“经验事实”，尤其是“伦理经验”，白璧德的人文主义学说在很大程度上是针对量化时代的弊端提出的。白璧德把这种总的现代运动称为“人道主义”（humanitarianism），或者“自然主义”（naturalism）。白璧德的“物之法则”与“人之法则”并不像人们所认为的那样是割裂的，他所反对的是自然主义的“物之法则”的僭越行为，反对科学经验越过自身的界限，因为科学一旦越出自身的界限，往往就会成为伪科学。就政治学而言，白璧德认为那种把政治学视为科学的看法，也是一种伪科学。在他看来，政治也是人类经验的一部分，根据人存在经验的三个层面，政治也具有相应的三种类型（自然主义的、人文主义的和宗教的三种类型）。不管科学的自然主义还是情感的自然主义，它们都只是人类经验的一个层面而已，不能以一个层面来替代其他两个层面。若自然主义层面的经验超越自身的界限，便成了伪科学。② 情况正是如此，当时和当下的社会形态恰恰是自然主义层面的经验形态，人们虽然混淆了不同层面的经验，但是都认为通过自然主义层面的经验也可以达到宗教的层面，或者认为其自身就是人文主义的

---

① Claes G. Ryn, Another Conception of Knowing, *Humanitas*, 1996, 9 (1), p. 80.

② Irving Babbitt, *Democracy and Leadership*, Boston and New York: Houghton Mifflin Company, 1924, p. 315.

层面。可以看出，白璧德完全是逆时而动，形成了对当时的主流意识形态的反动，这完全是一种现代批判的态度，而不是顺着主流思想唱赞歌。当然，他也不是要推翻当前主流的自然主义形态，而是如何修正其不足。因此，虽然白璧德与杜威等人的观点有些不同，但在社会改良方面还是一致的，只不过在如何改的问题上，他们的思路不太一样。

对于不同层面的经验之间的关系，白璧德认为当前自然主义占据主要地位，传统宗教的影响下降，人文主义者应与真正的宗教者合作以应对当前的自然主义极端的片面性和危险性。而在人文主义和宗教关系方面，白璧德并不持与G. F. 穆尔相对立的观点。① 这就体现了白璧德的人文主义与文艺复兴时期的人文主义之间的差异。白璧德对文艺复兴以来的个人主义文化进行了批判性的继承。如他所说，西方自文艺复兴以来有两次伟大的个人主义解放运动：第一次主要指文艺复兴时期人的意识觉醒和对自然的发现；另一次就是启蒙运动以来的“推进个人主义的解放运动”。白璧德认为，我们仍然处于第二波的现代解放运动之中，并且指出，个人主义是好的，但不能过度；个人欲望的无度放纵自然有害，但是集体强大到淹没了个人则更加有害，那等于取消了人的自由意志。由此可见，对于自西方的第二波个人主义解放运动以来（主要是西方启蒙运动时期以来）所盛行的自然主义，白璧德进行了批判。他的思想并不是与宗教对立；相反，在传统基督教影响式微的情况下，他试图取得古典时期和中世纪宗教时期曾经有过的克制力量，一种新的克制力量。从这个层面上说，白璧德的人文主义是对文艺复兴时期以来的人文主义的一次修正。尽管自西方启蒙运动以来的很多学说都自称人文主义，但他认为其主潮是自然主义，而不是人文主义，虽然他们都废黜了“人的最高价值”，但对超理性区域的废黜却使人的精神不断向下堕落。我们说，白璧德人文主义是对现代运动的反动，此处的“反动”并不是落后和保守的含义，而是在老子的“反也者，道之动也”② 的意义上使用的。科学自然主义者和情感自然主义者——这两种类型的自然主义者在否定超理性区域方面都是一致的，其分歧主要体

---

① ［美］G. F. 穆尔著，郭舜平等译：《基督教简史》，北京：商务印书馆2010年版，第295页。

② 辛战军译注：《老子译注》，北京：中华书局2008年版，第162页。

现在对待理性的不同态度方面。[①] 在此情形下，白璧德试图调和自然主义和宗教，他借鉴了宗教中的合理内核来建构他的人文主义，以消除当前自然主义的不良影响。因此，白璧德认为人文主义的人生观与宗教观并不对立，它们都是克制自然主义的有生力量。当然，人文主义者的人生观既不同于自然主义人生观，也不同于完全的超自然主义人生观。人文主义者是"调和者"，追求两者的"中项"（an intermediary term），以"调和"脑与心的矛盾，从而成为一个"温和适度、具有共通感和共通行为标准"的人，一个"公正的人"。[②]

但这种调和与适度并非没有原则的折中，正如白璧德所说："我所提出的问题并非是人是否应该成为适度的人道主义者，而是人究竟是否应该成为人道主义者。"[③] 在白璧德看来，这并不是折中与调和的问题，而是首要原则的冲突问题，即：一个人的生活态度问题是注重内在生活的问题，还是注重进步和服务人类的问题。就此，他认为，从总体上说，西方走入了迷途，犯了原则性的错误。"要知道，帕斯卡尔所批评过的某些诡辩派甚至对谋杀也能保持'适度'的态度！一个人可能自命温文尔雅，实际上可能是但丁在地狱入口所见的芸芸众生中的一个。"[④] 白璧德把未来文明的前途寄托在那些领袖身上，"西方文明的存亡续绝本身依赖于这样的领袖出现，他们以某种形式重获内在生活的真理，并且纠正自然主义的错误"。同时，他又意识到，当前我们生活在一个领袖背叛的世界。毋庸讳言，白璧德有着精英意识和贵族法则，对于美国这个平民化的民主社会来说，他无疑是一个异类了。这也难怪白璧德被标上了"反民主"[⑤] 的标签。其实，白璧德并不是反民主，而是在弥补当前民主之不足。民主的文化也需要品

---

① Irving Babbitt, *Rousseau and Romanticism*, Boston and New York: Houghton Mifflin Company, 1919, p. 165.

② Irving Babbitt, *Democracy and Leadership*, Boston and New York: Houghton Mifflin Company, 1924, p. 308.

③ Irving Babbitt, *Democracy and Leadership*, Boston and New York: Houghton Mifflin Company, 1924, p. 26.

④ Irving Babbitt, *Democracy and Leadership*, Boston and New York: Houghton Mifflin Company, 1924, p. 26.

⑤ David Spitz, *Patterns of Anti-Democratic Thought*, New York: Free Press, 1965, pp. 265 – 284.

格的提升，对于白璧德而言，自然主义的民主并不足以提升美国的文明，它还需要在人文主义和宗教层面上的完善，这种完善不是外在的扩张，而是向内用力，如他所说，“内在生活的真理”（不管是人文主义的，还是宗教的）以各种方式显现，并通过人类生活和行为的成果得以证明。[①] 当然，白璧德心目中想要的，并不是脱离世俗生活的宗教世界，而是融合了宗教要素的生活世界，做一个调和的人文主义者，换言之，按照“管辖世俗关系的适度法则”（the law of measure）来生活。[②] 那种宗教是最高等级并且是“善”的看法，并不符合白璧德的本意，任何“过度”或“不及”都不是人文主义者所追求的目标。

由此可见，不能把白璧德所分的三个层面的经验孤立开来理解。张源在论述这些经验的关系时，说道：“白璧德对‘超自然主义’、‘人文主义’及‘自然主义’三者关系的理解，乃是从最初的‘二元’两两对立的形式逐步转化为后来的三层等级结构的。”[③] 作者对白璧德的二元人性论进行了两两对立的理解，却没有看到这种辩证互补的内在联系。实际上，白璧德所说的二元人性就是他心目中的超自然主义与自然主义的调和，只不过他所理解的“超自然主义”或者宗教与西方传统基督教不同而已。这里所说的“逐步转化”，不是由二元人性论转化为“自然主义”、“人文主义”和“超自然主义”的三层等级结构，而是由现代西方人的三维心理结构转化来的，既然没有自然主义和超自然主义，也就不存在白璧德所说的二元人性论问题。另外，也不可凭借善恶的标准来对这三个层面的经验进行绝对的价值判断，白璧德主张自然主义和超自然主义的“调和”，而不是绝对的对立和冲突。若把存在的三个“层面”换成存在的三个不同价值的“等级”，那么自然主义是恶，超自然主义是善，而处于中间状态的人文主义就变成了善恶的中间状态，即处于善恶之间的不善不恶。这种解读显然违背了白璧德的思想，把白璧德那种辩证的、灵活的范畴变成了僵死

---

① Irving Babbitt, *Democracy and Leadership*, Boston and New York: Houghton Mifflin Company, 1924, p. 26.

② Irving Babbitt, *Democracy and Leadership*, Boston and New York: Houghton Mifflin Company, 1924, p. 6.

③ 张源：《从“人文主义”到“保守主义”：〈学衡〉中的白璧德》，北京：生活·读书·新知三联书店2009年版，第63页。

的、机械的范畴，这正是白璧德所批判的，“真理总会溢出范畴之外，但是人们还是需要范畴”[①]。换言之，人们虽然应持有范畴，但应当灵活看待。古希腊人有“勿过及”的适度法则；佛陀认为“极端是野蛮的”，精神懒惰都可能招致各种形式的报应。对此，白璧德明确地说道：“为了最实际的目的，适度法则是生命的最高法则，因为它限制并且囊括了所有其他法则。”[②]也就是说，“适度法则”是难的，人须不断精进，“精神怠惰”是不能达到“人之法则”所要求的标准的。若以价值判断来解读的话，适度法则显然超过了自然主义和超自然主义。

白璧德批判爱默生有过多的精神骑马术，批判他把“物之法则”与“人之法则”割裂开来，而没有深入到人内在的“人之法则”与“物之法则”的辩证关系之中。若说“物之法则”主要指代“自然主义层面”的经验，那么“人之法则”则指代“人文主义”和“宗教”层面的经验，并且对“自然主义”的经验进行统摄和引导。当然，这里的“人文主义”主要是自然主义和宗教的中项，是居于两者之间的中间地带。张源辨析了白璧德的人文主义和人道主义之间的关系，认为这里的人文主义有广义和狭义之分。[③] 其实，作者并没有把握白璧德人文主义“居两用中”的实质内涵，犯了白璧德所批判的爱默生割裂的骑马术问题，没有注意到两种法则的辩证关系。白璧德不是一会儿骑着人道主义这匹“物之法则”之马，一会儿又骑着“人之法则”之马，而是人内心之中同时具有的“物之法则”和“人之法则”，并且这两种法则在内心进行交锋，从而达到调和的状态。自然主义者以“物之法则”替代了或者说僭越了“人之法则”，清除了人之为人的核心元素“更高意志”。白璧德认为自然主义者以适应自然秩序的现实性来追求科学意义上的客观性，这自然无可厚非，但人文主义者需要“调适上遂”，才能达到另外一种秩序，而这种秩序以自己的方式呈现出“现实的”和“客观的”一面，正是从这个意义上说，人文主义

---

① Irving Babbitt, *The New Laokoon: An Essay on the Confusion of the Arts*, Boston and New York: Houghton Mifflin Company, 1910, p. 190.

② Irving Babbitt, *Literature and the American College: Essays in Defense of the Humanities*, Boston and New York: Houghton Mifflin Company, 1908, pp. 22 – 23.

③ 张源：《从“人文主义”到“保守主义”：〈学衡〉中的白璧德》，北京：生活·读书·新知三联书店2009年版，第50～53页。

是二元的。[①] 张源对白璧德思想把握的缺失，原因可能是他对白璧德所针对的现代性问题缺乏实质性的理解。[②]

就自然主义而言，白璧德认为自然主义的两个方面并不矛盾，尽管它们在对待理性的态度方面有所不同，但在废黜超理性区域上，它们是一致的。正因为如此，科学自然主义和情感自然主义在很多方面都是一种共谋关系。科学自然主义者的向外探索和开拓，与情感自然主义者的情感外溢相辅相成。疲倦的科学人士与功利人士可以在情感泛滥中寻求安慰，浪漫的无限想象与精神漫游可以冲淡“外在工作”上的倦怠。科学进步带来了物质的极大丰富，人类物质的生活需要在与大自然的角力中不断得到满足。但白璧德说，我们不能认为科学的进步就一定代表了人类在其他方面都是进步的。事实上，伴随着西方特别是美国的大规模生产所带来的“物质高效”（material efficiency），社会却出现了“伦理无效”（ethical inefficiency）[③] 和“精神混乱”（spiritual anarchy）[④] 的局面。问题的重点是，两种变体的自然主义都无法为道德奠基，它们都缺乏人得以成为人的东西，一种人性的拱心石。就此问题，针对自然主义的精神法则——“物之法则”，白璧德倡导用人文主义的“人之法则”来调和“物之法则”，人文主义者要做“彻底的实证主义者”，不仅要像科学人士那样根据“自然法则”来实证，更要根据“人性法则”来进行彻底的实证。自然现象不停地流动和变化，没有体现出“人性法则”的伦理中心。在心理方面，人需要对“性情自我”进行不断否定，从而提升自己的道德境界。

---

① Irving Babbitt, Humanism: An Essay at Definition, In Norman Foerster (ed), *Humanism and America: Essays on the Outlook of Modern Civilization*, New York: Farrar & Rinehart, Inc., 1930, p. 33.

② 张源写道：“白璧德如此猛烈地抨击‘应运而生’的人道主义和自然主义等等潮流，自然招致了美国国内诸多同时代批评家的不满。”其把人道主义与自然主义并列，并且用了“等等”词汇。其实，白璧德认为人道主义的实质就是自然主义。参见张源：《从“人文主义”到“保守主义”：〈学衡〉中的白璧德》，北京：生活·读书·新知三联书店 2009 年版，第 50～53 页。

③ Irving Babbitt, *Rousseau and Romanticism*, Boston and New York: Houghton Mifflin Company, 1919, p. 389.

④ Irving Babbitt, *Character & Culture: Essays on East and West*, New Brunswick, New Jersey: Transaction Publishers, 1995, p. 238.

马克斯·韦伯认为资本主义的发展与新教伦理有着内在的关联，清教徒立足于职业理念上的理性生活样式，在俗世之中进行荣耀上帝的工作，如弥尔顿在《失乐园》中所说："整个俗世横在他们面前，那里他们可以寻找安息之处，并以上帝为其引导。"① 韦伯说，现今的资本主义经济秩序是一个巨大的宇宙，个人于其中呱呱坠地，但个人又受到这个既定秩序的桎梏。人一旦卷入到市场关系中，这个秩序就会强迫个人奉行其经济行为的规范。② 白璧德虽然没有明确道出韦伯的名字，但对他的观点进行了批判。白璧德指出，清教伦理最初还是具有内在生命真理的，但随着清教徒心目中的工作意义由内在的生命世界向外在世界的改变，功利主义——现代运动的一个方面，就逐渐地遮蔽了基督教和其他形式存在的"更高意志的真理"，这种思想的发展可以清楚地追溯到清教徒那里。以加尔文为例，"就拯救而言，他给予上帝的太多，而给予人的太少。对其追随者而言，内在生命方面的努力似乎毫无作用，而把外在世界的功绩作为他们蒙受上帝恩宠的标志……那些研究现代资本主义产生的人，虽然赞扬这种物欲的占用性生活，但是适当地注意到清教伦理的发展与变化。西方现代人道主义运动，不管功利主义方面还是情感主义方面，其典型的特征都是扩张性，人道主义者们正在伸手要攫取得更多，再更多"③。白璧德说，人需要有现代的批判精神，但这种批判精神并不意味着外在的攫取和掠夺，而是意味着追求内在生命的价值，而这种内在生命的超越，又需要"超理性区域的克制意志"。

此处，我们不妨联系白璧德对杜威的批判，以进一步理解白璧德的经验思想。白璧德认为，在他所处的那个时代，具有自然主义倾向且最有影响的美国思想家可能就是杜威了。④ 杜威也持"经验"的人生观，认为人

---

① 转引自［德］马克斯·韦伯著，康乐、简惠美译：《新教伦理与资本主义精神》，桂林：广西师范大学出版社 2009 年版，第 65 页。

② ［德］马克斯·韦伯著，康乐、简惠美译：《新教伦理与资本主义精神》，桂林：广西师范大学出版社 2009 年版，第 31 页。

③ Irving Babbitt, Buddha and the Occident, In *The Dhammapada: Translated by Irving Babbitt from the Pali*, New York and London: Oxford University Press, 1936, pp. 112 – 113.

④ Irving Babbitt, Experience and Dogma, *Saturday Review of Literature*, 1930, 7 (1), p. 199.

所取得的成就直接出自经验，并在行动中迅速实现。但在意志哲学的问题上，白璧德与杜威非常不同，“一般来说，人文主义者与自然主义者之间的争论集中在意志问题上”[①]。白璧德坚持克制的意志，认为“人的本性的完善，几乎直接与人的自我限制和控制成比率关系”[②]，人需要不断进行内在的自我批评、自我否定，从而达到精神自我的不断发展。杜威却称“小孩子天生就具备去给予、去行动、去服务的自然欲望”，这种自然欲望的满足是人的本性，或者用洛克的话说，“小孩最爱的东西是统治……小孩子哭闹、要脾气、不高兴等等所有行为都是为了满足其欲望”[③]。但洛克认为这些是平常坏习惯的最初源头。在这个问题上，白璧德认为功利主义者洛克比杜威更具“慧眼”，那种任由本能和性情泛滥而不加自我控制的行为，是人道主义者与持其他人生观的人之间的分界线。人道主义者认为人本身所具有的利他因素可以战胜私利的本能，且不需要任何“内在超转”（inner transformation），白璧德则认为没有这种“内在超转”的发展过程，人们就达不到“比现代人更现代的人”的要求，即人既要自立又要谦卑。

白璧德认为，谦卑精神是人文主义和真正的宗教所必需的，而杜威同那些人道主义者都过于重视自然层面的经验作用，而自然主义层面的经验同人文主义层面的经验和宗教经验相比，它们的关系“不是程度的差异，而是类别的不同”[④]。杜威认为，“科学的方法构成我们现代人展现经验现实的唯一可靠方法与手段，它是启示的唯一真实模式”[⑤]。这无疑否定了任何超越流动的、变化的事物表象的秩序，即那种超越自然的秩序。根据杜威的说法，那些超越了科学所面对的具体变动的、相对性的宗教经验都是不真实的，那不过是人类的“心理的逃避”罢了，过去的宗教经验或者人

---

① Irving Babbitt, Experience and Dogma, *Saturday Review of Literature*, 1930, 7 (1), p. 198.

② Irving Babbitt, *The New Laokoon: An Essay on the Confusion of the Arts*, Boston and New York: Houghton Mifflin Company, 1910, p. 202.

③ Irving Babbitt, Experience and Dogma, *Saturday Review of Literature*, 1930, 7 (1), p. 199.

④ Irving Babbitt, *The New Laokoon: An Essay on the Confusion of the Arts*, Boston and New York: Houghton Mifflin Company, 1910, p. 199.

⑤ Irving Babbitt, *The New Laokoon: An Essay on the Confusion of the Arts*, Boston and New York: Houghton Mifflin Company, 1910, p. 199.

文经验都是虚幻的“月光”。白璧德指出，若按照这种“经验”的概念，过去以大教堂所象征的类似经验都是虚幻的月光，大诗人但丁的《神曲》中所描绘的生活经验也都是虚幻的谎言，人类过去的文学与艺术（不管是东方的还是西方的）也都不过是虚幻的月光，人文主义或宗教的经验都可能被认为“不真”而被打发掉。如果以杜威的经验来衡量，那么人类迄今所积累的文化与文明的大部分就都需要清扫，而从人文主义或宗教的观点来看，“这不是经验的扩充与丰富，而是人类经验的可怕的枯竭”[①]。

白璧德不仅对杜威等人的科学人道主义进行批判，而且其批判的着力点也集中在对诸种宗教方式的“伪精神”方面。自17世纪和18世纪以来的自然神论坚持认为上帝造物之后，大自然以自身的理性法则运行，并认为人可以以理性的范式去发现自然法则乃至一切超自然现象。实际上，这是理性主义在宗教上的体现。这种自然神论认为上帝内在于自然之中，是一种上帝无处不在的泛神论思想。而这种泛神论的自然主义思想体现在18世纪的斯宾诺莎的学术中，也体现在后来的德国古典哲学家费希特、谢林以及黑格尔的思想之中。在他们那里，泛神论以另外的一种绝对形式呈现，这种绝对方式笼罩一切个人，统摄一切差异。历史只不过以神的启示形态缓缓展现，并最终达到某种存在的完满。在这种历史形态的演进中，不管人如何超越，最终的实在还是归结为一个“大一”（All - One），一切归于一，历史也就是“大一”的铺展而已，人生归结到最后不过是一个“纯粹的虚幻”[②]。以黑格尔为例，他主要是“通过世界历史展开的过程彻底地参透神的奥秘”，世界的最终目标已经在世界历史中充分地展开，并且可为人类所理解，他说：“因此，对世界历史本身的研究已经得出了结论，这结论就是：事物是合乎理性地发生的，世界历史已经是世界精神的必经之路。”一切的奥秘都在历史的展开中成了“理性的意象和杰作”[③]。

白璧德深受佛陀学说的影响，佛陀宣称自己没有理论，任何的“形而

---

① Irving Babbitt, *The New Laokoon: An Essay on the Confusion of the Arts*, Boston and New York: Houghton Mifflin Company, 1910, p. 198.

② Louis J. A. Mercier, *The Challenge of Humanism: An Essay in Comparative Criticism*, New York: Oxford University Press, 1933, p. 12.

③ ［美］沃格林著，张新樟、刘景联译：《没有约束的现代性》，上海：华东师范大学出版社2007年版，第66页。

上学”都远离了经验本身，并且容易形成绝对主义。而绝对主义无疑是对人的自由意志的否定。在自由意志的问题上，白璧德与卢梭颇相通。白璧德对近现代的自然主义哲学思潮的批判，一定程度上奠基在卢梭、柏格森、尼采等人的学说之上，他们的学术思想从反面给白璧德提供了基础。如果我们只看到白璧德对他们批判的一面，而看不到他与卢梭、培根等近现代思想家相通的另一面，那么白璧德的思想就会欠缺现实的土壤和针对性。就此，雷纳·韦勒克、克莱斯·瑞恩都只注意到白璧德思想中的浪漫主义的一面，[①] 甚至一些研究者还对此大加挞伐，认为白璧德的学说几乎是不切实际的异端邪说，白璧德的浪漫主义与他所批判的对象相比，其浪漫成分是有过之而无不及。[②] 这不过是西方研究者不认同白璧德学术中的东方因素罢了。针对那种企望不经过努力就可以一步登天的提升者，白璧德持睥睨的态度。他说，那些“像子弹发射的速度”的精神提升者不仅欺骗世人，而且欺骗自己。[③] 对于人文主义者来说，人生的丰富与完整体现在不同的生命经验层面上，而生命经验的提升主要在于人的“内在行动”，这是一条生命境界不断得到提升的渐进之路。

此外，白璧德对卢梭、休谟以来的近现代情感宗教展开了尖锐的批判。白璧德认为，卢梭针对17世纪以来的新古典主义僵化的形式主义的反叛，具有一定的历史正当性，然而，从僵化的理性主义批判走向流动的情感浪漫主义，这无疑是从一个极端走向另一个极端。浪漫主义所对应的哲学思想是一种理想主义。理想主义者和浪漫主义者都倾向于“把完美之家固定在飘渺的天空”[④]，他们以感情的强度和新奇代替了适度，以流动的、杂多的“自然性情”代替了内在生命的充盈。不管是泛神论还是情感宗

---

① ［美］雷纳·韦勒克著，杨自伍译：《近代文学批评史》（第6卷），上海：上海译文出版社2005年版，第43页；Claes G. Ryn, Introduction to Transaction Edition, In Irving Babbitt, *Character & Culture: Essays on East and West*, New Brunswick, New Jersey: Transaction Publishers, 1995 .

② Frances Theresa Russell, The Romanticism of Irving Babbitt, *The South Atlantic Quartarly*, 1933, 32, pp. 399 – 411.

③ Irving Babbitt, *Rousseau and Romanticism*, Boston and New York: Houghton Mifflin Company, 1919, p. 21.

④ Irving Babbitt, The One and the Many, *The Weekly Review*, 1921, 4 (88), p. 58.

教，它们都混淆了人生经验的层面，往往把自然主义的、人文主义的和宗教的不同层面的经验拉平，而使我们生活的世界成为一个平面的世界，一个空泛、琐碎和无意义的世界。在这种自然神论的推动之下，纯粹的“超自然主义”过渡到纯粹的“自然主义”。此时，神、人与自然，实际上已经合而为一了。①

可以说，在上帝退隐的时代，白璧德从伦理的维度重新树立了一个垂直的纵向世界，树立了伦理的“良心”。不管是信教者还是不信教者，在伦理的良心层面上，人们都可以相遇，都可以受到精神的陶冶与教育。白璧德的“良心”与卢梭的“良心”蕴含有所不同。对卢梭来说，“良心”是“本性善”；对白璧德而言，良心是对内在生命的克制与内省，是“调和”自身相反德性的努力。这种完整的人生经验不是横向的一路平铺，不是客观的、量化的、平面的世界，而是纵向的内向超越，以达至“中间地带”的立体世界。如果说白璧德的人文主义学术主要是一种伦理哲学，这大致不错，但他的伦理哲学是一种力求完善人生经验的内在的生命哲学和一种内在生命的学问，具有一种内在的人格结构。在中国儒家看来，这是一个“仁”字所代表的人格世界。但白璧德毕竟不是儒家，他所要探究的是，在美国这个“量化时代”寻找“质的世界”，换言之，在外向扩张的时代，寻求一个内敛的世界、一个内向的生命世界。

尽管白璧德综合了东西方的人类经验，并把经验分为三个范畴，但他的划分依据仍然是现代西方人的心理人格结构，只不过他借鉴了东方的伦理经验而已。实际上，白璧德所说的三维人格结构既不同于印度佛教的文化，也不同于中国的儒释道文化，在本质上它还是体现了现代西方人的内在人格结构。佛家讲究的是个体的消融与无执的状态，以达至圆寂为最终目的——涅槃；而儒家注重人生活在关系之中，在“天人合德”中成就自己。印度文化与中国文化都没有开发出自由意志的文化。而白璧德所说的三维人格结构，立足于个人，以个体的自由意志为前提。在中西文化模式方面，中西人格结构呈现出了各自的特点。对此，邓晓芒有如下论述：“所以我把这两种不同的文化心理模式归结为：在中国是天人合一，但不

---

① Irving Babbitt, *Rousseau and Romanticism*, Boston and New York: Houghton Mifflin Company, 1919, pp. 118 – 122.

是抽象理解的天人合一，有天人相分的部分；那么在西方应该是神、人和自然的对立，它也有合的部分，但基本上是强调它的对立的部分。”① 此话颇有见地。中国文化没有呈现像西方外向扩张的文化模式，没有显示西方文化充分的分立过程，关键原因何在？栾栋先生认为这主要归因于中国特有的“两栖文化机制”。

中国文化经久不绝的关键在于它是一种原始文化和文明文化的独特的结合体。它的根须一方面深潜在原始时代的丰富积累之中汲取营养，另一方面伸展到文明社会的肥田沃土中获得沾溉，我们因此可以称之为典型的两栖文化。几千年来，中国的文明史就在这种两栖文化的交互作用中展开。作为一种历史演变的机制，它是中华民族把握自己命运的独创，它的某些特征早已有意无意地反映到人们的意识中，如关于原始文化对中国文明发展的制约作用，人们早就有所体认。②

中国这种两栖文化机制有着自身的优势，“中国人治学，文史哲统摄并涵，注重知行合一，其综合特色可上溯到原始文化的融合性，且比较有效地避免了理性的高蹈和悖谬”③。中国文化的成功在此，缺陷也在此，诚如栾栋先生所说：“从思想艺术的角度看，中国传统文化最大的长处是围绕人文内核的向心循环，最大的缺点也在于强大的向心力束缚了思维的最大限度的飞跃。仔细研究中国思想发展史就会发现，传统的思维缺乏大幅度的离心运动，向心与离心的张力机制长期处于小胸廓的擒纵状态。学科涵摄上的大人文构架和思维方法上向心—离心机制的小胸廓擒纵，是人文学不能正常运作和片面发展的一个重要原因。逻辑思维的疲软和抽象思辨的弱化，影响了民族思想能力向科学化、工具理性化方面的必要的突

---

① 邓晓芒：《中西文化心理模式分析》，《西北师大学报》（社会科学版）2010 年第 2 期，第 1 页。

② 栾栋：《略论中国文化的两栖机制》，《陕西师范大学学报》（哲学社会科学版）1994 年第 4 期，第 48 页。

③ 栾栋：《感性学发微》，北京：商务印书馆 1999 年版，第 175 页。

破。"[①] 西方文化具有中国所不具备的一些特点，就神、人、自然三者的关系而言，西方文化"经历了三者从未分到分化，最终目标也是重新合为一体，但三者必须经过对立过程，不能退回到未分状态"[②]。中国这种两栖文化机制使得中国的"天人合一"没有走向西方那种自然、人与神的分化的道路。

如邓晓芒所说，西方从希腊神话起，代表自然的旧神和代表精神生活的新神就开始分化了，有了"神—人—自然"三维结构的雏形，这在中世纪基督教和近现代也以各种不同方式体现出来。尽管中世纪的上帝对人居高临下，但是最后还是要归于一的。然而，这种人、神与自然的重新合为一体，是经过对立的过程，然后达到一个更高的境界的，"这个更高的境界不是退回到原点，不是退回到混沌，而是上升到一种纯精神的合一，一种高层次、高境界"[③]。这种高层次和高境界离不开中世纪的二元人格结构。在中世纪，自然虽然也在其中，但是往往被视为恶的东西，如帕斯卡尔所说，人一半是天使，一半是魔鬼。在人的内心深处，这两种不同的力量在不断地撕扯和斗争，但是人毕竟被赋予一种神性的力量以克制内在的魔鬼。白璧德说他的二元人性论并不是什么新东西，他还征引圣保罗的话说，人的"肢体法则"和"精神法则"的对立就隐含了他的二元人性的意思。[④] 显然，白璧德的思想充分吸收了基督教的二元思想，也处在西方这条思想脉络之中。但是，也不是像所说的那样，他的二元人性论没有什么新东西，其中还是蕴含着他的创新的，他的创新主要体现在他的宗教和人文主义的关系方面（下文将有所论述）。从总体上说，在自然、人与上帝的关系中，自然受到压制，人们仰望上帝以获得拯救。但是，随着西方近现代以来文化的不断世俗化，上帝信仰逐渐崩塌，原来的三维结构被打破

---

① 栾栋：《人文精神与学科建设》，《华中师范大学学报》（哲学社会科学版）1996年第6期，第32页。

② 邓晓芒：《中西文化心理模式分析》，《西北师大学报》（社会科学版）2010年第2期，第1页。

③ 邓晓芒：《中西文化心理模式分析》，《西北师大学报》（社会科学版）2010年第2期，第2页。

④ Irving Babbitt, *Democracy and Leadership*, Boston and New York: Houghton Mifflin Company, 1924, p. 6.

了。邓晓芒认为，人与自然的关系、人与上帝的关系原来都主要由上帝来调和，而现在上帝死了，现代人重新陷入了人、神、自然的尖锐对立之中。西方人一方面求助于上帝来超越自然，一方面又求助于自然来反抗上帝。西方独立的个体意识是不能没有上帝的，如伏尔泰所说，即使没有上帝，他们也要造出一个来，哪怕要造出一个代用品。[①] 在此，现代西方人的这种心理结构与中国人不同。朱寿桐认为白璧德新人文主义的核心精神“在于贬抑人性而推崇神性”，并且认为新儒家代表之一冯友兰所提出的四重境界与白璧德的三界之说“非常吻合”。[②] 其实，中国没有现代西方人的那种上帝死了的宗教虚无感和焦虑感。在人生境界上，我们不仅可以提出“四重境界”[③]，而且可以提出如唐君毅式的“心灵九境”[④] 来。当然，还可以提出其他的境界类型来。个中原因主要在于我们没有西方的“上帝”这个神格宗教背景，也就是说，中国人与现代西方人所面对的问题不同。

为了进一步理解西方的这种三维人格结构，我们不妨以索伦·克尔凯郭尔的思想来反观白璧德的思想。索伦·克尔凯郭尔与白璧德都反对黑格尔的知性形而上学，他们都主张人的生存体验，而由于这种生存体验超出了逻辑所能把握的范围，他们都转向了“文学和心理学描述的方法，也就是法国当代哲学家利科所说的‘非哲学’的方式，直接从‘生活’及‘生活的方式’本身入手”[⑤]。他们都从个人主义出发，但克尔凯郭尔基本上从“单个的个人”出发来描述三种典型的个体生活方式：“感性生活方式”、“伦理生活方式”和“宗教生活方式”，或者说三个“生存阶段”、

---

① 邓晓芒：《中西文化心理模式分析》，《西北师大学报》（社会科学版）2010 年第 2 期，第 2 页。

② 朱寿桐：《“新人文主义”与“新儒学人文主义”》，《哲学研究》2009 年第 8 期，第 40 页。

③ 冯友兰的四重人生境界是：“自然境界”、“功利境界”、“道德境界”和“天地境界”。见冯友兰著，涂又光译：《中国哲学简史》，北京：北京大学出版社 2004 年版，第 291 ~ 293 页。

④ 即：“万物散殊境”、“依类成化境”、“功能序运境”、“感觉互摄境”、“观照凌虚境”、“道德实践境”、“归向一神境”、“我法二空境”和“天德流行境”（又称“尽性立命境”）。参见唐君毅：《生命存在于心灵境界·导论》，张祥浩编：《文化意识宇宙的探索》，北京：中国广播电视出版社 1993 年版，第 514 ~ 523 页。

⑤ 王齐：《克尔凯郭尔之为“存在主义先驱”的再审视》，《杭州师范大学学报》（社会科学版）2011 年第 4 期，第 66 页。

"生存境界"，有时甚至直呼为"人生观"。[①] 如王齐所说，克尔凯郭尔采用的文学和实验心理学描述的方法，我们可以从其作品的副标题中获得深刻的印象。例如，《非此即彼》就有副标题"一个生活的片断"，《反复》贯之以"一个实验心理学的尝试"。[②] 这些思想都同白璧德思想相近相通。这是在西方形而上学的逐渐衰落和心理学逐渐崛起的时代背景下产生的。从概念形而上学出发，人们更加侧重于内心体验，并对传统体系性的形而上学进行了一番逆动。人的生存是丰富具体的，对外在世界的认识不是理性所能穷尽的，白璧德所说的"存在的三个层面"也不是理性所能囊括的。在《新拉奥孔》中，白璧德清楚地表达他的"断片"思想，他说："我至多期望能在莱辛的尝试中成为他的一位谦卑的模仿者，目的不是为了取得完整的、封闭的体系，而是为了散播一些认知的断片。"[③] 白璧德以断片的方式来论述他的存在的经验，以"非哲学"的方式体现人的存在意义，这与克尔凯郭尔的思想非常接近。

就存在的经验而言，克尔凯郭尔也认为个体生存就是选择，这种选择是在以"上帝"存在为前提下的选择，只是这种个体的"选择"意味着"责任"，不仅有个体对自己的"责任"，还有个体对"事物的秩序"的"责任"，更有对"上帝"的"责任"。通过"悔悟"和"责任"，个体最终找到了自己在世界上的位置和人生的目标，最终得以成为自己的"主人"。[④] 对此，白璧德与克尔凯郭尔相通。他反对任意的自由，强调"道德选择"意味着责任。在论述自然主义的"物之法则"消除了人的"道德责任"时，白璧德说道：

19世纪后半叶的法国在自然主义的意义上越来越现实化。现实主义的

---

① 笔者根据英文把"审美生活方式"翻译成"感性生活方式"。参见王齐：《克尔凯郭尔之为"存在主义先驱"的再审视》，《杭州师范大学学报》（社会科学版）2011年第4期，第66～67页。

② 王齐：《克尔凯郭尔之为"存在主义先驱"的再审视》，《杭州师范大学学报》（社会科学版）2011年第4期，第66～67页。

③ Irving Babbitt, *The New Laokoon: An Essay on the Confusion of the Arts*, Boston and New York: Houghton Mifflin Company, 1910, p. 252.

④ 王齐：《克尔凯郭尔之为"存在主义先驱"的再审视》，《杭州师范大学学报》（社会科学版）2011年第4期，第68页。

胜利，得助于1848年坍塌的浪漫幻象和日益荣盛的物理科学声望。在科学的影响下，人们越来越受到爱默生所说的“物之法则”的摆布，根据那个时代典型的思想家泰纳的观点，人完全以环境、遗传、气候等因素来解释。人文主义和宗教意义上的道德责任被消除。[①]

克尔凯郭尔所说的“生活中的人”，是一个具有“双重性”的“综合体”，是一种“无限”和“有限”、“时间”和“永恒”、“自由”和“必然”两极间的综合体。[②] 在伦理选择和责任方面，克尔凯郭尔与白璧德都有着很强的基督教思想背景，他们都强调个体的道德选择，反对黑格尔“以理性的字眼来描述宗教”，“从基督教徒的观点来看，必须把基督教看作给人类理性带来了真理，而人类理性并不拥有真理。人类理性先于基督启示的说法是有悖于真理的。所以，从一种自足的人类理性的观点看问题，基督教必然显得充满矛盾和荒诞无稽。基督教徒的信仰不依靠论证，而是依靠选择”[③]。但在终极根据上，他们的观点并不一样。克尔凯郭尔强调“绝对”的存在，也就是那个永恒上帝的存在，尽管那个上帝是一个个体的上帝，不再要求那种普遍性，但是人的存在仍然不能脱离那个“上帝”，他把人生的终极“选项”设定为“上帝”，使“上帝”成为“自我”的终极源泉。在克尔凯郭尔那里，耶稣基督是上帝之子，是个体人生的“典范”和“楷模”；而白璧德认为，耶稣是与亚里士多德、孔子和佛陀并列的四位圣人。对克尔凯郭尔而言，人只有挂靠在“上帝”这位绝对者身上，才能体验到人是自己的主人。对此，白璧德则可能以佛陀的话来回答，“自己是自己的主人”（Self is the lord of self）。这在一些基督徒听来似乎颇含亵渎的意味。邓晓芒认为康德已经不信上帝的存在，“上帝是人的实践理性的一种假设”，之所以还要假设一个上帝，主要是为了我们能更好地遵守自己的道德律。既然人把“上帝”造出来，“就要把他放在人之

---

① Irving Babbitt, *Reading with a Purpose*: *French Literature*, Chicago: American Library Association, 1928, p. 45.

② 王齐：《克尔凯郭尔之为“存在主义先驱”的再审视》，《杭州师范大学学报》（社会科学版）2011年第4期，第67页。

③ ［美］阿拉斯代尔·麦金太尔著，龚群译：《伦理学简史》，北京：商务印书馆2010年版，第285～286页。

上”，“在现代的西方文化心理里面，人、上帝和自然谁也离不开谁，但又没有办法达到调和，这是现代西方思想、现代西方心理的一个绝症，没有办法解决”。①

邓晓芒的论断不免有些绝对，白璧德就是一个相反的例证。这里不妨引用牟宗三评述克尔凯郭尔的话以反证白璧德人文思想的独特性，看看白璧德是如何借鉴东方的思想，如何来诊治“现代西方心理的一个绝症”的。

他（指克尔凯郭尔）放弃一切，牺牲一切，但是最后他所得回的比他们能放弃的多得多。他与上帝之爱为一。他已得到真实的存在。这一切，就西方宗教传统中所决定的宗教生活之超转上说，都是对的。但是这毕竟还是就宗教情绪而说话，所以其超转之关节尚是外面的，这一关节轮廓，我们可以说还是一个外部的轮廓。契氏（指克尔凯郭尔）乃未能进入心性之骨干，以明道德阶段如何可能；道德的意志，道德的心性；是如何样的意志，如何样的心性；奋斗胜利中的意志、心性，与超奋斗胜利中的意志、心性，有何不同，是否冲突；意志是否只是战斗中的意志，放弃意志是否即是无意，放弃意志时的意志心性，是如何样的意志心性。这一切，他都未能进入讲明。他只是就宗教情绪在外面说。人的存在之有限性、罪恶性、失望性，西方人能把握得清楚，但是正面的心性之骨干，则始终不能悟入。如是，这方面仍是空虚。如何能实现真实的自我，乃是不着边际的，乃是无以自处。他们所能说的只是从罪恶的深渊转到信仰的深渊，这还是外在的、依他的，故乃是外面的无把柄的话。他们不能进入自己内部之心性，依之以转化而消除那“罪恶的”与“非理性的”。所以契氏所表述的关节轮廓之真理性，一方只是外面的，一方亦是在他的宗教传统的习气里而表现出的。此尚未能鞭辟入里，四无傍依，直承心性而开出。此犹须进一步也。②

---

① 邓晓芒：《中西文化心理模式分析（续）》，《西北师大学报》（社会科学版）2010年第3期，第2页。

② 牟宗三：《生命的学问》，桂林：广西师范大学出版社2005年版，第24页。

可以说，对于西方文化，白璧德入之，出之。他继承了西方人文主义和宗教传统，同时跨越了西方的文化疆界而吸取了东方“内在生命的学问”。在这个“空心人”① 的时代重铸“新”文化，他把人性的根源性要素注入“四无傍依”的外在文化，即进行一番“内在超转”，在人的生命根源深处重建精神家园。这不是基督教的“原罪”，也不是古典的“理性主义”学术思想，而是“内在的道德意志”。当然这里的“道德意志”也不尽是古老中国的心性文化，而是会通东西方文化所创造的新标准、新法则。在此会通之中，白璧德有自己的重心所在，主要着眼于弥补和健全西方文化，特别是对美国式的个人主义文化进行完善。白璧德既批判中国文化的停滞不前，又积极地吸收儒家的人文精粹。他基本上采取为我所需的态度。19 世纪末 20 世纪初，西方正处于精神危机，白璧德新人文主义学说可谓适当其时，新文化理念的注入可以矫正旧文明之弊端，促进文化的发展。因此，白璧德并不像有些研究者所说，他是一个什么“反动分子”或“保守主义分子”。白璧德常说那些自称为“现代的”所谓现代人，现代得还不够。个中意味不难想见。但是白璧德这种内转的人性学说，其根源何在？或者说，道德法则如何成为可能？我们不妨更进一步探究。

第三节　更高意志：内在超越之根源

在白璧德的人文主义学说中，人们对自然主义层面与人文主义层面关系的争议较少，但对白璧德的宗教观点的争论颇多。人文主义经验与宗教经验之间的关系问题，历来是白璧德人文主义思想研究的纠结所在。这实际上涉及白璧德思想的根源问题。在探索这个问题之前，我们不妨先作如下一些悬设，譬如：白璧德所持的宗教观与基督教有没有不同？若有不同，表现在哪些方面？白璧德持着怎样的立场？白璧德所说的内在根源是在人之外，还是在人之内？若是在人之外，又是如何向内超转的？若是在

---

① ［英］T. S. 艾略特著，赵萝蕤等译：《艾略特诗选》，济南：山东大学出版社 1998 年版，第 122～127 页。

人之内，那么这种向内超转又是如何实现的？尽管白璧德反对从概念体系出发，但这些问题，可以作为我们分析白璧德宗教观点的参照背景，以便我们厘清白璧德宗教思想的实质。

若要理解白璧德的宗教观，自然不能脱离他的“经验”观。白璧德反复声称自己的思想是一种“实证的、批判的人文主义”。从以上论述中，我们已经知道白璧德的这种经验实证，主要是“心理事实的观察”①。可以说，从人文心理学的视野去洞察白璧德的宗教思想，是打开其宗教堂奥的一把锁钥。

体验的宗教经验往往是个人的，并且是灵活的、活生生的经验。这也是白璧德所说的我们需要人文标准，同时标准应保持灵活性的缘故。白璧德认为，所有真正的宗教都是主张“谦卑”的，即“普通自我”必须服从“更高自我”或“神性自我”，而这种“更高自我”也可以说是“更高意志”或“神性意志”。白璧德进一步指出，“穆罕默德与佛陀与基督都是一致的”，“词语‘伊斯兰’本意意味着‘服从’”。② 我们可以看出，白璧德不仅仅是从基督教的视角看问题，面对西方文明危机，白璧德还把看到的东方经验作为他的资源背景。在此背景下，反观白璧德对西方“历史的宗教”或者说“教条的、天启的宗教”（dogmatic and revealed religion）的批判，就不难理解了。这种宗教往往以一定的“教条”规约和“宗教机构”来体现，主要表现为西方的“教会”组织和机构。而在“心理体验”的层面上，宗教主要是一种精神性的维系，而不是“宗教机构”等外在形式。这里不妨引用穆尔的话来佐证白璧德对教会的看法，穆尔在悼念白璧德的文章中回忆：“白璧德早年曾站在北街一个教堂前，伴随着一个深深憎恶的手势，高呼‘这就是敌人！这就是我所痛恨的东西！’”③ 不管这段回忆的真实性如何，从白璧德所强调的心理事实出发所理解的“真正的宗教”，

---

① Irving Babbitt, *On Being Creative and Other Essays*, Boston and New York: Houghton Mifflin Company, 1932, p. xl.

② Irving Babbitt, *Democracy and Leadership*, Boston and New York: Houghton Mifflin Company, 1924, p. 161.

③ P. E. More, *On Being Human*, Princeton: Princeton University Press, 1936, p. 37; see also: Frederick Manchester, Odell Shepard (eds), *Irving Babbitt: Man and Teacher*, New York: G. P. Putnam's sons, 1941.

显然不是“作为机构的教会”或教会所代表的外在形式。这里白璧德对教会的批判与尼采对教会的批判声气相通，“教会称之为基督教的东西，从一开始就是反基督教的。因为，那些东西纯属人的私事，而非象征；纯属故事，而非永恒的事实；纯属公式、规范、教条，而非生命的实践”①。尽管白璧德不像尼采那样诡谲险峻，但他们的声音无疑都是那个虚无时代的回音。

在这个实证主义盛行的时代，理性与信仰的问题日益凸显，真正的宗教怎样才能实现？白璧德与叔本华、尼采都有比较的视角，正如尼采所说：“我们的优越地位：我们生活在一个比较的时代，我们可以审查从来未经审查的东西；我们就是全部历史的自我意识。”② 白璧德笔下的“我们”与尼采的“我们”有些不同。白璧德并不是历史意识的解构者，更多的是历史意识的建构者，强调历史的连续性，重视历史传统对当下的作用；不仅重视当下的西方经验，而且包含“一切时代的世界人类经验”。白璧德同尼采都看到了东方宗教的实证本性，一种生命的实践。这种生命的实践是“内在生命”所体验的“事实”，而不是教条与公式。这种“事实”颇多美国特色，它不是德国唯心主义者的形而上学的抽象思辨，不是英国式的刻板的经验规范，也不是传统神学的观念，而是体验到的“精神果实”。③

也就是说，人文主义的宗教是为了达到人文主义的效果，对人的内在欲望与本能冲动进行有效的“内在控制”。在宗教层面上，人文主义者所达到的是“冥想”与“和平”；而在人文经验层面上，人文主义者主要是以“调和”取得“世俗生活的公正”，从而“适度地生活”。这就颇具美国实用主义的色彩，尽管白璧德的实用意义与实用主义哲学家威廉·詹姆斯和杜威等人的实用意义有些不同，但他们都重视“成效”，他们的思想都刻上了美国“实用”的烙印。白璧德注重的是人文标准的实效性，而不

---

① ［德］尼采著，张念东、凌素心译：《权力意志：重估一切价值的尝试》，北京：中央编译出版社 1996 年版，第 379 页。

② ［德］尼采著，张念东、凌素心译：《权力意志：重估一切价值的尝试》，北京：中央编译出版社 1996 年版，第 378 ~ 379 页。

③ Irving Babbitt, *On Being Creative and Other Essays*, Boston and New York: Houghton Mifflin Company, 1932, p. 33.

是“神学的肯定”。东方的宗教资源给白璧德提供了佐证，“若坚持精神果实必须以神学的肯定为必要前提的话，那么早期佛教（更不要说其他的非基督教信仰）提供了相反的证据”①。相对于基督教而言，“早期佛教中的圣徒并不比基督教少，但却较少遭受到宗教的偏执与狂热的损害”。白璧德对佛教的赞誉并不能表示白璧德完全接受早期佛教，正如他所说，“我并不是以一个佛教徒来说话，也不是敦促西方人放弃自己的宗教传统去赞成佛教”②。白璧德虽然反对基督教原罪的信条，但他又认为“证据表明完全抛弃它却意味着丢失了非常基本的东西，我们文明的维系可能依赖于对它的某种形式的恢复”③。

此处，不妨对西方宗教的思想背景稍作一点回顾。“原罪”概念是基督教的核心教义，与人的“自由意志”一直争论不下。从柏拉图的厄洛斯（Eros）学说、亚里士多德的“隐德莱希”的目的学说，再到斯多葛派学说中的意志自决论，他们都强调人的自我超越和实现。而与古希腊“德性论”相对的是基督教的“原罪”说。从奥古斯丁主义的性恶说（人性无法凭借自身的努力达到神性的观点），再到宗教改革时期马丁·路德与人文主义者伊拉斯谟（Erasmus）的“自由意志之争”，可以说都是这些斗争的延展。伊拉斯谟捍卫人的自由，认为堕落并没有使意志自律完全丧失，他同马丁·路德争辩，肯定“自由意志”不只是属于神的，也是属于人的，认为人的自由、快乐、知识或理性是构成道德和良心的最重要的条件。而路德主张唯独《圣经》，唯独上帝，唯独恩典，反对人文主义者所主张的人的独立性，更反对人的独立性是神恩并存的一种特殊力量，认为主张这种力量能与神恩相对抗或合作是“危险的谬误”。④ 在启蒙运动时期，西方思想家张扬理性，而原罪概念却成了“西方启蒙运动所有不同的哲学派别

---

① Irving Babbitt, *On Being Creative and Other Essays*, Boston and New York: Houghton Mifflin Company, 1932, pp. 33 – 34.

② Irving Babbitt, *On Being Creative and Other Essays*, Boston and New York: Houghton Mifflin Company, 1932, p. 34.

③ Irving Babbitt, *On Being Creative and Other Essays*, Boston and New York: Houghton Mifflin Company, 1932, p. 39.

④ 刘新利、陈志强：《欧洲文艺复兴史》（宗教卷），北京：人民出版社2008年版，第307～313页；［德］E. 卡西尔著，顾伟铭等译：《启蒙哲学》，济南：山东人民出版社2007年版，第129页。

合力攻击的共同敌人”[①]。在此斗争中，“休谟站在英国自然神论一边，卢梭站在伏尔泰一边，目标的一致似乎暂时压倒了达到目标的手段方面的一切差别”[②]。白璧德反对卢梭式的、迎合世人的人本善观点，认为人是一种双重的、二元的存在。就这方面而言，白璧德深受法国哲学家帕斯卡尔的影响，“人不是完满和谐的存在，而是分裂为与自身相对立，背负着种种最深刻矛盾的存在……人的存在受到两股相反力量的撕扯：一方面是他不停地力图超越自身，另一方面是他始终使自己堕落到人性的水准之下”[③]。这里，白璧德批判性地吸收了帕斯卡尔的思想。帕斯卡尔劝诫世人要知道自身的矛盾和局限，对人的理性和自然都提出了批判，“谦卑些吧，软弱无能的理性；安静些吧，低能的自然：你应该懂得，人无限地胜过人，应该从你的主人（指代上帝）那里学到你本一无所知的人类的真实状况。倾听上帝吧”[④]。对白璧德而言，在以理性占据着统治地位的物质时代，人们自立有余而谦卑不足，而谦卑是一切宗教的核心要义，谦卑的根源在于人不是完美自足的；但白璧德反对宿命论、决定论，认为人之为人某种程度上是对生命的超越。而此超越并不是如浪漫主义者华兹华斯的“生命情感的自动流溢”，也不是帕斯卡尔心目中的上帝，而是对更高生命境界的仰望与渐进，是“更高自我”对“普通自我”行使否决的能力，是“更高意志”对“较低意志”的否定。

那么，这种“更高意志”与上帝普泛之爱的“恩典”又是什么关系呢？这种关系是理解白璧德宗教观的难点。白璧德在多种场合声称当前的基督教已经不能完全满足社会的要求，它需要一个“替代品”来满足当前的需要，同时他又否认自己没有虚妄到要否定基督教的程度。[⑤] 可以说，

---

① ［德］E. 卡西尔著，顾伟铭等译：《启蒙哲学》，济南：山东人民出版社 2007 年版，第 131 页。

② ［德］E. 卡西尔著，顾伟铭等译：《启蒙哲学》，济南：山东人民出版社 2007 年版，第 129 ~ 131 页。

③ ［德］E. 卡西尔著，顾伟铭等译：《启蒙哲学》，济南：山东人民出版社 2007 年版，第 132 ~ 133 页。

④ ［德］E. 卡西尔著，顾伟铭等译：《启蒙哲学》，济南：山东人民出版社 2007 年版，第 133 ~ 134 页。

⑤ Irving Babbitt, *Democracy and Leadership*, Boston and New York: Houghton Mifflin Company, 1924, pp. 316 – 317.

白璧德本人在这个问题上含糊其辞，人们也对白璧德的学说多有歧见，各执一词。这些争执的解决，都有待对这个问题作出进一步阐释。

白璧德在《民主与领袖》[①] 中说，尽管帕斯卡尔是第一个提出直觉以反对笛卡尔的抽象推理的人，认为对真理的完整秩序的把握只能通过“敏感的精神”（l’ esprit de finesse），而非所谓的“几何学精神”（l’ esprit de géométrie），以“心中可感的上帝”代替笛卡尔的“理性上帝”，但在帕斯卡尔那里的“心”实际上是指代上帝的“恩典”，白璧德不无遗憾地说：“帕斯卡尔又将上帝的恩典与正在迅速变得不可能的神学联系在一起。”[②] 面对新情况、新问题，原来的合理内核无疑需要进行调整与改造，西方人“陷入精神无政府状态很大程度上与教条式的、启示宗教的衰落有关，而这往往没有得到公开的质疑与探讨”[③]，“从中世纪到近现代的整个转变过程中，非常明显的一点就是人们未能把‘更高意志的真理’从神学中脱离出来，并把它作为‘意识的直接材料’来进行实验性处理”[④]。

由此，白璧德对西方传统的基督教进行了创新式的改造。在这个“上帝死了”的时代，“物之法则”肆虐、物质主义泛滥、社会道德滑坡、信仰缺失，如何能有效地对西方文明的弊端进行矫正的时代课题便摆在当时的思想家们面前。这里主要有几种态度：一种是传统的基督教信仰，上帝才是我们最终的救世主，比如，以上帝为存在前提的马里坦的宗教人文主义和克尔凯郭尔的存在主义等学术思想可堪代表。另外一种是自然主义学术思想所代表的信仰，那是以“物之法则”为代表的思想学术，而白璧德认为以“物之法则”为特征的自然主义将会把西方文明带入不归路。白璧德说：“自然主义者和超自然主义者都过于低估了第三种可能的人生态度

---

① Irving Babbitt, *Democracy and Leadership*, Boston and New York: Houghton Mifflin Company, 1924, pp. 319 – 330.

② Irving Babbitt, *Democracy and Leadership*, Boston and New York: Houghton Mifflin Company, 1924, pp. 322 – 323.

③ Irving Babbitt, *Character & Culture*: *Essays on East and West*, New Brunswick, New Jersey: Transaction Publishers, 1995, p. 238.

④ Irving Babbitt, *Democracy and Leadership*, Boston and New York: Houghton Mifflin Company, 1924, p. 323.

的价值，我把它定义为人文主义的人生态度。”① 白璧德反复说，他的人文主义是一种调和的人生态度。实际上，他所进行的是一种神学改造工作，试图保留住神学中的合理内核——“内在生命的真理”，把“更高意志”的事实从神学中“脱离”出来，使神学的“更高意志”成为人的内在心理体验的事实。这种事实并不是自然主义者的“物之法则”的“扩张”，而是“人之法则”所蕴含的克制力量。

正如白璧德在《文学与美国的大学》一书中所述：“当前学术要求的是，研究怎样把具有代表性的某些学科挑选出来，并整合在吸收宗教各种因素的纪律之中。”② 人文主义者反对任何形式的过度，不管是过度的同情还是过度的选择，换言之，既反对过度的自由，也反对过度的克制，这种人生态度应是“具有克制性的自由”或“具有同情心的选择”。白璧德说：“他相信今天的人们若不能像过去那样给自己套上确定的信条或纪律之轭，也至少必须从内心服从于比‘普通自我’更高的东西，不管我们称这东西叫上帝，还是像远东地区的人称之为‘更高自我’，或者干脆就叫法。”③ 他多次声称没有这种“内在克制原则”，人们就可能在两个极端之间来回地剧烈摆动，正如卢梭自称，自己“在一切与无之间没有任何中项”的两个极端之间来回摆动。极端的自由必然是极端的奴役，从一个极端径直地跳入另一个极端，而缺乏人文主义者的适度与温文尔雅。人们若有了这种真正的克制，就可以协调这些极端并占据两者之间的所有空间。④

我们不妨对上述文字从文体学方面稍作分析，以便进一步理解“更高意志”的含义。白璧德并没有说“内在克制原则”就是“上帝”，而是说可以称作上帝的某种东西（He calls this something God），或者称作远东的“更高自我”（higher Self）或“法”（the Law），这里“上帝的某种东西”、

---

① Irving Babbitt, *Character & Culture*: *Essays on East and West*, New Brunswick, New Jersey: Transaction Publishers, 1995, p. 239.

② Irving Babbitt, *Literature and the American College*: *Essays in Defense of the Humanities*, Boston and New York: Houghton Mifflin Company, 1908, p. 19.

③ Irving Babbitt, *Literature and the American College*: *Essays in Defense of the Humanities*, Boston and New York: Houghton Mifflin Company, 1908, p. 60.

④ Irving Babbitt, *Literature and the American College*: *Essays in Defense of the Humanities*, Boston and New York: Houghton Mifflin Company, 1908, p. 60.

“更高自我”和“法”三个单词并列，而不是与“上帝”并列；另外，“自我”（Self）、“法”（the Law）同“上帝”一样都大写，而与“上帝”处于同位关系并且置于其前的是“某个东西”（something）。西方对宗教的理解，通常需要“一个完全与‘转瞬即逝的东西’分开的‘精神本质’或‘灵魂’的信仰，信仰被认为是超级的理念或实体”①。但佛陀否定灵魂，其学说也不曾给上帝留下任何位置。② 此处，白璧德借鉴了佛陀的主张，信仰的东西已经不是一个抽象的理念或实体，而是心理体认的实际存在的真理。这就不同于实用主义者在行进过程中制造自己的真理，换言之，实用主义者认为，在他的“普通自我”看来有用的或可爱的东西就是真实的。③ 白璧德在不同场合用不同的词语来表述“更高意志”，诸如：“像一个主宰着人的欲望的国王所具有的不朽本质”、“克制意志”、“神性意志”或者“伦理意志”等，尽管这些话语各式各样，但其蕴含大致相同。可以说，称作上帝的东西、更高意志、神性意志、伦理意志等，都被人感知为一种克制意志，这些词语意思相通，几乎可以互用。如白璧德所说，他的“更高意志”是从上帝的恩典中“脱离”出来而被人直接感知为一种内在的克制意志、一种更高的生命的直接性。

若“更高意志”就是伦理意志或克制意志的话，新人文主义阵营中P. E. 穆尔和T. S. 艾略特大概也不会与白璧德产生分歧。也就是说，“更高意志”的提出，是白璧德思想与其他新人文主义者产生差异的关键所在。这里的“更高意志”不是纯粹的神圣蕴含，也不是纯粹的世俗含义，而是具有神圣与世俗的“调和”的意蕴，并不像一些研究者所认为的人本意义上的克制力量。段怀清认为，白璧德学术的“全部精神是与神背道而驰的，这一点是可以肯定的，因为人文主义所倡导的积极的、批判的精

---

① Irving Babbitt, Buddha and the Occident, In *The Dhammapada: Translated by Irving Babbitt from the Pali*, New York and London: Oxford University Press, 1936, p. 77.

② Irving Babbitt, Buddha and the Occident, In *The Dhammapada: Translated by Irving Babbitt from the Pali*, New York and London: Oxford University Press, 1936, p. 77.

③ Irving Babbitt, *Democracy and Leadership*, Boston and New York: Houghton Mifflin Company, 1924, p. 326.

神，并非只是浪漫主义的时代余绪，还可能用来解构宗教神秘主义”[①]。显然，该作者没有注意到“更高意志”的宗教内涵而把白璧德所说的“实证的、批判的人文主义”中的“实证”翻译成“积极的”，尽管这里的“实证”具有“积极的”内涵，但也显示出作者对白璧德的宗教观缺乏实质性的理解。而张源把“更高意志”视为人完全内在的东西，没有注意到“更高意志”超越的神圣维度，而仅仅把它看作人本意义上的克制力量。[②] 白璧德的“更高意志”虽然是从“上帝的恩典”那里脱离出来的，但毕竟还是一种“脱离”，仍然不离上帝的宗教背景。而这种脱离是在上帝信仰已经走向式微的时代背景下发生的，同时，无“上帝”的东方宗教文化给白璧德诸多启发，正如他在《新拉奥孔》中征用爱默生的话，“上帝本身在东方被定义为‘内在控制’……而这种思想观点在东方或西方所有真正的宗教书籍中都可以发现”[③]。

为了更好地理解内在控制，我们不妨再对佛教中的“法”略加解说。根据熊十力的说法，“法”并不是指“万有通具之法则”，而是“轨持”之义，“轨谓轨范，可生物解；持谓任持，不舍自性”。[④] 尽管人们对这些词语的训释可能有些出入，但整体意思是清楚的。“法”实际上是人自身向内用力，是对自身的保任与持守，人不是向外用力的扩张，而是内敛与集中，是对自身外扩的本能欲望套上克制之轭，用白璧德的话说是一种“克制意志”。至此，白璧德从人的心理事实出发来论述神性意志，也就是被人感知为内在伦理（克制）意志。这种“更高意志”不同于康德学说中的超验假设，也不同于恩斯特·卡西尔的文化符号。瑞恩把“内在控制”解读为“一种超验的善”，[⑤] 这是把白璧德的实证内涵概念化和抽象化了。

---

① 段怀清：《白璧德与中国文化》，北京：首都师范大学出版社 2006 年版，第 56~63 页。

② 张源：《从“人文主义”到“保守主义”：〈学衡〉中的白璧德》，北京：生活·读书·新知三联书店 2009 年版，第 66~91 页。

③ Irving Babbitt, *The New Laokoon: An Essay on the confusion of the Arts*, Boston and New York: Houghton Mifflin Company, 1910, p. 201.

④ 熊十力：《十力语要》，上海：上海书店出版社 2007 年版，第 50 页。

⑤ ［美］克雷斯·莱恩：《白璧德与实在问题》，美国《人文》杂志社、三联书店编辑部编，多人译：《人文主义——全盘反思》，北京：生活·读书·新知三联书店 2006 年版，第 82 页。

不管上帝或神如何美妙和神奇，或如何超绝，若不能对人的内在欲望起到克制作用，那么终究与人无涉。

白璧德所提出的“更高意志”不同于“权力意志”，也不同于“服务意志”，而是具有特定时代的针对性。可以说，“更高意志”是对“权力意志”和“服务意志”行使否定的力量。柏格森的“意识的直接材料”就是“生命的冲力”，一种“生命的绵延”。[①] 在白璧德看来，“柏格森、詹姆斯和克罗齐这些哲学家在对待意志的问题上，很难说同以往那些支持亚理性（subrational）的统一性和自发性来逃避机械论的人有什么不同”[②]。柏格森为了“生命冲动”（élan vital）而摒弃“生命克制”（frein vital）的意志，这就与权力意志而不是博爱意志联系起来了。[③] 而杜威等人的“服务意志”就同“博爱意志”具有紧密联系。但他们都缺少一种“更高意志”，若缺少了这种进行内在节制的意志，人们都有可能无限度地向外扩张。

至此，我们并不能说白璧德否定了上帝的存在，白璧德说，他的学说主要是为了满足那些不认同传统权威，但又认识到自然主义混乱之危险的人的需要。也就是说，对于那些认同上帝或传统基督教的人，白璧德并不否认他们所持信仰形式的有效性。但白璧德从世界各大宗教精义会通的视角、以实用的精神功效来立论，他心目中的信仰，主要是人所具有的一种内在克制力量、一种“否定力量”（veto power）。但不管怎样，他常以他者的眼光来审视基督教的得失，当征引其中国弟子张歆海的有关宗教观点时，他还是表露了一些对西方传统宗教的态度。

比较而言，没有多少宗教教条的东方孔子的人文主义和佛陀不能被视为次等，相反，人们至少可以看一看一位中国学者张歆海的观点，他抱怨说西方人把不必要的神学和形而上学的复杂性导入了宗教，人们太容易陷

---

① 王理平：《差异与绵延——柏格森哲学及其当代命运》，北京：人民出版社2007年版，第111页。

② Irving Babbitt, *Democracy and Leadership*, Boston and New York: Houghton Mifflin Company, 1924, p. 328.

③ Irving Babbitt, *Democracy and Leadership*, Boston and New York: Houghton Mifflin Company, 1924, p. 328.

入"怪异的教条"和"神秘的好奇心"之中。在一定程度上，他们犯有远东所不熟悉的不宽容、蒙昧主义和诡辩。帕斯卡尔，一位最深刻的宗教思想家之一，攻讦耶稣会形式的诡辩，但是他本人却提供了张歆海所意味的"怪异的教条"这样一个实例。人，帕斯卡尔说，不相信死婴不下地狱的话，在本质上是不可理解的。①

白璧德反对以教条的方式看待基督教，这是很清楚的。但是，他并不否定基督教的作用，"在一定的视野范围内，天主教教会或许是西方高举文明标准可信赖的所剩无几的唯一机构"②，同时他对那些认为只有信奉"上帝"才能得救的观点持批判态度，并对人文主义的独立有效性持肯定态度，批判某些浪漫主义者对教会的依附关系"犹如水母依附于岩石的关系"③。白璧德认为，弗里德里奇·施莱格尔便是这样"具有反讽意味的大使徒"，他经历了一番提坦式的浪漫生活之后，最终屈从于外在权威最僵硬的各种形式。④ 白璧德对但丁可谓欣赏有加，但对他屈从于世俗君主和天主教教皇有颇多批判。在白璧德眼中，屈从于外在权威就远离了"内在生命的中心"。当白璧德在评述布吕内蒂埃（Brunetiére）时，他的这种观点体现得更为充分。白璧德一方面肯定布吕内蒂埃对印象主义的批评，对他试图寻求一个超越流动和变化王国之上的标准表示欣赏，同时也批判其解决方法是极端保守的。布吕内蒂埃认为人性需要用一种原则来限制假设，而这种原则不能靠个体自身来完成，它一定是"外在于、优先于、优越于个体的"，最终布吕内蒂埃皈依天主教。对此，白璧德认为布吕内蒂埃没能摆脱 19 世纪思想的恶性循环的论证困境，即：要么为社会牺牲个体，要么为个体牺牲社会。它没有在无政府的自我专断和压制个体主动性

---

① Irving Babbitt, Buddha and the Occident, In *The Dhammapada: Translated by Irving Babbitt from the Pali*, New York and London: Oxford University Press, 1936, p. 69.

② Irving Babbitt, *Democracy and Leadership*, Boston and New York: Houghton Mifflin Company, 1924, p. 186.

③ Irving Babbitt, *Rousseau and Romanticism*, Boston and New York: Houghton Mifflin Company, 1919, p. 263.

④ Irving Babbitt, *Rousseau and Romanticism*, Boston and New York: Houghton Mifflin Company, 1919, p. 263.

的集体主义之间找到一个中间地带。[①] 但是，白璧德完全同意布吕内蒂埃所说的以下观点："一个抛弃了一切传统的统一生活方式，然后还认为不需要制定出任何反对个体冲动的'新的统一'，社会仍然可以正常运行，这将会被证明受到了奇怪的欺骗。"[②]

白璧德所强调的"新的统一"不仅涵摄了西方的基督教传统，而且涵摄了世界真正的宗教所共同拥有的东西。这里的"新的统一"其实也就是"更高意志"的另一种说法而已，只不过"更高意志"在迟至1924年出版的《民主与领袖》一书中才被正式提出。白璧德熔铸古今东西方文明而成的"更高意志"学说背景，往往不能被大多数西方研究者所理解；即使他们理解，很多人也不认同。埃德蒙·威尔逊（Edmund Wilson）认为，白璧德虽然对多个国家的思想皆有游猎，但其思想仍不过是"清教传统中未经权衡的偏见"[③]。人文主义运动阵营内部对此问题也分歧不一。白璧德的学生T. S. 艾略特与他的老友P. E. 穆尔都不认同人文主义本身的独立有效性。艾略特与穆尔都坚持基督教上帝的不可或缺，否则，人文主义也可能陷入自然主义的陷阱。艾略特在《白璧德的人文主义》一文中认为人文主义是间断性的，而宗教是连续的，"更高意志"意欲到"何处"，意欲总得有个着落才行。[④] 无疑，对于艾略特所持的观点，穆尔基本上是赞成的，他认为信仰总得有个实体性的存在，人才能获得一个心灵的锚地，而白璧德所说的更高意志却"附系于无"[⑤]。可以说，他们的观点都体现了西方文明传统的惯性作用。

对此，白璧德指出，艾略特对其立场的批评留给他的印象是"困惑的、复杂的，在某些重要方面是完全不准确的"。但颇有意味的是，它

---

① Irving Babbitt, *The Masters of Modern French Criticism*, Boston and New York: Houghton Mifflin Company, 1912, p. 328.

② Irving Babbitt, *The Masters of Modern French Criticism*, Boston and New York: Houghton Mifflin Company, 1912, pp. 329 – 330.

③ Edmund Wilson, Notes on Babbitt and More, In Clinton Hartley Grattan (ed), *The Critique of Humanism: A Symposium*, New York: Brewer and Warren, inc., 1930, p. 49.

④ T. S. Eliot, The Humanism of Irving Babbitt, In *For Lancelot Andrewes—Essays on Style and Order*, London: Faber & Gwyer, 1929, p. 138.

⑤ P. E. More, A Revival of Humanism, In *On Being Human*, Princeton: Princeton University of Press, 1936, p. 20.

“说明了艾略特本人的困惑，至少是追随艾略特的英美年轻知识分子们的困惑”[①]。而新人文主义的另一位领军人物P. E. 穆尔也认为，白璧德所持的“更高意志”没有落到实处，穆尔虽然也相信东方的佛陀与早期的追随者在理论上和事实上都能成为圣人，但他还是把佛陀修行比喻成一段巍峨的楼梯，而这楼梯不通达任何地方；此外，他还认为亚里士多德的“不动的动者”仅仅是“形而上学的抽象物”，而不是“个体的神”，是“具有意识和目的的神灵的可怜替代物”。[②] 就此，白璧德作出了如下回应：

不管怎样，人们提出了这样的问题，特别是如果是为了达到人文主义的德行，为了恢复生命的目的要素，是否还有必要以教条的方式来确定上帝和灵魂的存在，而不是以心理观察作为开端？[③]

对白璧德来说，在神学已经变得不可能的情况下，应“采取适当的折中方式为基督教当中本质性的东西辩护”[④]，并寻求某种“新的统一”(new unity)，以矫正时代的多变不一和个体的本能冲动。这种“新的统一”如白璧德所说是他折中的结果，而不完全是“上帝”或“灵魂”的教条式确认和认定，也不完全是个体范围之内的东西，尽管它需要通过个体心理来起作用。正如白璧德所说：

17世纪某种类型的批评家们试图建立完全外在于个体的标准，印象主义者则走向了相反的极端，建立了完全在个体范围之内的标准。问题是要

---

① 张源在论述艾略特立足于“我们”西方人的宗教与文化传统批评白璧德的人文主义宗教观时，认为得到了许多西方人的声援，而白璧德对此的反应只是“一笑置之”。这有可能是张源没有看到白璧德的这份文献。见 Irving Babbitt, The Humanistic View: Mr. Babbitt Has Read Mr. Eliot's Article in the July Forum, *The Forum*, 1928, 80, p. 638.

② Irving Babbitt, *On Being Creative and Other Essays*, Boston and New York: Houghton Mifflin Company, 1932, p. 32.

③ Irving Babbitt, *On Being Creative and Other Essays*, Boston and New York: Houghton Mifflin Company, 1932, p. 32.

④ Irving Babbitt, *On Being Creative and Other Essays*, Boston and New York: Houghton Mifflin Company, 1932, p. 40.

在普罗克汝斯忒斯（Procrustes）和普罗斯忒斯（Prosteus）[①] 之间找到某个中间地带，这种合适的中间地带领域似乎存在于个体的标准中，而个体又感到这种标准要超越他的个人自我（personal self），去支配与他人共同的人性部分。[②]

从上文可以看出，白璧德的人文标准是要寻求中间地带的。白璧德追求的这种中道思想往往让人不可捉摸。如果说这种规约完全是外在的东西，那么就变成了外在的规则与教条，不管你如何努力；若没有内在的制约，那么这样的人还是停留在自然的层面上，自我还是没有超越到伦理层面，更不用说宗教层面了。“当今，数以亿万的人们正在使用具有科学功效的巨大机器，使得彼此的生命成为地狱，没有比这个场景更加疯狂的了……在完善谋生的神秘性方面，就人类所取得的成功而言，现代文明的分崩离析的威胁远过于古希腊与罗马”。[③] 这种“外在行动”（outer action）不会给人类带来幸福，白璧德提出了以“内在行动”（inner action）来弥补和矫正时代的缺失和弊端。当然，若说白璧德的标准完全存在于个体之内，这种看法也不准确。完全以个体的标准就容易成为“怎样都行”的相对主义，这是后现代典型的文化表征。这种文化呈现出表层化、平面化的特征，缺乏文化应有的生命“深度”。对白璧德而言，生命的深度在于我们“新的统一”，在于我们内心的、上面之光对我们工作的指导。

正确运用恩典和类似的学说是使我们谦卑，而不是使我们病态或沮丧。对我们自己适当的不信任，表现在我们愿意用传统增加我们的见识，也表现在完全认可我们的工作必须从内部和从上面来增辉和指导，若这些工作证明不是徒劳的话。但不管是在文学中还是在别处，我们都必须首先

---

① 普罗克汝斯忒斯（Procrustes）和普罗斯忒斯（Prosteus）都源自古希腊神话，前者有“普罗克汝斯忒斯之床”的典故，指拉长或砍断人的腿，从而符合床的尺寸，意味僵硬、武断，没有变化；后者意味多变。

② Irving Babbitt, *The Masters of Modern French Criticism*, Boston and New York: Houghton Mifflin Company, 1912, p. 350.

③ Irving Babbitt, *Rousseau and Romanticism*, Boston and New York: Houghton Mifflin Company, 1919, p. 367.

强调工作。[①]

如白璧德所言："真正的人文主义者是既有同情又有选择的人，有内在于自身的标准——活生生的、灵活的、直觉的。"[②] 而人文主义者需要"天窗"[③]，正如阿诺德所说，"灵光是罕见的，无论何处发现，都必须珍惜"[④]。既然是天窗，那么人的感知就不该是封闭的，但此天窗又不同于詹姆斯所说的"没有盖子的宇宙"或"多元的宇宙"，而是以开放的方式感知一种对本能欲望的"内在控制能力"。白璧德认为爱默生的"超灵"（oversoul）就具有这样的灵光，尽管它常常与不可能实现的乐观主义联系在一起；约纳森·爱德华兹身上也具有这样的光，只不过它与一种不可能实现的神学相联系。爱默生所感觉到的"超灵"不同于卢梭的"下灵"（undersoul），因此，爱默生的"超灵"能够提供有助于我们形成批判标准的要素。[⑤] 在某种意义上，他的"超灵"是上帝的替代物，它无处不在，存在于自然和人当中，是人自立的内在驱动。而在白璧德看来，爱默生对人性过于乐观，对人性恶的一面估计不足，没有认识到人自立有余而谦卑不足，在他身上混合了"人性的谄媚者"所体现的卢梭主义和宗教见识。然而，在爱默生身上看不到的智慧第一标记的谦卑，在中国孔子和印度佛陀的学说中却可以见到。

白璧德强调"内在行动"或者说"工作"，不是使人骄傲，而是使人保持自立与谦卑的平衡。白璧德强调"道德选择"的重要性，认为"更高

---

① Irving Babbitt, *The Masters of Modern French Criticism*, Boston and New York: Houghton Mifflin Company, 1912, p. 376.

② Irving Babbitt, *The Masters of Modern French Criticism*, Boston and New York: Houghton Mifflin Company, 1912, p. 374.

③ Irving Babbitt, *The Masters of Modern French Criticism*, Boston and New York: Houghton Mifflin Company, 1912, p. 375.

④ Irving Babbitt, *The Masters of Modern French Criticism*, Boston and New York: Houghton Mifflin Company, 1912, p. 362.

⑤ Irving Babbitt, *The Masters of Modern French Criticism*, Boston and New York: Houghton Mifflin Company, 1912, p. 362.

意志”是宗教“谦卑的根源”，同时也是“内在于人的真正超越的东西”。[①] 正如白璧德所说，“更高意志”是内在于人的，是内在于人的自我超越，不是外向诉求的超越与追逐，“在人文主义者眼中重要的不是它作用于世界的能力，而是他作用于自身的能力”[②]。世界的状况往往是大多数人不能对自身施以“克制意志之轭”却以向外的控制为能事，不管是功利主义者还是情感主义者，都概莫能外。而人内在所具有的“更高意志”是一种“否定的力量”（veto power）。这种力量要求人们不断精进，人格境界不断发展与提升。因此，白璧德的人文主义可以说是一种不断向内用力的“工作哲学”[③]。当然，白璧德并不否定向外用力，但坚持在向内用力前提下的向外用力，以便于更好地塑造西方的文明。人毕竟是有价值追求和目的性的存在，人之所以要向内用力或“内在行动”，这是因为“更高意志”的存在，它是人的目的性和价值所在。在《一与多》[④] 这篇书评中，白璧德引述了亚里士多德的“隐德来希”（entelechy）来说明人的潜能的实现活动，因此，瑞恩把“更高意志”解释成一种“潜在能力的行为”[⑤]，这具有一定的道理。白璧德赞成亚里士多德的“目的论”，人与动物之所以不同，是因为人有更高的目的，而且是一种更高意志的力量，诚如亚里士多德所说：“目的是一切的首要事情，目的之目的是幸福，而幸福是一种工作。”[⑥] 在此意义上，白璧德的“更高意志”不是尼采的“意志崇拜”，也不是超自然的神意，而是一种心理学意义上的约束力量；这不是“人为自然立法”，也不是“自然为人立法”，更不是存在主义的“存在先于本质”，而是对人的内在扩张欲望进行克制，并且为之确定正确方向。

---

① Irving Babbitt, *Democracy and Leadership*, Boston and New York: Houghton Mifflin Company, 1924, p. 323.

② Irving Babbitt, *Literature and the American College*: *Essays in Defense of the Humanities*, Boston and New York: Houghton Mifflin Company, 1908, p. 56.

③ Norman Foerster. *Towards Standards*: *A Study of the Present Critical Movement in American Letters*, New York: Farrar & Rinehart, 1930, p. 172.

④ Irving Babbitt, The One and the Many, *The Weekly Review*, 1921 (88), p. 58.

⑤ Claes G. Ryn. *Will*, *Imagination and Reason*: *Irving Babbitt and the Problem of Reality*. Chicago: Regnery Books, 1986, p. 91.

⑥ Irving Babbitt, *Character & Culture*: *Essays on East and West*, New Brunswick, New Jersey: Transaction Publishers, 1995, pp. 205 – 206.

穆尔和艾略特批判白璧德的“更高意志”不通向任何地方，穆尔甚至说“更高意志”“系缚于无”。其实，白璧德对此已有回答，那就是“中间地带”，或者说“占据两者之间的所有空间”。这种“执两用中”的思想与自然主义思想差异很大，但也不同于一般的宗教思想。正如白璧德所说，从现实层面上来说，人文主义者的主要兴趣“是人文主义的”，而“不是宗教的”；[①] 也就是说，他所关心的并非宗教的“冥想”，而是“调和”，或者说是对世俗事务的“适度法则”。过度是容易的，而达到适中、适度却是难的，白璧德引用马修·阿诺德的话说，这个目标就是“稳定地、整体地看待生活，可惜的是尚没有任何人完全能实现这个目标……就最实用的目的而言，适度法则乃是人生最高的法则，因为他囊括了所有其他法则”[②]。在人生体验不断提升的道路上，人需要不断超越自身的局限性。

当然，白璧德表述的含糊性，在一定程度上是他本人矛盾心态的体现。一方面，他对基督教当下的衰落有着清醒的认识；另一方面，他又潜移默化地认同基督教中的一些思想。在西方现代转型过程中，如何转换宗教的作用在白璧德这里得到充分体现。在“上帝”祛魅的时代，如何还能发挥类似上帝的作用就摆在时代面前。对此，西方人对上帝进行了各种各样的改写与解释。对卢梭这样的自然神论者而言，上帝是自然；对柏格森而言，上帝是“生命的冲动”；[③] 对爱默生而言，上帝是解放的、自立的自我，不是外在的，而是内在的；不是客观的，而是主观的。[④] 白璧德的人文主义构设，不是对中世纪宗教的追思和还原，他曾明确地说，在中世纪神学时代，上帝独大，人虽谦卑却不能自立，这就违背了人文主义者所欲达到的“适度”。可以说，白璧德对西方的宗教既解构又建构，解构的是

---

① Irving Babbitt, *Democracy and Leadership*, Boston and New York: Houghton Mifflin Company, 1924, p. 5.

② Irving Babbitt, *Literature and the American College: Essays in Defense of the Humanities*, Boston and New York: Houghton Mifflin Company, 1908, p. 17.

③ 王理平：《差异与绵延——柏格森哲学及其当代命运》，北京：人民出版社2007年版，第377页。

④ 钱满素：《爱默生和中国：对个人主义的反思》，北京：生活·读书·新知三联书店1996年版，第20页。

上帝这个实体，建构了类似于上帝的宗教精神——被感知为人内在克制的“更高意志”。此时的宗教精神并不是什么实体或概念，而是人的更高直觉所能感知的“更高的直接性”，一种“体认的直觉”所感知到的“生命的洞识”,[①] 从而达到“人之法则”所要求的标准。“精神怠惰者”不可能实现人性的潜能，要达到人性的完整体验，白璧德认为需要不断精进和努力。

需要说明的是，白璧德所追求的“适度”，不仅仅不是人内在的单方面克制，也不是纯粹的外向型同情，完全地专注于内，就可能呈现为一个封闭的、玄虚的精神世界；而纯粹的同情也可能是一种没有内在中心而向外扩张的伪精神。白璧德主张“选择”与“自由”的调和，“同情”与“选择”的调和，不可把二者割裂而机械地去理解。诚如白璧德所说，人文主义是“实证的与批判的，而且是个人主义的……而且最后归结下来乃是一回事”[②]。这种不断精进的人生哲学也是一种批判哲学，而批判则需要以“人之法则”为根基。白璧德的人文主义是对西方文明的有力反拨，是一种纯粹的现代性方案。这种现代性不仅体现在重视事实性的实证方面，更充分体现在“现代的批判精神”上。现代批判精神并不是说人不要信仰，而是说人不能没有信仰，诚如白璧德所说：“给予‘更高意志’的首要地位，不过是宣称人生是一种信仰行为的另一种表达方式而已。”[③]对白璧德而言，人生是“一种信仰的行为”，只不过这种信仰不是纯粹的神学信仰，而是一种世俗世界、生活世界的信仰，一种不断超越而达至“极高明而道中庸”的生命境界。白璧德显然是借鉴了东方的思想，如他的好友埃利奥特（G. R. Elliott）所言，白璧德“喜欢阐发中国人礼节中的宗教传统的优越性”[④]。对于白璧德的东方因素和世界性，T. S. 艾略特对此有

---

① Norman Foerster, *Humanism and America: Essays on the Outlook of Modern Civilization*, New York: Farrar & Rinehart, inc., 1930, p. 43.

② Irving Babbitt, *Democracy and Leadership*, Boston and New York: Houghton Mifflin Company, 1924, p. 6.

③ Irving Babbitt, *Democracy and Leadership*, Boston and New York: Houghton Mifflin Company, 1924, p. 227.

④ Frederick Manchester, Odell Shepard (eds), *Irving Babbitt: Man and Teacher*, New York: G. P. Putnam's Sons, 1941, p. 153.

着较为深刻的认识，但艾略特是站在西方基督教的立场来论述白璧德的，他认为白璧德对基督教的态度缺乏情感认同，对东方却情有独钟，艾略特就此曾抱怨道：

> 白璧德对儒家哲学的迷恋是显而易见的：孔子受到我们当代人的欢迎，这是有意义的。但是，正如我不明白：若不知道德语和不具备在德国人的社会生活中所获得的德国思想，怎能够期望人们真正理解康德和黑格尔一样；更不必说，我不能明白：在不知悉中文以及没有长期与最好的中国社会接触的前提下，人们怎能够理解孔子。我个人对中国思想和文明持有最高的尊重，也乐意相信处于最佳状态时期的中国文明具有典雅和卓越的品格，这都使欧洲显得粗俗。但是就我来说，我不相信我对中国文明的领会足以使得孔子成为我的精神支柱。①

尽管艾略特不认同白璧德的观点，还认为白璧德虽有“最高贵的意图”，可是他“把事情只可能弄糟，而不会是更好”。② 实际上，白璧德的思想也不是纯粹的东方思想，而是他以西方思想为本体，并会通东西方文明所产生的结果。因此，这种涵摄了东西方文化要素的思想结果，正是白璧德针对西方现代性问题，特别是美国现代性问题所提出的解决方案。这无关乎东与西的问题，而是如何解决现代性问题，这才是关键所在。若要深入地理解白璧德的问题以及他的解决方案，还需要探究他的“一”与“多”的调和的方法，也就是说，我们还需要探究白璧德新人文主义的路径与方法。

---

① T. S. Eliot, *After Strange Gods—A Primer of Modern Heresy*, London: Faber and Faber Limited, 1933, p. 40.

② T. S. Eliot, *After Strange Gods—A Primer of Modern Heresy*, London: Faber and Faber Limited, 1933, p. 41.

第四章

“一”与“多”的调和

——新人文主义路径与方法

白璧德说，他的人文主义是一种不同于自然主义和超自然主义的人生哲学；要深入理解他的“第三种人生态度”，就需要涉及神秘的“一”与“多”的问题及其方法，对此问题的探究可以帮助我们进一步理解白璧德思想的根源。一般来说，人文主义阵营都持二元的人性立场，但在最终根据上，如上文所论，他们产生了分歧。P. E. 穆尔和 T. S. 艾略特还是把人的终极根据挂靠在上帝那里，白璧德却把他的二元人性论的根据奠基于人内在的“更高意志”。换言之，在对待现代性的问题上，他们的看法大同小异，都认为当前的自然主义废黜了“超理性区域”，但在解决途径和方法上，他们产生了分歧。穆尔最终仍然需要一个“绝对”的上帝，而白璧德则不然。白璧德基本上是秉持着灵活的“调和”立场来论述的，也就是说，在超自然的、超历史的“上帝已死”的时代背景下，如何“调和”超自然的宗教和自然主义之间的矛盾，特别是西方所存在的“脑”与“心”的矛盾，便摆到了时代的面前。若超自然的上帝已死，那么超理性的存在如何存在？或者说，内在超越如何可能？若要探究这些问题，我们就需要探究白璧德的人文主义路径与方法；而要谈论其人文主义方法，就不能不谈到他的“一”与“多”的调和之道。实际上，探究白璧德的“一”与“多”的方法，就是探究他的新人文主义的方法。如何取得这种“调和”，便是白璧德的中心问题，也是他心目中的现代问题的解决之道。对此，西方研究者也多有分歧和争议。在此，我们不妨通过瑞恩反驳奥尔德里奇的观点来说明这个问题。

白璧德争辩道：标准需要解决“众多调和中最难的调和，即一与多的调和”。奥尔德里奇断言“白璧德并没有告诉我们怎样才能做到这一点”。事实上，尽管白璧德没有使用一句可堪引用的便利的话或一个段落来表达（因为这样的主题太大、太复杂，难以这样去处理）。但是如何取得这种调和却是白璧德著作作为一个整体所要解决的中心主题。他的所有著作都是试图解释“一”与“多”的关系，并探究道德和其他普遍性的意义是如何培养的。①

① Claes G. Ryn, Another Conception of Knowing, *Humanitas*, 1996, 9 (1), p. 89.

瑞恩对此的评述基本上是准确的，“如何取得这种调和”是白璧德试图解决现代性问题的一次勇敢尝试。T. S. 艾略特说：“白璧德的思想在某种程度上是哲学的……但他没有任何哲学方面的技术；我们在他的写作中所发现的不是任何连贯的体系，而是诸多显见的不一致。”[①] 艾略特从基督教的立场来论述白璧德的思想，虽然不尽合理，但也有部分道理。白璧德的思想是“道一以贯之”的，那就是对抛弃超理性区域的自然主义进行批判，构建自己的新人文主义学说。但在这个一致性之中，我们还很难说白璧德的思想是自成体系的。白璧德的思想讲究节制，并不意味着其思想的封闭性。他的“新人文主义”学说中融合了诸多“非主义”的成分。也就是说，白璧德的哲学思想也是有方法的，只不过他的方法不是纯粹的西方的方法，他在很大程度上借鉴了东方的人文方法，这充分体现在他处理关于“一”与“多”关系上。

“一”与“多”的问题看似一个纯理论的问题，远离生活实际。其实不然。白璧德的用意不是为理论而理论，对“为文艺而文艺”的观点，他嗤之以鼻，他认为文艺主要是为了解决实际生活问题，也即瑞恩所注意到的人文“标准”问题。在任何外在的、传统的标准都被摒弃的时代背景下，人文标准如何成为可能？如白璧德本人所说：“若要成为一位健全的个人主义者，一位具有人文标准的个人主义者……人们必须处理柏拉图所说的一与多的问题。”[②] 在他看来，生命并不是毫不相干的一堆流动的印象，不是给这里某种“一”的元素，给那里某种“变化”的元素，而是“总在不断变化的一”，“一与变化是不可分的”。[③] 人并不是从外部观察那总是“变化”的“一”的，因为他自身就是这个过程的一部分，即“他本人总是不断变化的一”。[④] 就生命形态来说，“一”与“多”主要表现为

---

① Folke Leander, Irving Babbitt and Benedetto Croce, In George A. Panichas & Clae G. Ryn (eds), *Irving Babbitt in Our Time*, Washington, D. C.: Catholic University of America Press, 1986, p. 76.

② Irving Babbitt, *Rousseau and Romanticism*, Boston and New York: Houghton Mifflin Company, 1919, p. 13.

③ Irving Babbitt, *Rousseau and Romanticism*, Boston and New York: Houghton Mifflin Company, 1919, p. 13.

④ Irving Babbitt, *Rousseau and Romanticism*, Boston and New York: Houghton Mifflin Company, 1919, p. 14.

二元性，“一”主要被感觉为一种生命的节制意志，而“多”主要被感觉为一种生命冲动，“生命的冲动”与“生命控制”密不可分，它们不断发生内在纷争，生命的否定与肯定不时地交错生成与演进；从思维辩证法层面来说，“一”与“多”不可分，是流动的一。白璧德的“一”与“多”的调和论主要是为了解决人生问题，为了培养具有人文标准的个人，即培养“健全的个人主义者”。

白璧德认为，西方传统中的形而上学方法，不能解决“一”与“多”的问题，但人们若能另辟蹊径，通过实际行为的途径却是可行的。人文标准主要是人的行为问题和实践问题。就西方哲学的转型而言，西方哲学在19世纪有一个从认识论向实践论转化的轨迹，譬如：马克思的哲学思想就从劳动方面来论述人类历史发展规律，费尔曼从生命意志方面来论述人的生命存在等等。但是，白璧德的实践问题有着自身的独特性，既不是西方近代认识论传统中的实践（不管是唯物论维度中的实践，还是唯心论维度中的实践），也不是费尔曼所言说的生命哲学所能概括的。白璧德所谈的行动和行为侧重于东方内在修身方面的践履，也即上文在论述二元人性论时所谈到的伦理经验和伦理实证的问题。西方的白璧德研究者一般都比较注重知识论传统，而对白璧德与东方思想最为相通的方面却关注不够。其实，白璧德的践履性的精进思想是白璧德思想中最为紧要的问题。当然这并不表示白璧德的伦理经验只是同东方经验相通，与西方的伦理经验不相关；而是说，白璧德会通了东西两方面的文化因子，这种会通使其伦理经验有着自身的独特性。白璧德的伦理经验也有着西方知识论和宗教的文化背景，这就与东方的伦理经验产生了很大的不同。归根结底，与其说“一”与“多”的调和是知识问题，毋宁说是一种内在体认的道德行为、一种意志实践。可以说，白璧德的思想以及方法多呈现出“调和”的特征，体现了东西方文化会通的特征。下面主要从行为路径和方法上阐发白璧德这方面的超越思想。

第一节　“知”与“行”的关系

西方现代以前的哲学核心问题基本上是形而上学的问题。尽管当代的一些思想家认为现代哲学是“后形而上学”的时代，然而这个“后”或“反”表达了当前的人们对形而上学的不同态度，但是这个态度仍然依附在“形而上学”的躯干上。于尔根·哈贝马斯（Jürgen Habermas）甚至认为在现代哲学中“围绕那些永恒主题所展开的争论一如既往，诸如有关多元声音中理性同一性的争论，有关科学复调中哲学思想的地位的争论，有关内行与外行（Esoterik und Exoterik）的争论，有关专门科学与启蒙的争论，最终还有关于哲学与文学之间界限的争论等。此外，十多年来席卷整个西方世界的复辟浪潮，也使一个自始至终伴随着现代性的主题浮上岸来，这就是又一次改头换面的形而上学的模仿实质”[①]。而人们当前的处境与黑格尔的第一代弟子“并没有什么本质差别，当时哲学研究的基本状况已经发生了变化。也就是说，从那时起，我们在后形而上学思想面前已经别无选择”[②]。哈贝马斯所说的“多元声音中理性同一性的争论”仍是一个西方的形而上学问题，而这正是白璧德所要批判的，他认为，若依照西方传统的文化路径来应对当时的现代性危机，纯属枉然。但哈贝马斯仍然坚持认为西方现代性是一个理性尚待完成的事业，一种理性预设的形而上学，只不过他是通过“沟通理性”来增加思想的包容性、开放性和对话性。海德格尔说西方的科学主义终结了西方的形而上学，因此需要一种思想的移居，让思想植根、归属于存在。对哈贝马斯和海德格尔而言，后形而上学思想是对新的思想居所的寻求，也是对新的思想方向、新的视界的开启。

在西方文化对待“一”与“多”的问题上，我们依稀可以辨识出几种态度。一种是作为传统的知性形而上学，“一”成为概念的抽象物；一种

① ［德］于尔根·哈贝马斯著，曹卫东、付德根译：《后形而上学思想》，南京：凤凰出版集团，译林出版社2006年版，第9页。

② ［德］于尔根·哈贝马斯著，曹卫东、付德根译：《后形而上学思想》，南京：凤凰出版集团，译林出版社2006年版，第28页。

是享利·柏格森（Henri Bergson）所认为的那样，“传统的一与多的问题是一个假命题”，西方认为理性不可能解决此问题，存在只是“生命冲动”所体现出的多样性和差异性;[①] 白璧德则主张，“一”与“多”的问题仍是一个真命题。白璧德并没有抛弃西方现象与实在之间的关系问题，而是扬弃了传统的知识论，转而借鉴了东方体证的行为方式，期冀通过“实证的、批判的方法”来解决。当前的西方社会，解构思潮漫卷，再谈“一”的问题似乎有些不合时宜了。但伴随白璧德一生的就是这种“不合时宜”的观点。不管怎样，要论述白璧德这方面的观点，仍须以形而上学作为必要的知识背景，这样我们才能厘清西方文化内在的变化脉络。要厘清“知”与“行”的关系，也莫不如此。

“形而上学”作为“第一哲学”被亚里士多德所提出，具有“科学之科学”的尊贵地位。但对形而上学的探究，在亚氏之前的古希腊哲人已经开始其形而上学的追求之路了。古希腊的文化有一条从具体到抽象、从形象化到形式化的思维路径。这条路径对西方文化的影响可谓深远，从中世纪至高无上的“上帝”到近现代的德国古典哲学思想，无不以建立形而上学的体系为旨归。就中世纪的经院哲学而言，欧洲中世纪文化形态对天国的关注远甚于现实的人间。这与以“人是万物的尺度”为标志的古代哲学对人的关注有着根本性的区别。但在形而上学体系的建构方面，中世纪的宗教文化仍然承继了柏拉图和亚里士多德的传统，在此方面，奥古斯丁和托马斯·阿奎那堪为典型代表。从具有划时代的哲学思维方式来说，中世纪的哲学在一定意义上是具有多样性的古代哲学的变形，由古代哲学转向一种新的哲学思维方式的近代哲学的过渡形态。[②] 对此，白璧德并不认可近现代所谓的精神“进步说”，他在征引阿克顿勋爵和柏克两人不无夸张的话时，说道：“所谓的黑暗时代在精神上一片光明；而另一方面，在理智获得了‘启蒙’的 18 世纪，正如柏克所抱怨的，在精神方面则是一片黑暗。”[③] 中世纪绝非一无是处，中世纪的宗教文化对西方人的灵魂进行了

---

① ［法］吉尔·德勒兹著，张宇凌、关群德译：《康德与柏格森解读》，北京：社会科学文献出版社 2002 年版，第 208 页。

② 刘放桐：《西方近现代过渡时期哲学》，北京：人民出版社 2009 年版，第 4～5 页。

③ Irving Babbitt, *Democracy and Leadership*, Boston and New York: Houghton Mifflin Company, 1924, p. 178.

一番净化和提升，这给近现代的世俗文化提供了反向的动力。G. F. 穆尔在《基督教简史》中说道：“欧洲的文艺复兴本质上说是世俗的文化运动。人文主义和人性这些名称本身就标明了它们是神和神性的对立面。”[①] 由于近代哲学家大都直接或间接地“把这样的理性主体当作全部哲学的出发点”，营造了一个“关于整个世界图景的无所不包的哲学体系”来作为他们“哲学研究的根本目标”，因此这一哲学时代常被称为“理性的时代、主体性哲学的时代、体系哲学的时代”；“由于当时建立的理性哲学、体系哲学往往都具有凌驾于一切科学之上的形而上学性质，这个哲学时代也被称为主体性形而上学或理性形而上学的时代”。[②] 由于对理性、主体性的强调都与对认识论的强调相关，把认识论当作哲学研究的主要内容，因此，许多现代西方哲学家把近代哲学的转向称为“认识论的转向”。这种转向当然意味着西方哲学发展史中一次具有划时代意义的哲学思维方式的变更，它推动西方哲学发展到一个新的阶段。例如，主—客、心—物的明确区分，使思维—存在、精神—物质这个哲学基本问题凸显出来，大大促进了唯物主义反对唯心主义、科学反对宗教的斗争。[③]

但物极必反，过于注重形式化的理性体系必然走向其反面。资本主义在发展过程中，存在与理性，尤其是与工具理性相伴随的一股相反的思想潜流。在资本主义工业化过程中，一方面是物质财富的极大丰盛，另一方面是人心的不断异化。在形而上学的封闭体系中，西方思想遗忘了活生生的人的存在。对此，西方思想家在对形而上学的弊端展开尖锐批判的同时，对传统的形而上学也保有一定的留恋情结。从康德“先验统觉的统一”的知性努力以及对现象与物自体的划界中，西方的形而上学已经陷入了知与行、理性与意志等“行而不上”的进退两难的困境。在此过程中，叔本华、尼采等人的非理性主义意志哲学产生了。在白璧德看来，它们不过是自然主义的变体而已，若再遵循西方现代性的理路去寻求诊治西方自然主义弊病之药石，可谓此路不通。于是，很多西方思想家把目光转向了古老的东方文化。英国著名哲学家罗素曾对东西方文明作过深刻的比较。

---

① ［美］G. F. 穆尔著，郭舜平等译：《基督教简史》，北京：商务印书馆2010年版，第295页。

② 刘放桐：《西方近现代过渡时期哲学》，北京：人民出版社2009年版，第5页。

③ 刘放桐：《西方近现代过渡时期哲学》，北京：人民出版社2009年版，第5～6页。

他一方面对中国人的弱点有着清醒的认识；另一方面，也指出了西方文化的不足，并认为东方中国向心性的文化可以弥补西方的不足，他说：“从整体利益来看，欧美人颐指气使的狂妄自信……会产生更大的负面效果……中国人摸索出的生活方式已沿袭数千年，若能被全世界采用，地球上肯定会出现比现在更多的欢乐祥和。然而，欧洲人的人生观却推崇竞争、开发、永无平静、永不知足以及破坏。导向破坏的效率最终只能带来毁灭，而我们的文明正在走向这种结局。若不借鉴一向被我们轻视的东方智慧，我们的文明就没有指望了。”① 这样说并不表示中国文化就没有什么弊端，事实常常是，被西方文明所吸纳的中国文明正是中国文化自身的局限所在。病症不同，施治药方自然也不同。对此，我们应当有着反思、自察和自我否定的意识。中国的思想家往往对自身文化过于乐观而显得盲目狭隘。熊十力认为，西方哲学的片面性在于过于强调人意识活动的理智方面，而忽视了人意识活动的整体性；其结果是割裂了知与行、真与善的关系，片面地追求事物之真，而忽视了主体的道德修养。与西方哲学不同，中国哲学则从认识主体的知、情和意的内在统一性出发，认为人的认识过程、审美感受与道德践履是交织在一起的，人只能在认识、尽性、践形的整体活动中，在内省与外求、情与理、知与行的相互制约中把握对象，达到认识的目的。这本身就是一个求真与求善、认识与修养的内在统一过程。② 邓晓芒则认为中西文化呈现出不同类型的文化模式，“西方文化主要是一种反思型的文化，即把对象世界看作反映人心的一面镜子。人要认识自我，只有到对象世界中去寻求”；而中国文化主要是一种“体验型的文化，即把自己的心看作对象世界的一面镜子，人要认识世界本体，只有到自己内心去体会”，这种不同类型的文化模式导致了西方文化把握不住对象本身，而中国文化则缺乏自我意识。③

这些论述都很有见地。白璧德就曾说，佛教是世界宗教中最具“中道”色彩的宗教，但仍然属于出世的宗教；孔子所代表的儒家是入世的和

① ［英］罗素著，秦悦译：《中国问题》，上海：学林出版社 1999 年版，第 7～8 页。

② 转引自郑家栋：《熊十力对中西哲学观的比较研究》，《学习与探索》1988 年第 2 期，第 76～80 页。

③ 邓晓芒：《康德宗教哲学与中西人格结构》，《湖北大学学报》（哲学社会科学版）1998 年第 5 期，第 1 页。

讲究中庸的人文主义。他批判康德二律背反的理性思想，视康德为一位“理性主义者”。白璧德的论述颇有见地，也部分地解释了他钟情于孔子的原因，这却招致了T. S. 艾略特的非议；同时，他批判古老中国惰性太足，好古而不述，走入类似现代西方人的另一个极端。① 白璧德虽然能借鉴孔子的思想，却不能解析其中的深层原因。这一要求当然有点强人所难。中华文化连绵不绝、生生不已，有着自身的发展轨迹，栾栋先生把它归因于中国所独有的“两栖文化机制”。在此交流系统中，“人和自然、个人和社会、理性与感性、理性与非理性有机地融合在一起。从远古流传至今的天人合一观念，是两栖文化关于人与自然关系的高度概括”。原始文化使得中国人的意识活动呈现出整体性、和合性以及混融性等特征。在中国数千年的血缘宗法制社会中，对原始文化的崇尚逐渐演变成“强大的崇古倾向”，两栖文化的功能“长于持恒守成，弱于革故鼎新”。正是由于这种两栖文化机制强于守成的特点，中国文明才不致于大起大落，“对社会制度的稳固作用非常强韧”②。

罗素与白璧德都注意到了东方文化对西方文明有一定的弥补作用。善于外向开拓和抽象思辨的西方文化，在19世纪日益发现东方文化的向心特征，对于寻求克制外向性文化弊端的西方文化来说，东方内在的向心性文化无疑给西方思想家们提供了另一个“视界”。讲究内在节制的东方文化与西方的知性传统不同，东方国家，特别是印度和中国，重视人的行为，着意于人的品格培养。抽象与高深不离日用，中国文化中的“致广大而尽精微，极高明而道中庸”最能体现这方面的特质。人们所关注的知识主要是日常生活的修身、修行等伦理方面的建设，这些日常行动本身呈现出社会的生活伦理和习俗。若把中国的知行关系作为西方的认识论来处理，虽然不是完全的文不对题，但也有点不适当。③ 中国道家有反理智主义的倾向，而儒家的“行”“既不是主体之于客体的静观的认知，也不是主体之

---

① Irving Babbitt, *Literature and the American College: Essays in Defense of the Humanities*, Boston and New York: Houghton Mifflin Company, 1908, p. 110.

② 栾栋：《略论中国文化的两栖机制》，《陕西师范大学学报》1994年第4期，第50~51页。

③ 张世英：《天人之际——中西哲学的困惑与选择》，北京：人民出版社1995年版，第183页。

于客体的能动的改造和征服，而是一种德性的概念”①。西方文化中的行动，特别是近现代哲学意义上的行动，主要意味着主体对客体的改造和征服，也就是马克思所说的“人把自然界人化了”②。人把自己的对象人化了以后，把自然客体变成自己的一部分，成为一种自身的工具和产品。但是，这种人工制品也可能成为人的异己力量，而人反而成为自己客体的一部分，也就是说，人成为物的一部分。对于异化劳动的问题，马克思有着精辟的分析。这种主体—客体对立的思维模式是近现代西方的典型特征。然而，东方文化与此不同，它主要是从内心向外看，用孟子的话说，是由内向外推。中国的这种哲学思想从本源上是一种伦理思想，讲究人伦，考究各种社会关系。个体的生活处于社会关系之中，个体没有西方现代人所具有的疏离感。与现代西方文化相比，以血液为纽带的家族式的宗法制社会，需要更多西方的法制精神来对治。那种认为仁学本体是“自发地逐步展开的‘我’与‘你’之间互相深入、互相沟通的一种解释学的交互性过程，一种作为主体间的‘德性’”③，若不能赋予宗法社会的“仁学”以新时代的民主内涵，这将只能成为一种迷醉式的自我欣赏。

佛教之所以能在中国扎根，很大程度上归因于思想的默契。不管大乘佛学还是小乘佛学，它们都是一种讲究内证修身、向内用力的德性之学，这与中国文化是何等相似。佛教所讲的众生平等是向内追求的平等，它之所以能够在印度产生，与印度的种姓制度是分不开的。在外在社会的不平等和等级差序改变不了的情况下，人们唯有向内追求，才得以脱离苦海。这两种文化都注重内心的体证，而缺乏向外开拓的人文指向。儒家讲究的是内求而外放，追求的是“放心”和“复性”，道家追求的是无心有心，佛家讲究破执以达到无我灭寂的境地。东方文化普遍缺乏“个体的主体化”，因此西方的虚无主义在东方较难存身。一般说来，能够感觉到虚无的人往往是那些有较强主体意识的人，“我”对“非我”有着一种审视的

---

① 张再林:《康德二元论哲学与儒家天人合一哲学——中西本体论本质之辨析》,《江苏社会科学》1997 年第 1 期，第 99 页。

② 转引自邓晓芒:《中西文化心理模式分析（续）》,《西北师范大学学报》（社会科学版）2010 年第 3 期，第 2 页。

③ 张再林:《康德二元论哲学与儒家天人合一哲学——中西本体论本质之辨析》,《江苏社会科学》1997 年第 1 期，第 99 页。

对象意识。虚无主义是在追求人生意义过程中产生的，否则那种“虚”与“无”就可能没有多少意义。若把尼采和海德格尔所说的虚无主义放到中国和印度的语境下来审视，就难以被感觉为虚无主义，因为虚无主义毕竟还有很强的主体意识，显然还没有达到“无”与“空”的破执境界。如邓晓芒所说，海德格尔晚期的“天地人神”里面的那个“人”的因素还起着一种“此在”的作用，只有通过人的存在才能把四者统一起来。对于西方个体意识独立的传统，西方人还是没有办法跨出去。① 相对于中国的禅宗，西方文化中的个体意识则更加显豁，追求“外在行动”以避免内在的虚无主义；而禅宗却以“世人性空”为本旨，追求一种“无二无别”的智慧。② 如此，自我的主体独立性就很难树立起来。以探究“内在超越”的小乘佛学更是一种内在体证的学问、一种生命的学问，如果完全用西方“主体—客体”的二元认识论来阐发，总会让人感到一些隔阂。尽管大多数西方佛学研究者用的是对象化的认识论方法，但毕竟容易略过佛学“内在生命的真理”，这也是白璧德反对哈佛大学那些文献考据学究们的原因。

白璧德的人文主义方法既有整个西方文化的大背景，也有美国文化自身的一些特色，同时还有很多东方的文化要素。其方法体现出诸多文化调和的色彩，这是文化会通的结果。对于他的思想，我们不能完全以某一种模式或某一种背景给他定格或归类。如果仅因为他对东方文化有所吸收，我们就以纯粹的西方汉学家或东方学家的身份来定位他的文化立场，那么这种逻辑是很荒谬的。③ 张歆海在论及有关白璧德与东方文化的关系时，曾试图回答白璧德的老同学 P. E. 穆尔所提出的问题：“白璧德自己的结论是被佛教中的法所确认，还是法影响了他的思想?”张歆海认为第一种说法是正确的，并接着说道：“白璧德并不志于成为任何技术或专业意义上

① 邓晓芒：《中西文化心理模式分析（续）》，《西北师范大学学报》（社会科学版）2010 年第 3 期，第 3 页。

② 慧能著，唐朋校释：《坛经校释》，北京：中华书局 1991 年版，第 49 页。

③ 段怀清的《白璧德与中国文化》主要是把白璧德纳入了西方汉学语境中来论述其与中国文化的关系。参见段怀清：《白璧德与中国文化》，北京：首都师范大学出版社 2006 年版，第 1 ~ 12 页。

的东方学家；他仅仅对从佛教中发现那些能增强他自己的观点的东西感兴趣”①。其实，张歆海的观点也值得商榷。一种思想的产生不是一种“或此或彼”的选择，而是在面临问题时，如何解决问题，这才是关键所在。他所提出的解决方案绝不是我们所想象的某一种方式或选择；若不清楚白璧德所针对的现代性问题，我们就难以准确把握他凭借“会通归一”的方式所建构的思想要旨和目的所在。白璧德毕竟生活在有知性传统的西方文化中，他的思想方法不可避免地渗透着知性思辨的特征，如他对“人之法则”与“物之法则”的区分，对自然主义两种类型（科学自然主义和情感自然主义）的区分，对理性、亚理性和超理性的区分等。瑞恩对白璧德知性方面的特征进行了深入的研究，认为白璧德本人可能并未意识到自己有这方面的思想。对此，瑞恩进行了一番知识性、逻辑性的演绎，发挥和扩展了白璧德的思想。实际上，瑞恩所发挥的思想在一定程度上添加了他自己的思想。

当然，就白璧德思想而言，在知与行的问题上，白璧德也重视理性的区分功能和辨别作用，只是更侧重于行为的功能，即以“行动”为价值取向。他所意指的行动，主要针对西方近现代以来自然主义的“外在行动”的弊端，在此，他提出了“内在行动”来对治。这种“内在行动”是文化会通的结果。在思维形态上呈现出直觉体悟的特征，体证往往是非逻辑或超逻辑的，纯粹的逻辑思维难以道出确证和体认的精妙。白璧德重视伦理经验，强调直觉体证，这都与东方修身文化紧密相关。在此，白璧德主要以批评家的身份来从事他的文化批判，而不像那些专业哲学家那样进行周密的逻辑论证，这固然会给白璧德的研究者带来诸多困难，但也留下了较大的阐释空间。

虽说美国的实用主义文化与东方文化有较多的契合之处，但美国文化毕竟是从西方文化中分支出来的。尽管美国人主张以自身文化的独特性来建构自身的文化身份，比如，特纳强调美国本土的边疆特性，但是，美国仍然脱离不了西方母体的文化传统。美国人强调经验，重视实践，反对教条，但他们对欧洲形而上学的批判毕竟是在西方知性传统基础上展开的，

---

① Chang Hsin-Hai, Irving Babbitt and Oriental Thought, *The Michigan Quarterly Review*, 1965（4）, p. 237.

仍然有着抹不去的西方文化底色。以杜威的实用主义和白璧德的新人文主义为例，他们都不满形而上学的抽象迷宫，但他们的批判仍带有知性传统的支撑。

当然，强调西方文化转型的大背景，并不表示美国没有自身的一些特色。作为一个移民的国家，在一个陌生的、变化莫测的环境中求生存，美国的民众会去尝试、去体验、去行动，这就需要不断去调整、去变化、去适应。这就是美国文化的一个主要特征。白璧德尽管一再对美国的实用主义进行批判，但也始终掩饰不了他思想本身的实用主义色彩。白璧德所面临的问题也是美国实用主义者所面临的问题，他们所提出的解决方案似乎给人一种“家族相似性”的感觉。实用主义（pragmatism）的本意是“行动”。“实践”（practice）和“实践的”（practical）这两个词就是从实用主义这个词来的。[①] 当然，白璧德竭力把他的思想与实用主义区别开来，但这两种学说毕竟是开在同一块土壤中的灿烂花朵，它们的相似和相通之处很多。威廉·詹姆斯在论述实用主义的方法时说道：“不是什么特别的结果，只不过是一种确定方向的态度。这个态度不是去看最先的事物、原则、‘范畴’和假定是必需的东西；而是去看最后的事物、收获、效果和事实。”[②] 白璧德也重视经验和实际效果，它们都打上了“实用”的美国文化印记。

美国的实用主义和人文主义都重视行动，反对任何权威和教条，不受前定的思想约束，这与欧洲大陆的思辨哲学差异很大。但白璧德所说的“行动”显然与威廉·詹姆斯和杜威等人所说的“行动”意蕴有所不同。就实用主义者所强调的“行动”而言，威廉·詹姆斯是从“功能心理学”的维度来说的，杜威则是在“情境”互动意义上来说的。杜威和白璧德都强调，要将经验看成人们实际的感受和亲历所得。分离理论和二元论让许多现代伦理学家颇为头痛，这主要是由于他们没有从经验出发，而从理论出发造成的，譬如：自我与行动、性格与行为、事实与价值等的分离；而现代的道德哲学家也不是从经验出发，他们总是从本体论的差异出发，先

---

① ［美］威廉·詹姆斯著，陈羽纶、孙瑞禾译：《实用主义》，北京：商务印书馆1997年版，第26页。

② ［美］威廉·詹姆斯著，陈羽纶、孙瑞禾译：《实用主义》，北京：商务印书馆1997年版，第31页。

探讨真实情境中的“完整的统一”和“未经分析的全体”。[①] 杜威和白璧德对经验都不持绝对的立场，而是持中道的立场。对杜威来说，“一个极端是道德理论与道德实践的完全脱离，另一个是某些规范道德伦理虚张声势地、硬性地规定我们的道德行为”[②]。道德伦理是来自具体的事实和对具体道德情境的思考，所以道德哲学是道德生活的一个功能，不可本末倒置，也就是说，它们是工具，当道德理论被看成内部的某种东西，而不是从外部强加在实践上的东西时，理论就可以得到有效利用，从而承担起理智改良实践的责任。[③]

但白璧德拒绝把自己与那些实用主义者归为同类，而是把那些流变的哲学家和实用主义者看作人文主义者最大的敌人，他认为杜威、詹姆斯、柏格森和克罗齐等人都属于“多的形而上学家”，因为他们根本不能满足“彻底的实证主义者”的要求，“他们将自己对变化因素的迷恋，建立成一种完整的生活观，这样他们抛弃了经验的一个完整方面，而他们采取的方式在某种程度上常常使人想起了古希腊的诡辩家”。[④] 白璧德批判实用主义者不是以真理来衡量效果，而是凭借效果来衡量真理。当然，白璧德并不否定实用主义者诉之于“经验”和“实际的结果”，而是批叛判他们“抛弃了中心标准的约束，以纯粹个人的思想和情感作为衡量一切的尺度”。[⑤] 换言之，白璧德声讨杜威、詹姆斯等实用主义者的主要原因在于他们只注意到复杂多样的变化因素，而没有注意到生活的统一性。在白璧德看来，“一”与“多”不可分，两者是“多样性的统一”，缺失任何一面都是片面的。杜威主张情境的效用性，而不是内在生命的普遍性。但在杜威看来，他并没有忽略道德规则，只不过这些道德原则的有效性最终“依赖于

---

① ［德］拉里·希克曼著，徐陶等译：《阅读杜威：为后现代做的阐释》，北京：北京大学出版社 2010 年版，第 117 页。

② ［德］拉里·希克曼著，徐陶等译：《阅读杜威：为后现代做的阐释》，北京：北京大学出版社 2010 年版，第 117 页。

③ ［德］拉里·希克曼著，徐陶等译：《阅读杜威：为后现代做的阐释》，北京：北京大学出版社 2010 年版，第 117 页。

④ Irving Babbitt, *Rousseau and Romanticism*, Boston and New York: Houghton Mifflin Company, 1919, p. 13.

⑤ Irving Babbitt, *Literature and the American College: Essays in Defense of the Humanities*, Boston and New York: Houghton Mifflin Company, 1908, pp. 26－27.

它们对某个情境的适用性”①，也就是说，它们本身并不具备任何规范力，有效与否在于能否促进人格塑造与习惯的养成。杜威注重行动与情境的相互作用，在调和西方主客二分的弊端方面也作出了很大贡献。

白璧德与杜威的论争和分歧让我们看到了美国文明自身的调适功能。如果说以杜威为代表的实用主义文化是外向性的实效文化，那么白璧德所提出的人文主义文化则在一定程度上修正并提升了美国的实用主义。美国自身的诸多弊端往往能在相互论争中得到较深入的辨析，从而及时得到修正；相反，单轨道的文化往往不能自反、自省和自察。彼得·菲瑞克（Peter Viereck）在论述美国保守主义和自由主义思想时说道：“美国自由主义者与保守主义者都拥有一个共同的基础。相对于欧洲大陆来说，美国人比欧洲的保守要自由，比他们的自由要保守。”② 不管是自由主义还是保守主义，在美国文化中，持不同观点的人往往都拥有一个中间共享的文化基础。认识到这一点对我们分析白璧德与杜威的文化互补性非常有用。我们不能孤立地看待他们的文化观点和立场，他们仅是美国政治文化中的一体两面而已。若只是夸奖其中的一方，都可能脱离美国历史语境而扭曲美国文化的真实面目。美国文化肌体的丰富性与活力正体现在正反的合作之中，竭力减弱任何一方的美国历史根源，都可能会削弱我们对美国文化中创造力的准确理解。尽管白璧德的人文主义广泛地吸纳了东方的文化因子，但最终还是融入了美国文化，成为美国文化不可分割的一部分。经过时间与实践的洗礼，美国人对其中的外来文化几乎习焉不察了。白璧德的人文主义与杜威的实用主义都融入了美国文化生活之中。他们在理论上互相批驳，但实际上他们的思想并非完全“处于对立的两极”③，而是互相补充，互相矫正，不断弥补对方的缺失。在调适美国文化方面，他们的思想都产生了积极的建设性作用。美国20世纪的教育史基本上是实用主义教育

---

① Irving Babbitt, *Rousseau and Romanticism*, Boston and New York: Houghton Mifflin Company, 1919, p. 119.

② Peter Viereck, *The Unadjusted Man: A New Hero for Americans*, Boston: The Beacon Press, 1956, p. 108.

③ Russell Kirk, Introduction: Babbitt and the Ethical Purpose of Literary Studies, In Irving Babbitt, *Literature and the American College*, Bowie, Maryland: National Humanities Institute, 1986, p. 14.

观与人文主义教育观不断交替的历史。当然，作为局内人的白璧德与杜威可能并不认同，但美国的教育史却证明了这一点。[①]

威尔·杜兰特在《哲学的故事》中说有两个美国，一个是欧洲式的美国，一个是美洲式的美国。前者主要指美国东部各州受到盎格鲁—撒克逊（英国的）文化的影响，正是这个东部的英格兰产生了华盛顿、爱默生和乔治·桑塔亚那；后者则扎根于美洲本土，产生了诸如林肯、梭罗、惠特曼、马克·吐温和约翰·杜威等人。[②] 杜兰特的概括当然有其道理，但他的视野仍显局促，主要局限于西方，特别是欧美范围之内。实际上，作为一个新兴的后发国家，美国一直持开放的学术态度，对世界优秀的文明成果兼收并蓄，形塑自己的文明，进而形成自己的文化身份。特别是随着19世纪东西方文化的频繁接触，东方文化深刻影响了美国的思想家，如爱默生与梭罗等人都受到了中国文化和印度文化的影响；而受到爱默生影响的白璧德受东方文化的影响则更加显著。按照白璧德的说法，杜威的学说是自然主义，他所关切的主要是人性较低的部分，而他的人文主义侧重于人性中较高的部分，以人性较高的部分对人性较低的部分进行节制，主张以“内在行动”诊治实用主义的“外在行动”。对美国向外扩张的文化进行“向内”转化的工作。

不管是东方还是西方，知与行的问题都有着自身的特殊性和差异性，但也更具普遍性。白璧德会通了东西方的文化资源，与西方思想家相比，他的思想的确有一些非同寻常之处。与西方的文化传统知行关系紧密联系的是意志、理性与情感之间的关系问题，换言之，西方近现代文化中一直存在理性与信仰论争的问题，也即“脑”与“心”的矛盾问题。这就与东方所面临的问题非常不同。白璧德借鉴了东方的思想文化，试图解决西方文明，特别是美国文明的问题，以突破西方文明的局限。就其人文主义方法而言，白璧德借鉴了东方“道路”的思想，这对理解他的思想至关重要。下面我们联系西方“脑”与“心”的矛盾来论述白璧德的“道路”思想。

---

① 施晓光：《20世纪美国人文主义高等教育思想的进展》，《比较教育研究》2004年第8期，第7~11页。

② ［美］威尔·杜兰特著，金发燊等译：《哲学的故事》（下册），北京：生活·读书·新知三联书店1998年版，第329~330页。

第二节　道路：上升之路与下降之路

瑞恩认为，白璧德所说的分析能力的理性是一种实用理性，并不是哲学理性；尽管白璧德所运用的逻辑主要是哲学理性，但他本人可能并没有清楚地认识到这个问题。[①] 就此，他用新黑格尔主义者克罗齐哲学理性的逻辑观点，对白璧德的思想进行了有益的补充，评判白璧德之所以采用实证主义，“部分原因是修辞性的”，而他研究目的主要在于“解释和批评性地评价白璧德的知识理论，以延展和补充它，也是为了满足那些纠正人文学科认识论的需要”[②]。如果以知识论为框架来论述白璧德，那么白璧德思想中所具有而不能被认知理性所框定的内涵就会被丢弃或遮蔽。当然，瑞恩的着重点并不是自然科学的知识理论，而是人文学科的知识理论，但毕竟是在知识论框架之中的论述。对于有认识论文化传统的白璧德，毋庸置疑，其思想具有认识论方面的内涵，但是若从行动的向度或者生存的向度来论述他的人生哲学，可能更加适当。

白璧德的“内在生命”人生哲学的主要问题不是认识上的问题，而是行为上的问题。虽然认知理性不可缺少，但理性需要和想象合作，而这种合作仍然是服务于人的内在力量，白璧德把这种内在力量定义为人的伦理意志。[③] 知识论的研究路数遮蔽了白璧德最为精髓的东西，即那些超越了理性局限的内涵。不管是实用理性还是哲学理性，它们都不能涵括白璧德思想中的超理性部分。白璧德实际上多次论述他思想的独特性，即他的思想不是形而上学的体系，而是人的“内在行动”，一种内在生命的践履。他借鉴了东方的“道路”思想。白璧德着重于人的内在自我超越，正如上文所论，这种自我超越并不是一种出离世间的超越，而是在生活世界之中

---

① Clae G. Ryn, *Will, Imagination and Reason: Irving Babbitt and the Problem of Reality*, Chicago: Regnery Books, 1986, pp. 79 - 108.

② Clae G. Ryn, Another Conception of Knowing, *Humanitas*, 1996, 9 (1), p. 80.

③ Irving Babbitt, *Democracy and Leadership*, Boston and New York: Houghton Mifflin Company, 1924, p. 180.

的超越，一种精神境界的不懈努力与追求。这种自我超越不仅仅是认识方法，更是一条不断体证、不断精进的人生道路。

白璧德之所以引进东方的思想，人们常常说法不一，但白璧德自己所言已可以充分说明这个问题：

不管怎样，有人赞成上帝的恩典，有人以这种或其他方式断言理智的首要性，这两种人之间的意味深长的对立仍旧存在。恩典的教义是中世纪欧洲社会大厦的基石。这一学说式微之后，欧洲文明是否仍然能够幸存，这并不像人们所能期望的那样明晰。人仅仅自立是不够的，还要保持谦卑——持有这种看法的个人主义者，不管怎样将面临着一个问题，即：找到一个上帝恩典的对等物。在此，我们发现把亚洲的整个经验考虑进来，这将对我们非常有利。当然，没有任何明智的人会说远东的道德优越于欧洲，但是远东至少对西方文化中特有的疾病——理性与信仰之间的冲突——享有相对的免疫力。佛陀与孔子都成功地结合了谦卑与自立，并且培育了批判精神。他们可能对那些人有所帮助，即：期望沿着现代路线，并把亚洲过去所代表的要素成分恢复到他们的生命中，他们相信，西方现在因没有恢复这种内在生命的要素，从而陷入对速度和力量的欲望所导致的疯狂危险之中。①

上述这段话明确道出了白璧德借鉴东方经验的目的，也即如何化解现代西方心理的一个所谓绝症的问题。西方的文明病症有着自身的历史轨迹，这与古老的东方不同，特别是与印度和中国不同。白璧德认为西方哲学基本上是“一的形而上学”与“多的形而上学”的争论史，这近似于一种怪异的文字游戏。白璧德如此说，并不表示他不重视理性，而是说他看到了西方文明的不足之处，并且提出了他的诊治方案。当然，白璧德并不认为西方文明根本就没有东方“内在生命的要素”，而是认为在东西方文化会通中有共同的东西，如他所说的西方人要“恢复”他们自身文明的“内在生命的要素”。其实，东西方文明几乎自其肇始就走了不同的路径，

---

① Irving Babbitt, *Democracy and Leadership*, Boston and New York: Houghton Mifflin Company, 1924, p. 184.

而这种不同路径对各自的文明都产生了深远的影响。

白璧德说古希腊哲学的危险从一开始就是“一种顽固的理智主义”(obstinate intellectualism)①。这种理性主义的文化着重于人与物的关系，如邓晓芒所说，西方文化主要是“反思性的文化”，而这种对象性的反思往往寻求一种最终的“推动力”，也就是“本原”的追溯。从泰勒斯的“水”、阿那克西曼德的“无限”、阿那克西米尼的“气”、赫拉克利特的“火”，到毕达哥拉斯的“数”，再到巴门尼德的“存在”，他们都以具体感性的东西为本质、为本原逐渐抽象拔高，一直到柏拉图的“理念”和亚里士多德的“纯形式”。这种“始基”情结是他们理性文化的一个特殊表征，并用这种因果性理性所建构的“一”的原则去超越现象界的“杂多”。这种知识性的路径是西方文明的优势所在，但也有其不足。白璧德说，苏格拉底—柏拉图的“知识即美德”的观念在一定程度上令人怀疑，因为人有一种做错事的“邪僻的快乐”②。白璧德对人性的不足有着很清晰的认识，他认为人的理性若居于首要地位，那么人就很难保持谦卑。他还以拉丁语神学家圣奥古斯丁自述的经历为例：圣奥古斯丁说，自己小时候曾有过偷梨子的经历，但舌头所尝到的滋味并不是梨子本身的味道，而是罪恶的滋味。当希腊人从传统准则中解放出来的时候，他们便急剧地滑向“纯粹的理智主义”。斯多葛主义和伊壁鸠鲁主义都不能有效地节制人们内心放纵的欲望。尽管斯多葛主义试图以理性来建立世界的统一性，以承担宗教的工作，但白璧德认为斯多葛主义是一个自相矛盾的思想运动：它一方面断言物质秩序才是真实的；另一方面却把最终的重点放在不是物质秩序所能提供的“美德”之上。③也就是说，他试图通过一元论来假设所取得的那些精神果实并不是物质秩序所能产生的，即“自然法则”提供不了“人性法则”的精神果实。对此，白璧德说道：“斯多葛主义虽然有很多优点并且取得局部成功，但从整体上说却是失败的。同样可以说，希腊人试

---

① Irving Babbitt, *Democracy and Leadership*, Boston and New York: Houghton Mifflin Company, 1924, p. 175.

② Irving Babbitt, *Democracy and Leadership*, Boston and New York: Houghton Mifflin Company, 1924, p. 173.

③ Irving Babbitt, *Democracy and Leadership*, Boston and New York: Houghton Mifflin Company, 1924, pp. 172 – 174.

图批评地解决行为问题（即建立健全的个人主义）的一切努力均告失败。”这种失败的原因主要归于这样的一个事实，即“没有充分地处理想象与更高意志或伦理意志之间紧密联系的问题”①。

中世纪的基督教在某种程度上提供了希腊哲学中不存在的东西。它建立了自己的教义，而这些教义使理性变得谦卑；此外，基督教也创造了许多控制人们想象的象征，又通过人的想象控制了人的意志。凭借这种东方信仰所提供的基础，欧洲历经古希腊—罗马的衰亡和蛮族浩劫之后，最终得以重建文明。但是，这种文明的重建在很大程度上是以牺牲批判精神为代价的，其结果便是“先在的、外在的，更高的权威对于个体的胜利”②。此外，白璧德立足于近现代的个体主义立场，批判“伦理意志崇拜”。白璧德既批判古希腊的理性主义又批判意志崇拜，认为各种形式的意志崇拜都存在诸多危害。他说，对于那种把“更高意志”视为“神意”的危害性也不可不察，那种“通过字面上的、无限的神启方式一劳永逸地昭示于人”，其弊端和危害可在伊斯兰教那里清楚地见到。为了绝对意志而忽略了流变和相对的因素，或为了绝对的理性而忽略了流变与相对的因素，这二者都同样危险。对此，白璧德进一步说道：“当意志被视为绝对的、不负责任的同时又是超越的，这时候的个体确实会变得谦卑，但没法自立起来，往往还会陷入东方的宿命论。”③ 这种伦理意志的崇拜也曾出现在基督教当中。白璧德认为，常被信奉为“基督教的柏拉图”的圣奥古斯丁与古希腊的歧异已经显示出来，即“相对来说，是理性更重要，还是意志更重要?”由此，西方文化的重心发生了重大转移。圣奥古斯丁只想知道两件事——“上帝”和“灵魂”。他所构想的上帝不是“理念”的神，而是“意志”的神，人的“灵魂”在其本质上也被还原为“意志”。只是因人的原罪而背离了神意，人与上帝之间有着不可逾越的鸿沟；除非上帝恩典，否则人不能得救。在基督教那里，理性不仅被置于服从的地位，而且

---

① Irving Babbitt, *Democracy and Leadership*, Boston and New York: Houghton Mifflin Company, 1924, pp. 174 – 175.

② Irving Babbitt, *Democracy and Leadership*, Boston and New York: Houghton Mifflin Company, 1924, p. 175.

③ Irving Babbitt, *Democracy and Leadership*, Boston and New York: Houghton Mifflin Company, 1924, pp. 175 – 176.

还遭到了彻底的怀疑，这便为蒙昧主义敞开了缺口。白璧德认为卢梭提出了正确的问题，西方历史也基本上证实了卢梭的观点，即科学与美德并不相容。而如何使理性与意志处于适当的关系，对塑造“健全的个人主义”至关重要。文艺复兴以来，理性又重新反弹并逐渐取得优势地位，从13世纪开始，随着理性的复兴，宗教裁判所也建立起来了。这种关联透露出西方的理性与信仰之间的矛盾，这种不相容在西方很多词汇中也体现出来，诸如德文中的“神圣”（selig）与英文中的“愚蠢”（silly）乃同根词，英文“纯真”（innocent）的人意味着“白痴”（idiot）等。[①]

以培根为代表的科学自然主义和以卢梭为代表的情感自然主义都抛弃了谦卑，他们都以人性本善为出发点，以社会进步观代替古典时代的美德和中世纪的上帝拯救观。白璧德指出，卢梭这位浪漫主义之父，以情感来替代理性，以情感宗教僭越真正的宗教位置，混淆了人们的视听，迷乱了真正的宗教信仰，而培根式的功利主义则以机器的进步说建立了一个科学的乌托邦。现代人自立有余而谦卑不足，也就是说，随着科学进步思潮的影响，西方人在利用自然的力量反抗超自然的力量方面取得了绝对性优势。问题是，随着宗教的式微，谦卑的美德日渐衰落。但谦卑的美德，如柏克所言，是一切德性的根本。而“谦卑”在当下常被人误用，“这个词有时候被用来描述科学人士对自然的神秘和无限所表现出来的敬意，有时则被视为谦虚的同义词，有时甚至指一个人与他人相比较时所表现出来的精神上的卑劣”。白璧德指出：“确实，一个人在与自然和他人打交道时，不应该自我膨胀，但是谦卑属于另外一种秩序，也就是帕斯卡尔所一再坚持的超自然的秩序。”[②] 而这种超自然的秩序的存在在当前“上帝已死”的宗教背景下如何成为可能？

在此情形下，是否还有其他途径来化解西方文化中脑与心的矛盾？对此问题的化解或解决可以完善西方人的心理结构，便于造就健全的个人主义。白璧德认为个人主义这个一般性的词语需要苏格拉底式的定义，以免一些诡辩家混淆视听，他曾说道：“自18世纪晚期以来直至当前，我们仍

---

① Irving Babbitt, *Democracy and Leadership*, Boston and New York: Houghton Mifflin Company, 1924, p. 183.

② Irving Babbitt, *Democracy and Leadership*, Boston and New York: Houghton Mifflin Company, 1924, pp. 165 – 166.

然生活在这段时期，见证了‘个体的意义’绝对地胜过‘人类的普遍意义’……在此期间，即使那些用于反对个体主义的集体主义方案本身，也常常根据传统标准而被视为激烈的个人主义”，因此，对于个人主义需要有所鉴别和区分。白璧德把个人主义区分成三类变体，即：一个人可能希望行动、思考和感觉都与别人不同。在这三种主要方式中，任何一种方式的个人主义者可能彼此都没有什么相同的地方。[①] 从总体上说，自18世纪以来的科学自然主义和情感自然主义，在很大程度上都是以牺牲人类的共通感为代价的。卢梭的情感个人主义是向“人类的一般意义”（the general sense）提出的挑战，实际上就是对西方两大传统——古典的和基督教的——进行挑战。在此，白璧德显然借鉴了康德对知、情和意的分类。就这三个方面而言，白璧德意识到，要建立健全的个人主义，西方文化若在自身范围里突围，将有着自身的局限性。在脑与心的关系问题上，东方文化具有免疫力。那么，我们不禁要问：在脑与心的问题上，东方如何具有免疫力的？东方的超自然秩序如何可能？对这些问题的回答，将会帮助我们进一步理解白璧德的思想。

白璧德认为，佛陀作为一位彻底的个人主义者，就不得不处理“一”与“多”的问题。而佛陀处理这个问题的方法与西方有很大差异，白璧德明确地说，在此问题上，他更接近于佛陀，而不是柏拉图。[②] 我们知道，对柏拉图来说，“理念”是真实存在的，而现象则构成暂时存在的世界，现象之后的“理念”使现象之为现象成为可能。在佛陀那里，“统一性”不存在于理智中，而是存在于意志中。从个体生命的存在来说，东方重视向内审视自身，而西方则侧重于向外进行质疑。就此方面而言，白璧德主要以人的内在生命为中心来论述东西方的文化差异。就知性而言，“佛陀所列举的诸多‘不可知’（unknowns）几乎等同于否认生命之深义是可以认识的”。把佛陀与柏拉图放在一起解说，两人的区别便昭然立现。

千万不可认为佛教徒的“心”（末那 mano）与柏拉图的心灵（努斯

---

① Irving Babbitt, *Rousseau and Romanticism*, Boston and New York: Houghton Mifflin Company, 1919, p. 114.

② Irving Babbitt, *Rousseau and Romanticism*, Boston and New York: Houghton Mifflin Company, 1919, p. 20.

nous）意思一致。对于佛教徒来说，心乃流变之工具（an organ of the flux），而柏拉图却将“心灵”抬高到了首要位置，这种区分意义重大。佛陀认为把人的身体视为永恒，固然是谬误，但把人的心灵视为永恒，此种类似的幻想，其谬见更甚。西方哲学具有一种可以回溯到巴门尼德的一种趋向——把思想等同于存在。佛教徒将会视此为西方哲学的根本谬误。[①]

怀特海说，西方哲学基本上是柏拉图思想的一个注脚，这说明了柏拉图对西方文化的影响巨大。在“一”与“多”的问题上，以理性思辨作为传统，以语言的逻辑来论证成为西方基本的思维路径。在此方面，东方往往从注重个人生命的完善方面来立言，走向了一条不同的道路。白璧德认为不管是佛教，还是基督教（白璧德也把基督教视为东方的宗教），意志必须优先于理智，那种试图以理智来直接地处理生命，无异于试图用“一只茶杯容纳大海”一样荒谬。人生不是一个认知的事件，而是一条不断践履的“道路”。白璧德说道：“在对待意志的问题上，佛陀的学说并不是西方意义上的体系，而是道路。”[②] 这里的道路，并不意味着从甲地到乙地那一段固定的距离，不意味着外在的、可见的一段空间轨迹，而是指向一种“内在行动”；“生命的秘密只向那些行动者显露，而在所有行动中，最困难的行动是‘内在行动’”。[③] 这种“内在行动”，如上文所述，主要体现为“二元的”人性论。而这种二元的内在战争并非如瑞恩所言是“修辞性的”，而是真实的、活生生的和直接性的事实。当然，白璧德也非常重视辩证法，其二元的人性论体现出很强的辩证法特征。白璧德曾批判爱默生缺乏辩证思想，“人的辩证思维微弱无力得像爱默生者，还能否被称为柏拉图主义者，颇令人怀疑”[④]。这里我们不妨对白璧德的这种内证辩证法进

---

① Irving Babbitt, *Democracy and Leadership*, Boston and New York: Houghton Mifflin Company, 1924, p. 168. 本译文参考了张源和张沛的译本。

② Irving Babbitt, Buddha and the Occident, In *The Dhammapada: Translated by Irving Babbit from the Pali*, New York and London: Oxford University Press, 1936, p. 86.

③ Irving Babbitt, *Democracy and Leadership*, Boston and New York: Houghton Mifflin Company, 1924, p. 170.

④ Irving Babbitt, *The Masters of Modern French Criticism*, Boston and New York: Houghton Mifflin Company, 1912, p. 357.

行一番考察，以进一步理解他的二元论，同时这也可以帮助我们理解他的“道路”思想。对此，白璧德曾征引儒贝尔（Joubert）的话来道出自己的观点：

一位严肃的思想家不应该在提出一种真理的同时，不提出矫正和制约它的反真理，否则真理就会不健全，从而成为一种麻醉剂。现在，爱默生通常是提出真理，也提出反真理，但是这两种真理不是以生命的辩证法联系在一起，就像他那个派别的思想家一般所做的那样，他的追随者可能会拿走麻醉剂而留下了矫正物。①

需要注意的是，白璧德使用的“生命辩证法”（vital dialectic）主要指一种生命的直接体验，这种“生命辩证法”具有自身的独特性。它不同于对立统一、量变质变或否定之否定的辩证逻辑，更不用说同一性的形式逻辑。相对于“自然辩证法”而言，“生命辩证法”主要关涉人内在生命的运动，或者说内在的行动，而自然辩证法主要论述自然界的普遍联系及其辩证发展规律。在白璧德看来，这种“自然辩证法”脱离了人生，远离了人的“内在生命”。人是矛盾、二元的，在人内在生命的深处，人不仅具有“卑下的部分”，而且具有“高上的部分”，换言之，人不仅具有自然欲望的一面，而且具有神圣、超越的一面，以人性的高上部分对人性的低下部分进行有效的克制，才能不断提升人的境界，正如白璧德所说：“人本性的完善程度几乎直接与人的自我限制和控制成比率关系。”② 那种把人视为自然的一部分的思想，如达尔文的物种起源学说，在白璧德看来无疑是把人降格到动物的层面，而这种思想却正是当时西方的主流思潮。从这种意义上说，白璧德可谓逆潮流而动，这也许是白璧德被冠之以“反动”、“保守”等帽子的部分缘由。

---

① Irving Babbitt, *The Masters of Modern French Criticism*, Boston and New York: Houghton Mifflin Company, 1912, p. 359.

② Irving Babbitt, *The New Laokoon: An Essay on the Confusion of the Arts*, Boston and New York: Houghton Mifflin Company, 1910, p. 202.

瑞恩认为，白璧德的辩证理性或哲学理性类似于黑格尔的精神现象学，[1] 这是一种不断抽象、提升的自我意识。其实，白璧德非常反对思维抽象物，认为那是“形而上学的迷云”[2]。白璧德反对形而上学，而主张实际经验和体认，理性的认识问题无法使内在生命达到充盈，它只能起到工具的作用。因此，白璧德的生命辩证法不是思维的认识论问题，而是人的内在行为问题，一种人内心体验的“事实”，一种行动的辩证法。尽管这种行为也呈现出哲学理性的辩证法特征，如瑞恩所言，这是一种“兼性的二元主义”[3]（both-and dualism）。思维呈现出有无相兼、肯定与否定相兼的特征，但这是一种否定与肯定不断转化的内在行为。这里的“生命辩证法”不是黑格尔所说的“对立统一”，而是矛盾的辩证发展推进了自我意识的不断提升，最终达至一个统摄万方的“大一”。对此，瑞恩也注意到了白璧德的这种特征，他认为白璧德在这方面的思想与埃里克·沃格林（Eric Voegelin）颇为相似，因为沃格林在其著作中写到：“存在的真理不是关于事实的信息，主体—客体的二分……不能运用于体验—表达—自身的事件”[4]。此处，我们可以观察到西方思想家试图打破主体—客体二分的局限性，他们对西方现代性问题都有着切身体会，在某些方面都提出来一些相似的主张。这种主体—客体二分的思维模式是西方自我意识对象化的表征。瑞恩注意到白璧德“生命辩证法”的一些内在特质，但不知其中的内在原因。其实，这是白璧德对东西方文化熔铸的结果。虽然东西方文化有对立、差异，但并非不可以相互融通。白璧德在这方面进行了有益的尝试，并取得了独特的学术成果。就白璧德的“生命辩证法”而言，不管是在思路方面，还是在内在学理方面，栾栋先生创立的“易辩法”都可以与之互为参照，这也非常有利于我们理解白璧德这方面的思想。

---

① Clae G. Ryn, *Will*, *Imagination and Reason*: *Irving Babbitt and the Problem of Reality*, Chicago: Regnery Books, 1986, p. 111.

② Irving Babbitt, *Literature and the American College*: *Essays in Defense of the Humanities*, Boston and New York: Houghton Mifflin Company, 1908, p. 27.

③ Clae G. Ryn, *Will*, *Imagination and Reason*: *Irving Babbitt and the Problem of Reality*, Chicago: Regnery Books, 1986, p. 106.

④ Clae G. Ryn. *Will*, *Imagination and Reason*: *Irving Babbitt and the Problem of Reality*, Chicago: Regnery Books, 1986, p. 103.

栾栋先生以中国的易学法来融合辩证法，而白璧德是以辩证法融合东方的体证文化，二者可谓殊途同归，只是有不同的侧重点。栾栋先生侧重于东方化感通变的易学法，把东方祥和的易学文化与科学性的西方辩证法熔为一炉、相互涵摄；而白璧德试图克服西方启蒙理性的弊端，融入了东方富于意象性的文化要素，但是西方辩证法特征还是较为明显。他们力图给这个无信仰的时代培植人类精神之“根”。就易学法与辩证法各自的特征而言，栾栋先生认为这两种根本性的思维方法有着不同的人文品性，“易学法是天地神人的对话，辩证法是人类手段的延伸”，但手段毕竟还需要人文精神的统领。就它们的相互关系而言，它们“不是互相敌对，也不是简单的拼凑，而是深入本质的相互涵摄”。具体说来，涵摄具有以下几个层面的蕴含：

涵摄是互补。从基本特征上讲，易学法是阴柔文化的典范，辩证法是阳刚文化的楷模，两种文化的互补具有深远的基础和巨大的意义。易学法的本根睿智与辩证法的工具主义是人文学思想不可或阙的左膀右臂。涵摄是互破。易学法的慈卫祥和对辩证法的征服主义戾气有化解之功，辩证法的科学张力对易学法的神秘色彩有祛魅之效。两者的相克与互补实际上是并行不悖的运作。涵摄是互约。易学法是华夏文化的天算，辩证法是西方文化的人谋，天算人谋构成了人文学最吃紧的代数学。易学法的非逻辑思想，与辩证法的逻辑中心主义互为公约数。公约数是牵挂的基点，约束的环扣，相关的信义，缺席的在场。涵摄是互动。易学法是华夏两栖文化的道境灵枢，辩证法是西方文明文化的逻辑机括。如果说它们在历史上曾经两峰并峙，双水分流，那么在今天已经进入峰回路转的新局面，可以说百川归海，分久必合。它们在地球村文明新轴心的构成中实际上已在互动。涵摄是互化。易学法有穷究天人的和合，辩证法有改造世界的架构，在新轴心的起承转合之中，它们完全可以经磨合而互化。至少可以期望这样一种境界：始化与终极连贯，道气与器制豁达，阳刚与阴柔钟会，人文与科技融洽，诗思与哲理呼应，意象与概念对答，逻辑与混沌圆通，形上与形下弥合。①

虽然白璧德笔下没有提及中国的易学法，但是通过对中国古代典籍的研究，事实上他对中国易学法是有一定的吸收的。易学可谓中国文化的本根文化，渗透在诸子百家之中。白璧德说他的人文主义借鉴了儒家的思想，“在谦卑的问题上，西方的人文主义者可从中国儒家那里学习一些东西”②，他称孔子是“意志的导师”，而亚里士多德是“知性的导师”，并且多次引用儒家典籍《中庸》中的话语来佐证自己的思想，说人类除了探测宇宙中心之外，更要探究人的中心，而所谓的宇宙中心实际上不过是建立一个供人们模仿的范式而已。③ 而人之中心法则，不是理性所能涵盖的，“以理性来直接处理生活就如同试图把海洋装进一个杯子里一样”荒谬，白璧德认为把生命的秘密透露给那些行动的人，最困难的莫过于“内在行动”。④ 白璧德显然吸纳了中国文化的智慧，他的思想已经超越了“西方文明文化的逻辑机括”的辩证法，在一定程度上呈现出“易辩法”的奥妙：“人文与科技融洽，诗思与哲理呼应，意象与概念对答，逻辑与混沌圆通，形上与形下弥合”。因此，白璧德执两用中的人文智慧，融合了中国文化中的易学法，使得“生命辩证法”蕴含着直觉的、意向性的诗学内涵，体现了东方文化中突出的“内在体证性”的诗思和富于意向的神思。在人文精神上，白璧德显然以“更高意志”的谦卑精神来统摄工具性的辩证法。笔者在后面论述白璧德的想象观时，其与中国文化的契合性将更加明显。在积极吸纳与西方文化异质的东方文化方面，白璧德堪称表率。

就生命体验的方式而言，东方具有丰厚的资源，这是一种不同于西方知性的生活方式，若仍然以主体—客体的对象化方式来处理“内在生命”，

---

① 栾栋：《易辩法界说——人文学方法论》，《哲学研究》2003 年第 8 期，第 52 ~ 54页。

② Irving Babbitt, *Democracy and Leadership*, Boston and New York: Houghton Mifflin Company, 1924, p. 195.

③ Irving Babbitt, Humanism: An Essay at Definition, In Norman Forester (ed), *Humanism and America: Essays on the Outlook of Modern Civilization*, New York: Farrar & Rinehart, 1930, p. 28.

④ Irving Babbitt, *Democracy and Leadership*, Boston and New York: Houghton Mifflin Company, 1924, p. 170.

必然是对生命本身进行概念化处理，这将远离生命本身。从这个角度讲，白璧德与柏格森是相通的，但白璧德超越了西方人的“视界”，称说人文主义是“实证的、批判的人文主义”。它不仅借鉴了中国文化，而且借鉴了印度佛教的思想，特别是小乘佛学的思想。[①] 这种实证的、批判的方式也就是白璧德所说的“现代批判精神”，“拒绝以任何权威来考虑事情”。[②] 佛教主张“缘起”观，认为一切世间事物都是“因缘和合”而成的，其中“没有一个真正实在的最高实体”。《杂阿含经》卷十二中说：“此有故彼有，此起故彼起。”《中阿含经》中也有言：“若有此则有彼，若无此则无彼，若生此则生彼，若灭此则灭彼。”[③] 佛教的“缘起观”与奥义书中表述的婆罗门教哲学“梵一元论”思想完全不同。就此，姚卫群指出，婆罗门教主流哲学思想主张的“一”是实在的，而“多”则是对“一”的虚假认识。佛教把“缘起观”作为其理论基石，否定绝对实在的“一”的观念，认为作为“多”的诸缘结合实际构成了事物的种种形态。但事物是处在不断变动中的，诸缘结合的事物之“多”在本质上就不实在，因而没有绝对的、常恒不变的自体。尽管小乘佛教在后来的发展中被一些部派认为有实在的法体，或认为有实在的东西，这在一定程度上认可了有实在的“一”或“多”的概念，但它并没有成为主流观念。[④] 白璧德无疑对上述思想进行了吸收，他反对任何权威和“绝对”，并且认为人文主义者对“终极”也需谨慎。他所说的“一”与“多”并不是割裂的，而是“多中的一”，是“不断变化的一”，“一”与“多”不可分。尽管我们为了分析的方便而有时候单独论述“多”或“一”，但应该注意“一”与“多”是不分的，抛弃了“一”而留下“多”，或抛弃了“多”而留下“一”，都违背了白璧德的初衷。因此，佛教中的缘起观在白璧德思想中还是留下了

---

① Irving Babbitt, Budhda and the Occident, In *The Dhammapada: Translated by Irving Babbit from the Pali*, New York and London: Oxford University Press, 1936, p. 118.

② Irving Babbitt, *Rousseau and Romanticism*, Boston and New York: Houghton Mifflin Company, 1919, p. 11.

③ 转引自姚卫群:《印度古代哲学中的“一”与“多”》,《海南大学学报》(人文社会科学版) 2011 年第 2 期，第 21 页。

④ 姚卫群:《印度古代哲学中的“一”与“多”》,《海南大学学报》(人文社会科学版) 2011 年第 2 期，第 21 页。

显著的痕迹。牟宗三在解说华严宗的口头禅“一摄一切，一切摄一”和“一中多，多中一”时说到：“老实说，这些话头都是‘缘起性空’一句话的展转引申。”[①] 但白璧德并不是佛陀，他主要是针对现代运动中自然主义（科学自然主义和情感自然主义）的弊端来吸纳佛陀的思想。

然而，我们强调白璧德的“生命辩证法”思想对东方文化的借鉴，并不意味着就要遮蔽西方文化所起到的作用。白璧德在大学本科阶段学习“古典学”，对西方古典传统非常熟稔，对德国的古典哲学家如康德、黑格尔等人的思想也并不陌生。并且，格罗塞林和瑞恩都注意到了白璧德的辩证法思想。格罗塞林在论述白璧德二元人性论的时候，注意到白璧德的实证辩证法，只是没有作充分的展开；而瑞恩主要关注的是知识论问题，并且对白璧德的哲学理性多有发挥，但他对白璧德实证的、生命的辩证法没有多少关注。其实，这是白璧德思想中很关键的部分，如本文在前一章节论述二元人性论时所说，这是打开白璧德思想的钥匙，我们需要不时地使用这把钥匙，才能较好地进入白璧德思想的腹地。就辩证法而言，白璧德认为西方多倾向于“肯定原则”（yes-principle），而印度则多倾向于“否定原则”（no-principle）。有学者认为，黑格尔的辩证法就是道路，[②] 但应将黑格尔的辩证法道路与佛陀的道路区分开。黑格尔的辩证法基本上是自我意识的运动和展开，而“自我意识”运动毕竟是理性的辩证法，邓晓芒认为黑格尔的辩证法整合了古希腊哲学中的“逻各斯”和“努斯”两种相反相成的力量。[③] 不管怎样，如白璧德引述佛陀的话说，心灵（努斯）在古希腊被柏拉图抬到很高的位置，但在佛陀那里，心灵（末那 mano）只不过是“流动的工具”而已，占据主要地位的是意志，而不是理性。[④] 尽管佛陀推崇理性的工具作用并精于分析，但是与意志相比较，理性就只能处于次要地位。如果说以理性的超越可以取得克制作用的话，那不过是一

---

① 牟宗三：《中国哲学的特质》，上海：上海古籍出版社 2007 年版，第 118 页。

② 吴伯凡：《“方法”与“道路”》，《社会科学战线》1994 年第 1 期，第 74 ~ 81 页。

③ 邓晓芒：《思辨的张力——黑格尔辩证法新探》，北京：商务印书馆 2008 年版，第 12 页。

④ Irving Babbitt, Buddha and the Occident, In *The Dhammapada: Translated by Irving Babbitt from the Pali*, New York and London: Oxford University Press, 1936, p. 81.

个“恶劣的玩笑”[1]；而情感在佛陀那里的地位更低。就意志与理性的关系而言，人文主义者与那些和事佬不同，白璧德说“佛陀谦卑但不谦虚”[2]，在对待这个首要问题上，佛陀则拒绝谦虚和妥协。若理性僭越了意志的作用，那必然是骄傲替代了谦卑，黑格尔的辩证法最终以封闭的体系、以一个“绝对精神”封巅。白璧德说，在人生与行为方面，现代许多哲学，诸如笛卡尔、斯宾诺莎和康德的哲学，在很多方面都与斯多葛哲学具有共同之处。[3] 黑格尔的哲学也不例外。

正如白璧德所说，佛教不是哲学体系，而是道路，是一条内在体证的道路，不需要任何形而上学的体系和神学的教条，这对西方傲慢的理性来说无疑是一副清醒剂。在精神上不断精进的人可以说已经踏上了道路，但道路的目的与目标并非凭借知性就能说清楚的。在佛陀的道路上，“一切无助于宁静、知识、无上智慧和涅槃的东西都会被置放在一边”[4]；而在西方文化中，知性传统往往把人类历史都纳入逻辑之中。也就是说，历史是在逻辑中演绎的，不能不说这是理性的傲慢。按照孔德的观点，人类历史从神学时代到形而上学时代，再从形而上学时代进入当前的实证自然主义科学时代。这种逻辑思维方式是典型的西方逻各斯的演绎与推衍。康德说启蒙就是大胆地运用自己的理性，“人为自然立法”，再到黑格尔的“实体即主体”思想，人类历史逐渐挤压那个代表无限的、超验的上帝，基本上变成了自我意识的演绎和自我意识体系。而体系则意味着封闭和终结。从黑格尔的历史终结一直到当代的福柯所说的“人的终结”，形而上学意义上的“人之死”是一种后现代的文化症候。理性主义和科学主义的猖獗必然导致人性的条块化、形式化和自我分裂，“由于理性的膨胀和僭越，世界被人为地撕裂成概念的碎片，人完全被理性化、客体化、抽象化，人的

---

① Irving Babbitt, *Democracy and Leadership*, Boston and New York: Houghton Mifflin Company, 1924, p. 10.

② Irving Babbitt, Buddha and the Occident, In *The Dhammapada: Translated by Irving Babbitt from the Pali*, New York and London: Oxford University Press, 1936, p. 79.

③ Irving Babbitt, Buddha and the Occident, In *The Dhammapada: Translated by Irving Babbitt from the Pali*, New York and London: Oxford University Press, 1936, p. 82.

④ Irving Babbitt, Buddha and the Occident, In *The Dhammapada: Translated by Irving Babbitt from the Pali*, New York and London: Oxford University Press, 1936, p. 87.

真正本性在很大程度上被遮盖了"①。

虽然佛陀把意志摆放在首要地位，反对理性的僭越，但是也推重理性的分析功能，白璧德说，佛陀在宗教信仰方面非常注重理性的人。在白璧德对经验（存在）的三个层面的分类中（即自然主义、人文主义和宗教），不管是科学自然主义还是情感自然主义，它们在废黜"超理性区域"方面都是一致的；彼此的差异主要在对待理性的态度上，科学自然主义把理性抬高到不属于它的位置，如黑格尔就把宗教纳入哲学范畴之中，并且视哲学也为科学，沃格林在《没有约束的现代性》中把黑格尔、尼采和马克思等人的思想视为"弑神"行为。② 而情感自然主义者，诸如卢梭、柏格森、叔本华、尼采、弗洛伊德等人对意志和情欲的强调，"不是近代哲学的反叛，而是近代哲学的延伸"。他们把人本的取向从"我思"延伸到"我欲"、"我意"，对于人的超越审视转向到对人的内在经验的审视，这种立足于经验立场的科学认知、道德意志、审美体验逐步取代超验信仰，成为把握人的存在的知识学基点。③ 白璧德的人文主义基本上是对上述基点的"反"拨归"正"。在白璧德看来，他们的经验基本上属于自然主义者的经验，把人的存在降格到亚理性或前理性的层面，而不是人文主义者和真正的宗教信仰者的经验，因为人文主义和宗教的层面都具有超越的、超理性的经验。关于前者，白璧德称之为一条追求新奇和变化的下降之路；而对于人文主义和宗教的经验之路，白璧德称之为一条上升之路。④ 在这方面，佛教的处理方法无疑给白璧德诸多启发。佛教推重理性，卑视感性，情感在佛陀那里处于较低的地位，"若以情感为命则近乎以欲贪为命，是低级的"，"不仅是以知识开发智慧，而且包含着通过理性分析以智慧超越情气的内涵"；⑤ "精神活力与理性融合，才升华为人性的精神，由于精神理性

---

① 张明仓：《唯意志论批判》，《湘潭师范学院学报》（社会科学版）2001 年第 1 期，第 15 页。

② ［美］沃格林著，张新樟、刘景联译：《没有约束的现代性》，上海：华东师范大学出版社 2007 年版，第 15 ~66 页。

③ 樊志辉：《内在与超越之间》，黑龙江人民出版社 2002 年版，第 450 页。

④ Irving Babbitt, *Rousseau and Romanticism*, Boston and New York: Houghton Mifflin Company, 1919, p. 49.

⑤ 惟海：《五蕴心理学》，北京：宗教文化出版社 2006 年版，第 801 页。

自觉的程度不同，精神便有前理性、理性和超理性的区别。我们需要反省自己的精神自觉处在什么水平上。佛教就是建立在这种反省的基础上的。佛法以精神觉悟为宗旨，是推崇超理性或后理性的精神文明，选择佛法，本质上是对自身精神文明属性的自主选择”①。

那么在功利主义和情感主义盛行的现代运动中，超理性区域的存在如何成为可能？白璧德对基督教的衰落有着清醒的认识，随着中产阶级的形成和科学理性化的发展，基督教世界观日益衰微。白璧德认为，对于那些已对神学中的“原罪”观持有自然主义般的厌恶之心的人，我们不妨以“精神懒惰”作为出发点来论述。这样做的好处是，那些不承认自身有“罪”的人更容易承认自己懒惰，而东方和西方在此方面是相通的。在佛陀身上白璧德不是去欣赏“知性风景的奇异”，而是去发现“一般的人类经验核心”。佛陀所言的“人的内在道德懒惰”(man’s innate moral laziness)观念被白璧德进一步发挥。对白璧德而言，这个观点在他的人文主义学说中处于中心位置，是作为他的观点的基础来展开的。② 尽管白璧德声称这种观点的主要部分并不是佛家的观点，但毋庸讳言，佛陀对精进思想的强调在各大宗教中是最显著的。当然，基督教也重视内在修为，主张跟随基督耶稣的人必须对“本能自我”进行抑制，需要进行炼狱般的考验，即“若拿起十字架，就跟随我”③。但基督教主张“原罪”，不管人如何努力，最终的拯救还得依靠彼岸“上帝”的恩典，这是基督教的核心思想。对此，白璧德显然借鉴了佛陀的智慧，他说:“道德懒惰的观念，有着实证的益处，而没有教条的弊端，但是‘道德懒惰观’在实践过程中可以起到像基督教神学‘原罪’一样大的效果。”④ 对真正的宗教来说，谦卑是不可缺少的，但在人—神对立的时代背景下，如何能够再次使人谦卑令人深思，“真正的宗教必须在人的‘自然自我’和神性之间有某种形式的内在的、

---

① 惟海:《五蕴心理学》，北京：宗教文化出版社 2006 年版，第 817 页。

② Irving Babbitt, *Rousseau and Romanticism*, Boston and New York: Houghton Mifflin Company, 1919, p. 153.

③ Irving Babbitt, *Rousseau and Romanticism*, Boston and New York: Houghton Mifflin Company, 1919, p. 115.

④ Irving Babbitt, *Rousseau and Romanticism*, Boston and New York: Houghton Mifflin Company, 1919, p. 153.

深深的裂缝”[①]。但是那种把谦卑推进到使人性感到绝望的地步，必然会引起异教徒的剧烈反弹；过于沉浸于这个世界也会导致彼岸性的过度。在自然主义和超自然主义的冲突中，纯粹的人文德性“调和”被推挤到“背景”之中。[②]

如白璧德所说，精神实证主义者将从“所感知的直接事实”出发，即个体心中的一种“生命控制的原则”，“人的精神精进还是懒惰，主要以实施这种控制能力的程度来衡量”。[③] 在此，白璧德以他的二元人性论为出发点来论述他精进的道路思想。虽然西方也具有这方面的思想，但并不显著；然而，这种思想在东方，特别是在中国和印度却占据主流地位。印度佛教、基督教以及中国的儒释道都有道路的思想。佛陀主张十二因缘、四圣谛，认为人世无常、一切皆苦，导致苦的原因就是烦恼及业，人必须从烦恼及业中解脱出来，才能达到涅槃境界，而要达到涅槃的道路就是所谓的“八正道”。[④] 对于八正道，惟海的解释颇有道理，他说道：“佛教教导人们转换思维，眼睛向内看，以内明眼向自己的心间看，以‘正见’树立‘正志’，对自己负起责任来。正见在八正道中为第一支；正志为第二支（也有译为正思维，但原意指动机性思维，故古代意译为‘正志’是准确的）。以正确的见地‘正见’指导正确的动机‘正志’，发动正确的行为‘正业’，从事符合正道的职业和履行符合正法的生活‘正命’，以正确的精神努力‘正勤’去修身养性即‘正念’、‘正定’，从而实现解脱涅槃。”[⑤] 这是一条内明的上升之路，一条不断摆脱迷妄而精进的人生之道。白璧德曾说道：“在真正的精神热情中，‘内在之光’与‘内在克制’几乎是一回事。”[⑥]

---

① Irving Babbitt, *Rousseau and Romanticism*, Boston and New York: Houghton Mifflin Company, 1919, p. 115.

② Irving Babbitt, *Rousseau and Romanticism*, Boston and New York: Houghton Mifflin Company, 1919, p. 116.

③ Irving Babbitt, *Rousseau and Romanticism*, Boston and New York: Houghton Mifflin Company, 1919, p. 153.

④ 季羡林：《佛教十六讲》，武汉：长江文艺出版社 2010 年版，第 28 页。

⑤ 惟海：《五蕴心理学》，北京：宗教文化出版社 2006 年版，第 826 页。

⑥ Irving Babbitt, *Rousseau and Romanticism*, Boston and New York: Houghton Mifflin Company, 1919, p. 258.

东方佛教没有最高的存在和绝对的思想，这与基督教不同，但这些宗教都具有更高意志，这种“更高意志”使人踏上“伦理目的之路”①，“佛教对人及其生命的批判切入到命根，并非为了否定人生及其价值意义，而是为了通过根源性的发掘以超越和提升人自身的精神存在”②。在白璧德看来，黑格尔对中国的评价并不适当。黑格尔认为，西方人在中国的孔子身上发现不了任何有价值的东西，孔子所说的都被西塞罗说过了，并且西塞罗说得更好。然而，与西方的亚里士多德相比，白璧德认为，孔子可谓是“意志的导师”，而亚里士多德是“知性的导师”。孔子把谦卑置于其学说的中心位置，这是西塞罗甚至亚里士多德以降的西方人文主义都欠缺的，西塞罗的人文主义并没有超越理性，与斯多葛哲学没有什么区别。“而有了‘更高意志’支持的理性，用孔子的话说，那种顺从‘天命’的理性，在克制自然人方面，比纯粹自立的理性更加有效。”③ 在此，白璧德显然是对孔子的“天命”观进行了改造，认为中国的“天命观”蕴含一种“更高意志”。此外，白璧德引用了辜鸿铭《中庸》译本中的话来论证他的“更高意志”思想，认为人也有一个“中心”，并借鉴了辜鸿铭的《中庸》这本书的标题的翻译。④ 辜鸿铭把“中庸”译成了“普遍的秩序或人生之道”(The Universal Order or Conduct of Life)，在《英译〈中庸〉序》中，辜鸿铭把“中庸”解释成“公正恰当的普遍标准”；而理雅各把“中庸”译成“中的学说”（Doctrine of the Mean）。白璧德说人需要“一种普遍标准或中心”（the universal norm or centre），⑤ 并且他还对此普遍标准进行了

---

① Irving Babbitt, *Rousseau and Romanticism*, Boston and New York: Houghton Mifflin Company, 1919, p. 262.

② 惟海：《五蕴心理学》，北京：宗教文化出版社 2005 年版，第 802 页。

③ Irving Babbitt, *On Being Creative and Other Essays*, Boston and New York: Houghton Mifflin Company, 1932, p. 16.

④ 1906 年，《中庸》初版英译题为“普遍秩序或人生之道”，1908 年和 1912 年，英国《东方智慧丛书》收录此书，并予以重版，将其标题调整为“人生之道或普遍秩序”。见辜鸿铭著，黄兴涛编，黄兴涛等译：《辜鸿铭文集》（下卷），海口：海南出版社 1996 年版，第 508 ~ 509 页。

⑤ Irving Babbitt, Humanism: An Essay at Definition, In Norman Forester (ed), *Humanism and America: Essays on the Outlook of Modern Civilization*, New York: Farrar & Rinehart, 1930, p. 28.

一番演绎。通过对辜氏译本与原著的比对，笔者发现，在辜氏的译本中，辜鸿铭引证了马修·阿诺德、爱默生、歌德、弥尔顿、罗斯金等西方思想家的话以佐证儒家思想的合理性和正当性，其中充分体现了中外思想的相通性，如凭借马修·阿诺德的“恒常自我”（permanent self）来阐发儒家“道德自我”的精神内涵。[①] 这种中西文化的会通式译文虽然难说完全符合原意，但是这种比较有助于西方读者的理解和接受。白璧德对孔子的“天命”的理解与《中庸》中所说的“天命之谓性，率性之谓道，修道之谓教”是相通的，天命与人之性相通，孔子讲仁，孟子讲尽性，以人心之四端来节制人的欲望，提高人的修养，从而达到《中庸》所说的“致中和，天地位焉，万物育焉”[②]。白璧德的思路显然与中国的儒家与印度的佛教文化相通，只不过他把这些外在宗教中所含的“更高意志”分离出来植入人的内心。当然，白璧德的会通也有着西方文化的背景。对于真正的基督徒来说，那些与上帝切断了联系而停止努力的人，常被看作精神懈怠（acedia）的牺牲品。康德的道德神学，已经是由人内在道德的路径来论述神学，而不是从神来论述人的道德法则。白璧德认为，不管是东方思想还是西方思想，它们的思想核心都有一种“更高意志的观念”，“不管（更高意志）被如何构想（想象）”（however conceived），不管是佛教的“自我是自我的主人”，还是基督教的“（父啊），愿你的旨意行于地上”等等，这些思想都认识到“这种更高意志是敬畏和谦卑的根源”。[③] 此处的“不管‘更高意志’被如何构想”非常重要，它清楚地表明了白璧德对东西方文化的整合与提炼。

白璧德通过会通东西方文化，把西方神学意义上的“超越”转换为人自身的、内在的超越性及其潜能。但是，他构设的“更高意志”是从“上帝的恩典”中脱离出来的，起着“恩典的对等物”的作用，因此，也不能把它视为东方“无分别”的佛性和儒家的“心体”或“性体”。当然，对白璧德而言，他的“‘更高意志’不管被如何构想”，也就是说，不管是中

---

① 辜鸿铭著，黄兴涛编，黄兴涛等译：《辜鸿铭文集》（下卷），海口：海南出版社1996年版，第527页。

② 朱熹：《四书章句集注》，北京：中华书局2010年版，第17～18页。

③ Irving Babbitt, *Democracy and Leadership*, Boston and New York: Houghton Mifflin Company, 1924, p. 163.

国的天命、印度佛教中的“更高自我”、亚里士多德的“不动的动者”和“纯形式”，还是上帝的恩典，都使人感到一种“更高意志”的存在。这似乎是在说明白璧德所说的更高意志是一种外在的东西。其实不然，这样说只是表明白璧德采取一种灵活的方式处理他的“更高意志”。白璧德说要把“更高意志”从“上帝的恩典”中分离出来，从而起到“恩典的对等物”的作用，这常常使西方的一些白璧德研究者感到迷惑。白璧德的哈佛大学同事梅西耶也难以把握白璧德的“更高意志”，梅西耶说他把白璧德的“更高意志”解释为“上帝的恩典”，并说这曾得到了白璧德的肯定。格罗塞林则认为这是误读，主要原因在于“白璧德把‘恩典’视为人的一部分，而梅西耶却把‘更高意志’提升到人之上”①。应该说，格罗塞林的解读是有道理的。其实，不管是上帝的恩典还是浪漫主义心目中的自然恩典，白璧德所强调的不是恩典，而是“内在行动”，即“根据人之法则的工作”，以精神方面的精进为出发点来看待人的精神自主性。白璧德指出，佛陀否认任何权威，在他身上没有任何人格或神格能够高于其自身，他具有完全的精神自主性，但同时又保持谦卑，这主要是由于他遵从内在的“法”（Dharma）。这种“法”不是任何的教条和形而上学的假设，而是被设想为“意识给予物之一”。佛陀与那些倾向于把理性或情感居于意识的首要地位的西方人不同，他不是理性主义者，更不是情感主义者，把他定格于任何一个西方的范畴都会产生混乱。在佛陀那里，意志居于理性和情感之前，位于首要地位，而这种特殊品质的意志是一种具有超越宇宙秩序的意志。白璧德认为，依赖这种品质的意志与基督徒遵从上帝的意志可以产生一样的“心理等价物”，即谦卑。②

白璧德所说的“更高意志”与人的“普通自我”具有“内在的裂缝”，不可把它们拉平，正因为有着纵向的高度，人才能仰望更高的意志，使人踏上敬畏和谦卑之路，并且使人接近中心。人虽然远远达不到那个程

① Dom Oliver Grosselin, *The Intuitive Voluntarism of Irving Babbitt: An Anti-Supernaturalistic, Anti-Intellectualistic Philosophy*, Latrobe, PA: St. Vincent Archabbey, 1951, p. 107.

② Irving Babbitt, Buddha and the Occident, In *The Dhammapada: Translated by Irving Babbitt from the Pali*, New York and London: Oxford University Press, 1936, pp. 80 – 82.

度，但是一旦步入“伦理目的之路”，就意味着踏上了一条不断精进的人生道路。白璧德认为：“‘普通自我’应该屈从于‘更高自我’或‘神圣自我’，这一观念不仅是基督教的，也是一切真正宗教的核心。”① 这种“内在生命的真理”不仅体现在宗教层面，也体现在人文主义层面，“若有一切世代的智慧，这也是一般的人类经验的核心（a central core of normal human experience），② 这一智慧在宗教层面上，可以在佛陀与基督身上发现；在人文层面上，则可以在亚里士多德和孔子身上见到”③。在此，白璧德用心理学的方法，以理性的分析和内在的体证来达到超验的体验，化解人文与宗教之间的冲突。这种心理学并不是自然主义或科学意义上的心理学，而是人文主义和宗教的心理学，它以实验的方式来体认生命中源初的事实，一种当下直接体验到的事实。④ 白璧德说，人文主义与宗教是同一条道路上的不同阶段，他们是同一条通道，只不过它们处于不同的阶段而已。⑤ 人文主义尽管承认意志的首要性，但若没有理性的工具作用，人文主义与宗教之间的道路将难以贯通。由此观之，白璧德在理性与信仰之间实现了这种贯通。

在现代性的建构上，特别是在西方启蒙运动以来的自由、民主的建构方面，白璧德看到了西方文化的罅隙和不足，认为不能完全通过现代“理性化”和“合理化”来实现现代性建构。按照马克斯·韦伯的思路，“在现代性的过程中，一切宗教中的超验和神秘成分都要被理性化所祛魅，宗教知识将会成为一种‘客观知识’”⑥。西方思想家对此都有切身的体认，

---

① Irving Babbitt, *Democracy and Leadership*, Boston and New York: Houghton Mifflin Company, 1924, p. 161.

② 这里的英文“normal”具有正常的、规范的、标准的等含义。白璧德所欲探求的是人不能没有“标准”（standard），或者说“规范”（norms）。显然，他提出的“更高意志”就是这方面的设计。

③ Irving Babbitt, *Democracy and Leadership*, Boston and New York: Houghton Mifflin Company, 1924, p. 163.

④ Irving Babbitt, *On Being Creative and Other Essays*, Boston and New York: Houghton Mifflin Company, 1932, pp. 18 – 19.

⑤ Irving Babbitt, *Rousseau and Romanticism*, Boston and New York: Houghton Mifflin Company, 1919, p. 380.

⑥ 唐忠毛：《现代性困境与佛教哲学的诊疗价值》，《华东师范大学学报》（哲学社会科学版）2004 年第 2 期，第 39 页。

但在解决途径上有不同的意见，舍勒就曾提出现代生活世界的现代性问题，不能仅从社会经济结构方面来把握，而要通过人的体验结构来把握。现代性是“深层的价值秩序的位移重构”，是人精神内在构造本身的转变，即“不仅是人的实际生存的转变，更是人的生存标尺的转变”①。对此，舍勒主张“爱的宗教”，但宗教仍没有脱离基督教信、望和爱的范畴。在此背景下，白璧德提出了另外一种现代性的重构方略。尽管白璧德与其他思想家都认为超验性话语、体验性内容仍然不可或缺，但是他们心目中的“超验性”蕴含是不同的。这种超自然的秩序一般来说是宗教的秩序，而文艺复兴以来的人文主义，如 G. F. 穆尔所说，其主潮流一般都是与神对立的；但白璧德试图把“超自然”的体验容纳进他的新人文主义，以解决西方长期以来自然主义和超自然主义的剧烈冲突，而把人文主义的调和从“背景”的地方推进到“前景”的位置。他的人文主义主要通过一种内在生命的实证、体验和超越以完成生命的转变，而这种生命的转变需要人内在的、超验的“更高意志”。正如白璧德所说：“更高意志，从实际效果而言，只能被视为一种神秘事物而被接受，然而其最终的性质却不能被表述。”② 对于这种超理性的事实，我们单凭理性是无能为力的。对此，白璧德的更高意志与康德的内在道德律不同。康德的道德律如牟宗三所说，他的“绝对命令”是一个“设准”，也就是说，还是一个实践理性的假设，③并不是人内在亲证的生命事实。但他们之间也有很多相通之处，他们都主张道德自律和道德责任，都从人本身出发来论述宗教，他们都寻求一种道德的普遍性，一种非纯粹个人之内的意志，只不过康德是从理性的立场来发挥的，这就是白璧德说康德没有找到适当路径而失败的缘由。对白璧德而言，理性虽然不可或缺，但是不能居于首要地位，因为理性一旦占据了首位，或任由理性自立的话，理性就易于忘记自身的工具性作用和第二位

---

① 唐忠毛：《现代性困境与佛教哲学的诊疗价值》，《华东师范大学学报》（哲学社会科学版）2004 年第 2 期，第 39 页。

② Irving Babbitt, Humanism: An Essay at Definition, In Norman Foerster (ed), *Humanism and America: Essays on the Outlook of Modern Civilisation*, New York: Farrar and Rhinehart, 1930, p. 43.

③ 牟宗三：《生命的学问》，桂林：广西师范大学出版社 2006 年版，第 21 页。

的位置，倾向于建立绝对（absolutes）。[①] “抽象地说，理性可以为任何目的论证和服务。理性的工具特性决定了不被限制的理性注定会导致异化，形形色色的专制主义和极端主义无不试图给自己弄一副理性的伪装。”[②] 理性也应当受到管束，因为“不仅无知是罪恶，知识也可以是罪恶”[③]。

如上文所说，精神精进的人已经踏上道路，但是这种道路有着“内在的伦理目的”。就内在工作的精神果实而言，佛陀主要是为了获得最终的内在自由，“任何不能够臻于宁静、知识、般若和涅槃的事物将被摆在一边”[④]，而涅槃并不是绝对的空无、绝灭和非存在，佛教徒所追求的“不是纯粹的中止，而是永恒”。对此，白璧德从反—正辩证的角度对涅槃进行了解读：“从否定方面来说，涅槃被定义为‘逃离流变’；从肯定方面来说，被定义为‘不朽的要素’。”[⑤] 对于基督心目中的果实，圣保罗曾将其列举为“爱心、喜乐、和平、安忍、仁慈、良善、信心、温和和自制”[⑥]。不管是宗教的谦卑还是人文主义所追求的“适度”，它们都需要内在意志的不断超越。若以幻象与永恒、现象与实在、一与多的语汇来表达这种精神的果实，那么根据白璧德的观点，宗教往往试图脱离流变的幻象而达到永恒，一种摆脱现象而臻于实在，人文主义者则试图“调和”两者以达到“适度”的精神境界。对此，白璧德借鉴“道成肉身”的思路，认为“神圣逻各斯”所达到的“一”毕竟是抽象的概念。对于这种抽象与具体之间的断裂，白璧德认为基督教中的亚洲要素以或隐或显的方式解决了古希腊的逻各斯问题，即以神圣的理性从属于神圣的意志而得以沟通抽象与具

---

① Irving Babbitt, Budhda and the Occident, In *The Dhammapada: Translated by Irving Babbitt from the Pali*, New York and London: Oxford University Press, 1936, p. 107.

② 李龙海：《现代非理性主义的本质及其主要形态》，《学术交流》2002 年第 5 期，第 15 页。

③ 叶秀山：《苏格拉底及其哲学思想》，北京：人民出版社 2007 年版，第 142 页。

④ Irving Babbitt, Budhda and the Occident, In *The Dhammapada: Translated by Irving Babbitt from the Pali*, New York and London: Oxford University Press, 1936, pp. 86 – 87.

⑤ Irving Babbitt, Budhda and the Occident, In *The Dhammapada: Translated by Irving Babbitt from the Pali*, New York and London: Oxford University Press, 1936, p. 96.

⑥ Irving Babbitt, *Democracy and Leadership*, Boston and New York: Houghton Mifflin Company, 1924, p. 159.

体、现象与本质。[1] 在此，白璧德对西方的“倒名为实”的抽象进行了转向，从对象化的外在的名与言，倒转为“内在的体证”，正如白璧德引述佛教徒对佛陀的教导评议，“弃恶从善，净化内心，这是觉者的教导”，“当你重复这些词语的时候，这些词语几乎毫无意义，但是你把它们付诸实践，就会发现这些词语则意味着一切”。[2] 在心理体验的基础上，“道成肉身”说明人生之道不在于僵死的教条和冷冰的学理，而在于一个个生命的存在、具有品德的个人。在白璧德看来，佛陀、基督、孔子和亚里士多德无疑是人类文明的“道成肉身”。对此，白璧德引证基督教中的“道成肉身”来阐发他的一与多的问题，他说道：

> 对于什么是真理？当庇拉多（Pontius Pilate）质询的时候，他是以一个欧洲人在说话；在另外一种场合，基督给出了他亚洲式的回答：“我就是道路，真理和生命。”[3]

不管佛陀还是基督，他们都重视心理方面的体证，强调人生是一条道路，而这条生命的道路是一个不断践履的过程。如上所说，就生命道路的践履及其效果而言，在宗教层面上，在佛陀和耶稣身上可以见出；在人文层面上，在亚里士多德和孔子身上可以见出。他们是“人类精神史上的四大杰出人物”，他们分别是人类宗教层面上的榜样和人文层面的榜样。白璧德所要建构的是人文主义，更侧重于“一”与“多”的调和之路，也就是说，白璧德旨在人文指向而不是宗教指向，他侧重的是现实的人生世界，试图解决的是此岸的现实问题。而这种成人的目的，也不仅仅在自身，还有一个从自身到他人的外推的路向，这颇类似于佛家的“成佛到度生”或中国儒家的“内圣外王”思路。

白璧德的成人道路并没有界限，白璧德说基督教强调位格，这与他强

---

① Irving Babbitt, *Democracy and Leadership*, Boston and New York: Houghton Mifflin Company, 1924, p. 171.

② Irving Babbitt, *Democracy and Leadership*, Boston and New York: Houghton Mifflin Company, 1924, p. 170.

③ Irving Babbitt, *Democracy and Leadership*, Boston and New York: Houghton Mifflin Company, 1924, pp. 171 – 172.

调人的实证观察是一致的，只是基督教超越了实证观察的地方在于“把位格投射到无限与永恒的区域”。也就是说，人生道路的践履是无限的，而这种生命的无限和永恒很难用理性表述清楚，借用白璧德的话说，就是追求摆脱流变而达到永恒和不朽的“一”，很难以理智这种“流变之工具”来表述。在最终意义上，不管是“一”还是“多”，都是一种有关实证的、直接的体悟。[①] 这就与“想象”紧密相关。那么，想象与理性是何种关系，想象与行动的意志又是何种关系，想象在白璧德思想中占据什么地位以及起着什么样的作用等问题，都有待探讨。

第三节 想象：幻象是真实不可分的一部分

在探究想象力以及想象与意志、理性等关系之前，我们不妨简要梳理一下西方有关想象力的学术史，以便定位白璧德有关想象力的思想及其学术价值。自人类从远古的神话走来，想象力一直伴随着人类文明的前进，在不同时期有着不同的境遇。在对知识的不断探究中，人们从不确定性中追踪确定性；然而，人们一旦认为已经把确定性掌握在手，不管是对具体物体还是对普遍性的“共相”，往往就遗忘了不确定性，也遗忘了想象力的作用。下面我们将在知与行的思想基础上，对想象力略加陈述。

从古希腊伊始的追求世界“始基”和本源的形而上学，一直到近现代的笛卡尔和康德，想象力基本上未能跳出知识论的藩篱。这与以追求精确科学为旨归的知识论相符合，自然类的精确科学追求真理的客观性和唯一性，其方法是严格性和规范性，而想象艺术一般表现出内容的境缘性和丰富性，方法的开放性和灵活性。由于这一对立，西方文明在其早期就逐渐形成了重视科学而轻视艺术的漫长传统。[②]

我们知道，柏拉图有个著名的“线喻”，一条线段一分为二：一边是

---

① Irving Babbitt, *Rousseau and Romanticism*, Boston and New York: Houghton Mifflin Company, 1919, p. 46.

② 洪汉鼎：《作为想象艺术的诠释学（上）——伽达默尔思想晚年定论》，《河北学刊》2006 年第 1 期，第 17 页。

意见，一边是知识。意见这边再分为二：一是幻象，一是感觉。知识这边也可再分为二：一是间接知，一是直接知。幻象是由想象能力形成的，感觉是由感性能力形成的；间接知是由知性能力形成的，而直接知则是由理性能力形成的。想象的对象是艺术世界，感觉认识的对象是自然（事物）世界；而知性和理性认识的对象则是理念世界。艺术世界和自然世界是可见的世界，而理念世界则是可知的世界。在这样的分类中，自然世界是模仿理念世界而生，而艺术世界则是模仿自然事物而成。如果理念世界是最真实、最高的存在，那么自然世界就是较次真实的世界，而艺术世界则是最缺乏真实的世界，因为它是模仿的模仿或分有的分有，它隔着真理三重远。[①] 可以看出，在柏拉图的思想体系中，想象艺术是处于最底层的，理念几乎遮蔽了想象力，从某种程度上说，柏拉图的理念使人远离了现实世界。但柏拉图所说的永恒、真实的理念世界并不是一个完全以人的理性能力所能达到的世界，正如黑格尔对柏拉图思想所作的评述，“很难用（思想）表达出来，因此他就用神话来表达”[②]。亚里士多德虽然对柏拉图的思想学说有所反动，但他所发展的逻辑系统和逻辑分析，的确是对其师思想的完善和补充。无论怎样，以清晰的、逻辑的哲学思辨方式取代想象的神话，在很大程度上遮蔽了想象的作用。但“柏拉图和亚里士多德的理性仍包含着直觉的因素”[③]，古希腊哲学家的理性是“尚无主客之分的原始统一的理性，不同于黑格尔那主客观对立统一的绝对理性”[④]。但古希腊哲人的理性思想对西方的影响可谓深远，柏拉图知识的等级观念在中世纪继续得到承传。奥古斯丁把上帝的恩典引进了认识论，从某种程度上来说是对柏拉图理念之分的改造，在他的认识等级系列上，处于最高级的是真理，处于最低级的是被认识的外部对象，人的感性知识和理性知识居于中间。对

---

① 洪汉鼎：《作为想象艺术的诠释学（上）——伽达默尔思想晚年定论》，《河北学刊》2006 年第 1 期，第 18 页；参见［古希腊］柏拉图著，郭斌和、张竹明译：《理想国》，北京：商务印书馆 1986 年版，第 509 ~ 511 页。

② ［德］黑格尔著，贺麟、王太庆译：《哲学史讲演录》（第二卷），北京：商务印书馆 1960 年版，第 170 页。

③ Irving Babbitt, *Rousseau and Romanticism*, Boston and New York: Houghton Mifflin Company, 1919, p. 29.

④ 杨祖陶：《德国近代理性哲学和意志哲学的关系问题》，《哲学研究》1998 年第 3 期，第 7 页。

于这种确定性的真理，只有理性才能拥有严格意义上的知识。[①] 承继亚里士多德的托马斯·阿奎那也在信仰上帝之时重视理性的运用。笛卡尔的“我思”更是开启了近现代的理性主义传统，是一种形而上学形态的理性哲学，或是如黑格尔所说的“知性形而上学”[②]。康德继承了笛卡尔的知性理性哲学，在有关想象的观点上颇为特别。他在《纯粹理性批判》的第一版中强调了想象的基础作用，在第二版中却把想象力纳入到了知识论的理性范畴之中。[③] 海德格尔注意到了这种变化，他对康德对想象力的不同处理的观照，在某种程度上标示了近现代西方思想的某种转向。

康德重视想象的综合生产能力，为了达到纯粹的统觉，他区分了三种综合能力，即：直观中感知之综合，想象力中再生之综合以及概念中认知之综合。[④] 在此范畴区分中，感性不思维，知性不直观。想象在感性与知性之间起着中介的桥梁作用，基本上还是处在“我思”的“思执”先验范畴之中。想象如何冲出知性的逻辑范畴无疑成为后来者努力的方向。与白璧德几乎生活在同一个时代的胡塞尔，超越了康德以先天逻辑构造对象的模式，采用现象学的直观方法来分析想象。[⑤] 他的想象与纯粹内时间意识的体验紧密相关，对生活的体验是当下的“三重体验视域”，即过去、现在和未来的三重意向都是知觉，体验自身是一条不息的河流，一个连续不断的感知的“体验流”。胡塞尔认为以感知为核心的“内时间意识”是现象学分析的源头概念，在这个奠基性的“内时间意识”中没有感性、想象和知性在层次上的区分，想象内化在“原河流”之中，以前摄的形式和原印象共同为直观奠基性的因素，但是胡塞尔的内时间意识的综合性在本质上是本源性的、被给予的——被原印象所给予的，因而这种综合是被动的

---

① 赵敦华：《基督教哲学1500年》，北京：人民出版社2007年版，第129～130页。

② 杨祖陶：《德国近代理性哲学和意志哲学的关系问题》，《哲学研究》1998年第3期，第8页。

③ Martin Heidegger, *Kant and the Problem of Metaphysics*, James S. Churchill (tran), Bloomington: Indiana University Press, 1962, pp. 134－201.

④ ［德］康德著，蓝公武译：《纯粹理性批判》，北京：商务印书馆2009年版，第124～140页。

⑤ 谢友倩：《从先验逻辑到存在绽出——海德格尔想象力对康德想象力的超越》，《江苏社会科学》2007年第5期，第40页。

综合。[1] 这种想象观在某种程度上是柏格森时间意识的翻版。不管是康德还是胡塞尔，他们都非常重视想象力的作用，这是那个时代的一大特色，传统的形而上学趋于下滑的状态之中，但他们仍然没有冲出西方自古希腊以来的知性传统，没有冲出自笛卡尔以来的近代哲学的认识论体系藩篱。白璧德在这方面与上述诸人有没有不同，他的想象观有什么独特贡献，这些都有待我们作进一步探究。

白璧德生活在19世纪末到20世纪上半叶，可谓站在世纪的交叉点上，其思想呈现出那个时代过渡的特征和诸多调和的色调。一方面，传统的形而上学体系，尤其是黑格尔的思辨哲学体系已经处于分崩离析的边缘，加上非理性主义思潮兴起，物质主义和虚无的人生观逐渐代替了抽象的思辨，从高头讲章的抽象概念降落到现实的人生，如克尔凯郭尔、海德格尔、萨特等人开启的存在主义思想，在一定程度上是理性主义极端发展导致的悖逆之思。另一方面，传统的认识论向生存论方向转换。但处于理性主义传统文化浸染下的白璧德既不从理性出发，也不从否定理性的唯意志的非理性主义出发，而是从人的实践和行动出发来论述想象问题的，而想象的问题又同人应当怎样生活有关，即人的生活态度问题。

在白璧德的话语里，想象里蕴含着一种比较宽泛的用法，对虚构和幻象并不细分，想象还可以概括一切"与幻象紧密相关以及一切由幻象而产生的问题"[2]，人的存在是梦幻交织的现实。正如他所说，"东方人比西方人更容易接受这样的真理，一种广大的幻象因素进入了人格思想本身"[3]。在此，我们看到白璧德所体验到的时代幻灭感，这与西方当时的虚无主义时代潮流相关，白璧德无疑与佛教中的幻象产生了思想的默契。这也影响了白璧德对世界的认知，认为"幻象是真实不可分割的一部分"[4]，幻与真

① 谢友倩：《从先验逻辑到存在绽出——海德格尔想象力对康德想象力的超越》，《江苏社会科学》2007年第5期，第40~41页。

② Irving Babbitt, *Rousseau and Romanticism*, Boston and New York: Houghton Mifflin Company, 1919, p. 15.

③ Irving Babbitt, *Rousseau and Romanticism*, Boston and New York: Houghton Mifflin Company, 1919, p. 14.

④ Irving Babbitt, *The Masters of Modern French Criticism*, Boston and New York: Houghton Mifflin Company, 1912, p. 47.

不可分割。对于白璧德的幻象的观点，瑞恩认为这是理性思考的结果，因而瑞恩试图用哲学理性来撇清虚幻的因素。其实，“虚幻本身是真实的一部分”是白璧德的重要思想，白璧德是从佛教确证的角度来说的，而瑞恩则是从理性思维方面来论述的，如白璧德所说人生是“不断变化的一”，“一”与“变化”不可分。[①] 当然，正如恩格斯所说，希腊人与东方的佛教徒都有很强的辩证思维，[②] 东西方文化是相通的。对此，白璧德不仅注意到东西方文化的互通性，而且把东西方的文化因素熔于一炉，这种熔铸是他选择和判断的结果。白璧德曾征引儒贝尔的话来论述“幻象与真实不可分”这一观点，说明在东西方文化中对人生体验的某些共通感；同时白璧德也指出了东西方文化之间的差异，他指出，佛教比西方的文化更加侧重于否定，西方则更加侧重于肯定。西方的辩证法，特别是黑格尔辩证法的最终归宿是抽象的一元论，白璧德说这是“理性的背叛”[③]；而在佛教的辩证法当中，没有固定的“一”，或用汤用彤的话说，“佛学是无元的”[④]。白璧德在《佛陀与西方思想》一文中曾论述过大乘与小乘的区别，认为大乘逐渐把佛陀神化为“怜悯的救世主”，与印度教的“大梵天”已经没有多少区别。[⑤] 他的这种观点同张君劢的观点相似，张氏认为佛教在印度不昌盛的原因，关键在于后来的大乘佛教与印度教已经没有什么实质性区别，佛教成为印度教的一部分，这是佛教在印度几乎消失的主要原因。[⑥]

白璧德坚持二元的人性思想，反对任何一元的独断，这也是他反对大乘佛学的原因所在。他同大多数西方人一样坚持“大乘非佛说”，因为小

---

① Irving Babbitt, *Rousseau and Romanticism*, Boston and New York: Houghton Mifflin Company, 1919, pp. 13 - 14.

② ［德］马克思、恩格斯著，中共中央马克思恩格斯列宁斯大林著作编译局译：《马克思恩格斯全集》（第20卷），北京：人民出版社2007年版，第565～566页。

③ Irving Babbitt, Buddha and the Occident, In *The Dhammapada: Translated by Irving Babbitt from the Pali*, New York and London: Oxford University Press, 1936, p. 107.

④ 韩镜清：《汤用彤先生的一些微言大义》，汤一介、赵建永编：《汤用彤学记》，北京：生活·读书·新知三联书店2011年版，第31页。

⑤ Irving Babbitt, Buddha and the Occident, In *The Dhammapada: Translated by Irving Babbit from the Pali*, New York and London: Oxford University Press, 1936, p. 117.

⑥ 张君劢：《明日之中国文化：中印欧文化十讲》，北京：中国人民大学出版社2006年版，第33～34页。

乘贴近佛陀之所教，如孔子之“子曰”，耶稣之教门徒，这些都是从日常生活来阐发义理的。在白璧德看来，这些人同古希腊的亚里士多德一样是世间的人，而不是神；而大乘佛学越来越抽象和思辨，离日常生活越来越远，佛陀也变得越来越神化，变成了无所不能的抽象物。白璧德坚持在日常生活和实践中领悟人生之道、成人之道。正是在这种意义上，白璧德所说的哲理“变化的一”是生活中变化的“一”，这是从生活实践方面来论述的。而瑞恩坚持西方的辩证理性，认为哲学理性可以使人达至“一”。[①] 白璧德则认为，生活经验和实践活动主要是意志问题，而不是理性的问题，理性应为一种“更高意志”的工具，“佛陀在道路践履过程中，把理智当作‘更高意志’的一种工具来使用”[②]。当然，如上文所述，白璧德非常重视理性的工具作用，但单凭理性是无法达到更高的人生境界的，人生是一个实践的过程，是在一种“更高意志”的引导和督查下具有内在目的性的成长。就理性而言，真理是无限的，不是人所能掌控的，人只能趋向真理，所能窥测的也只是极其微小的碎片而已，对世界下终结性结论容易使人误入僵化的概念模式之中，绝对主义是“理智主义的谬误”和“形而上学的虚幻”,[③] 人生的境界不是知识多少的问题，主要在于人“内在行动”的程度。虽说真理超出了我们人类的范畴，但我们还是需要范畴的，只不过这个范畴需要保持一定的弹性和灵活性。换句话说，人需要标准，但标准需有灵活性；人得有信仰，但必须是有生命的信仰，而不是抽象的教条。[④] 白璧德坚持人文标准，而这种标准并不是僵死的教条和抽象物，正如他所说：

虽然严格考虑起来生活只是一个幻觉之网和梦中之梦，但这是一个需

---

① Clae G. Ryn, *Will, Imagination and Reason: Irving Babbitt and the Problem of Reality*, Chicago: Regnery Books, 1986, pp. 79 - 93.

② Irving Babbitt, Budhda and the Occident, In *The Dhammapada: Translated by Irving Babbit from the Pali*, New York and London: Oxford University Press, 1936, pp. 106 - 107.

③ Irving Babbitt, *The New Laokoon: an Essay on the Confusion of the Arts*, Boston and New York: Houghton Mifflin Company, 1910, p. 191.

④ Irving Babbitt, *The New Laokoon: an Essay on the Confusion of the Arts*, Boston and New York: Houghton Mifflin Company, 1910, p. 190.

要最谨慎处理的梦，如果不想让梦变成噩梦的话。换句话说，不管生活是怎样地嘲弄形而上学者，但是行为问题依然存在。在变化的核心总有统一性存在。然而，我们是可能得到这种真实而永恒的因素的，并因此得到标准，而参考这种标准，生活之梦就可以通过幻象的面纱得到适当的处理。“一”与“多”的问题，也即最终的思想问题，因此就只有通过适当地运用幻象才能得到解决。[①]

这里，白璧德已经把古希腊“认识你自己”的传统进行了一番转换。尽管他的学说不脱离西方的知识传统，但是已经有所侧重：人之为人的认识问题转换成“成为你自己”，把认识问题变成了践履行为的问题。白璧德认为，人的行为问题与想象紧密相关，人生充满了幻象，而要克服或避免人生的噩梦，就需要正确地运用我们的想象。白璧德的想象观明显地体现出佛家色彩，他认为佛教是“欲望的心理学”。在佛教看来，世事无常，人世间充满了痛苦，而痛苦又与人的欲望直接相关，人的欲望又来自人的无明；若要消除人的无明，尤其需要人的精进以克服外在的幻象。人世间的事物与人生现象没有任何不变的东西，处于无明状态的人则认为，世间存在常存永在的事物，并且追求自我的永恒存在，但这种追求最终是不能实现的。[②] 因为事物是不断变化的，人生短暂无常，生命现象中不存在什么“永恒的我在”或“实体”，也不存在柯勒律治所说的“无限的我在”(infinite I am)[③]。这种追求“永恒的我在”是不可能实现的，怀着无明的观念去追求或执著追求“无限的我在”，无疑是把有限的自我拔高到神灵的地位。[④] 但白璧德毕竟不是佛家，一方面，他认识到认识的虚幻和无奈；另一方面，他又认识到人之为人的价值所在，他的人文主义学说主要是认

① Irving Babbitt, *Rousseau and Romanticism*, Boston and New York: Houghton Mifflin Company, 1919, pp. 14 – 15.

② 姚卫群：《佛教的“涅槃”概念》，《北京大学学报》（哲学社会科学版）2002年第3期，第31页。

③ Irving Babbitt, *On Being Creative and Other Essays*, Boston and New York: Houghton Mifflin Company, 1932, p. 129.

④ Irving Babbitt, *On Being Creative and Other Essays*, Boston and New York: Houghton Mifflin Company, 1932, p. 129.

识到人有一种与动物区别开来的东西。[①] 这种东西既不是使人沉溺于幻想，也不是使人脱离生活实际，而是如何使人更好地生活在现实当中。在此，我们看到白璧德与中国的传统思想更为接近，神圣不离世俗，他试图在变化无常的世俗世界中寻求一种统一性和完整性。于此，白璧德脱离了西方笛卡尔“我思”的“思执”范畴，但也不是佛家的“无我”思想，而是类似于或接近于中国文化中的“是我非我”思想，[②] 这种“是我非我”思想不仅具有辩证法的思想，而且具有虚幻的想象因素。白璧德认为这种“是我非我”的内在超越性根源于“更高意志”的超越性，这种生命的辩证过程是一个难以表述的生命体验过程。对此生命的体验，还需要回到意志和想象的问题上，而想象的视角也可以帮助我们进一步认识白璧德的人生哲学，特别是他的“更高意志”思想。

就人的精神生活而言，生命在根底处虚实交织，或者说，生命现实虚实相生。若说生命的实在是实的话，那么生命的幻象可以说是虚，但这种虚与实不是割裂的，而是有机生命的整体部分，人在精神处亦幻亦真。栾栋先生在论述“人文学”虚实相间的精神气质时，说道：“间者，会也，最微妙的间会莫过于《周易》太极图中溟会阴阳两极的和合线。间者，卮也，最为有趣的间卮应是调谐起伏运动的盛酒器。间者，隙也，最能体量虚实事物的尺度恰在于穿透隅隙夹缝的洞察。[③]”人生的存在不是没有任何缝隙的顽石，生命的洞察也不是理性所能穷尽的，有许多如孔子所说的“知之”与“不知”。但在日常生活中，人们常常把不知当作知，已知可能是伪知或未知，日用而不知。生命的知识是一种体知，一种体验，在知“真”之中不离生命的些微“幻”意。[④]“承认生活中的统一与变化密不可分，就等于承认人们以实证的方法所获得的现实与幻象混为一体。人们并

---

① Irving Babbitt, Humanism: An Essay at Definition, In Norman Foerster (ed), *Humanism and America: Essays on the Outlook of Modern Civilization*, New York: Farrar and Rinehart, 1930, p. 28.

② 在中国文化中，这种相反相成、相生相克的文化内涵，可参见栾栋先生的系列论文，如《辟文化简说》、《〈文心雕龙〉辟文学之美学思想刍议》、《辟文学通解》、《辟文学别裁》等。

③ 栾栋：《人文学概论》，广州：暨南大学出版社 2012 年版，第 29 页。

④ 杨劼、李芳：《文学的“兼”性》，《求索》2011 年第 5 期，第 198 页。

不是在外部观察那一直处于变化的统一性，人本身就是这一过程的一部分，就是这种不断变化的统一性。”[①] 白璧德引述人的生理过程来说明生命的过程，“一个人虽然在某一个特定的时刻感觉不到变化，但正在发生并延续不断的变化却导致了差异的出现，譬如，一个人在6周大时与在70岁时的区别”[②]。这是一种生命变化的统一性过程，但生命不仅仅是一种生理过程，更是一种生命的人文过程，诚如白璧德所说，生命的经验过程有“自然的、人文的、宗教的”不同层面。不管是何种经验的层面，人们所体验到的生命统一性离不开幻象因素，而这种幻象因素不是脱离实在的幻象，不是“空虚现象的无止尽的旋转”或“妄相的洪流”,[③] 而是一种生命的事实。在这生命的过程中，浪漫主义哲学误用了幻象这个要素，白璧德说，“伦理实证主义者的最高格言是通过他们的结果认识他们”[④]，主张完全的运动与变化的浪漫主义哲学往往误用了幻象，或者说，误用了人们的想象，把人“卷入绝望与厌倦的深渊”[⑤]。

我们不禁要问：为什么浪漫主义的幻象把人卷入了绝望和厌倦的深渊？什么样的幻象或想象可以避免卷入这样的深渊呢？

瑞恩认为白璧德的想象在他的学术思想当中具有独创性，特别是想象与意志的关系最具特色。[⑥] 其实，这主要归因于白璧德融合了东西方的思想，这使他的想象观呈现出不同面貌。东方的印度佛教和中国的儒释道文化都是一种向内用力的生活方式，都把人生视为一种道路的践履，而道路的践履离不开人的意志，这就是东方人理性不够发达，而伦理的学问或者

---

① Irving Babbitt, *Rousseau and Romanticism*, Boston and New York: Houghton Mifflin Company, 1919, p. 14.

② Irving Babbitt, *Rousseau and Romanticism*, Boston and New York: Houghton Mifflin Company, 1919, p. 14.

③ Irving Babbitt, *Rousseau and Romanticism*, Boston and New York: Houghton Mifflin Company, 1919, p. 14.

④ Irving Babbitt, *Rousseau and Romanticism*, Boston and New York: Houghton Mifflin Company, 1919, p. 16.

⑤ Irving Babbitt, *Rousseau and Romanticism*, Boston and New York: Houghton Mifflin Company, 1919, p. 16.

⑥ Clae G. Ryn. *Will, Imagination and Reason: Irving Babbitt and the Problem of Reality*. Chicago: Regnery Books, 1986, pp. 147 – 159.

说生命的学问却很发达的原因。对此，白璧德充分借鉴了东方的文化要素，他说，“一切智慧的人生观都必然会承认意志的首要地位”[①]，处于首位的意志才能确定适当的方向和目的。与“更高意志”相关的理性只能起工具性的作用，“理性没有希望能最终表达超越理性之上的东西”，纯粹的理性主义者无法表达统一性与多样性。实在与幻象不可分解地融合在一起，幻象与实在不可分，而幻象是有着实在的幻象。以往的理性主义者总是试图把统一性和多样性绝对地分割开来，他们要么落入“一的形而上学”，要么落入“多的形而上学”，而西方的哲学很大程度上就是这两种类型的形而上学家的无益的冲突记录。那种绝对的统一性与绝对的现实不过是形而上学的独断和幻梦而已，但人毕竟可以在心理方面体验生命的真实性，而这种真实性奠基于人的实证的生命体验之上，或者说基于生命的意志之上。那么，人的想象将会起什么样的作用呢？

一般来说，想象往往被人们孤立地理解，认为想象就是把不在场的带入场。白璧德的“幻象与实在不可分”的思想本身也具有这方面的意蕴，可见的与不可见的在人的境遇中都是存在的，二者不可分割地混合在一起，即“在”与“不在”不可分离。但仅此还是不够的，白璧德认为人们对“更高事实的洞识”和“集中”离不开想象和理性的合作。人文主义者不可须臾离开三种能力，即想象的感觉能力、想象的构成能力以及理性的辨别能力或者说区分能力。[②] 如上文所述，在古希腊与古罗马的学术传统中，想象仅意味一种感知的能力，仅仅对现象和感官进行描述，而不能表达实在。但是，白璧德认为想象还有另外一种意义，那就是人们所具有的构想事物的能力，即：具有聚集的能力，把那些纯粹的异质性的东西统合起来的能力。瑞恩认为这里的“构想”(conceive) 具有“形成”(institute) 的含义[③]，这是有道理的。但是仅仅如此是不够的，想象不仅可以与上帝打交道，也可以与魔鬼打交道。这时候理性的辨别能力是不可或缺的。白

---

① Irving Babbitt, *Democracy and Leadership*, Boston and New York: Houghton Mifflin Company, 1924, p. 6.

② Irving Babbitt, *Democracy and Leadership*, Boston and New York: Houghton Mifflin Company, 1924, p. 14.

③ Clae G. Ryn, *Will*, *Imagination and Reason*: *Irving Babbitt and the Problem of Reality*, Chicago: Regnery Books, 1986, p. 162.

璧德把这种聚集能力的想象分成两种类型，即“更高想象”或“向心想象”和“较低想象”或“离心想象”，这种分类主要依据诸多想象表象中所达到的要素，是普遍性的要素，也是个体的、流动性的要素。有时候，白璧德也把较低类型的想象等同于感官想象，① 它们都只能感知到外在表象，而不能达到超感知的事物，因为这种超感知的想象需要另外一种想象——“更高想象”。白璧德认为，“较低想象”只能直觉到事物的差异性和流动性，而“更高想象”则可以直觉到稳定性和普遍性，超越现象世界和无限的差异性。在一定程度上，可以说，较低想象是一种“图景的工具”（an organ of sight），并没有超越现象，而“更高想象”则是“洞见的工具”（an organ of insight）。对白璧德而言，更高直觉必须对较低的感官直觉进行节制，这是一种有着生命中心的伦理控制。而在白璧德的用语中，直觉可以被称为想象，但为更精确起见，想象可谓直觉的工具，直觉源自想象的品性。②

若使理性居于首要地位，那么想象就可能变成知性范畴中的一个能力项目，以往的“知性形而上学家”都是如此，如康德、黑格尔等人莫不如是。虽然理性的分析使人增加分析和辨析能力，但是那种以科学客观性和必然性来衡量生命的真理，往往远离了生命的完整性，是对生命事实的摧残。这正是黑格尔之后的非理性主义者痛斥理性主义者的地方，也是克尔凯郭尔批判黑格尔之处。但非理性的唯意志论哲学家往往又贬损了理性的作用，这种行为容易导致白璧德所批判的“蒙昧主义”。白璧德主张从结果分析认识各类思想学说，这需要理性的分析能力去运作，因此，理性的分析能力不可或缺。在白璧德看来，尽管想象需要与理性合作才能获得人文标准，但是想象和理性应服务于意志。他的想象观是在意志处于首要地位的前提下的想象，而不是理性框架下的想象，这与西方传统的想象观不同。他所分类的两种想象与他的两种类型的意志紧密相关，他坚持想象的伦理目的。实际上，意志在一定程度上就是想象，不同品质的意志对应着

---

① Irving Babbitt, *On Being Creative and Other Essays*, Boston and New York: Houghton Mifflin Company, 1932, p. 122.

② Dom Oliver Grosselin, *The Intuitive Voluntarism of Irving Babbitt: An Anti-Supernaturalistic, Anti-Intellectualistic Philosophy*, Latrobe, PA: St. Vincent Archabbey, 1951, p. 50.

不同品性的想象。[1] 瑞恩也赞同这个观点，“白璧德的意志与想象的含义几乎等同，认识这一点，对理解白璧德非常重要”。瑞恩接着说道，“特定的、当下的欲望冲动，来源于更为宽泛的人格气质……人的想象总是迎合着人们潜含的个性趋向”[2]。也就是说，想象与人内在的意志不可分，而这与人的人格结构也是紧密联系的，不同类型的意志就会有不同的想象。在超越表象的意志与满足较低欲望的自我之间，白璧德认为想象在此起着重要作用。

对于白璧德的想象与意志的关系问题，我们不妨把其与尼采和海德格尔的思想作一番比较，可能有助于我们理解白璧德的思想。当西方的精神文明处于分崩离析的困境和危险的深渊的边缘时，尼采张扬人的酒神精神和本能冲动，主张回到人性的理性之前或之下的层面，这是他欣赏古希腊前苏格拉底哲学的原因所在。在尼采看来，西方哲学在苏格拉底之后，基本上就是“柏拉图主义”的变体，不管是“太一”，还是中世纪的“上帝”，用白璧德的说法，都是“一的形而上学”。尼采逆反西方的形而上学，但不是求助于超理性层面的“更高意志”，而是前理性或亚理性的本能，即诉之于“强力意志”。在白璧德看来，这种意志崇拜不会给人带来内心的宁静、平和、信心和不朽感。海德格尔深受尼采的影响，最终走向了诗性想象的维度，试图突破西方主客体二元对立思维模式，但在天地神人的圆形舞蹈中，海德格尔更感兴趣的似乎是“人在世界之中”的存在结构，人与世界处于未分状态，人——这个当下的存在者在一定程度上被遮蔽了。沃格林在批判海德格尔的存在论时说道：“海德格尔的思辨在西方灵知主义的历史上占据着一个重要的位置。构造一个封闭的存在过程；切断内在世界与超世界存在的联系，拒绝承认希腊哲学家们所描绘并命名的philia（爱），eros（欲爱），pistis（信仰），elpis（盼望）这些体验乃是灵魂在其中参与超验存在并让自己听命于超验存在的一个实质性事件；拒绝

---

① Dom Oliver Grosselin, *The Intuitive Voluntarism of Irving Babbitt: An Anti-Supernaturalistic, Anti-Intellectualistic Philosophy*, Latrobe, PA: St. Vincent Archabbey, 1951, p. 52.

② ［美］克雷斯·莱恩：《白璧德与实在问题》，美国《人文》杂志社、三联书店编辑部编，多人译：《人文主义：全盘反思》，北京：生活·读书·新知三联书店2006年版，第80页。

承认这些体验是哲学——尤其是柏拉图式哲学——从中起源的事件。”海德格尔的存在本身虽然“没有任何内容”，但“我们必须向他的正在到来的权力臣服”，他给世人提供了“一种拯救之期望的象征性表达：在这个拯救之中，存在的权力取代了上帝的权力，存在的来临（parousia）取代了基督的来临”。[①]

尼采和海德格尔都比较注重“原始”，但不够“要终”；即使他们“要终”，其所期冀的终极也是虚幻的。就这方面而言，白璧德可谓“要终”，而不太注重“原始”。正如白璧德所说：“为什么要迫使我们自己以向后和向下的方式看待现实，而不是用向前和向上的方式看待现实存在？为什么我们不能以高于而不是沉陷于智性主义来避开智性主义？”[②] 海德格尔批判柏格森的时间观不是“去存在”的时间观，他认为自己的存在本身就是超越性的世界，而柏格森反对时间空间化，反对理性对时间的割裂。实际上，他们的时间观实质上相类似，基本上都是流动的时间，柏格森的时间是生命冲动的绵延，海德格尔的时间是动态的存在，但他们都没有体现出佛家所说的超越和永恒。从这方面去看，海德格尔的学说也难以摆脱形而上学的窠臼。不管是“一的形而上学”，还是“多的形而上学”，白璧德认为它们都是孤立的，都不能进入人的内在生命，因为它们都不能关涉人的“内在生命的真理”。在白璧德看来，在人的内在生命中，“更高意志”不可或缺。

处于后现代文化所渲染的人们避谈真理，避谈“一”，他们认为真理往往是整合的“一”。白璧德也指出了这一点，认为当时的人们都倾向于“一”不过是理性的独断行为，是科学实证主义者把“现实锁在程式”之中。[③] 但人文主义者并不止步于此，“人文主义者最后所诉求的并不是任何的历史习俗，而是直觉”[④]。然而，白璧德所说的直觉与那些主张流变的直

---

① ［美］沃格林著，张新樟、刘景联译：《没有约束的现代性》，上海：华东师范大学出版社 2007 年版，第 45 ~ 46 页。

② Irving Babbitt，Bergson and Rousseau，*Nation*，1912，95（2472），p. 452.

③ Irving Babbitt，Bergson and Rousseau，*Nation*，1912，95（2472），p. 452.

④ Irving Babbitt，Humanism：An Essay at Definition，In Norman Foerster（ed），*Humanism and America*：*Essays on the Outlook of Modern Civilization*，New York：Farrar and Rhinehart，1930，p. 27.

觉哲学家不同，“人文主义者的主要敌人是实用主义者和其他流变的哲学家们，他们干脆把‘一’的问题作为‘形而上学的抽象物’而打发掉”[①]；而人文主义者却认为：在人文或宗教的层面上所欲达到的实在问题，并不是作为一个理性问题所能解决的，而在于人们的感知能力、构成能力和鉴别能力之间适当关系的确立程度。[②] 人文主义者在纯粹的流动性和相对性之中寻求一种统一的原则，但这种统一性并不是一种“惰性的理性概念”，而是作为一种“体验的直觉”（the one as a living intuition），[③] 用白璧德的话说，这是“一的直觉”，[④] 而那些流变哲学家们的直觉是“多的直觉”。在此，我们可以看到白璧德与当时时代精神之契合。一方面，传统的形而上学逐渐衰落，理性和知性已经在唯意志论的非理性主义哲学家们的批驳之下，失去了往昔的统摄地位；另一方面，传统的克制力量被摒弃，各种主张流变、多样性和差异性的文化思潮盛行。在这样的时代，白璧德试图重新确立一种信仰的统一性，以构建一种具有文化凝聚力的生活哲学。白璧德的这种生活哲学有他自身的独特性，这种思想既批判理性主义的独断，也批判那些主张流变的哲学家们纯粹的感官直觉。

白璧德的想象观不是为了想象而想象，而是旨在解决时代的难题。在很大程度上，他的想象观呈现出与西方思想家不同的面目，这种想象观的独特性与他会通东西方的文化因子紧密相关。下面结合柏格森与康德的思想来进一步论述白璧德的“一的直觉”。

白璧德与柏格森在对待理性的态度上有一定的相似性。他们都反对理性主义者以理性来统摄一切，反对以“我思”的范畴来统合一切，认为那不过是形而上学的虚幻。由此不难看出，白璧德与那些流变哲学家都反对理性统一性。可以说，从反对理性统一性方面来说，白璧德与这些主张直觉的流变哲学家都是反基础主义者（anti-fundamentalist）。最终的“一”是

---

① Irving Babbitt，Bergson and Rousseau，*Nation*，1912，95（2472），pp. 452 – 455.

② Irving Babbitt，Bergson and Rousseau，*Nation*，1912，95（2472），p. 452.

③ Irving Babbitt，*The Masters of Modern French Criticism*，Boston and New York：Houghton Mifflin Company，1912，pp. 53 – 54.

④ Irving Babbitt，*The Masters of Modern French Criticism*，Boston and New York：Houghton Mifflin Company，1912，p. 52.

不可能表述清楚的，[①] 但是在“一”是否还需要的问题上，白璧德与这些流变哲学家产生了分歧。柏格森主张以鲜活的、变化的直觉，以事物无限的多样性来反对这种虚假的统一性，[②] 以“多样性”替代“一致性”，以“差异性”替代“统一性”。他们把任何对人的克制与限制都视为“惰性的、机械的和有限的”东西，并弃之如敝屣；而把那些变化多端的性情扩张视为“富有生气的、活力的、创造的和无限的”东西，并欣然接受。[③] 威廉·詹姆斯赞誉柏格森哲学中直觉的直接性和自发性：“打开柏格森的著作，在你所读的每一页上，新的眼界隐约可见，他的著作既像清晨的微风，又似好鸟嘤鸣。它说出实在本身，而不是复述脑筋蒙上了灰尘的教授们论述以前的其他教授已经想到过的东西。”[④] 在柏格森看来，“相对于生命体和有机体而言，时间就是现实的本身材料”，相伴随的是“新奇的不断涌现”，这是理性的平台无法预测的。[⑤] 白璧德也坦承柏格森的时间观可能是他哲学思想最富于原创性的部分，[⑥] 但他认为柏格森的直觉观点与人文主义和宗教层面的直觉性质不同，如亚里士多德所说：“理性显然是要依靠直觉来了解其上下的东西。”[⑦] 就此而言，白璧德认为柏格森等流变哲学家所论述的直觉是处于理性之下的直觉，这是不够的。这种直觉的时间现实是“多的直觉”的结果，而不是理性之上直觉的结果，或者说，柏格森所言说的现实不是“一的直觉”的时间现实观。在时间之中，人可以借助想象的帮助，可以超越时间、超越具体的时间和地点，从而达到一种普遍性。正如熊十力批判柏格森的“绵延”时所说的，柏格森只看到了“绵

---

① Irving Babbitt, Humanism: An Essay at Definition, In Norman Foerster (ed), *Humanism and America: Essays on the Outlook of Modern Civilisation*, New York: Farrar & Rinehart, 1930, p. 40.

② Irving Babbitt, Bergson and Rousseau, *Nation*, 1912, 95 (2472), pp. 452 – 455.

③ Irving Babbitt, *Rousseau and Romanticism*, Boston and New York: Houghton Mifflin Company, 1919, p. 49, 147.

④ Irving Babbitt, Bergson and Rousseau, *Nation*, 1912, 95 (2472), p. 454；译文参考了吴棠的译本，[美] 威廉·詹姆斯著，吴棠译：《多元的宇宙》，北京：商务印书馆2002年版，第145页。

⑤ Irving Babbitt, Bergson and Rousseau, *Nation*, 1912, 95 (2472), pp. 452 – 455.

⑥ Irving Babbitt, Bergson and Rousseau, *Nation*, 1912, 95 (2472), p. 452.

⑦ Irving Babbitt, *The Masters of Modern French Criticism*, Boston and New York: Houghton Mifflin Company, 1912, p. 52.

延的”流动，却没有看到“永恒”的静止。白璧德与熊十力的看法很接近，白璧德引经据典地表述他的直觉时间观：佛陀说，“圣人从时间中解脱出来”；迈克尔·安琪罗（Michael Angelo）说就，“超越时间的灵魂是幸福的”；儒贝尔（Joubert）也说，“时间，此处在较低的层面上，以不断变化和更新的存在物来衡量的时间，是可以被看到、感觉和估算的，但在更高的层面上则没有变化和延续，或新或旧，或昨天或明天”。儒贝尔甚至补充说：“尽管不是那种以身体的运动和延续来计算尘世的、地球的时间，但却有着一种处于永恒状态的时间。”对此，爱默生也曾以类似的方式证实上帝深渊的核心。

过去、现在和将来
是同一株根上生长出来的三朵花。①

白璧德说，若要列举那些不是在时间之中，而是在超越时间之中发现最高实在的人，这样的人可谓不胜枚举。而柏格森所说的实在，主要是指人在时间之中的实在；白璧德则认为人不仅需要在时间之中寻求超越性和统一性，而且需要超越时间，在流变的时间之中寻求超越性和统一性，也即白璧德所说的“多中的一”（one in the many）。但在柏格森和詹姆斯等流变的哲学家们看来，那种超越时间的企图不可避免地落入了“形而上学的幻象”中，寻求统一性的任何东西都是惰性的、割裂的、无活力的纯粹概念，而保持生命活力的唯一办法只能是浪漫的，即从“一”到“多”的扩张，或者说，是“从中心飞离”，或用柏格森的话来说，“生命活力的成长过程不仅是扩张的，而且是爆炸的”②。

在白璧德看来，人不仅具有柏格森式的“多的直觉”，而且具有“一的直觉”。这两种类型的直觉处在不同的感知层面上。“多的直觉”不仅使人在时间之中，而且使人深深地沉浸其中，它似乎能使我们直接地感知到时间是不停流动的，忘记了那种“干涉的理性”的人为分割，现在、过去

---

① Irving Babbitt, *The Masters of Modern French Criticism*, Boston and New York: Houghton Mifflin Company, 1912, pp. 55 – 56.

② Irving Babbitt, Bergson and Rousseau, *Nation*, 1912, 95 (2472), pp. 452 – 455.

与未来都融合在一起。但是，白璧德认为柏格森的流动变化的直觉观念主要是一种情感的扩张，它不过是卢梭浪漫主义的变种。① 根据不同的类型体验，白璧德把“感官直觉”或“审美直觉”(sensuous or aesthetic intuitions) 称为“多的直觉”，而把“精神直觉”或“知性直觉”(spiritual or intellectual intuitions) 称为“一的直觉”，② 也即能感知到“一”的直觉。

这两种类型的直觉处于不同的层面。在白璧德看来，“多的直觉”处于理性之下，处在自然主义层面上，以“物之法则”为旨归；而“一的直觉”处于理性之上，是一种“超理性的直觉”、一种“超理性的感知”，这种直觉以“人之法则”为旨归，属于人文主义和宗教的层面。正如柏格森所言，要理解普通的理性、知性水平之上的东西需要有一种特别等级的直觉，而在康德看来，人身上不存在这种直觉，康德认为这种直觉只有上帝才具有。由此，康德把世界分成现象世界和本体世界，认为人的理性只能认识现实的现象世界，现象之后的本体世界超越了人的认知所能达到的程度。尽管康德试图在《判断力批判》中以人的反思判断力来沟通两个世界，但由于他不承认人有“知性直觉”，因此，他的意志世界或本体世界与人的现象世界相割裂。这是白璧德批判康德没有找到生命的门径所在。③ 而这种割裂其实是一种“更高想象力”的问题，康德对此一直抱着审慎的态度。在康德看来，一旦承认人具有这种知性直觉的能力，就能达到对世界本体的认识，就容易使人联想到人是上帝的猜想，这不但不能使人谦恭，而且使人骄傲和狂妄。因此，康德虽然坦言人的自由意志和道德选择，强调人的自律，但是在人的内在道德律之外，他仍然悬挂着灵魂不死和上帝存在，即所谓的“在我之上的星空和居我心中的道德法则”④ 这两样东西。在白璧德看来，这无疑是一个割裂的两重世界，即“多的形而上

---

① Irving Babbitt, Bergson and Rousseau, *Nation*, 1912, 95 (2472), pp. 452-455.

② Irving Babbitt, *The Masters of Modern French Criticism*, Boston and New York: Houghton Mifflin Company, 1912, p. 52.

③ Irving Babbitt, *On Being Creative and Other Essays*, Boston and New York: Houghton Mifflin Company, 1932, p. 143.

④ [德] 康德著，韩水法译：《实践理性批判》，北京：商务印书馆 2009 年版，第 177 页。

学”世界和“一的形而上学”世界，也即“一”与“多”之间分裂的知性世界。白璧德认为在总体倾向上康德是一个理性主义者，用“批判”来指称他的哲学是“用词不当”，因为要解决批判的问题——现象与实在的关系问题——需要充分发挥想象力的作用，而康德在此没有成功。① 正因为康德没有很好地处理想象力的问题，所以在康德那里的两样东西还是两样东西，不能成为一个渐进的生命过程。如白璧德所说：

现代哲学总体上非常令人不满意，这是因为提出了批判的问题却没有完成这个问题，而由传统渠道所进行的批判过于激烈，从而不能接受智慧；另一方面，现代哲学又批判不足，未能达到洞识，从而越来越失去人的相关性。用最近的崇拜者的话来说，日渐变成了一个狭隘和徒然无果的离心物。②

对于真正的、批判的观察者来说，“要发现绝对意义上的任何实在都是不可能的，这是因为任何事物都是与幻象混合在一起的”③，从这个绝对意义上说，科学人往往并不知晓自然表象之后的实在，那种以自然法则的工作及其成果来笼罩一切的行为，不过是一种自我欺骗。白璧德以洞识（insight）来反对自然主义的过度（natural excess），但若这种洞识不能凭借自身类型的工作和成果与“自然法则”的工作区分开，那么这种“洞识”本身也仅是一个词语而已。④ 人文主义者所言说的“洞识”乃是根据“人之法则”努力的结果，也是一种内在体证的结果。

要辨析白璧德所说的“洞识”的观点以及“洞识”与“一的直觉”之间的关系等问题，我们不妨顺着白璧德的思路，并以苏格拉底式的定义

---

① Irving Babbitt, *Rousseau and Romanticism*, Boston and New York: Houghton Mifflin Company, 1919, p. 370.

② Irving Babbitt, *Rousseau and Romanticism*, Boston and New York: Houghton Mifflin Company, 1919, p. 371.

③ Irving Babbitt, *Rousseau and Romanticism*, Boston and New York: Houghton Mifflin Company, 1919, p. 371.

④ Irving Babbitt, *Rousseau and Romanticism*, Boston and New York: Houghton Mifflin Company, 1919, p. 372.

方法来分析他的观点。正如白璧德在《民主与领袖》中所说：“上帝正是通过想象与人交流的，但不幸的是，魔鬼也是通过这一方式与人交流的。因此，严格说来，检验交流的情况并不在于想象本身。”[①] 白璧德认为，在人文主义和宗教的层面上，卢梭的“脑与心往往是分裂的”，此处的“心”处于理性之下，是亚理性的（subrational）；而帕斯卡尔所说的“心”指代的却是“恩典”，处于理性之上，或者说是超理性的。若要分辨此处的“心”蕴含的不同，那么除了人的直觉官能之外，人们还需要一种理性的辨别力。理性的区分能力不可或缺。就想象或直觉来说，白璧德并没有严格区分想象力与直觉。一方面，白璧德认为现实的东西不离幻象，想象力具有“一种伟大的统合能力，这种统合能力本身能使我们免于孤立地、没有生机活力地看待事物”[②]，那种认为“以想象而获得的统一性都是虚幻的，并非言之有理”[③]；另一方面，他又认为“想象力具有统一性而不具备现实性，但是可能的情况是，人生的统一性是否具有现实性，只有在想象经受了敏锐的分析”[④]，即我们所能感知到的现实需要理性与想象的密切合作，才能达到对现实认识的统一性。那种不以理性分析为工具的想象往往是幻想，是一种田园牧歌式的想象。尽管这种想象也能达到一种无限的统一性，尽管诡辩论者以“理想”来称谓这种想象而使传统宗教和道德各类名称复杂化，但在白璧德看来，此类想象“具有统一性但不具备现实性”[⑤]。这是一种“本能的统一性”，“只存在梦境中的统一性”，回归自然没有任何真实性，只是一种远离真实的纯粹怀旧的想象，处于梦境之中的想象把其统一性置于人格的扩张力量之上。而这种人格不仅分裂人与人之间的关系，而且分裂自身，在缺失内在和外在的控制之下，任何东西的流

---

① Irving Babbitt, *Democracy and Leadership*, Boston and New York: Houghton Mifflin Company, 1924, p. 14.

② Irving Babbitt, *Rousseau and Romanticism*, Boston and New York: Houghton Mifflin Company, 1919, pp. 184 – 185.

③ Irving Babbitt, *Democracy and Leadership*, Boston and New York: Houghton Mifflin Company, 1924, p. 13.

④ Irving Babbitt, *Rousseau and Romanticism*, Boston and New York: Houghton Mifflin Company, 1919, p. 373.

⑤ Irving Babbitt, *Rousseau and Romanticism*, Boston and New York: Houghton Mifflin Company, 1919, p. 185.

动都犹如河流入海，这只是一种“梦幻的统一性”[1]，这种梦幻的统一性是一种想象的逃遁，它远离了人性和自然的秩序，因而不具有现实性。

与此相反，那种具有理性分析能力的想象离不开人的目的性。柏格森不认为生活具有目的性，而人文主义者却以亚里士多德的话来回答，“目的是一切的首要者，目的之目的是幸福”[2]。对于那些把“自然法则”作为工作和目的的培根主义者——“彻底的实证主义者”的回答则是“幸福不是源自片面的工作，那种片面的外在工作无法使人摆脱道德孤独的不幸境地，而只有根据人文法则的工作，我们才能走向真正的交流，从而通向和平与幸福”[3]。要理解这种人性法则，人们必须依赖于想象，依赖于想象与理性的合作，但这里的理性分析机能并不在于建构什么抽象体系，而在于这样的事实——为了人的幸福去辨别“经验的实际给予物”，正如处于最佳状态的科学人着眼于权力和功效而运用这种分析机能以辨别经验的给予物。[4] 白璧德将那种不现实的却被视为智慧的行为看作“堕入了诡辩”，用卢梭的想象观来说，其最终的性质根本不是伦理的，而是田园牧歌式的；白璧德认为，卢梭这样的人实质上是一个“大诡辩家”，但他被人们视为“灵感的教师”，这就不乏讽刺意味了。而各色各样的诡辩都与人的“道德懒惰”结盟，他们往往任性自流，都处于自然主义的层面上，在那里“狡诈法则”和“力量法则”盛行，但他们却还在虚幻地以为自己走在通向和平和博爱的大路上。[5] 在白璧德看来，这无疑是对存在的不同层面的混淆，把亚理性的东西当作超理性的存在，这归根结底是一种“伪精神”。

人文主义者所说的想象是一种“伦理想象”、一种“道德想象”，而这

---

① Irving Babbitt, *Rousseau and Romanticism*, Boston and New York: Houghton Mifflin Company, 1919, p. 185.

② Irving Babbitt, *Rousseau and Romanticism*, Boston and New York: Houghton Mifflin Company, 1919, p. 372.

③ Irving Babbitt, *Rousseau and Romanticism*, Boston and New York: Houghton Mifflin Company, 1919, p. 372.

④ Irving Babbitt, *Rousseau and Romanticism*, Boston and New York: Houghton Mifflin Company, 1919, p. 373.

⑤ Irving Babbitt, *Rousseau and Romanticism*, Boston and New York: Houghton Mifflin Company, 1919, pp. 373 –374.

种想象可以说是一种“更高现实的幻象”,[①] 是一种“对普遍的直接洞识”。但这种普遍性只有在“更高想象”的帮助下，才能被人感知，即“对普遍的想象感知”。[②] 而“如此感知到的普遍性不仅使想象活动具有中心性和目的性，而且对人的性情和本能冲动的自由扩张进行限制，对18世纪以来为人所知的自然概念进行限制”[③]。对浪漫主义者而言，科学想象要受到判断的限制和控制，严格地从属于事实来工作；而文学和艺术中的想象则应当是自由的、不受约束的，如杨格（Young）所说：“文学天才可以狂野地漫游，那里有创造力，可以任意地统摄自身的梦幻帝国（empire of Chimera）。”[④] 但是，白璧德认为，不管何种想象，它们都需要受到目的性的规束，而这种目的性离不开人们对普遍性的感知。从这个意义上说，“抛弃人的虚幻因素在很多意义上是偏离了人性中的驱动力——想象”[⑤]，这种想象是植根于一种洞识到的事实，一旦抛弃了这种事实，单枪匹马的理性就不能有效地应对人的本能冲动和扩张欲望。在这方面，帕斯卡尔的论述颇为恰当，“在理性与欲望的冲突之间，想象保持着平衡的能力”，理性若缺乏洞识的支持，想象就会支持人的欲望，而理性就会屈从。[⑥] 帕斯卡尔眼中的“超理性的洞识”就是人的“心”，或者说“恩典”。对帕斯卡尔来说，“心有其理，为理性所不知”。而在白璧德的语汇中，这是“更高意志”。在白璧德看来，人文主义者作为本真的确证者，反对帕斯卡尔基督徒式的禁欲主义观点，但在服务于“洞识”的过程中，理性与想象可以和谐地协力而为。人文本真的确证者首先会将自己植根于“洞识的事

---

① Irving Babbitt, *Rousseau and Romanticism*, Boston and New York: Houghton Mifflin Company, 1919, p. 19.

② Irving Babbitt, *Rousseau and Romanticism*, Boston and New York: Houghton Mifflin Company, 1919, p. 41.

③ Irving Babbitt, *Rousseau and Romanticism*, Boston and New York: Houghton Mifflin Company, 1919, p. 41.

④ Irving Babbitt, *Rousseau and Romanticism*, Boston and New York: Houghton Mifflin Company, 1919, p. 40.

⑤ Irving Babbitt, *Rousseau and Romanticism*, Boston and New York: Houghton Mifflin Company, 1919, p. 21.

⑥ Irving Babbitt, *Rousseau and Romanticism*, Boston and New York: Houghton Mifflin Company, 1919, p. 178.

实”，并且认为，这种洞识的事实是人们直接感知到的先于理性和情感的一种东西，实际上是“作为一种对理性与情感进行控制的能力”①。理性若没有洞识的支持，那么就如卢梭所言，“冷冰冰的理性从来没有做出什么卓越的事情”。但卢梭没有把人理性之后的驱动力归因于超理性的洞识，而是把它归于人的激情。② 由于清除了人文确证者所植根的“洞识的事实”，卢梭从而去除了人性中的否定力量。

对于这两种不同等级、不同类型的想象（根据人文法则的想象还是根据自然法则的想象），白璧德在不同场合常常给出不同的称谓，而这两种不同等级和不同类型的想象与人的真正二元性紧密关联。白璧德所说的真正的二元性，主要指两种不同类型的意志，对“较低意志”，人的“更高意志”对“较低意志”行使否定的能力，“更高自我”相对于人的“性情自我”行使否定的能力。③ 相对于人的意志二元性，人的想象力也具有二元性，相对于人的“较低想象”，人的“更高想象”对“较低想象”行使否定的力量。对应于依据人性法则的“更高想象”，类似的表达还有很多，如“伦理想象”、“道德想象”、“向心想象”、“规训的想象”、“古典想象”和“一的直觉”等；对应于“较低意志”的“较低想象”，类似的表述也不少，如“非伦理想象”、“离心想象”、“恣肆的想象”、“浪漫的想象”和“多的直觉”等。白璧德既认识到人性的可变性和生成性，又看到人性的普遍性，“时间或空间诸现象间存在着某种恒常联系，存在着一种远在个人欲望或意见之外的联系”④。“伦理想象”、“一的直觉”等不同称谓的想象，主要是有关人性的普遍性的感知，被感知为对“生命冲力”行使“否定的力量”（veto power），从而对人的行为确定方向和目的；而“非伦理想象”、“多的直觉”等不同称谓的想象，主要是针对人性可变性和生成

---

① Irving Babbitt, *Rousseau and Romanticism*, Boston and New York: Houghton Mifflin Company, 1919, pp. 178 - 179.

② Irving Babbitt, *Rousseau and Romanticism*, Boston and New York: Houghton Mifflin Company, 1919, p. 180.

③ Irving Babbitt, Humanism: An Essay at Definition, In Norman Foerster (ed), *Humanism and America: Essays on the Outlook of Modern Civilization*, New York: Farrar & Rinehart, 1930, p. 40.

④ Irving Babbitt, *The Masters of Modern French Criticism*, Boston and New York: Houghton Mifflin Company, 1912, p. 234.

性的感知，即对“生命冲力”的感知（élan vital）。但在不同等级层面上的直觉并不是孤立存在的，如白璧德所言：“或许最明智的人，拥有两种不同等级层面的直觉，并且在这两种直觉之间进行‘调和’，把地方的、个体的和暂时的敏锐感知加入到自己感知到的统一性之中。”[①] 这也是白璧德“生命辩证法”的意蕴所在，而这种生命辩证法如上所述，并不完全是理性的结果，这里有意志、理性和想象的合作，但最终的方法和路径如白璧德所说是直觉，这种直觉在某种程度上是生命意志的实践。这与白璧德的人文主义是实证的、批判的、个人主义的学说一脉相承，白璧德反复强调他的人文主义采用的是“实证的、批判的方法”，有时他也用“实验的”、“体验的”等措辞。[②]

白璧德学说呈现出与大多数西方思想家不同的面貌，很大程度上是由于他对东方文化的吸纳，特别是他对东方思维方法的吸收。不管是东方的印度还是古老的中国，人们都认为“知性直觉”是存在的，这就为神圣与世俗打通了道路，缓和了世俗与神圣或者说宗教之间的紧张关系。中印传统文化中的疏通特征不同于西方神圣与世俗两极对立的思维方式，那种两极对立的思维方式在康德身上体现得较为典型。这也是牟宗三批判康德的主要路径。在批判康德思想的方式上，白璧德与牟宗三的思想颇为接近。他们都肯定了人有“更高的直觉”来体验“更高意志”，但不同的方面也很明显。白璧德认为，在当今世界，国际交往日益密切，孤立的文明难以为继，东西方的文化，特别是人文、宗教文化需要改造更新。在白璧德看来，他所引证的孔子心目中的“天命”具有“更高意志”，佛陀心目中的“法”以及亚里士多德的“纯形式”也都具有一种克制意志的存在，“根据亚里士多德，上帝就是纯形式”[③]，正如西方的“上帝的恩典”也具有“更高意志”，“穆罕默德与佛陀和基督都是一致的”，“词语‘伊斯兰’本

---

① Irving Babbitt, *The Masters of Modern French Criticism*, Boston and New York: Houghton Mifflin Company, 1912, p. 56.

② Irving Babbitt, *Rousseau and Romanticism*, Boston and New York: Houghton Mifflin Company, 1919, p. 16.

③ Irving Babbitt, *Rousseau and Romanticism*, Boston and New York: Houghton Mifflin Company, 1919, p. 148.

意意味着‘服从’”。[①] 在这个实证主义盛行的时代，理性与信仰的问题日益凸显，很多西方思想家把眼光转向了东方。白璧德认为东西方文明需要取长补短，而这种文化上的互通和会通途径应侧重于“心理方面的一致性，而不是在教义和信条的差异方面”[②]。凭借文化会通的视野，白璧德不仅看到了西方文明的局限，还着眼于未来世界人们的交流与沟通，试图构想一个和平的现代性方案。

由此可见，白璧德的“更高意志”涵摄了中国的“天命”[③]、佛学中的“更高自我”[④]、“伊斯兰”的含义、[⑤] 基督教的“上帝”以及古希腊亚里士多德的“纯形式”或“不动的动者”[⑥]。尽管名称各异，但对于人的“更高想象”或者“一的直觉”来说，都被感知为人的“共通感”、一种“想象感知的普遍性”，被感知为一种对人的“生命冲动”行使“否定的力量”、一种生命的感知。白璧德使用了诸多身体感知的词汇，如“温热的直接性”、“情感”、“热情”和“感知”等词汇均与人的身体感官紧密相关。尽管白璧德所说的情感与卢梭、柏格森等的情感含义不同，但它们都是人内在的直觉性体验，是一种生命的自发性。换言之，白璧德把那种外在的超越性存在“脱离”出来植入人的内心，成为人们可以感知到的一种内在的事实、一种“源初的事实”。这也是西方一些白璧德研究者对他的反应不一，甚至差异极大的缘故。有人说他是理性主义者，也有人说他是反理性主义者。研究者的歧见和分说实际上都只是看到了白璧德的某一个侧面，尽管都有见地，但失之全面。

---

① Irving Babbitt, *Democracy and Leadership*, Boston and New York: Houghton Mifflin Company, 1924, p. 161.

② Irving Babbitt, Buddha and the Occident, In *The Dhammapada: Translated by Irving Babbit from the Pali*, New York and London: Oxford University Press, 1936, p. 121.

③ Irving Babbitt, *On Being Creative and Other Essays*, Boston and New York: Houghton Mifflin Company, 1932.

④ Irving Babbitt, *Literature and the American College: Essays in Defense of the Humanities*, Boston and New York: Houghton Mifflin Company, 1908.

⑤ Irving Babbitt, *Democracy and Leadership*, Boston and New York: Houghton Mifflin Company, 1924, p. 161.

⑥ Irving Babbitt, *Rousseau and Romanticism*, Boston and New York: Houghton Mifflin Company, 1919, p. 161.

在白璧德那里，有一个术语殊堪关注，那就是他所说的“想象感知的普遍性”（imaginative perception of the universal），或者“对普遍性的想象感知”。这里的“普遍性”（universal），如瑞恩所注意到的一样没有使用复数，即“诸多的普遍性”（universals），而是使用了普遍性的单数（universal）。[①] 这说明了在白璧德眼中的人文世界中，人不分红白黑黄，天不分东西南北，都具有共同的、共通的东西。白璧德认为“人需要信仰”，但此信仰应当是“生命的信仰”，而不是“僵死的教条”。这种生命的信仰是直接的、直觉的，是一种“给予物的直接感知”。白璧德的中国弟子梁实秋认为白璧德的学说主要类似于《中庸》学说，“天命之谓性，率性之谓道，修道之谓教”，并且认为其学说与孔子的“克己复礼”道理相通，但是又把白璧德的思想归入了理性范畴之中。[②] 吴宓和林语堂认为白璧德学说颇似宋明理学的性理哲学。[③] 同时，我们也要看到白璧德异于儒家的一些代表人物所持的看法。如钱穆就认为中国的文化是内在超越，而西方的文化是外在超越，主张以中国的“天人合一”思想在世界推广。牟宗三以人的“知性直觉”为途径来建构他的“圆教”思想。[④] 钱穆、牟宗三等人显然都没有侧重于人的有限性和不足方面来立论，思想中难免濡染着一股情感的浪漫主义情调。当前李泽厚的思想也不能免嫌。[⑤] 白璧德说，中国的人文主义和印度的佛学都证实了基督教的真理——“内在生命的真理”，也即他所说的人性二元性。相比之下，白璧德引用了孔子的天命观以佐证他的二元人性论，这可能是因为孔子的人性论述比较圆融，而对孟

---

① Clae G. Ryn, *Will*, *Imagination and Reason*: *Irving Babbitt and the Problem of Reality*, Chicago: Regnery Books, 1986, p. 204.

② 梁实秋：《影响我的几本书》，《雅舍菁华》，长沙：湖南文艺出版社 1990 年版，第 64 ~ 65 页。

③ 张明高、范桥主编：《林语堂文选》（下册），北京：中国广播电视出版社 1990 年版，第 7 页。

④ 牟宗三：《智的直觉与中国哲学》，台北：联经出版事业股份有限公司，2003 年版，第 169 ~ 277；赵卫东：《分判与融通——当代新儒家德性与知识关系研究》，济南：齐鲁书社 2006 年版，第 414 ~ 433 页。

⑤ 李泽厚：《实用理性与乐感文化》，北京：生活·读书·新知三联书店 2005 年版，第 148 页。在哲学与诗的问题上，白璧德与海德格尔、理查德·罗蒂以及李泽厚等人都不同。海德格尔与罗蒂主要是基于语言立论，李泽厚主要基于感性存在立论，而白璧德的立论主要植根于超感性的“更高意志”。

子的“性本善”和荀子的“性本恶”的思想，白璧德则鲜有评述。白璧德的这种文化取舍本身就彰显了他的价值取向。

在上一章节中，我们已经论述了白璧德的宗教观，这里不妨再联系白璧德的想象观对他的宗教思想作更深入的探究，这种探究可以帮助我们进一步理解白璧德思想与东西方思想的异同，从而加深我们对他思想独特性的认识，特别是其普遍性思想的认识。

正如白璧德所言，人文标准离不开想象，“幻想可能有害于教条，但并不会使人放弃标准”，那种以为有了虚幻的因素就一定是虚无的看法并不合理，但人文标准应该是生命的标准，是内在于人之中的标准，是“体验的、灵活的、直觉的”。[①] 这种以更高直觉对较低直觉的否定所体验的现实是精神的充实，而不是匮乏。这就不同于尼采那种轮回不止所体现的虚无状态，而是以不断否定和肯定体现出的丰富与充实。在人文主义和宗教的相通和契合问题上，如上所述，白璧德借鉴了东方的“道路”思想。这主要是根据人生践履和实践来理解人生、实现人生，而不是西方形而上学玄思的路径，但这条人生践履之路也脱离不了想象。

对白璧德而言，宗教与人文都是“向心的想象”之路，一条意志践履之路，一条直觉感知的想象之路，一条不断否定和肯定的人格建设之路。这条建设之路是一种真实的感知之路。庄子所憧憬的“天地与我并生，而万物与我为一”[②] 的人生境界，在白璧德看来要作严格的理性区分，天、地、人不是平面的彼此融合，而是要看人内在的伦理努力，外向的还是内在的努力往往决定了人的自由境界。按照“物之法则”的支配，“离心想象”是不受任何规束的、无限制的伦理游荡，而“向心想象”或者“道德想象”则是按照“人性法则”予以规训的内在道德努力。赫拉克利特说：“上升的路与下降的路是同一条路。”[③] 但是对白璧德而言，人生道路主要有两条不同类型：一条是通向体验“敬畏”的“伦理自我”之路；一条是

---

① Irving Babbitt, *The Masters of Modern French Criticism*, Boston and New York: Houghton Mifflin Company, 1912, p. 374.

② 曹础基：《庄子浅注》，北京：中华书局 1982 年版，第 30 页。

③ ［英］T. S. 艾略特著，赵萝蕤等译：《艾略特诗选》，济南：山东大学出版社 1998 年版，第 135 页。

通向体验“惊奇”和“变化”的“性情自我”之路。[①] 卢梭主义者所走的是一条往下和往后的道路，一条处于理性之下的道路。对人文主义者和真正的宗教者来说，不仅要向外、向后和向下看，更要向内、向前和向上看，这是一条高于理性的超越之路。这里有着人生的目的所在，向后看、向下看的道路是一条无限的路，向前看和向上看的道路也是一条无限的路。[②] 而人文主义者的道路是一条通向“一”与“多”的调和之路，“调和”人内在的两种直觉，从而把个体的和变化的感知融入统一性的感知之中，这种“多中之一”的直接性感知之路，或者说人生践履的体证之路是无限的。

尽管人文主义者和宗教人士都不嫌恶自然秩序和它的“永久的新奇的不断涌动”，但人文主义者拒绝把最后的重心放在“新奇”之上，[③] 而是放在“敬畏”和“谦卑”之上，真正的宗教精神是能够产生“敬畏”之心的，人文主义和真正的宗教在此相遇和链接。对于宗教与人文主义的关系问题，白璧德引用埃德蒙·柏克的表述：“人的整个伦理生活根源于谦卑。若谦卑感减弱，自负与徒然的妄想式想象几乎会自动地替代其位置。”[④] 对人文主义者来说，人若缺失了“谦卑”，那么人文主义欲达到的“合度适宜”或者说“礼”（decorum）就会流于形式和走过场，因此，人文主义者的“谦卑”不可缺少。这里我们可以看到白璧德所欲达到的人文主义者“既要自立又需要谦卑”之指向，从而达到“中间地带”的“适度”，而适度离不开敬畏和谦卑。此处，白璧德显然借鉴了东方的人生智慧，他没

---

① Irving Babbitt, *Rousseau and Romanticism*, Boston and New York: Houghton Mifflin Company, 1919, p. 49.

② Irving Babbitt, *Rousseau and Romanticism*, Boston and New York: Houghton Mifflin Company, 1919, p. 201.

③ Irving Babbitt, *Rousseau and Romanticism*, Boston and New York: Houghton Mifflin Company, 1919, pp. 49 – 50.

④ Irving Babbitt, *Rousseau and Romanticism*, Boston and New York: Houghton Mifflin Company, 1919, p. 380.

有把人文与宗教割裂开，而是作为同一条道路的不同阶段，[①] 正如他征引孔子与其学生季路有关“问事鬼神”的对话，《论语·先进》载道：“季路问事鬼神。子曰：‘未能事人，焉能事鬼？’‘敢问死？’曰：‘未知生，焉知死？’”[②] 印度佛陀的宗教生活也具有人文主义方面的特征，因此，人文主义者所主张的“适度的衡量法则”（the law of measure）也不能作绝对性的理解。佛陀的宗教生活一直坚持“中道”（the middle path），佛陀及其早期的追随者就体现了人文主义者所体现的“温文尔雅”，这是迄今在非人文主义国土上最接近人文主义的结果了。[③]

在人文主义与宗教的这个节点上，白璧德认为亚里士多德至少在影响后人方面似乎做得很不够。在其《政治学》的末尾，他没有能够充分地把“冥想”或者说“宗教的生活”与这部作品主要论及的人文主义所欲达到的“调和”关联起来，而这两种生活的分离导致了西方中世纪的过度禁

① 国内白璧德研究者对白璧德调和人文和宗教、理性与信仰之间的努力注意不够，段怀清在论述 T. S. 艾略特与白璧德之间观点分歧时，说道：“在艾略特那里，人文主义并非像在白璧德那里是与宗教并列平行的一种传统，它不是和宗教排成战斗序列来攻击人道主义和自然主义的。而只能是宗教，更确切地讲是‘神性’抑制‘兽性’的过程和结果。”段怀清：《梁实秋与欧文·白璧德的人文主义》，《文艺理论研究》2000 年第 1 期，第 38 页。

② 杜维明认为，孔子在《论语·先进》篇的教言表面上好像有“只需事人而不必事鬼，只需知生而不必知死”的含意。但这种望文生义的曲解和“慎终追远”乃至“生事之以礼；死葬之以礼，祭之以礼”的理念完全不符。诚然，未能事人，必不能事鬼；未知生，必不能知死。但既能事人、知生，则应进一步学习事鬼、知死。不仅如此，事人的起点虽不必涉及事鬼，事人的极致则不得不包括事鬼。同理，知生的起点虽不必涉及知死，知人的极致则不得不包括知死。严格地说，在人伦日用之间体现终极关怀的价值取向正显示“尽心知性”可以“知天”乃至“赞天地之化育”的信念。这种观点与欧文·白璧德的看法相通。白璧德认为孔子此处的人文思想与宗教相通，人文主义与宗教是一条道路上的不同阶段而已，两者都具有“更高意志”。而用中国儒家的话来说，人文思想不离“天道”。杜维明：《序言：儒家人文精神的宗教涵义》，《论儒学的宗教性·杜维明文集》（第三卷），武汉：武汉出版社 2002 年版。另见 Irving Babbitt, *Rousseau and Romanticism*, Boston and New York: Houghton Mifflin Company, 1919, p. 380.

③ Irving Babbitt, *Rousseau and Romanticism*, Boston and New York: Houghton Mifflin Company, 1919, p. 381.

欲，过度地摒弃了尘世而倾向于神秘的沉思冥想。① 这里我们可以看出白璧德对东西方宗教文化的吸收。人文主义者一方面要注意没有宗教支持的人文主义生活所存在的危险性，② 另一方面也对以启示的、教义式的宗教否定人文主义的“独立有效性”（independent vitality）表示异议。③ 白璧德以“实证的、批判的”方式来论述人文主义和宗教，认为两者不过是同一条道路的不同阶段而已，他们都凭借“一的直觉”所感知的“更高事实”来给予生命以方向和目的。对于不同的个体感知来说，“更高意志”可能只是所感觉到的“生命克制”程度有所不同而已。宗教者处于冥想的生活之中，甚至脱离世俗的生命形式，如“基督徒对尘世的弃绝和死亡”，就其“成色的纯粹性而言宗教是人类的高峰”；④ 而人文主义者所欲达到的是“调和”，“更高意志”对人的诸多生命欲望的克制当以“适度”（the law of measure）为指导。但有着“冥想”所支持的人文主义“调和”，就可以说有了某种宗教背景，“调和与冥想毕竟仅是同一条上升道路的不同阶段，不可以把它们硬性地割裂开”⑤。

在此，我们不妨进一步阐述白璧德所说的“超自然”的含义。正如白璧德所说，他在对待现象与现实、一与多的问题上更倾向于佛陀，而不是柏拉图。⑥ 白璧德说佛陀是“一位批判的、实验的超自然主义者”⑦。白璧

① Irving Babbitt, *Rousseau and Romanticism*, Boston and New York: Houghton Mifflin Company, 1919, p. 381.

② Irving Babbitt, *Rousseau and Romanticism*, Boston and New York: Houghton Mifflin Company, 1919, p. 381.

③ Irving Babbitt, *On Being Creative and Other Essays*, Boston and New York: Houghton Mifflin Company, 1932, p. 17, 145.

④ Irving Babbitt, Humanism: An Essay at Definition, In Norman Foerster (ed), *Humanism and America: Essays on the Outlook of Modern Civilization*, New York: Farrar and Rinehart, 1930, p. 47.

⑤ Irving Babbitt, Humanism: An Essay at Definition, In Norman Foerster (ed), *Humanism and America: Essays on the Outlook of Modern Civilization*, New York: Farrar and Rhinehart, 1930, p. 47.

⑥ Irving Babbitt, *Rousseau and Romanticism*, Boston and New York: Houghton Mifflin Company, 1919, p. 20.

⑦ Irving Babbitt, Buddha and the Occident, In *The Dhammapada: Translated by Irving Babbit from the Pali*, New York and London: Oxford University Press, 1936, p. 78, 80.

德所说的“超自然”也是在佛陀所说的意义上使用的，以实证、批判的方式来感知超验物的存在。实际上，这种超越性的体认就是人生“道路”的践履，以实证、批判的方式来感知超验物的存在，超自然与人文只不过是同一条道路的不同阶段，也是人对“更高事实”的确证。换言之，人文主义和宗教是同一条道路的不同的阶段，之所以如此，是因为它们都离不开“更高意志”，而“更高意志”属于超自然范畴，也就是说，白璧德的人文主义也含有超自然的意义。若说自然主义侧重于人性本能的话，那么，人文主义就是自然与超自然的调和。如此，白璧德的人文主义与自然主义和宗教都相融贯、相融通。由此，我们不难发现白璧德的人文主义与一般世俗的人文主义以及基督教人文主义都有些不同。J. D. 福勒在论述人文主义的时候说道：“对于人文主义确定的定义，人文主义者不可能达成一致意见，但那些已经存在的诸般定义都可能强调人类自我保存、自我实现、幸福和创造能量的必要性，而无须求助于神圣的超自然主义。”[①] 一般来说，西方人所说的“神圣的超自然主义”都有“上帝”的背景，当然，白璧德也不能免俗。但例外的是，他借鉴了东方思想，尤其是佛教中的超自然含义，改造了西方的“上帝”，并把原来的自然、人和上帝三种关系进行了一番改造。这是大多数西方思想家没能做到的。这种思想自然也不同于基督教人文主义，白璧德虽然也充分吸收了基督教的合理内核，但他没有把最终的根据放在上帝这位绝对者身上；相反，他认为人自身就具有一种神性，这就不同于那些基督教神学家或基督教人文主义者，比如，新托马斯主义者马里坦、埃提安·吉尔松等人都把上帝作为存在的根本原因。[②] 与那些世俗的人文主义相比，在超自然主义是否需要的问题上，白璧德的人文主义与它们不同。他认为在“上帝已死”的情况下，不是追求超自然的超越，而只是一味地在纯粹自然主义的饲料槽中觅食——这样的行为无疑是道德的衰落。当然，通常所说的世俗人文主义也不是说不超越，只是这超越是清除了任何超自然的理性超越，如萨特的“存在先于本质”的存在主义。

---

① Jeaneane D. Fowler, *Humanism: Beliefs and Practice*, Brighton: Sussex Academic Press, 1999, p. 9.

② 栾栋：《感性学发微》，北京：商务印书馆 1999 年版，第 89 ~ 90 页。

在对待“本质”的问题上，白璧德与萨特、杜威以及后现代的哲学家们都不相同。他认为，尽管本质不可认知，但承认其存在还是必要的。当然，他所说的本质与理性主义者所说的本质论也有所不同。譬如，白璧德有时也借用瓦尔特·李普曼（Walter Lippmann）的措辞，用“不朽的本质”（an immortal essence）来表达“更高意志”。白璧德所说的“不朽的本质”常常被人误解或曲解。而对于直觉到的对象，格罗塞林认为白璧德的直觉“不仅获得事物的存在，而且获得事物的本质”[①]。白璧德并不否定本质，这种本质不是孤立的、隔离的、超绝的，而是本质不离现象，也就是他所说的“流动的一”，并且最终无法表述清楚，但表述不清楚并不表示不存在，这种本质也是想象的本质、幻象的实在。白璧德所说的“不朽的本质”，主要指人类这种道德自主性的“更高意志”，而这种“一般的人类经验中心这一事实”，若能被瞥见的话，也“只有借助想象的帮助”或者说“通过幻象的一层面纱”才得以成为可能。[②] 然而，正如 P. E. 穆尔所说，白璧德一直没有道明他的“更高意志”，但从白璧德对“更高意志”与想象和理性等概念的辨析中，我们还是需要对一些概念进行“正名”的工作，如白璧德所说的爱默生的“超灵”与卢梭的“下灵”的性质差异等。白璧德反对任何绝对意义上的现实，而人的想象本身就是难以表述清楚的，更不用说想象所表达的无限能否为直觉所把握，但是人可以体认这种无限性的存在。对于“较低意志”的直觉性感知来说，这是一种无限性感知，而对于“更高意志”的更高直接性感知而言，这也是一种无限性感知。在此，白璧德与那些理性主义者便有了分歧，他认为人的理性范畴不能囊括一切，人文主义者对终极问题保持“审慎”的态度和“适度”的法则。在这一点上，白璧德显然借鉴了孔子的方法，如他所说“孔子不语怪力乱神”，同样，白璧德在终极问题上也持审慎的态度，“孔子对终极问题缄口不言令他的翻译者理雅各博士（一位基督教教义学家）烦恼不已。既然我们现在越来越喜欢用心理学的方法来处理诸多特定问题，那么，孔子

---

① Dom Oliver Grosselin, *The Intuitive Voluntarism of Irving Babbitt: An Anti-Supernaturalistic, Anti-Intellectualistic Philosophy*, Latrobe, PA: St. Vincent Archabbey, 1951, p. 113.

② Irving Babbitt, *Rousseau and Romanticism*, Boston and New York: Houghton Mifflin Company, 1919, p. 102.

的方法与其说是一种缺陷，不如说是一种优点”[①]。

根据上面的阐释，白璧德所说的“更高意志”是人感知的“洞识之事实”，而不是“好像存在物”，更不是“一种固定的绝对”，但这种“洞识的范围”或者说人所具有的“一种体验的更高直觉”、“一种更高的当下的直接经验”，最终无法表述清楚。[②] 简单的理由是这种洞识区域是在任何表述的程式之前的，从理性的观点来说，这是“一种内在的无限，或者说人文的无限”[③]，它与扩张欲望的外在无限意义不同，但都是想象的无限。如白璧德所言，“仅仅是基于实际理由，对这种法则，必须构建某种切近物以控制个体无限制的欲望”[④]。这两种无限并不是割裂的，而是一种超越之路，而这种超越之路蕴含着一种道德选择和道德自主性，这种道德自主性体现为内在超越之路，超越是人的自我超越。

在就精神精进方面，白璧德借鉴了儒家和佛家的智慧。儒家和佛家都不承认有什么难以逾越的界限，人生是一个顺适通达、水到渠成的过程，绝不含有界限之义。[⑤] 对佛陀来说，这是一条不断精进自胜的道路，即使是天堂，也不留恋，只有佛陀自己才能拯救自己，佛陀即觉者。[⑥] 而人文主义者所欲走的道路并不是任何的绝对和教条，而是通向直觉中的“多中的一”的调和之路，这条调和之道并没有任何界限和极点。这也就是白璧德所说的标准，这标准不是僵化的教条，而是生命的真实，并且这种生命的真实没有界限。这种标准的根源在于感知为对“较低意志”进行克制

---

① Irving Babbitt, *Democracy and Leadership*, Boston and New York: Houghton Mifflin Company, 1924, p. 36.

② Irving Babbitt, *Rousseau and Romanticism*, Boston and New York: Houghton Mifflin Company, 1919, p. 201; See also: Irving Babbitt, Humanism: An Essay at Definition, In Norman Foerster (ed), *Humanism and America: Essays on the Outlook of Modern Civilization*, New York: Farrar and Rhinehart, 1930.

③ Irving Babbitt, *Rousseau and Romanticism*, Boston and New York: Houghton Mifflin Company, 1919, p. 201.

④ Irving Babbitt, *Rousseau and Romanticism*, Boston and New York: Houghton Mifflin Company, 1919, p. 48.

⑤ 郑家栋：《断裂中的传统：信念与理性之间》，北京：中国社会科学出版社2001年版，第226页。

⑥ Irving Babbitt, Buddha and the Occident, In *The Dhammapada: Translated by Irving Babbit from the Pali*, New York and London: Oxford University Press, 1936, p. 79, 98.

的、超验的且无限的“更高意志”。换言之，白璧德追求“中道”，但他的“中道”也是一条无限的人生之路。就此而言，白璧德与中国思想相贯通，孟子曾说：“执中无权，犹执一也。”① 白璧德所说的“中道”并不是事先定死了的教条，而是没有终点的不断践履的道路。虽然白璧德的“中”有权衡和变通，但也有“更高意志”作为原则。穆尔却认为白璧德的学说“系缚于无”，没有着落点。对此，白璧德坦承自己借鉴了孔子与佛陀的方法——批判的、实证的方法，一条无限的修身之路，并且引用了有关孔子奋进之路的话语，“吾十有五而志于学，三十而立，四十而不惑，五十而知天命，六十而耳顺，七十而随心所欲，不逾矩”②。

格罗塞林认为白璧德并没有完全否认上帝的恩典，并且说道：“相反，他声明恩典在任何深刻的人生哲学中都必须得到承认。”③ 其实，这是对白璧德思想的过度阐释。白璧德反对任何“教条”和“权威”，他称自己是“彻底的个人主义者”，他视“现代批判精神”为“个人主义精神”，也就是说，成为一个越来越具有“实证的、批判的”精神的人，“拒绝接受任何居于个人之前的、之外的、之上的权威”。④ 当然，对那些依附于外在权威的人，白璧德说“我与他们也没有任何的争吵”，他的学说主要为了满足那些已经完全不默认传统权威，同时又洞悉到自然主义混乱之危险的人的需要。⑤ 或者说，满足那些现代实验的人，那些如白璧德式的“彻底的现代人”的需要。格罗塞林说，白璧德也承认上帝的恩典，但他所给出的例证则是关于个人禀赋的差异性，即每个人在感知作为“一种源初的事

---

① 朱熹：《四书章句集注》，北京：中华书局2010年版，第357页。

② Irving Babbitt, *Rousseau and Romanticism*, Boston and New York: Houghton Mifflin Company, 1919, p. 386；另见朱熹：《四书章句集注》，北京：中华书局2010年版，第54页。

③ Dom Oliver Grosselin, *The Intuitive Voluntarism of Irving Babbitt: An Anti-Supernaturalistic, Anti-Intellectualistic Philosophy*, Latrobe, PA: St. Vincent Archabbey, 1951, p. 73.

④ Irving Babbitt, *Democracy and Leadership*, Boston and New York: Houghton Mifflin Company, 1924, pp. 142 – 143.

⑤ Irving Babbitt, *On Being Creative and Other Essays*, Boston and New York: Houghton Mifflin Company, 1932, p. 17, 79.

实”的“更高意志”时，不同的人所感知的程度不等，其中有些恩典的因素。[①] 柏拉图按照人的资质，把人分成金银铜铁等不同的等级。白璧德也承认人的禀赋是有差异的，但是他又认为，过于看重这种等级会削弱人的内在工作；[②] 他所言说的重点在于“内在行动”，在人性法则意义上的“工作”，即在人文主义层面上的工作，而不是人的禀赋差异。[③]

人文主义并不试图去定义“上帝”问题，对于终极问题，也要像孔子那样保持“审慎”。[④] 对此问题，我们不能脱离白璧德的“更高意志”和“想象”来论述。莱恩德在论述“更高意志”时，认为主要有三种蕴含：其一，作为一种“直接被感知到的意识的内在给予物”，一种努力—意志（effort-will），作为人的“心灵最深处的本质”和作为“超个人的某物”被感知；其二，更高意志被体验为一种我们应当努力达到的目的；其三，“更高意志”学说的第三个方面仍有待分析：人文主义观点之一，这种“更高意志”在理论上通常被解释为人灵魂之中上帝的意志，而不是人自己的意志，换言之，是上帝的恩典。[⑤] 这三点认识都有些含糊且易使人误解，尚需进一步说明。就第一点来说，把“更高意志”解读为具有“超个人的”内涵非常有道理。但是把“更高意志“解读为一种詹姆斯的功能心理学意义上的“努力—意志”，一种理性和美学意义上的“思想努力”（mental effort），这是很成问题的。后来，笔者也意识到此中的失误并且有

---

① Irving Babbitt, *The Masters of Modern French Criticism*, Boston and New York: Houghton Mifflin Company, 1912, p. 369; Irving Babbitt, *Democracy and Leadership*, Boston and New York: Houghton Mifflin Company, 1924, p. 202; Irving Babbitt, *Rousseau and Romanticism*, Boston and New York: Houghton Mifflin Company, 1919, p. 157.

② Irving Babbitt, *Democracy and Leadership*, Boston and New York: Houghton Mifflin Company, 1924, p. 202.

③ Irving Babbitt, *Rousseau and Romanticism*, Boston and New York: Houghton Mifflin Company, 1919, p. 316.

④ Irving Babbitt, Humanism: An Essay at Definition, In Norman Foerster (ed), *Humanism and America: Essays on the Outlook of Modern Civilization*, New York: Farrar & Rinehart, 1930, p. 25.

⑤ Folke Leander, *Humanism and Naturalism: A Comparative Study of Ernest Seilliere, Irving Babbitt and Paul Elmer More*, Goteborg: Wettergren and Kerber, 1937, p. 147.

所纠正。[①] 白璧德之所以对“美学”这门学科没有多少好感，很大程度上是因为他把这门“感性学”学科视为“较低欲望”的体现，认为美学缺乏更高的精神事实，即缺乏超理性范围的因素，也就是说，他认为“感性学”缺乏“更高想象”或者“更高意志”。当然，这是对美学狭义上的理解。“更高想象”和“更高的直接性”毕竟是人的超理性感知，因此，这些文化要素也应纳入到广义的“感性学”的内涵之中。可见，“感性学”在白璧德思想中起着非常关键的作用。正是通过感性学的路径，人们才会感知到理性之上和理性之下的意志。“文史哲互根”的理论就在此得到了进一步验证。

莱恩德的第二点看法是非常有道理的。白璧德追求一种“伦理目的”，正因为有这种内在的目的性，白璧德才会非常强调人的“内在努力”，但这种目的性的根源并不是莱恩德所说的第三点——“上帝的恩典”。他认为白璧德在“恩典”与“更高意志”之间保持一种“含糊性”，即“更高意志”有时候被感觉为自己的内在活动，有时候被感觉为人灵魂中上帝的活动，即上帝的恩典。[②] 其实，白璧德已经清楚地道明了这一点，人文主义试图建立一种“普遍性的中心”（universal centre），“实际上意味着建立某种模仿的模式或范型”，然而，人文主义范型的基础与宗教不同，“不是人的神性，而是那个使人与动物区别开来的人性中的某种东西”。[③] 简单地说，这是人性自有的、特定的某种东西（the something）。尽管白璧德有时也用神性，但那也是指人性中的神性，而不是上帝的神性。[④] “更高意志”以及根据这种意志进行的行动能力都是一种体证的心理事实，同人的“较低意志”一样，都是人性的一部分。对此，格罗塞林也对更高意志等同于

---

① Folke Leander, Irving Babbitt and Benedetto Croce, In George A. Panichas & Clae G. Ryn (eds), *Irving Babbitt in Our Time*, Washington, D. C.: Catholic University of America Press, 1986, p. 90.

② Folke Leander, *Humanism and Naturalism: A Comparative Study of Ernest Seilliere, Irving Babbitt and Paul Elmer More*, Goteborg: Wettergren and Kerber, 1937, p. 149.

③ Irving Babbitt, Humanism: An Essay at Definition. In Norman Foerster (ed), *Humanism and America: Essays on the Outlook of Modern Civilization*, New York: Farrar & Rinehart, 1930, p. 28.

④ Irving Babbitt, Review of G. R. Elliot's The Cycle of Modern Poetry, *Forum*. 1929, 82, pp. 17 - 20.

恩典观进行了反驳，但他并不认同白璧德“更高意志”具有超越性的观点，主要原因在于他不承认人具有“知性直觉”，[①] 而这是白璧德打通人文与宗教的关键所在，如果不承认人有这种特别的机能，那么白璧德的“更高意志”也将成为康德理性的假设，而不是人所能体认到的心理事实。在此，格罗塞林遮蔽了白璧德的“更高意志”这个最为核心的内容。这也是笔者与他的差异所在。瑞恩把“更高意志”解释成“不是实证意义上的事实，而是一种行动的潜能”[②]。把“更高意志”解释为一种“潜在能力的行为”是有道理的，但否定“更高意志”是一种事实，则不免有些武断。白璧德曾明确地说“更高意志”是一种“始源的事实”，不管“生命冲动”还是“生命控制”，它们都是人内在的、源初的事实，只是“生命控制”须要对人的“生命冲动”进行克制，“我们此处正在处理这些‘不容置疑的事实’，并且应该坚固地根植这些事实，反对那些要么夸大人性中的恒常要素、要么夸大人性中的可变要素的人”。[③] 而生命的更高事实具有一种目的性、创造性，或者说具有超越性，它使人的潜能得以开发和成长。[④] 实际上，生命的成长本身是一种道德实践过程，体现为内在的人格发展。人们若要洞悉生命的更高事实，就必须以“知性直觉”来感知这种存在。

尽管康德不承认人有“知性直觉”，人对“物自体”只能思，不能知。而要达到这种“知”，人必须具有这种“知性直觉”。这是白璧德与康德的分歧。由此也可以看出，白璧德是在康德停下来的地方再次起步。人们说，康德是西方哲学的一座蓄水池，他集之前的哲学思想之大成，而在他之后的哲学思想又从他那里流出来，这是颇有道理的。其实，白璧德与康德有许多相通的地方。康德对理性进行了限制，给信仰留下了地盘；其信

---

① Dom Oliver Grosselin, *The Intuitive Voluntarism of Irving Babbitt*: *An Anti-Supernaturalistic*, *Anti-Intellectualistic Philosophy*, Latrobe, PA: St. Vincent Archabbey, 1951, p. 119.

② Clae G. Ryn, *Will*, *Imagination and Reason*: *Irving Babbitt and the Problem of Reality*, Chicago: Regnery Books, 1986, p. 91.

③ Irving Babbitt, *Rousseau and Romanticism*, Boston and New York: Houghton Mifflin Company, 1919, p. 176.

④ Irving Babbitt, *The Masters of Modern French Criticism*, Boston and New York: Houghton Mifflin Company, 1912, p. 253.

仰也不是知性的问题（或者说理论理性的问题），而是实践理性的问题。在道德实践上，实践理性高于理论理性。康德已经在一定程度上说意志高于理性了。但白璧德同叔本华、牟宗三等人一样，批判康德所建立的内在道德律仍是理性的假设而并没有植入人的内心深处，并且批判他缺乏建立内在道德律的路径。但是，就白璧德的“更高意志”与康德的“绝对命令”而言，它们都追求一种普遍性，一种在个体之中却又超出人性的道德意志；就普遍性而言，“更高意志”和“绝对命令”也可以被视为超越了任何质料的“纯形式”，一种“不动的动者”。他们都试图把人内在的动力和目的性植根于人的生命深处，而不是凭借任何外在的权威。虽然康德所说的普遍性的道德律基于其先验的立场，如牟宗三所说“把经验的那一部分给你拿掉”①，但毕竟不是任何外在权威，而是人内在的东西，康德所言说的神学也是内在道德的延伸，这是一条向内转向的路径。因此，白璧德“更高意志”的内在转向也是西方俗世化进程中的一种选择。

叔本华与白璧德也可堪一比。叔本华把康德的“物自体”等同于意志，白璧德说：“叔本华所建立的意志不同于康德的‘绝对命令’，而是一种宇宙意志，它不仅被想象为‘存在意志’，而且被视为‘恶的来源’，叔本华没有提出一种对‘宇宙动力’进行控制、甚至弃绝的‘更高意志’；若叔本华提出了‘更高意志’，他就可能建立一种真正的二元论。”② 可是，叔本华把他的意志理解为“包括人与动物共同具有的东西”。他试图利用卢梭的“自然同情”来建立真正二元论的对等物，可现实的情况“并非自然的同情，而是无情的争斗”。可以说，叔本华把康德的“物自体”降格了。白璧德与叔本华在批判康德的实践理性时，他们都认为康德的道德体系“缺乏一个坚实的基础”③。这与他们对东方文化的吸收有紧密关系。叔本华所领会的佛陀是一位垂着眼帘的悲观主义者；而在白璧德的眼中，佛陀是一位不断精进而追求无限的人。换言之，叔本华在佛陀身上发现的主要是“较低意志”，至少没有从他所建构的意志本体中脱离出与动物区分开的“更高意志”；而白璧德在佛陀身上发现的是“真正的二元性”——“较低

---

① 牟宗三：《中国哲学十九讲》，上海：上海古籍出版社 1997 年版，第 69 页。

② Irving Babbitt, *Democracy and Leadership*, Boston and New York: Houghton Mifflin Company, 1924, pp. 326 - 327.

③ 叔本华：《伦理学的两个基本问题》，北京：商务印书馆 1999 年版，第 138 页。

意志”和“更高意志”，特别是“更高意志”。由于不同的价值取向，他们走向了不同的人生道路：叔本华步入了一条非理性的悲观主义道路，而白璧德则踏上了类似于“天行健，君子以自强不息”的人文主义内在进取的道路。

白璧德与康德都看到，在西方现代性的发展过程中，超理性区域处于衰落和被废黜的境地；可是在西方人的心理结构中，这又是不可或缺的。余英时曾说：“深一层看，西方近代的俗世化其实并没有能改变它的价值世界的结构。科学家从前门把‘上帝’驱逐了出去，但是‘上帝’经过各种巧妙的化装后又从后门进来了。”① 从整体上说，西方文化往往建构“另外一个完善的形而上的世界以安顿价值，然后再用这个世界来反照和推动实际的人间世界”。这是西方文化的“外在超越的途径”。在实际的历史进程中，西方这种外在超越表现出强大的外在推动力量。西方人始终感到被这股超越外在的力量所支配、驱使。对此，余英时认为亚里士多德的“最后之因”、中古基督教的“神旨”、黑格尔的“精神”或“理性”、马克思的“物”以至社会科学家所讲的历史或社会发展的规律，都可以看作同一超越观念的不同变形。以撒亚·柏林把这种力量称为“巨大的超越个人的力量”。余英时的上述观点与邓晓芒所持的见解几乎相同。他们对西方文化的解读都很有见地，这正是白璧德试图借鉴东方向心性文化来矫正西方文化的不足之处的原因。不过，他们主要是从中西文化的差异方面来立论的，但笔者总觉得这里还缺少点什么。当然，白璧德未必同意他们的论断。毕竟物的力量与上帝的力量不是一回事，总有理性之上与之下的区分。但无论如何，谦卑的真理不可丢。在“上帝已死”的时代背景下，白璧德建构了他的“超理性”理论，可是他的超理性力量并不是如余英时、邓晓芒等人所持的“外在超越的推动力量”；恰恰相反，他要建设“内在超越的推动力量”。而这种“力量”让西方研究者颇费周折，原因主要在于白璧德的人文构设有很多他们陌生的东方文化要素。

从人文宇宙学的角度来看，余英时、邓晓芒等人的解读还缺少一点白璧德“生命辩证法”所蕴含的“慎终追远”的精神，他们都把西方文化实

① 余英时：《文史传统与文化重建》，北京：生活·读书·新知三联书店 2004 年版，第 461 页。

体化了。白璧德之所以说孔子对终极问题保持审慎的态度是一个优点，这与他对世界的认知紧密相关。他认为真理是无限的，人只能趋向真理；尽管真理超出了人类的范畴，但是如上文所述，我们还是需要范畴的，不过需要保持一定的弹性和灵活性，以免陷入僵化的概念模式中。[①] 无疑，这种观点有助于我们进一步理解白璧德的“生命辩证法”中的超越性内涵。这里不妨再次借用栾栋先生的“易辩法”思路来观照白璧德这方面的思想。

真理的本质是基于同一性的自本质，这是形式逻辑。真理的本质也是包举异质性的非本质，这是辩证逻辑。真理的本质同时是超脱了本质、非本质的别在，即留后质，这是非常逻辑。自本质是自身的同一性、统一性和封闭性，能同不分；非本质是此在的他在性、异质性和兼包性，有容乃大；留后质是本质与非本质之外的别有洞天，非此非彼，无何有何。从自本质来看，能同不分，统合执一，白马是马和白马非马都有其道理；从非本质而言，有容乃大，异质兼包，自在此在和自在他在也不无依据。从留后质而论，非此非彼，无何有何，正统逻辑之外的非常逻辑或可留白。这就是笔者所反复解说的本根在界。该命题集中体现了普遍联系的辩证法则和化感通变的易学深旨，同时也为深空时代以及宇宙际遇留有余地。[②]

白璧德的思想不仅具有辩证逻辑，而且在一定程度上超越了西方的逻辑机括，或者说他具有栾栋先生所说的“非常逻辑”。白璧德说，人文主义者需要“天窗”，“一旦消除了超理性感知，人的理性就会陷入理性主义的水平，意识就变成了纯粹的自我意识”[③]。正是由于白璧德具有这个层面的思想，他才批判那些“理性主义者”，包括哲人康德和黑格尔。而这种“留后质”的领会，不是理性逻辑所能囊括的，这需要人的“知性直觉”。也正是由于人具有“不同类型的直觉”，或者说“不同类型的想象”，白璧

① Irving Babbitt, *The New Laokoon: an Essay on the Confusion of the Arts*, Boston and New York: Houghton Mifflin Company, 1910, p. 190.

② 栾栋：《辟文学通解》，《文学评论》2008 年第 3 期，第 25 页。

③ Irving Babbitt, *Rousseau and Romanticism*, Boston and New York: Houghton Mifflin Company, 1919, p. 166.

德的二元人性论才能超越传统的理性范畴。因此，白璧德的“更高意志”不是理性所能理解的，而是需要凭借他的“更高想象”或“一的直觉”。当然，他的“一与多”是不分的，如栾栋先生所说：“此处的质地一词已经一中生多，多而含一，一多互兼，通和致化。一多涵摄，非辟无益聚焦；兼通滋养，跨界才能扩根。”[①] 当然，白璧德崇尚“通和”以达到人生的“中间地带”，但对“化境”可能尚有保留。这与西方人重视区分的理性传统有关，白璧德也不例外。但是，从西方的近现代文化发展史来说，白璧德已经在一定程度上突破了西方的逻各斯文化。

白璧德能够从西方文化的内与外来审视自身的优势和不足，但是他并不认为西方文化没有“内在生命的真理”，而是认为需要恢复和拯救这种文化要素。他对东西方的文化资源兼收并用，主要针对自西方启蒙运动以来的现代性难题。18 世纪以来，“进步”话语成为西方现代化过程中的一个中心观念。自然主义的力量消除了“超理性区域”的话语力量，虽然科学自然主义和情感自然主义在对待理性方面有不同的态度，但他们都以“人类之爱”或“自然之爱”废黜了“超理性区域”，西方人过度的自由削弱了道德责任。如上所述，白璧德的人文主义主要是满足那些已经完全不默认传统权威而又洞悉到自然主义混乱之危险的人的需要。[②] 他这样说，策略可能大于其思想实质。他的核心思想体现为人生道路上的践履，一种不断提升自身境界而没有界限的人生之路，在这种“依自不依他”的自我意志支配下，自己是自己的主人。白璧德的这种实证的、批判的人文主义思想，在东方与西方都可以找到知音。对中国文化来说，人之所以能够进行如此的道德实践，是因为人有那么一点灵明，一种使人得以价值自觉的能力。白璧德把这种能力称为“更高意志”，儒家对此有不同的称谓，如孟子的“心之四端”、王阳明的“良知”等，而人的道德实践是没有界限的，这是一条无限的精进之路。就此，我们看到白璧德的思想的确与中国文化相通，在“超理性”存在式微或被废黜的时代背景下，白璧德试图重新给现代西方人植入谦卑之“根”，认为人的本性之中就具有这样一种源

① 栾栋：《辟文学通解》，《文学评论》2008 年第 3 期，第 25 页。

② Irving Babbitt, *On Being Creative and Other Essays*, Boston and New York: Houghton Mifflin Company, 1932, p. 79.

初的事实。通过这种超理性事实的内植，白璧德希望为陷入信仰危机的现代西方人奠定一种坚实的人性基础。

但是，白璧德的人性法则与中国文化的相通性，并不能掩饰其中的巨大差异。白璧德主要是针对自己的问题，那就是在西方“上帝已死”的情况下，“超理性区域”如何可能的问题，他试图寻找一种“上帝恩典的对等物”，他所持的观点是以现代西方人的三维人格结构上的变化为前提，把上帝一维结构内转为人性的超理性部分，从而产生新的二维人格结构；这种二维结构仍然与三维结构相通。但不管怎样，白璧德的“内在超转”是在西方外在超越的对立基础上进行的，可以说，白璧德的二维人格结构与克尔凯郭尔的三维结构相通，但他比克尔凯郭尔“更进一步”。他的学说是在西方自然、人与上帝的三维对立基础上的解决方案，因此，白璧德的人文主义体现出“天人合一”的文化，但是这种合一不同于中国意义上的“天人合一”。白璧德反对“把一切障碍都粉碎”[①] 得无辨别、无区分；尽管理性处于次要地位，但是理性的区分辨别作用要尽可能地发挥到最大程度。况且，他所说的“调和之道”是立足于个体的有限性以确立一种“内在生命的真理”，这不同于中国人所憧憬的人性本善的“天人合一”的人生境界。以牟宗三为例，白璧德对康德的批判与牟宗三有异曲同工之妙，但牟宗三与白璧德毕竟不同，牟氏基本上借助康德的思想来论述儒家的“内圣外王”学说，遮蔽了康德的自由意志思想；[②] 而白璧德是以自由意志为前提来建构其学说的，他们的论述前提已经不同了。白璧德在《民主与领袖》中说他的整个论点都是“以批判的形式来恢复自由中的一种向心的要素”[③]。有学者认为，东方与西方有不同的文化发展途径，并最终形成了不同的文化模式，西方以自由为其终极价值归宿，而中国和印度则分

---

① Irving Babbitt, *Rousseau and Romanticism*, Boston and New York: Houghton Mifflin Company, 1919, p. 79.

② 邓晓芒：《牟宗三对康德之误读举要（之四）——关于自我及“心”》，《山东大学学报》2006 年第 5 期，第 1 ~ 14 页。

③ Irving Babbitt, *Democracy and Leadership*, Boston and New York: Houghton Mifflin Company, 1924, p. 237.

别以和谐和个人解脱为旨归。[①] 随着国际交往的日益频繁和深入，人们更有条件超越彼此差异以弥补自身不足。白璧德借鉴了以解脱为价值归宿的印度文化、以和谐为价值归宿的中国文化，但最终目的仍然是为了完善西方启蒙运动以来的自由文化。有些西方研究者认为白璧德“反民主”，这是因为他们不了解白璧德的深衷。白璧德的人文主义方略不是反民主，而是为了健全民主；不是反对自由，而是为了完善自由理念。在一定程度上说，他对西方启蒙运动以来自由文化的批判是一次“拨乱反正”，寻求一种对过度的自由进行克制的意志力量。这种克制意志不存在于现象的自然世界，而存在于超理性的、超自然的领域。在这种寻求过程中，古老的东方文化帮助白璧德建构了他的现代性方案。他不仅期望这个方案可用于当时的现实世界，能够对美国现实危机进行诊治，而且期望其可用于未来的文明世界。白璧德从世界宗教和人文文化中汲取有关自由的约束力的根据，利用宗教中的因素服务现实人生，其学说中的宗教根基是非常显著的。他的思想尽管受到多方面的攻讦，但仍然得到许多基督徒的认可和赞同。瑞恩就认为，白璧德最亲密的知识伙伴和很多持白璧德学说的人，都保留或皈依基督教，这表明了他的学说“并不是以忏悔为倾向的宗教的障碍，而是给伦理的、宗教的生活提供了奠基，这将可以使现代生活世界免于怀疑主义的侵蚀，白璧德的奠基使得伦理和宗教不易于受到怀疑，也可使那些心底并不信仰、但口头上仍然承认所谓宗教真理的人，免得摆出一副审美的宗教姿态”[②]。这确实是知者之言。

如白璧德所说，对于“一”与“多”的问题，人本身并不在问题之外——人本身就是“流动的一”，通过不断的内在行动，从而达到“一”与“多”的调和。这种“一”与“多”并不是什么理性的抽象物，而是活生生的、直接的心理体证，即通过两种不同性质的直觉来洞悉人“内在生命的真理”的存在。那些具有既谦卑又自立品德的个人就体现了“多样性的统一”。因此，白璧德“一”与“多”的调和之道也是为了“立人”。这样的人并不是现代的“无限的我在”，也不是后现代的“游牧者”；对于

---

① 黄慧珍：《信仰与觉醒——生存论视域下的信仰学研究》，北京：人民出版社2007年版，第136～152页。

② Clae G. Ryn, Irving Babbitt and the Christians, *Modern Age*, 1989, 32 (4), pp. 348 – 349.

人文主义者来说，智慧不落在任何一端，而是截其两端用其中，是“调和”（mediation）。当然，白璧德所欲达到的“健全的个人主义”有着具体的针对性，主要是针对西方近现代以来的自由主义文化，特别是针对美国的个人主义文化。白璧德并不止步于此。他认为，人性中的“更高意志”体现一种普遍性，一种与他人都具有的共同的人性部分，以矫正导致“人与人斗、阶级与阶级斗、国家与国家斗”的自然主义学说。白璧德认为，“建立在健全的伦理基础上联系在一起的群体，他们将会被人们感觉到是社会秩序和社会稳定的要素”[①]。白璧德把希望寄托在不同国家和不同文化群体的领袖们身上，认为他们若能在相互关系上多展现“适度、共通感和共通的行为标准”的话，那么社会将会更好。[②] 白璧德曾在《中国与西方的人文教育》一文中呼吁建立“人文国际”（a humanistic international），呼吁国际上的人文主义者在“适度、共通感与共通的行为标准”的平台上联合在一起。对白璧德来说，这是一条和平之路，“凯撒的归凯撒，上帝的归上帝”，在人文国际的平台上，人们能够得到较好的交流和沟通。但在宗教层面上，人们是否能够有效联系在一起，格罗塞林与莱恩德都有不同意见。格罗塞林认为在宗教层面上，人们更多的是出世，而莱恩德认为宗教圣徒的“向死而生”般的修炼也会有人文主义层面的效果，宗教的修炼可以使人体验到哪些需要是不必要的，哪些需要是不可或缺的。由此，那些离心的因素得以克服，圣徒也会达到与他人在“精神上的联合”[③]。笔者也不否认宗教的和平作用，但如白璧德所说，他的学说主旨并非在于宗教的“冥想”，而在世俗关系的“调和”，探究一种节度法则。

通过对白璧德思想的分析，我们可以看出，其思想是对西方文化的一次反拨和补充。在对待现象与实在的问题上，白璧德比较典型地体现出时

---

① Irving Babbitt, Humanism: An Essay at Definition, In Norman Foerster (ed), *Humanism and America: Essays on the Outlook of Modern Civilization*, New York: Farrar & Rinehart, 1930, p. 49

② Irving Babbitt, Humanistic Education in China and the West, *The Chinese Students' Monthly*, 1921, 17 (2), p. 91.

③ Folke Leander, Irving Babbitt and Benedetto Croce, In George A. Panichas & Clae G. Ryn (eds), *Irving Babbitt in Our Time*, Washington, D. C.: Catholic University of America Press, 1986, p. 98

代的特色，并在一定程度上超越了他所在的时代。之后的诸多思想家都在探索这个问题，特别是在对待想象的问题上，白璧德与他之前或之后的思想家都有一些家族相似性，但是给人印象更深的是其与众不同之处。白璧德在古老的东方文化中借鉴了成人之道，不管是印度佛教还是中国儒学，它们实质上都以培养君子和圣人为旨归，用白璧德的话说，就是培养社会的“精英”（the saving remnant）[①]。在宗教意义上佛陀与耶稣被理解为圣人，白璧德借鉴了圣人的思想用于社会的君子之学，从而丰富了美国的民主文化。换言之，他试图给美国民主融进更多的“贵族性”，从而完善美国的宪政民主，如他在《民主的风格》一文中所说：“我的确倾向于认为，我们正生活在最为非一朗吉弩斯的时代，不仅在当代文学中，而且在当代生活中，我们无比缺乏的是‘贵族的音符’。”[②] 当然，白璧德心目中的社会精英，或者说民主社会中的贵族有其独特内涵，这不同于弃绝的圣人，也不是扩张的现代人，而是“彻底的现代人”（a thoroughgoing modern）或者说“现代人之现代人”（a modern of moderns），一个经过不断成长、不断完善的现代人。白璧德说他的人文主义是“实证的”、“批判的”与“个人主义的”，但最终归结下来乃是一回事，这说明了白璧德的重点是为了健全西方近现代以来的“个人主义”思想。从学术思想方面来说，白璧德所论述的想象观已经超出了近现代的“知识论”框架；从生存层面上，这是人内心体验的行动，他的道德想象不仅具有审美的内涵，更具有超理性的内涵，具有宗教代用品的功能。佛斯特说，白璧德特别关注的并不是天主教传统，而是儒教和佛教。[③] 这话仅仅部分正确，因为白璧德关注东方的目的所在，主要是为了解决他心目中的西方现代性问题，尤其是美国在现代转型时期所面临的问题。

可以说，在“上帝已死”的时代背景下，白璧德试图给西方现代人重新根植一种新的信仰，在人的内心深处植入一种“更高意志”、一种“更

---

① Irving Babbitt, *Democracy and Leadership*, Boston and New York: Houghton Mifflin Company, 1924, p. 261. the saving remnant 原意是指存留下来传播福音的基督徒。

② Irving Babbitt, The Problem of Style in a Democracy. *Character & Culture: Essays on East and West*, New Brunswick, New Jersey: Transaction Publishers, 1995, p. 177.

③ Norman Foerster, *Towards Standards: A Study of the Present Critical Movement in American Letters*, New York: Farrar & Rinehart, 1930, p. 206.

高的洞识”，并以此培植人内在的信仰，使人得以健全地、完整地成长。因此，白璧德的思想具有很强的宗教性。格罗塞林认为白璧德的人文主义学说可以被称为“一种宗教的人文主义或者一种人文主义的宗教”①。正如白璧德所说，他的用意不在宗教的“冥想”，而在现实的“调和”，但这种调和不是无原则、无标准的调和，而是重构现代性的标准和规范。白璧德批判现代主义者不够现代，因为他们只是摧毁了传统的标准，却没能建立新的标准。现代批判精神不是不要标准，批判必须要有标准，人不能没有规范，如他所说，他的“更高意志”是一种“信仰行为”，人不能没有信仰，但这是一种世俗世界的信仰，从根本上说，这是一种打通神圣与世俗的道路。因此，白璧德的学说不是纯粹的人文主义，也不是纯粹的宗教，而是吸纳了宗教中的核心要素的学说。他的人文主义与宗教紧密联结在一起，二者没有任何的割裂，他们都有着共同的“更高意志”和一种共同的中心。正是这种共同的中心，人们才可以达到“一”与“多”的调和，这种中心性的调和不仅可以使个人获得内心的宁静，而且可以使人们走到一起。这是一条有关修身的践履之路，而这条道路没有界限，不管是在人文主义层面还是在宗教层面上，人们都可以走向无限。宗教者可以与无限联结，而人文主义者将走向“多中的一”的调和之路，一条没有终点的无限精进道路。诺曼·佛斯特说白璧德的人文主义并不是一种宗教，而是一种工作哲学，以实现人的价值为其哲学目标。② 这种判断当然具有一定的道理。白璧德与新托马斯主义者马里坦、埃提安·吉尔松等都认为信仰不可缺少，但前者的目的在于使神学回归于哲学，而后者的目的在于使哲学回归于神学。但是，诺曼·佛斯特所说的白璧德的工作哲学毕竟融摄着信仰，所以这种工作哲学与宗教是同一条道路的不同阶段。之所以如此，还在于白璧德把西方“依他的”文化进行了一番内转，如他所说，人文主义者要进行一番“自我转换”（conversion）；而如何转换，白璧德给出了他的回答。通过东西方文化的会通，他从东方文化中得到了诸多启发，试图

---

① Dom Oliver Grosselin, *The Intuitive Voluntarism of Irving Babbitt: An Anti-Supernaturalistic, Anti-Intellectualistic Philosophy*, Latrobe, PA: St. Vincent Archabbey, 1951, p. 77.

② Norman Foerster, *Towards Standards: A Study of the Present Critical Movement in American Letters*, New York: Farrar & Rinehart, 1930, p. 202.

探求一种人性中与动物不同的东西，一种人性中超理性的区域，以填补上帝之死所留下的空缺，从而使人从“自然自我”或“较低自我”中超拔出来，以矫正西方外扩的文化。在某种程度上，白璧德的学说颠覆了西方现代人心理“绝症”无治的观点，毕竟他提出了自己的诊治方案，提供了另一种选择和可能性。

格罗塞林认为，白璧德的新人文主义学说是康德之后的现代思想。这是非常有道理的。[①] 但是，白璧德与康德的区别不可不察。可以说，白璧德既承继了康德又批判了康德。白璧德批判康德是一位理性主义者，这是因为康德缺乏一种“缘构”[②] 精神，缺乏一种“檃栝”[③] 思想。在康德那里，科学、情感与道德是分裂的，“现象自我”与“道德自我”不能合一，或者说，康德没法以其理性化解西方人格的三维结构的矛盾。由于借鉴了东方的智慧，特别是印度佛学和中国儒家的天人合一、天人合德的智慧，白璧德疏通了宗教和人文之间的关系。然而，这种关系的梳理离不开“化感通变”的想象，从而达到“通变致和”[④] 的目的，即达到人与人和谐、人与自身和谐以及国家与国家之间的和谐。可以说，白璧德的思想是他所处时代的产物，能够矫正和补苴西方文明的缺失面；同时，在一定程度上，他已经超越了他的时代，具有预言家的特色。

---

① Dom Oliver Grosselin, *The Intuitive Voluntarism of Irving Babbitt: An Anti-Supernaturalistic, Anti-Intellectualistic Philosophy*, Latrobe, PA: St. Vincent Archabbey, 1951, p. 117.

② 栾栋：《诗学缘构简说》，《广东外语外贸大学学报》2012 年第 2 期，第 53 ~ 56 页。

③ 栾栋：《人文学概论》，广州：暨南大学出版社 2012 年版，第 200 ~ 201 页。

④ 栾栋：《文学通化论》，《文学评论》2011 年第 4 期，第 208 ~ 213 页。

第五章

白璧德与我们的时代

白璧德所构设的新人文主义处在19世纪末20世纪初的转折点上，尽管他离开这个世界已超过90个年头，但他的思想还活着，依然影响着当下，影响着这个时代。正如瑞恩所说：“作为思想家的白璧德，他不仅是以一位现代人在言说，而且是以我们的当代人在言说，似乎对我们言说今天的事情，言说我们的当下状况。”① 回顾历史，审视当下，展望未来，白璧德的思想对于当前的世界一点都不过时；相反，他的思想在一定程度上超越了时代，似乎是为当下的时代构建的。下面将针对白璧德独特的学术贡献及其对于东西方文化的现实意义进行论述。简单的罗列并不能很好地展示他思想的精髓，本章节另辟蹊径，主要借鉴栾栋先生所创制的“人文学㯳栝”理论，采取会通适要的方式来展开。

在探讨白璧德的学术贡献、地位与当下意义之前，有必要先对“人文学㯳栝”的内涵作些疏解。

第一节　“人文学㯳栝”简说

本文在前言部分已经对“人文学”作了一些解读，并从东西方文化“会通归一”的方法与思路对白璧德的核心思想作了深入探索。此处论述“人文学㯳栝”，目的并不是要回到起点，而是要对白璧德作进一步评价。对于“人文学㯳栝”的含义，栾栋先生结合中国文化作了深入剖析：

“㯳栝”一词，长期以来被理解为矫正的意思，即从矫正竹木的工具引申而来，强调其扶正取正的含义。这是由技术生发出的工具理性义项。这个含义与文明势头同步，自战国以降，一直占据上风。㯳栝也有隐生潜长、逊进逊退之意，㯳而不私，栝而不闷，这是由山林文化孕育出的伦理思想品质，突出其协和进取的双兼特点。这个德性从上古以来不绝如缕，虽然高古、中古隐多于显，但是任何学科隔离和学术体制都未能将之摧毁

① George A. Panichas & Clae G. Ryn, Introduction, In *Irving Babbitt in Our Time*, Washington, D. C.: Catholic University of America Press, 1986, pp. 1-2.

廓清。檃栝还有其更为源初的本真，即有无交泰的天地涵养，木隐，木舌，纪岁月于年轮，守大块于寂然，有深德而不绚，含大美而不言，折射出一种天地气象，蕴藉着一种宇宙情怀。这一真谛自远古至今有如潜龙在渊，其作为人类的一种伟大思想的种源和精神智慧，间或被哲人智者领悟和波及，然而总体上却处于待开发状态。①

“人文学”之所以能够与“檃栝”熔为一炉，是因为人文学本身就是一种檃栝精神，它们“盘根错节于文化深层，交相辉映于精神品质，相养相护，相辅相成，同气相求，同脉相通”。从学科方面来说，“人文学法天、法地、法檃栝”，“人文学虚实相间体现檃栝，是进取性伦理与协调性道德相映成趣。人类终极的思想品格是檃栝的，与天地精神往还，在宇宙六和通化。人文学所在之处尽檃栝，檃栝之聚精会神处有人文学”。正如栾栋先生所说：“檃栝思想作为华夏智慧，对于理解中国传统文化是一把钥匙。对于解析西方学术文化，乃至广义的外国文化也是一种方略。”对此，人文学作为一种学理上梳理“文史哲互根”的学问，在学科本质上为人文群科提供了学术前提和基点，而在透析西方科技文明与中国思想文化方面，“人文学檃栝”的命题更适合透视与中国文化有别的异域文化品相。可以说，“人文学檃栝”给中西方文化乃至东西方文化提供了“一个新的思想聚焦点”。古今中外的学术在人文学中契合，“差差有补，异异得合”②。

“人文学檃栝”这种差差有补、异异得合的思想特质在白璧德这里得到充分体现。白璧德在19和20世纪之交所构设的新人文主义方略对于当下的西方文明，乃至世界文明都具有一定的现实意义。下面主要截取一些观察点略作解说，以论述白璧德思想对于美国文明以及中西方文明的现实意义。

---

① 栾栋：《人文学概论》，广州：暨南大学出版社2012年版，第200页。

② 栾栋：《人文学概论》，广州：暨南大学出版社2012年版，第200～201页。

第二节 白璧德之于美国文明的意义：一种檃栝性解析

从东西方文明的发展史来说，一种文明的兴替与发展往往需要外来的异质文明来补充，从而突破自身的局限。文明自身有自我否定的基因，但自我否定本身就蕴含了与自身异质的因素。就东西方科学发展的影响而言，乔治·萨顿认为东西方文明的接触至少有三次巨大浪潮，第一次来自古埃及和美索不达米亚，古希腊文明的兴盛离不开古埃及和古巴比伦文明，尽管当下人们无法确切地知道这种影响是何时出现和怎样出现的；第二次来自以色列，尽管它只是以间接的方式影响了科学，但它也具有极大的意义；而第三次主要来自阿拉伯半岛与波斯，西方的文艺复兴很大程度上依赖阿拉伯人文明的积存和发展。[①] 自 19 世纪以来，东西方文明的交流更加紧密，相互影响也更加深入。

如前面几个章节所述，白璧德的思想离不开对东方文化的创造性吸收。就近现代的文化交流而言，西方人往往戴着有色眼镜看东方，如白璧德所说，他们一般在种族、物质效率、宗教文明等方面都具有一种优越感，[②] 东方在西方文艺家的笔下通常成为他们异域的想象制成品，如爱德华·赛义德的《东方主义》所揭示的那样。而能以接近事实的态度客观地看待东方的人，在当时毕竟是少数，譬如莱布尼茨、歌德等人。就这方面而言，白璧德在西方思想家中无疑是一位特立独行的勇士，是一位汲取东方思想养料的先驱和开拓者，是同时代学者中的精英和翘楚。他的思想对当下的美国文明乃至中西方文明都有不可忽视的意义。

就美国文明与文化而言，美国与欧洲也不是清一色的完全趋同，它们之间固然有交错、有重叠，但也有不同的文化价值取向。尽管美国文明带有深厚的欧洲文化传统，与欧洲有着割舍不断的文化纽结，但自欧洲殖民

---

① ［美］乔治·萨顿著，陈恒六、刘兵、仲伟光译：《科学史和新人文主义》，上海：上海交通大学出版社 2007 年版，第 62 ~ 68 页。

② Irving Babbitt, *On Being Creative and Other Essays*, Boston and New York: Houghton Mifflin Company, 1932, pp. 235 – 236.

和移民以来，美洲文化就逐渐产生了自身的一些特色。特别是自美国建国以来，美国人一直力图建构自身的文化身份，欧美之间也随之产生了一些不同的价值观。就欧美的差异而言，白璧德在论述东西方文化时曾说道："欧洲人对此达成一致意见，即美国代表的是纯粹产业的和功利的人生观，崇拜权力、机械和物质享受。为了避免这种美国主义过度的害处，欧洲正倾向于转向东方。"[①] 美国的产业效率和工业发展给托克维尔留下了深刻印象，他曾于19世纪30年代预言，美国在20世纪的崛起是大概率事件。[②] 白璧德显然是从旁观者的视角来看待这种美国主义的弊端的，他认为人们过于注重外在物质的生产，一味地追求自然秩序法则的真理，却忽略了更加根本的"为人之道"，即一种内在谦卑的真理和内在生命的真理。若以政治——经济方面来看待人生，人们所关心的只是社会消费和扩大再生产，生活的逻辑公式是"猪生猪，猪再生猪"[③]，他们以牺牲"更高的文化价值"[④] 为代价，提高大规模的社会生产和物质效率。随着美国社会的日益世俗化，美国人的日常生活也日益浸润着消费经济的特色，生活逐渐片面化。白璧德对此有着清醒的认识并进行了批判。

几年前一个星期天的晚上，我沿着新英格兰偏远的乡村道路散步，路过一家农舍时，透过窗户看到，全家人都围坐在灯下，俯身阅读"低俗"杂志。我不禁回想到若干年前，其实也没过多少年，像这样的家庭，他们星期天的读物会是《圣经》。从阅读《圣经》"进步"到低俗的连环漫画，这似乎是从"宗教克制"进步到"愚蠢和无政府状态的混合"。[⑤]

---

① Irving Babbitt, *On Being Creative and Other Essays*, Boston and New York: Houghton Mifflin Company, 1932, p. 238.

② ［法］托克维尔著，董果良译：《论美国的民主》（上下卷），北京：商务印书馆2009年版，第480页。

③ Irving Babbitt, *Character & Culture: Essays on East and West*, New Jersey: Transaction Publishers, 1995, p. 214.

④ Irving Babbitt, *Character & Culture: Essays on East and West*, New Jersey: Transaction Publishers, 1995, p. 216.

⑤ Clae G. Ryn, Introduction, In *Rousseau and Romanticism*, New Brunswick, New Jersey: Transaction Publishers, 1919, p. lvi.

社会文化状况的恶化，白璧德早在他那个时代就有所预见，而这种状况在20世纪，甚至当下更加严重，它几乎渗透在美国和西方世界的各个生活层面上。栾栋先生曾在《说“文”》中对当今文化中的人化偏执现象有深入的解析，他说有三点现象特别值得关注，“第一点是人类在无限度地人极化，即把人的欲望推到了极点。人的烙印无所不在，对自然的宰杀达到了空前的程度。绝情于自然之文是忘本之文，摧残自然之文是毁灭前提之文。第二点是人类在放肆地庸俗化，不仅宗教精神日益淡化，崇高文化也秋深叶黄。前者因为失却了对鬼神的敬仰而抹去脱俗的彼岸，后者由于遗弃了对圣贤的景仰而失落了心灵的尊严。第三点是人类在尽情地恶质化，将戾、坏、恶、毒宣泄到淋漓尽致的地步，使否定性价值失去了人文良知的多重制约，其直接后果就是道德底线崩溃，心理善根沦丧”①。白璧德在当时已经前瞻性地预见到当今社会出现的精神匮乏现象，社会若只顾物质生产和追求生产效率，而不重视人类的精神价值，社会必然畸形发展。白璧德认为当时的社会宗教文化式微，崇高文化缺乏，社会道德滑坡，整个社会缺乏人文约束和制约。

白璧德的忧患和批判，与美国未来文明的走向紧密相关，对社会进行批判表明他对此怀抱期冀。托克维尔对美国的民主赞誉有加，对个人主义的文化活力也深有体会，但是他也指出了美国过于个体化和自由化的个人主义的弊端，认为民主社会需要提升品质，白璧德对此深表赞同，他在《文学与美国的大学》中就曾引用托克维尔的话，认为古典学的研究对于一个民主社会有着特别的价值，② 民主社会需要崇高文化的制约来提升文化品质。面临美国在世界的崛起，以什么样的文化理念引领社会，在白璧德看来，这关系到美国甚至未来世界文明的走向。一方面，他意识到欧洲文化在当时仍然引导着美国，认为就文学艺术方面的影响而言，“美国往往是欧洲思想运动的回音，美国跟随欧洲的间隔一般处在5年至40年之间，正如美国在浴缸和卫生管道方面领导着欧洲一样”③。另一方面，他指

---

① 栾栋：《说“文”》，《文学评论》2007年第4期，第194页。

② Irving Babbitt, *Literature and the American College: Essays in Defense of the Humanities*, Boston and New York: Houghton Mifflin Company, 1908, p. 110.

③ Irving Babbitt, *On Being Creative and Other Essays*, Boston and New York: Houghton Mifflin Company, 1932, p. 222.

出美国不能只成为“欧洲的垃圾场”，“我们必须始创标准”。[1] 白璧德之所以反复论述自然主义的弊端和危害，其中也不乏对欧美洲之间文化领导权的考虑。白璧德认为，尽管欧洲思想家对启蒙运动以来，甚至对文艺复兴以来的某些方面都不乏批判，譬如法国的马里坦（Maritain）、莫拉斯（Maurras）、邦达（Benda）等人，“但是没有哪一个的思想观点能适合我们的需要”。他还说道：

一般来说，一个正处于权力巅峰的伟大国家无限期地继续跟随在欧洲之后，这是不适当的。现在应是我们创始我们自己的东西的时候了。这并不意味着我们立刻使用近亲繁殖的方式，进行我们所谓的“创新”，而是完全相反。当前人们最有创新的事情是质疑整个创新理论——那些自18世纪以来的“天才们”到当前我们某些有着渴望挥洒无限光明的灵魂的年轻诗人们，在他们之间盛行着纯粹的性情流动和自我表达。[2]

不难看出，白璧德对美国文明唱哀歌是以强烈的民族忧患为支撑，以美国崛起的时代大背景为依托的。在现代化过程中，崛起的美国充斥着诸多冲突和问题。在白璧德看来，对自由而言，内在克制要素不可或缺，问题的关键是针对美国式的自由，如何去探索这种克制要素。对此，白璧德充分借鉴了世界的人文经验，特别是东方文化中的人文经验，这正是前文论述的重点所在。因此，白璧德的人文方略着重于文化的融合，但不是为融合而融合，而是着力解决美国的现代文明危机，从而给正处于现代化转型过程中崛起的美国提供文化资源和方向引领。

我们之所以在此处特别地突出上述这一点，是想要说明文化创新离不开自身的文化需求，这也说明白璧德思想在当时的美国有着现实的需求性、强烈的针对性和未来的指向性。白璧德在论述东西方的文化融汇时曾说：“不管从何种意义上，凡是声称现代人的人都应是自由主义者，以此

---

① Irving Babbitt, Genius and Taste, In Irving Babbitt, et al (eds), *Criticism in America: Its Function and Status*, New York: Harcourt, Brace and Company, 1924, p. 172.

② Irving Babbitt, *On Being Creative and Other Essays*, Boston and New York: Houghton Mifflin Company, 1932, pp. 222 – 223.

作为出发点。”① 白璧德的人文思想构设有自身的出发点与侧重点，他对美国宪政自由式的民主是持肯定态度的，这是其现代性批判的前提条件和论述基础。他所要辨别的应是“真假自由主义者”，从而确立人之为人的“人文标准”，那种声称所谓的“无限自由”最终将走向奴役。

白璧德的自由观主要针对人性发言，而人性需要养成，即使是天生禀赋超常的人也需要教育，“如不是成为专家，也需要补充性的人格训练”②。对于美国的民主社会，白璧德认为需要广博的自由教育。③ 在此，白璧德与杜威所主张的民主教育不同，杜威更侧重于民众参与的民主制，重视平民化的职业教育，白璧德则侧重于“有品质的和选择性的民主”④，认为民主教育需要贵族原则，以培养领导美国各方面的领袖人才。在白璧德的教育蓝图中，他不仅设计要培养国内的文化领袖，而且要培养成为“世界的文化领袖”⑤。由此，我们大致可以看到美国文化历程之演进。在 19 世纪上半叶，针对美国对欧洲文化的依赖，爱默生提出美国文化要“自立”，“美国人并非只能在机械技术方面有所成就，还应该有更好的东西奉献给人类。我们依赖旁人的日子，我们师从他国的长期学徒时代即将告终”⑥。到 19 世纪末 20 世纪初，美国经过了内战与镀金时代，已经从自由竞争向垄断过渡。在 1898 年至 1929 年的经济危机前，美国正处于崛起和扩张时期，由一般的资本主义国家一跃成为世界上的经济和军事强国，可以说，崛起与扩张成为美国世纪之交的时代主题，“美国在崛起中扩张，在扩张

---

① Irving Babbitt, *Democracy and Leadership*, Boston and New York: Houghton Mifflin Company, 1924, p. 184.

② Irving Babbitt, *Character & Culture: Essays on East and West*, New Jersey: Transaction Publishers, 1995, p. 215.

③ 白璧德有时候也称“自由教育”为“人文教育”。参见 Irving Babbitt, Humanistic Education in China and the West, *The Chinese Student's Monthly*, 1921, 17 (2), p. 91.

④ Irving Babbitt, *Character & Culture: Essays on East and West*, New Jersey: Transaction Publishers, 1995, p. 60.

⑤ Irving Babbitt, *Character & Culture: Essays on East and West*, New Jersey: Transaction Publishers, 1995, p. 221.

⑥ ［美］爱默生：《爱默生集：论文与讲演录》（上），北京：生活·读书·新知三联书店 1993 年版，第 62 页。

中崛起”[①]，美国的“学徒时代”宣告结束。在此文化背景下，白璧德的文化忧思是如何避免物极必反，避免使美国陷入战争的沼泽而衰落，强大的国家背后需要相应的、适当的和前瞻性的文化理念来支撑和引导。于是白璧德的新人文主义便破壳而出，他所要迎接的是“文化领袖的时代”。

白璧德认为，现代主义者（modernists）所主张的外扩原则将把美国带入“衰败的帝国主义”。美国的自由民主需要调适，以克服自身的弊端，人道主义所倡导的“物之法则”只会带来不断的扩张，把国家拖进战争的深渊。从政治层面上看，个人与国家都需要“更高自我”对“卑下自我”行使否决权，都需要“内在控制”，从而避免走向离心的功利主义——情感主义外扩道路。社会和平依赖公正的人，而公正的人则依赖于主张人文标准和法则的自由教育。白璧德主张美国的民主、国家的前途与社会领袖的素质紧密相关，那些各式各样的专家不能够成为国家各个方面的领袖人才。专家往往对某一领域钻研得很深，但片面的深刻难以成为赋有人类普遍意识和伦理价值的文化领袖。白璧德对美国未来的文化领袖寄予厚望，强调亚里士多德所说的“习惯”在人文性格养成方面所起的作用，并认为家庭的作用不可忽视。对于人文主义运动，白璧德提出了三个建设性的步骤：首先是以苏格拉底式定义，然后是一群人根据定义的含义来实践，形成社会文明的“习俗”（convention），最后通过教育使这些习俗产生效用。[②] 在美国文明未来的指引方面，白璧德在很大程度上寄望于培养少数的社会精英，以他们的人格力量和榜样作用引导社会。由此可以看出，在白璧德的思想中，美国和西方社会所主张的法制也需要“德治”来弥补。循此路径，白璧德显然借鉴了中国孔子的思想，中国古代儒家的“修齐治平”思想在白璧德这里得到充分体现。在笔者看来，儒家典籍在一定程度上都是政治哲学和教育哲学，《论语》、《中庸》和《孟子》莫不如此。白璧德人文思想的最终依托主要是自由教育，他对美国和西方文化展开的文化批判浸润着对美国文明的期冀。

当今，白璧德离开我们已经近一个世纪了，现在再来领会他的思想用

① 刘绪贻、杨生茂总主编：《美国通史：崛起和扩张的年代 1898—1929》，北京：人民出版社 2008 年版，第 1 页。

② Irving Babbitt, *Character & Culture: Essays on East and West*, New Jersey: Transaction Publishers, 1995, pp. 243 - 244.

意，不禁感到瑞恩所说不虚，他就生活在我们的时代。他不仅是现代人，更是当代人。白璧德在他生活的时代就已经看到美国民主的不足，认为需要用东方文化中的合理要素来补苴和充实；否则，这种文明发展的方向很难不走向类似古罗马扩张的帝国主义道路；经济领域“物之法则”的无限扩张，若不能得到“人之法则”的有效调节，这个社会必然走向政治领域和军事领域的扩张道路，也就是白璧德所说的“下降之路”。在当前的国际形势下，美国作为世界唯一的超级大国，为了自身的物质利益，维护自身一家独大的局面，在世界各地部署军事基地，举“人道主义服务”之名，行“强权政治和霸权统治”之实，“人道主义圣战”不断，造成一些地区局势的动荡和不安。用白璧德的话说，这是“颓废的帝国主义”道路。因此，当前的美国文化非常需要白璧德人文思想的檃栝。美国外扩的文化需要白璧德所说的“内敛”，美国人文主义的自由需要内在克制要素的矫正，过于自由的文明和文化需要异质的文明要素，克制其自身的缺陷和不足，以健全美国的文化肌体。

第三节　白璧德之于中西方文明的意义：一种檃栝性解析

白璧德从东西方文明衰亡的历程中来审视文明，认为战争与文明的衰亡紧密联系，并且从东方文化中寻找他需要的文化要素。他认为东西方文明差异很大，但这并不能成为彼此交流的障碍，东西方文化在很多方面都具有一致的地方。可以说，白璧德看到了东方和西方的巨大差异，更看到了文明和文化的一致性，他认为东西方文化交往的途径应侧重于“心理方面的一致性，而非教义和信条的差异方面”[①]。不同的文明可以取长补短，而不是互相敌视，争个你死我活。这是一种超越文明局限的视野，或者说这是栾栋先生所说的“檃栝视野”。这种檃栝的视野不仅具有矫正现实弊端的作用，而且具有超越的、普遍的和平内涵。正如白璧德在《教学的闲

---

① Irving Babbitt, Buddha and the Occident, In *The Dhammapada: Translated by Irving Babbitt from the Pali*, New York and London: Oxford University Press, 1936, p. 121.

暇》一文中所说："总而言之，人文主义者既不会否定情感的自然主义，也不会拒斥科学的自然主义，因为这等于试图做出不可能的反拨。他的目标不是否定他的时代，而是完成他的时代。"①

如何"完成他的时代"？近现代的西方思想家都在不同程度地寻求"完成时代"的使命，但不同的文化诉求和文化路向往往决定了不同的结果。就这方面而言，白璧德借鉴了东方和平的文化要素，他的人文主义思想既有美国崛起的现实诉求，同时也有对世界和平的期冀。早在1915年第一次世界大战期间，白璧德就提出了西方外扩性文明的危机及其危险，认为"那种扩张的生活观念显然不是和平的观点。它不能在不同的民族之间建立和平与团结，也不能在同一民族的成员之间建立和平与团结，更不能在个体的内心之中——这正是整个事情的根系所在——建立和平与团结"②。一战之后，世界并不和平，西方外扩的文明病并没有得到有效诊治，随着人类控制自然力量的不断增长，主张以"人类之爱"的博大同情和兄弟友谊的人道主义并没有给世界带来和平。1924年，白璧德在《民主与领袖》一书中就曾预言了核武器战争的到来。

现代运动在物质上的成功和精神上的失败所带来的后果，正摆在我们面前。所有人都逐渐地认识到，西方人的力量远远跑在其智慧前面。如果有什么迹象表明西方人正在认真地弥补他们智慧上的不足，那么前景可能比现在要乐观得多。但恰恰相反，西方人几乎是在自动地攫取越来越多的权力。如果西方人成功地释放锁闭在原子中的能量——这似乎是物理学家们最近的抱负——那么其最终的功业将是把自己炸离这个地球。有人竟然告诉我们说，我们的毁灭手段正变得如此可怕，以至于没有人会冒险去使

---

① Irving Babbitt, Academic Leisure, In *Literature and the American College: Essays in Defense of the Humanities*, Boston and New York: Houghton Mifflin Company, 1908, pp. 258 – 259.

② Irving Babbitt, *The Breakdown of Internationalism*, Howard Blake (ed), Reprinted from *the Nation*, 1943, p. 12. 译文参考了达巍、林国荣的译本，［美］理查德·M. 甘博：《国际主义的"致命缺陷"：白璧德论人道主义》，美国《人文》杂志社、三联书店编辑部编，多人译：《人文主义——全盘反思》，北京：生活·读书·新知三联书店2006年版，第58页。

用它们——在战前，我们就曾经听到过同样的论断。[①]

白璧德力图从伦理和宗教的根源性出发来诊治西方文明的弊端，他所提出的“更高意志”学说，在一定程度上解决了西方文明中的“超越性难题”。他的超越性使得神圣不离世俗，人文主义和宗教都是同一条道路的不同阶段，它们之所以是同一条道路，是因为人文主义和宗教都具有人性的拱顶石——“更高意志”。若以“上帝”的信条作为宗教的普遍性话语，那么东西方文化就难以达成一致性的会意和交流。白璧德在“上帝已死”的时代背景下所提出的方略，其路径不同于一般的西方思想家，他并不是遵循着西方现代性的理路，而是跳出西方文明的逻辑框架来看待东西方文明的发展。他认为西方的理性或情感等同于存在的路径，难以克制西方外扩的文明危机，主张凭借“一切时代的人类智慧”，以纠正当下的迷途和错误。这主要归因于他对东方文化的借鉴。白璧德指出，人文主义者需要广阔的思想地平线；他反对专家教育的部分原因是他认为专家教育使受教育者的视野萎缩。近现代许多思想家对现代性的批判都以现代性逻辑为框架，难以突破自身文化所固有的扩张因素。马基雅维利、黑格尔、霍布斯、尼采以及后来的海德格尔等人都有战争偏向，他们仍都遵循着启蒙理性的理路展开现代性批判。黑格尔建构的理性科学体系可谓登峰造极，当前的哈贝马斯提出“沟通理性”以完成他所说的“没有完成的现代性”，而那些试图从启蒙理性中逃逸的后主们（post-modernists）也很难逃离现代主义逻辑的藩篱。颠倒只能改变方向，并不能逃出逻各斯。由此，西方的后主们难以摆脱时空的线性困境。[②] 人们从审美现代性的角度来批判理性话语和权力的压抑，尼采的“权力意志”、马尔库塞的“新感性”以及波德里亚的“拟像”，后现代审美的符号世界几乎淹没了生活的世界，过度的审美解放导致的最终结果却是“看不见了人”。诚如栾栋先生所说：“文化的要义是人的精神提升，当今世界恰恰是生存意义的缺失。符号遍地，广告漫天，生活乏味，真实糜烂。这是一个心灵告退、肉体升迁的时代。

---

① Irving Babbitt, *Democracy and Leadership*, Boston and New York: Houghton Mifflin Company, 1924, pp. 143 – 144. 译文参考了达巍、林国荣的译本。

② 栾栋：《人文学概论》，广州：暨南大学出版社 2012 年版，第 214 页。

意义匮乏成了司空见惯的通病。”①

白璧德从西方个人主义的推进与解放中看到了西方文化的扩张要素，认为现代西方人忽略了一种“谦卑真理”、“内在生命的真理”②。白璧德常引用歌德的话：“任何解放精神的东西，若在自我控制方面不能得到相应增长的话，都是有害的。”③ 白璧德人文主义中的超越性思想不仅止步于辩证法，更加重要的是他的辩证法不是理性的辩证法，而是生命的辩证法，生命具有超越的维度，对人性进行内在涵摄，而这种涵摄不离“谦卑”。这之中具有天地往来的宗教精神，一种普遍的檃栝精神。

白璧德的檃栝精神超越了时代的局限。这种檃栝的共和精神，或许连他最亲密的朋友和学生也不能领会。即使领会也不赞同，这可能与他们对东方的偏见不无关系。如白璧德的同学 P. E. 穆尔以及学生 T. S. 艾略特都不同意他的宗教观点，他们最终都皈依了基督教，艾略特更进而取得了英国国籍。虽然他们也认为东方儒家文明和印度文明都很伟大，但挽救他们的只能是西方自身的伟大传统和文明，尽管他们都吸纳了很多东方文明；海德格尔晚年也说“只有一个上帝可以救渡我们”。他们还是很难跨越背后的文化传统。在这方面，白璧德比他们走得更远。一个崛起的国家若要走得更远，不仅需要国内民众的价值认同，而且需要普世的人类价值，从而得到更广泛的价值认同和价值肯定，以避免白璧德所担忧的“人与人斗，阶级与阶级斗，最终是国家与国家斗”④ 的自然主义的弊端。白璧德主张内在省察的人格教育，认为人类应在一个更高的层面上进行文化与文明建设，以导引社会和谐与世界和平。1993 年，当哈佛大学教授塞缪尔·亨廷顿提出世界文明冲突论的时候，白璧德早在 20 世纪初就预见了文明之于世界和平的重要性，并且完成了他的人文主义建构。

近现代的中国处在一个文化剧变的时代。中华文明所具有的两栖文明

---

① 栾栋：《说“文”》，《文学评论》2007 年第 4 期，第 194 页。

② Irving Babbitt, *On Being Creative and Other Essays*, Boston and New York: Houghton Mifflin Company, 1932, p. 239.

③ Irving Babbitt, *On Being Creative and Other Essays*, Boston and New York: Houghton Mifflin Company, 1932, p. 214.

④ Irving Babbitt, *On Being Creative and Other Essays*, Boston and New York: Houghton Mifflin Company, 1932, p. 197.

机制，有着自身的文明发展脉络，历经几千年赓续不断，在世界文明史中也实属罕见。虽说期间也有坎坷波动，但中华文明的根脉一直未断，原始文化与文明文化浑然相成。[①] 德国大诗人歌德，1827 年 1 月 31 日同埃克曼谈“中国的传奇”时，说：“中国人在思想、行为和情感方面几乎和我们一样，使我们很快就感到他们是我们的同类人，只是在他们那里一切都比我们这里更明朗，更纯洁，也更合乎道德……还有许多典故都涉及道德和礼仪。正是这种在一切方面保持严格的节制，使得中国维持到几千年之久，而且还会长存下去。”[②] 但近代以来，中华文明遭遇了前所未有的“三千年大变局”，中华文明走到了大变局和大转折时代的当口，中华学人在动荡之中不断寻求出路。从李鸿章、张之洞等人的洋务运动的学“技”，到康有为、梁启超等人的学“政”，再到五四时期的“新文化运动”，直至“改革开放”，中华文明不断地自我调整，冀图文明的伟大复兴。

白璧德的思想主要通过他的中国弟子的传播引进到中国，但其命运多舛。进入中国之后，就随着中国近现代文化思潮的起伏而波动，他的思想或隐或显地加入了中国的文化论战之中。个别学者指出，论战双方都暴得大名，而夹在论战之间的白璧德却受到很大牵累。鲁迅与“学衡派”论战如此，鲁迅与梁实秋之争也不能例外。当然，这种说法值得商榷，梁实秋傍依其师成名也未可知，毕竟那时候鲁迅的地位早已奠定。但他们的纷争在一定程度上都“歪曲了或者说简化了白璧德的形象”，“使中国知识界长期以来认识不清他的真面目，至今都尚未认清”。[③] 这种判断是有一定道理的，但也未必全面。问题是白璧德的弟子所传播的并不全面，而且在一定程度上是其弟子自己的思想。因此，受此贻误，白璧德及其学说的全貌在国内学人的心灵深处难以真实呈现，这与当时的时代背景有密切的关系，不同时代的白璧德研究都会打上时代的烙印，被赋予不同的时代价值。

---

① 栾栋：《略论中国文化的两栖机制》，《陕西师范大学学报》（哲学社会科学版）1994 年第 4 期，第 48 ~ 52 页。

② ［德］歌德著，朱光潜译：《歌德谈话录》，合肥：安徽教育出版社 2006 年版，第 115 ~ 116 页。

③ 北塔：《白璧德：被夹在鲁、梁之争的剪刀里》，《鲁迅：跨文化对话：纪念鲁迅逝世七十周年国际学术讨论会论文集》，郑州：大象出版社 2006 年版，第 109 ~ 114 页。

对于白璧德的思想，我们并不能以其中国弟子们的思想来定性其思想实质。譬如，被称为“华之白璧德”的吴宓就不能等同于其师的思想，他们之间的差异很大。吴宓在日记中称“宓所述巴师天、人、物三界之说”[①]，并在《我的人生观》一文中把白璧德的“二元人性”解读为“以理治欲”，而把“理”阐释为“天理”，把白璧德的人生“存在的三个层面”解读为“天、人、物三界之说”。[②] 白璧德思想中的“存在的三个层面”，即自然主义的、人文主义的和宗教的人生层面，在吴宓这里却完全变形。吴宓以中国宇宙观为依托，把它阐释为中国的天、地、人三才。白璧德的“二元人性论”是生命的辩证法，是人内在的“较低意志”与“更高意志”的斗争，并以“更高意志”通化了人与宗教的层面。白璧德的其他弟子，如梅光迪、梁实秋等人的思想也不能等同白璧德的思想，尽管他们对其师的思想都有所汲取。

中国毕竟与西方面临着不同的问题，自然我们也不能照搬西方的文化方略。但这并不表示中西方就没有一些共同的背景。现代化肇始于西方，现代大工业生产和现代的民主制度都发端于西方，而随着近现代资本主义的发展、国际的交往日益密切，孤立地发展几乎成为不可能的事，早在19世纪，马克思就曾说道：“资产阶级，由于开拓了世界市场，使一切国家的生产和消费都成为世界性的了。”[③] 不管是学衡派的吴宓、梅光迪，还是新文化提倡者陈独秀、胡适、鲁迅等人，他们不同于固守“国粹”的守旧派，他们都放眼世界，认识到中国需要变革，只不过在如何变革的问题上，他们之间存在一些分歧。就中国文化中专制主义所导致的长期停滞不前的僵局，如栾栋先生所言，“多一点打破蕴藉，冲破保守的思潮，还是必要的”，“敢于向传统文化挑战的新思潮，若能经得住时代和实践的考

---

① 巴师，即白璧德。见吴宓：《吴宓日记》（第2卷），北京：生活·读书·新知三联书店1998年版，第224～225页。

② 吴宓：《我之人生观》，《学衡》1923年第16期；又见孙尚扬、郭兰芳编：《国故新知：〈学衡〉派文化论著辑要》，北京：中国广播电视出版社1995年版，第159～163页。

③ ［德］马克思、恩格斯著，中共中央马克思恩格斯列宁斯大林著作编译局译：《共产党宣言》，北京：人民出版社1997年版，第31页。

验，那说明它正是发展传统文化所需要的东西”①。在此方面，白璧德也认为中国传统惰性太大，急需革新，以便从“伪古典的形式主义规辙”中摆脱出来。他曾在批判美国人趋新弃旧时说道：“对待时代和传统的态度上，我们当中一些人似乎喜欢走到与中国人相反的另一极端”②，但在如何改革的问题上，白璧德认为“伟大传统中的真理的灵魂应该审慎，着意于保留”③。

白璧德的文化构设是美国在世界崛起的时代背景下，对西方文明，特别是美国文明中的缺失面进行矫正，对西方启蒙运动以来的自由民主文化进行批判，以弥补其不足，从而更好地引领未来。虽然现代化肇始于西方，但西方现代性的结果，如吉登斯所言，也是在各种矛盾斗争中产生的，很难说西方各国的现代化过程是完全相同的，当然，其中也具有诸多相通的地方。近代以来，中国学人对西方的现代性方略采取了不同的取舍态度。张之洞主张“中体西用”，鲁迅提出“拿来主义”以建构中国的现代性，李泽厚则主张“西体中用”，当代新儒家牟宗三主张以内圣来开创外王的方略等。各种说法都有一定的道理，但对白璧德本身的个案研究能带给我们一些新的启示。白璧德主张会通东西方文化，针对西方文明之弊端，开出他的药方。美国是一个新兴国家，虽然建国历史短，但一直冀图建构自身的文化身份，而这种身份的建构离不开一个“他者”视野，从爱默生到白璧德，他们都把目光投向了东方，借鉴自身所需要的文化要素，以突破西方文明的局限，所谓“差差互补，异异得合”，人文学檃栝视野不可缺少。

白璧德借鉴了东方的德性论，主张一种道德法则以建构他的自由民主文化，但是这种德性主要基于西方几千年来的法制传统。从古希腊苏格拉底宁愿蒙冤受死也要尊重法律，再到古罗马人对法典的敬奉，更不用说近现代西方保障自由民主精神的法律。在此，我们看到西方文化中冷酷的一

① 栾栋：《略论中国文化的两栖机制》，《陕西师范大学学报》（哲学社会科学版）1994 年第 4 期，第 51 页。

② Irving Babbitt, *Literature and the American College: Essays in Defense of the Humanities*, Boston and New York: Houghton Mifflin Company, 1908. p. 110

③ Irving Babbitt, Humanistic Education in China and the West, *The Chinese Student's Monthly*, 1921, 17 (2) p. 86.

面，但同时也看到其不徇私情的公正精神，对法律的敬畏精神。当前，处于现代转型时期的中国，在发展市场经济的大背景下，若没有完善的法制，而单凭传统文化中人的内在德性的自律，社会发展必然会陷入困境。白璧德所处时代正是美国崛起时期，科学技术得到极大发展，而社会信仰、伦理缺失，"物之法则"肆虐，人欲横流，社会离心力很大。而当下的中国，社会转型呈现出诸多扭曲和失衡，在科学技术和物质经济发展的同时，却忽视了人文和宗教层面的培育和发展，"人之法则"缺失，社会出现贫富悬殊、贪污腐败、信用缺失、道德失范、环境破坏等诸多负面现象，人们普遍缺乏安全感，难以找到心灵的锚地，社会缺乏向心力，而一旦社会价值体系崩溃，社会缺乏基本的道德约束，必然产生各种社会危机。

研究白璧德不是模仿、复制他的学说，而是希望以更加开放、包容的精神在更开阔的国际视野下重新考量自己，提炼升华中华民族的精神力量。在国内学界，"国际文化接轨论"不绝于耳，但西方也不是铁板一块，并非毫无差别，那么，我们究竟要接上何种"轨道"？就此，栾栋先生曾在批驳国内的"国际文化接轨论"的错误观点时，说道："人文国际交流有同化和顺化的地方，但是首先要辨别是非曲直，要保证各民族文化多元互补和平等发展。要同化对方，自己必须有健康而强大的综合国力和博大精深的文化机制。顺人而化，也要择善而从，而且要保持自己的独立性和自主性，否则就会堕入西方辩证法所称道的同一性的圈套中。"[①] 近代以来，各种主义、各种学说纷至沓来，西方的逻各斯学说霸占了中国的话语权，而中国本身的学说被遮蔽了。当前的人们在慨叹道德沦丧的时候，是否会想过其中的问题及其深层次原因。古往今来，没有任何强大的国家会以一个精神空壳来引领世界。当下的中国学说，非常需要檃栝精神。

综上所述，我们从"人文学檃栝"的视野分别探讨了白璧德人文思想对美国文明以及对中西方文明的现实意义。针对美国在现代转型时期所面临的诸多文明问题，白璧德并览古今，会通东西，提炼"一切时代的智慧"，构设他的人文主义方略，冀图美国未来"世界的文化领袖"时代的

---

① 栾栋：《试论人文精神探讨的思维方法问题》，《陕西师范大学学报》（哲学社会科学版）1996 年第 3 期，第 107～108 页。

到来，希望美国走和平发展的道路，以避免重蹈古罗马帝国的覆辙。这不是杞人忧天，而是对未来进行前瞻性的引领。当然，他的思想也隐含着美国在世界崛起之后世界文化领导权的诉求。但他的思想是从广阔的国际视野来看待东西方文明，对中国文明建设也具有一定的借鉴意义。东西方文明各有差异，各有特色，但并不意味着不可以互相融通、互相补正。诚如栾栋先生所言："西方社会目前进入了一个怪圈，有可能将世界文明导入危险的深渊。它需要一种宏伟的调控机制，一方面防止科技文明导致人的完全物化，另一方面也给人与自然的和谐共济提供制衡作用，中国一万多年来形成的两栖文化机制及其良性运演，也许很值得西方世界借鉴。而西方文明发展中所积累的宝贵东西，尤其是消解封建主义和发展科技生产力的经验，值得我们学习。"① 白璧德的个案研究充分说明了文明之间相互檃栝的作用。21 世纪的中国正处于文明复兴的重要契机和当口，更加需要引领时代的思想，更加需要具有普遍认同的世界价值理念。当前的世界文明急需人文学的檃栝智慧来引领人类朝着更加祥和的方向迈进。

① 栾栋：《略论中国文化的两栖机制》，《陕西师范大学学报》（哲学社会科学版）1994 年版第 4 期，第 52 页。

结 语

《文心雕龙》中有言，“尺短寸长”。文章从文史哲贯通的思路着力论述白璧德思想的本根，探究“人之法则”的确立。白璧德认为，西方经过了文艺复兴运动和启蒙运动对“个人主义”的两次推进之后，现代西方人“祛魅”了世界，同时也“祛魅”了自身；他们一方面具备了批判精神，另一方面却失去了基督教和古典文化的约束。在此过程中，西方文化没能产生一种对人的本能冲动和性情进行克制的力量。西方现代危机主要体现为以培根为代表的科学人道主义和以卢梭为代表的情感人道主义，它们都消除了“超理性区域”，是自然主义的两个侧面。身处自启蒙运动以来的“扩张时代”的现代人自立有余，而谦卑不足。如何造就具有既谦卑又自立的个人，是时代必须面对的问题。但谦卑的根源在于另外一种秩序——“超自然的秩序”。白璧德自称其新人文主义学说受惠于东方文化。那些坚守西方文化传统的西方人常对其学说持反对意见，即便是那些对白璧德持赞成或同情观点的人，也通常把他的学术仅仅纳入到西方文化的框架之中来论述。这些研究都忽略了或没能看到新人文主义的“新意”所在。尽管白璧德思想在当下美国的保守主义思想脉络中延伸，[①] 但这并不能说明他的思想就是保守的。本文摆脱了国内外学界视白璧德为保守主义代表的既定认知模式，打破各种陈见或偏见，认为他的思想具有强烈的现实性、鲜明的针对性和未来的前瞻性，是对自然主义的反拨归正。

白璧德学说的核心，主要在于探究一种人之为人的“人之法则”，一种把人与动物区分开的为人之道和成人之道。针对西方自然主义“物之法则”的肆虐，白璧德主张以“人之法则”来“调和”“物之法则”。而这种“调和”之道，实质上是一种内在超越的生命哲学，一种对较低的生命存在进行道德提升的人生哲学。老子曾言：“反也者，道之动也。”白璧德的生命哲学也可如是观。这两种法则不是孤立的、割裂的，实质上是白璧德所说的二元人性论。而这种二元人性论是以意志的首要性为前提；理性

---

① Charles W. Dunn, J. David Woodard, *The Conservative Tradition in America*, Lanham, Maryland: Rowman & Littlefield Publishers, 1996; Russell Kirk, *The Conservative Mind: From Burke to Eliot*, Chicago: Henry Regnery Company, 1960; J. David Hoeveler, Jr., Babbitt and Contemporary Conservative Thought in America, In G. A. Panichas, C. G. Ryn (eds), *Irving Babbitt in our Time*, Washington, D. C.: Catholic University of America Press, 1986, pp. 177 - 199.

的工具作用虽然不可或缺，但理性不能僭越意志的首要地位。这种二元人性观体现为“生命的辩证法”，主要是两种不同性质的意志的角逐：以“生命控制”的意志力量来克制“生命冲动”的意志，或以“更高意志”对人的“较低意志”进行克制。这种辩证法并不是“冲突的悖反”，而是“对立的调和”。这种“对立的调和”替代“冲突的悖反”的思路贯穿着白璧德的新人文主义思想。白璧德认为这种“对立的调和”是“内在生命的真理”，主要体现为人的精神不断精进的过程。在此，白璧德充分借鉴了东方文化的践履思想——一种生命的实践。他在小乘佛学、基督教和儒家之中都看到了这种生命力量。白璧德反对任何“多的形而上学”和“一的形而上学”，认为西方文明史基本上就是“一的形而上学家”与“多的形而上学家”的冲突史，而形而上学忽略了人的内在生命真理，都是精神懒惰的表现，人文主义者要做“精神的运动员”。

白璧德把人类经验划分为三个范畴，即自然主义的、人文主义的和宗教的不同层面，有时候也使用“存在的三个层面”来表述。这种存在层面的划分在一定程度上是现代西方人自然—人—上帝三维人格结构的体现，也是西方文化中“脑”与“心”矛盾的体现。白璧德认为这是西方文化中的症结所在。他反对中世纪上帝独大、人过于谦卑而不能自立的超自然文化，更反对当前自然主义的过度发展，使人自立却不谦卑，废黜了人内在的敬畏和责任感。然而，自然主义者往往混淆了存在的层面，以亚理性层面的存在替代了超理性层面的存在，以人的本能或理性僭越了“超理性区域”。

由于西方的现代人过于自由，缺乏一种必要的约束。在“上帝已死”之后，能否找到一种“上帝恩典的对等物”的问题，便摆在当时的思想家们的面前。白璧德认为，要解决西方文化中的“脑”与“心”的内在矛盾问题，就需要借鉴在此方面具有免疫力的东方文化。通过对东西古今文化的熔铸，白璧德提出了“更高意志”的学说，以人内在的“更高意志”对人的“较低意志”进行克制，以起到上帝的“替代品”的作用。但这种克制所欲达到的效果并非弃绝世俗世界的宗教“冥想”，而是人文主义者的“调和”，是一种生命的“适度”境界。白璧德“执两用中”的思想既不同于古希腊的理性，也不同于中世纪上帝的意志，而是汲取了印度和中国的“内在超越”的思想，对西方“依他的”[①] 文化进行一番内转和改造。把“更高意志”内化为人性的一部分，如此，白璧德就疏通了自然、人、上帝三者之间的关系，疏解了西方现代人内在的自然—人—上帝三维人格结构的内在紧张关系。白璧德的现代方案并不是对东方文化的模仿，而是有着自身的立足点，以便化解现代西方文化中“脑”与“心”的内在矛盾。在某种程度上，他的学说颠覆了现代西方人内在心理结构“绝症”无治的论断。

白璧德的意志学说，借鉴了东方的道路思想，突破了西方知性的传统，突破了西方知性的形而上学封闭的体系。为了深入探究白璧德的内在超越思想，文章主要从“知”与“行”的关系切入，论述了他的“一”与“多”的路径和方法，即白璧德所说的“实证的、批判的方法”。白璧德批判威廉·詹姆斯、约翰·杜威等实用主义思想家是一些自然主义者的主要原因，在于他们否认了人内在的“克制意志”。实际上，白璧德与实用主义者都有家族相似性，他们都主张行动和效果，只不过白璧德借鉴了东方文化资源，试图用“一切时代的智慧”来矫正美国实用主义的弊端。针对美国人注重“外在行动”，白璧德提出“内在行动”，一种遵循“人之法则”的工作，从而重塑人文规范和人文标准，探求一种内在集中的向心力。而向心力离不开对“一”的敬畏之心。白璧德的新人文主义在一定程度上提升、完善了美国的实用主义。斯蒂芬·C. 布伦南指出，白璧德在理性的运用上是典型美国式的，强调一种“道德实用主义”[②]。他不仅仅以科学的客观性为依据，更以一种超理性的直觉，即“知性直觉”来感知“超理性”的存在。在“一”与“多”的问题上，白璧德认为西方传统的形而上学路径行不通，因此主张借鉴实证的、批判的东方思想。他重视的不是认识论，也不是本体论，而是生命的践履和实践。就此而言，笔者与西方思想家、当代白璧德研究的权威瑞恩的研究路径不同。瑞恩从知识论角度研究白璧德的思想，其实遮蔽了白璧德最为精髓的思想，即那些超越了理性局限的内涵。格罗塞林认为白璧德最有独创性的地方在于“对作为

---

① 牟宗三：《生命的学问》，桂林：广西师范大学出版社 2005 年版，第 24 页。

② ［美］斯蒂芬·C. 布伦南：《新人文主义》，［美］迈克尔·格洛登、马丁·克雷斯沃思、伊莫瑞·济曼编，王逢振等译：《霍普金斯文学理论和批评指南》，北京：外语教学与研究出版社 2011 年版，第 1090 页。

一种确信机能的实证要素的借鉴，即佛陀的意志主义（Buddhistic voluntarism）”①。他对白璧德思想独特性的判断颇有见地，但由于受到西方宗教背景的局限，他以天主教的立场否定了“更高意志”所具有的“超自然”属性，否认“更高意志”具有“超越性”内涵。

白璧德自称在处理“一”与“多”的方法上更接近佛陀，而不是柏拉图。在佛陀那里，“统一性”不是存在于理智之中，而是存在于意志之中。白璧德认为西方自18世纪中晚期以来，个人主义的“个体意义”绝对胜过“人类的普遍意义”，西方人主要把理性或情感等同于存在，忽略或遮蔽了另外一种“超理性秩序”。在此，白璧德借鉴了东方的“道路”思想，他所重视的是人内在的精神践履和内在的自我超越，而不是形而上学的体系。这种内在的自我超越体现为一种内在体证的“生命辩证法”运动，它的最终结果并非西方辩证法的统一性，而是要达到生命的“适度”状态，这类似于中国人所说的“极高明而中庸”。在此，白璧德显然借鉴了中国的“易学法”文化。于此，笔者借鉴了栾栋先生所创制的“易辩法”，观照了白璧德这方面的思想。在理性与信仰之间，人文主义者推崇“更高意志”的首要地位，同时也重视理性的工具作用；若没有理性的作用，人文主义与宗教将会陷入蒙昧主义。白璧德是以人生的生命实践和践履来达到“一”与“多”的调和的，这不是任何形式的哲学体系，而是一条无限精进的人生道路。

这条道路以人内在的有限性为前提，在基督教“原罪”式微的背景下，白璧德以佛陀所言的“道德懒惰”观念作为基础和前提。他说，道德懒惰的观念有着实证的益处，没有教条的弊端，在实践过程中可以起到像“原罪”一样的效果。佛陀保持完全的精神自主性，同时又保持谦卑，主要在于他遵从内在的“法”（Dharma）。而这种“法”被确证为“直接感知物”，它是一种内在的控制原则，而不是任何的教条和形而上学的假设。在佛陀那里，相对于理性和情感而言，意志居于首要地位。白璧德指出，承认意志的首要性在西方常常与上帝的恩典联系起来，而随着这种恩典学

① Dom Oliver Grosselin, *The Intuitive Voluntarism of Irving Babbitt: Anti-Supernaturalistic, Anti-Intellectualistic Philosophy*, Latrobe, PA: St. Vincent Archabbey, 1951, p. 119.

说的式微，这种性质的意志也被遮蔽了，现代西方基督徒们的意志（以“自然自我”从属于“上帝的意志”）与复兴的理性主义之间的争斗是西方精神生活的一个主要问题。[①] 白璧德认为可以把“更高意志”从“上帝的恩典”中脱离出来，从而被构想为人的“意识给予物之一”，并进行实验地处理。换言之，“更高意志”成为人性中高上区域的一部分，成为人性的一种“源初的事实”，并且成为人不断追求精进的根源性动力。对于精神精进的人来说，他们已经踏上了具有“内在的伦理目的”的道路。

白璧德称自然主义者走在一条“下降之路”上，而人文主义和宗教则走在“上升之路”上，不同的道路将导致不同的人生结果和不同的文明走向。而人文主义者试图走“一”与“多”的调和之路，人文主义与宗教走在同一条人生道路的不同阶段上，之所以如此，主要根源在于它们都具有“更高意志”。白璧德试图把“超自然要素”融进他的新人文主义思想之中。所融入的超自然因素不仅有基督教的背景，也吸纳了古今东西的文化要素。他的“更高意志”涵摄了中国的“天命”、佛学中的“更高自我”或“法”、“伊斯兰”的含义、基督教的“上帝”以及古希腊亚里士多德的“纯形式”等。这些称谓尽管名称各异，但都具有超理性的“更高意志”的属性，一种起着“超理性集中”作用的意志。在此，白璧德充分借鉴了印度小乘佛学的“实证的、批判的方法”以及中国的中庸方法。当然，如白璧德所说，他“并没有否认更高意志的其他方法的有效性”[②]。但他的“更高意志”有着更广泛的蕴含，主要是一种人们体悟到的普遍性，而白璧德所说的调和之道，主要指代人们在事物表象之中体悟到存在的永恒性。

就西方宗教而言，白璧德采用了东方的思想路径，这与那些基督徒的方法不同。菲利浦斯说：“不管怎样，托马斯主义者把价值建立在超自然的基础之上，而白璧德使用了基本的实证主义方法。”[③] 实际上，白璧德的

---

① Irving Babbitt, Buddha and the Occident, In *The Dhammapada: translated by Irving Babbitt from the Pali*, New York and London: Oxford University Press, 1936, pp. 81 – 82.

② Irving Babbitt, *Democracy and Leadership*, Boston and New York: Houghton Mifflin Company, 1924, p. 316.

③ Norman R. Phillips, *The Quest for Excellence: The Neo-conservative Critique of Eduacational Mediocrity*, New York: Philosophical Library, Inc., 1978, p. 109.

更高意志也是“超自然”的事实，只不过它植根于人的内心；虽然“上帝已死”，但是“上帝的意志”所产生的效果还在，即“更高意志”还在，而这种“更高意志”就成为人内在谦卑的根源性动力。这里的“更高意志”不是任何绝对和教条，也不是形而上学的假设，而是作为一种人感知到的直接性事实，一种人内在确信的“源初的事实”。作为超理性的事实，“更高意志”最终的性质不能被表述，因为它超出了理性能力之外；他的“更高意志”的确证，不是通过知而信的路径，而是通过信而知、行而知的路径，如他所说：“知识跟随意志。信仰在佛教和基督教中有多种含义，但本意是‘行动的信仰’”①。由此观之，白璧德在理性与信仰之间实现了贯通，人文主义和宗教是同一条道路上的不同阶段。之所以如此，是因为“更高意志”的存在。人文主义以“更高意志”对“较低意志”进行克制，力求达到适度，而宗教最终达到了弃绝欲望的境地。在此，白璧德借鉴东方文化要素，即宗教信仰与科学理性的不隔，解决了他心目中的“脑”与“心”的矛盾。格罗塞林说白璧德的思想是“一种宗教的人文主义或人文主义的宗教”。但白璧德所言说的重点在于现实的人生，他充分融合了东方宗教，尤其是印度小乘佛学和儒家文化中的宗教因素，化宗教因素为世俗人生的要素。

白璧德承认人具有“知性直觉”，但他的想象观走出了西方知性的藩篱，认为人的意志占据首要地位，而理性只能处于次要地位，只能起到辨别的作用。白璧德强调想象的伦理性和目的性，这主要是意志的影响。在他那里，意志与想象几乎同义，而康德不承认人具有“知性直觉”，意志与想象隔离，可以说，白璧德在此方面有所创新。然而，要洞悉“更高意志”这种不可表述的源初事实，需要借助想象。在此，白璧德也融入了东方的想象思想。白璧德说他的“更高意志”不是绝对，不是康德的“绝对命令”，也不是什么有机的或机械的东西，其最终途径是人的想象，一种“一的直觉”，一种超理性的洞识。西方理性主义传统中的想象一般是理性范畴中的一项，但白璧德借鉴了东方内在践履的学说，认为意志与直觉几乎是一回事，想象不脱离意志，这也是白璧德所说的“实证”的蕴含，以

① Irving Babbitt, Buddha and the Occident, In *The Dhammapada: Translated by Irving Babbit from the Pali*, New York and London: Oxford University Press, 1936, p. 86.

确证人内在的、源初的事实。和想象本身蕴含着“无限”意义一样，想象感知的确证之路也是一条没有尽头的道路，这就不同于西方的逻各斯文化。在白璧德看来，较低想象和更高想象都意味着无限，但两种不同类型的“无限”都为理性所不及，“更高想象”直觉到的事实处于“超理性区域”，而“较低想象”所直觉到的事实处于“亚理性区域”。在理性与欲望的冲动之间，想象保持着平衡的能力，但理性若缺乏“更高洞识”的支持，想象就会支持人的欲望，理性便会屈从。白璧德所言说的二元人性论，可以从不同角度进行阐发。就人的官能而言，感知为对“较低意志”进行控制的“更高意志”，是一种被感知为“超理性的更高区域”，以超理性的事实对人的本能和性情进行节制；在心理行为上，这是一种“更高意志”对生命的“较低意志”进行克制的伦理行为；在感知方式上，是“知性直觉”对“感性直觉”的克制和调节，或者说是“一的直觉”对“多的直觉”的控制和调和。因此，白璧德所说的“一”与“多”的调和，就感知方式而言，实质上是“知性直觉”和“感性直觉”的角逐，“一的直觉”和“多的直觉”的较量，“更高想象”和“较低想象”的比拼。正是通过“知性直觉”，人们才能直觉到“一”的生命事实，即“更高意志”的存在。不管是感知“多”的直觉还是感知“一”的直觉，它们都具有“直接的自发性”。

白璧德认为人的理性和想象需要受到目的性的规约，而这种目的性在于“对普遍性的直觉感知”，即“更高的洞识”，就此而言，人就需要康德所说的“知性直觉”。这是白璧德人文路径的关键。由于理性辨别力的帮助，想象才能呈现出现实的统一性，但是白璧德所说的理性并非以建构抽象体系为旨归，而在于辨别不同的“经验事实”，“在佛陀那里，理性被感知为辨别力并且服务于更高意志”①。人类该往何处去？对于人文主义者而言，不是向后、向下看，而是向前和向上的仰望。人文主义者所追求的并不是亚理性的意识心理，而是超理性区域。正是由于承认人赋有“知性直觉”，人才能感知“一”的存在。白璧德认为感性直觉是感知“多”的直觉，一种不受任何中心规训的“离心性想象”，它缺乏一种普遍性和伦理

① Irving Babbitt, Buddha and the Occident, In *The Dhammapada: translated by Irving Babbitt from the Pali*, New York and London: Oxford University Press, 1936, p. 94.

性；而人文主义者所持的“道德想象”（也称“伦理想象”“更高想象”等）与此不同，它是一种人们能直觉感知到的“普遍性”，一种“向心性想象”。但对于人的“更高想象”来说，“更高意志”都被感知为人的“共通感”，即一种“想象感知的普遍性”，感知为“人的生命控制”，即一种对人的“生命冲动”行使否决权的精神力量。

在西方现代化过程中，随着传统宗教的式微，西方人力图转换宗教资源，以便有效地作用于现实人生。一个社会若只追求物质力量的发展，却没有以健全的人文精神引领，就容易畸形发展，误入歧途。白璧德对西方的“上帝”既解构又建构，解构的是上帝这个实体，建构的是类似于上帝的宗教精神——人的克制意志，此时的宗教精神就不是什么实体或概念，而是一种“直接性的渴望”，从而确证“人之法则”，一种人自身确立的道德自律法则。如白璧德所说：“给予‘更高意志’的首要地位，不过是宣称人生是一种信仰行为的另一种表达方式而已。”① 只不过这种信仰不是纯粹的神学信仰，而是一种世俗世界、生活世界的信仰。“上帝已死”，但“更高意志”还在，“道德想象”还在。对白璧德而言，新人文主义调和了“一”与“多”，否认“一”或“多”的片面性，力求以道德想象力在诸多幻象之后能够瞥见万物的力量。那些创建了人类文明的精神领袖们都体悟到“在表象和转瞬即逝的事物中所存在的永恒不变的东西”②，即“多中的一”（One in the Many）。白璧德说人需要标准，而那些人类精神的导师，如佛陀、基督和孔子等，都为整个文明“道成肉身”，体现了“多中的一”，成为人们学习的榜样。

白璧德所说的人文主义路径不同于西方神圣与世俗两极对立的思维模式。康德否认人自身具有“知性直觉”的官能，因而现象世界与本体世界相互隔离，但他又要求“实践理性”高于“理论理性”，以此对现象世界进行克制，这就陷入了矛盾的境地。白璧德说康德是理性主义者，所批判的关键支点就是康德所否定的“知性直觉”。而白璧德所说的“知性直觉”与西方思想家不同，融入了东方的“意志”因素，特别是践履的道路思

---

① Irving Babbitt, *Democracy and Leadership*, Boston and New York: Houghton Mifflin Company, 1924, p. 227.

② Irving Babbitt, *On Being Creative and Other Essays*, Boston and New York: Houghton Mifflin Company, 1932, p. 142.

想，这与西方逻各斯文化不同。在此，白璧德借鉴了中国的儒释道文化，特别是印度的佛教智慧，认为人具有康德所说的“知性直觉”，这种“知性直觉”可以洞察人的“更高意志”。而被感知为“一”的“更高意志”，如白璧德所说，“根本不是什么理性的抽象物，而是一种直觉感知的东西”[①]，一种被人感知为克制的意志，即“更高意志”是“知性直觉”所感知到的源初的直接性事实，是一种“更高事实的幻象”，或是一种能洞识普遍性的“道德想象”。在此，人文主义与宗教得以贯通，神圣与世俗无隔；人文主义和宗教是同一条道路的不同阶段，一条通化的践履道路。在人生道路的践履过程中，白璧德的人文方略在一定程度上突破了西方逻各斯的机括，其“主义”学说融会了一些东方圆融的“非主义”要素，从而熔铸出炉了一个崭新的学说。白璧德的着力所在，即试图给现代西方人根植一种新的信仰，以“人之法则”矫正“物之法则”的僭越，矫正西方“依他的”文化之弊端并补苴其不足，从而缓和西方理性与信仰之间的矛盾，为美国文化和西方文化寻求出路。西方启蒙运动以来的理性文化，当遇到极大麻烦时，只在自身的逻辑框架中寻求资源，就显得左支右绌，力不从心。随着黑格尔哲学科学体系的解体，许多西方思想家都力图从中走出来，期望能“寻找更加令人满意和有意义的另一项选择”[②]，以探求西方的文化出路。可以说，叔本华、尼采、柏格森、胡塞尔、海德格尔等人的学说，都是对西方现代性问题的回应。

白璧德熔东西方文化要素于一体，铸成他的“人之法则”学说，这有着历史的和现实的意义。文章从历史透视的角度分析了白璧德的人文构设的现实目的。虽然白璧德的思想具有很强的宗教性，但其目的不在彼岸的宗教，而在现实的人生和社会，如他所说，他的新人文主义构设不是为了宗教的冥想，而是为了现实的调和。这种现实的调和有美国自身的利益关切。白璧德试图在世俗世界中寻求一种“新的统一性”，一种和谐的、内

---

① Irving Babbitt, The One and the Many, *The Weekly Review*, 1921, 4 (88), p. 58.

② J. J. Clarke, *Oriental Enlightenment: The Encounter between Asian and Western Thought*, London and New York: Routledge, 1997, p. 95.

敛的稳定性力量。这种“灵根自植”[①]不仅具有强烈的现实针对性，而且蕴含着未来文明的人文指向。

白璧德心目中的人文主义者，并不是启蒙运动以来的理性主义者，也不是后现代的“游牧者”，而是希望能够成为“美国文化的领袖”，乃至“世界文化的领袖”。白璧德提倡人文教育以培养社会精英——那些具有谦卑精神的人文君子，那些社会各个阶层的领袖。通过吸纳东方向心性的文化，白璧德试图创立一种人与人和谐、人与自身和谐以及国家之间和谐相处的学说，对未来的世界文明进行前瞻性的引领，这也是他对中国弟子提出“人文国际”的原因所在。白璧德说，“现在应是我们创始我们自己东西的时候了”，“我们必须始创标准”，而不能总是跟随在欧洲之后。显然，白璧德所建构的“共通的普遍性”，有着领导世界文化的意图。越是具有普遍性的价值观往往越能够得到更多人的认同。伴随着美国在世界的崛起，像白璧德这样的美国思想家试图占领世界文化高地，他们拥有领导世界文化潮流的领袖心态和文化自觉，体现了美国思想家希望从“学徒时代”进入“文化领袖时代”的强烈愿望。白璧德的人文构设，其最终目的是为了完善启蒙运动以来的“自由”理念，完善美国民主文化，增加文化向心力和凝聚力，提升美国在国际上的文化领导地位。西方一些研究者认为白璧德“反民主”，其实，白璧德不是反民主，而是为了完善民主；不是反自由，而是为了完善自由理念，以健全美国的个人主义。

对于白璧德的思想，我们应该有一个清醒的认识。白璧德毕竟是一位典型的美国人，其思想中濡染着很强的实用主义色彩。尽管他认为人们可以在共通的普遍性中互相沟通，和平相处，能够更好地团结在一起，但是他又有着为美国谋求世界文化领导地位的意图。如此，白璧德就难免会陷入一种矛盾境地。力图成为和平文化的领导者，其中就隐含着强烈的权力意识，虽然白璧德吸纳了东方的和平文化，在某种程度上突破了西方逻各斯的机括，最终把东方非中心的文化要素融入了西方的中心法则之中。他的文化构设对健全美国文化的肌体固然具有固本培元的作用，但对世界文化的作用，还需要作具体的分析。

---

① 唐君毅：《花果飘零及灵根自植》，张祥浩编：《文化意识宇宙的探索》，北京：中国广播电视出版社 1993 年版，第 480 页。

当下的中国正处于文化转型的关键时期，对于吸纳西方的思想，需要作必要的辨析。一方面，我们要看到世界文化交流的必要性。在这个全球化的社会，一个国家若还抱着自我中心主义的部落意识，将被世界文化排除在外，它也将与这个世界的未来无缘。从白璧德的案例来看，我们不能把美国文化仅视为功利性的、商业性的文化，而是要同时注意到其精神方面的建设，尤其是对世界优秀文明的开放性、包容性态度；另一方面，我们也要看到，西方文化有其自身的发展脉络和理路，我们不能盲目地照搬西方的东西，那种西方文化至上的观点是要不得的。这也是笔者从西方文明脉络里来论述白璧德的目的所在。就白璧德思想而言，吴宓评价其师的学说“不拘囿于一国一时”①，不能说没有道理。但不可忽视的是，白璧德的文化构设毕竟摆脱不了西方文化，特别是美国文化本位的立场，伴随着美国在世界的崛起，有着谋求超越欧洲列强文化领导权的动机。白璧德批判美国社会，醉翁之意不在酒耳！通过对白璧德的个案研究，文章充分说明了文明间的相互橥栝作用和当前人文学橥栝智慧的必要性，希望人类拥有一个祥和的“共和体”和共通的“心灵橥栝集群”。毕竟，在宇宙学的意义上，生命意识都是相通的。

---

① 吴宓：《白璧德中西人文教育谈·按语》，《学衡》1922 年第 3 期；段怀清编：《新人文主义思潮——白璧德在中国》，南昌：江西高校出版社 2009 年版，第 19 ~ 24 页。

参考文献

一、欧文·白璧德主要著作

1. Irving Babbitt, *Literature and the American College: Essays in Defense of the Humanities*, Boston and New York: Houghton Mifflin Company, 1908.

2. Irving Babbitt, *Democracy and Leadership*, Boston and New York: Houghton Mifflin Company, 1924.

3. Irving Babbitt, *On Being Creative and Other Essays*, Boston and New York: Houghton Mifflin Company, 1932.

4. Irving Babbitt, *The Masters of Modern French Criticism*, Boston and New York: Houghton Mifflin Company, 1912.

5. Irving Babbitt, *Rousseau and Romanticism*, Boston and New York: Houghton Mifflin Company, 1919.

6. Irving Babbitt, *The New Laokoon: An Essay on the Confusion of the Arts*, Boston and New York: Houghton Mifflin Company, 1910.

7. Irving Babbitt, Buddha and the Occident, In *The Dhammapada: Translated by Irving Babbitt from the Pali*, New York and London: Oxford University Press, 1936.

8. Irving Babbitt, *Character & Culture: Essays on East and West*, New Brunswick: Transaction Publishers, 1995. (The essays of this volume were previously published together in a book called Spamish Character and Other Essays (1940), edited by Frderick Manchester, Rachel Giese, William F. Giese)

二、外文文献

1. Abrams, M. H., *A Glossary of Literay Terms*, New York: Holt, Rhinehart and Winston, 1981.

2. Aldridge, A. Owen, Irving Babbitt, Literary Positivism and Neo-positivism, *Humanistas*, 1996, 4 (1).

3. Aldridge, A. Owen, From "Inner Check" to "Bank Check": Post-Babbitt Literary Criticism, *Humanitas*, 2001, 14 (2).

4. Aldridge, A. Owen, Irving Babbitt and Lin Yutang, *Modern Age*, 1999, 41 (4).

5. Aldridge, A. Owen, Irving Babbitt and North American Comparative Literature, In M. J. Valdes & A. Owen Aldridge (eds), *Comparative Literary History as Discourse: in honor of Anna Balakian*, Bern: P. Lang, 1992.

6. Aldridge, A. Owen, Irving Babbitt and the Standards of Aesthetic Judgement, *Neohelicon*, 1987, 14 (2) .

7. Aldridge, A. Owen, Irving Babbitt in and about China, *Modern Age*, 1993, 35 (4) .

8. Arnold, Mattew, *Poetry and Criticism of Matthew Arnold.* A. Dwight Culler (ed), Boston: Houghton Mifflin Company, 1961.

9. Audi, Robert, *The Cambridge Dictionary of Philosophy*, Cambridge: Cambridge University Press, 1999.

10. Irving Babbitt, A Plea for Judgment. *New Republic*, 1922, 29.

11. Irving Babbitt, Bergson and Rousseau, *Nation*, 1912, 95 (2472) .

12. Irving Babbitt, Experience and Dogma, *Saturday Review of Literature*, 1930, 7.

13. Irving Babbitt, Genius and Taste, In Irving Babbitt, et al (eds), *Criticism in American: Its Function and Status*, New York: Harcourt, Brace and Company, 1924.

14. Irving Babbitt, Humanism: An Essay at Definition, In Norman Foerster (ed), *Humanism and America: Essays on the Outlook of Modern*

Civilisation, New York: Farrar and Rhinehart, 1930.

15. Irving Babbitt, Humanistic Education in China and the West. *The Chinese Students' Monthly*, 1921, 17 (2).

16. Irving Babbitt, *Reading with a Purpose: French Literature.* Chicago: American Library Association, 1928.

17. Irving Babbitt, Review of Crane Brinton's The Political Ideas of the English Romanticists, *Political Science Quarterly*, 1927, 42.

18. Irving Babbitt, Review: la Religious de J. J. Rousseau, *Modern Philology*, 1917, 15.

19. Irving Babbitt, Schiller and Romanticism, *Modern Language Notes*, 1922 (37).

20. Irving Babbitt, *The Breakdown of Internationalism*, Howard Blake (ed), Reprinted from the Nation, 1943.

21. Irving Babbitt, The Humanistic View: Mr. Babbitt Has Read Mr. Eliot's Article In The July Forum, *The Forum*, 1928, 80.

22. Irving Babbitt, The Modern Spirit and Dr. Spingarn, *The Journal of Philosophy, Psychology and Scientific Methods*, 1914, 11 (8).

23. Irving Babbitt, The One and the Many, *The Weekly Review*, 1921, 4 (88).

24. Baldacchino, Joseph (eds), *Educating For Virtue*, Washington, D. C.: National Humanities Institute, 1988.

25. Baldacchino, Joseph, Foreword, In Irving Babbitt, *Literature and the American College: Essays in Defense of the Humanities*, 3rd ed, Washington, D. C.: National Humanities Institute, 1986.

26. Baldacchino, Joseph, The Road Not Taken, *Humanitas*, 1995, 8 (1).

27. Bandler, Bernard, The Individualism of Irving Babbitt, *Hound and Horn*, 1929 (3).

28. Bate, Walter Jackson, *Preface to Criticism*, New York: Doubleday & Company, Inc., 1959.

29. Bellah, Robert N., et al. (eds), *Habits of the Heart: Individualism*

and Commitment in American Life, Berkely: University of California Press, 1985.

30. Brennan, Stephen C. & Stephen R. Yarbrough, *Irving Babbitt*, Boston: Twayne Publishers, 1987.

31. Bryson, John (eds), *Matthew Arnold: Poetry and Prose*, London: Rupert Hart-Davis, 1954.

32. Bullock, Alan, *The Humanist Tradition in the West*, London: Thames and Hudson, 1985.

33. Chang Hsin-Hai, Irving Babbitt and Oriental Thought, *The Michigan Quarterly Review*, 1965 (4).

34. Clarke, J. J., *Oriental Enlightenment: The Encounter between Asian and Western Thought*, London and New York: Routledge, 1997.

35. Craig, Edward, *Routledge Encyclopedia of Philosophy*, London and New York: Routledge, 1998.

36. Crunden, Robert M., *The Superfluous Men: Conservative Critics of American Culture*, 1900 – 1945, Wilmington: ISI Books, 1999.

37. D'Arcy, Martin Cyril, *Humanism and Christianity*, New York: The World Publishing Company, 1969.

38. Davis, Glen A., Babbitt, the Moral Imagination and Progressive Education, *Humanitas*, 2006, 19 (1&2).

39. Dillon, James J., Irving Babbitt's New Humanism and Its Potential Value to Humanistic Psychology, *The Humanistic Psychologist*, 2006, 34 (1).

40. Duan, Junhui, A Study of American Critical Humanism: Irving Babbitt, Lionel Trilling and Edward Said, *Comparative Literature: East and West*, 2010 (1).

41. Dunn, Charles W. & David J. Woodard, *The Conservative Tradition in America*. Lanham, Maryland: Rowman & Littlefield Publishers, 1996.

42. Eliot, T. S., *After Strange Gods: A Primer of Modern Heresy*, London: Faber and Faber Limited, 1933.

43. Eliot, T. S., Introductory Essay, In J. Baillie, H. Martin (eds), *Revelation*, London: Faber and Faber Limited, 1937.

44. Eliot, T. S. , The Humanism of Irving Babbitt, In *For Lancelot Andrewes: Essays on Style and Order*, London: Faber & Gwyer, 1929.

45. Elliott, George Roy, *Humanism and Imagination*, Chapel Hill: The University of North Carolina Press, 1938.

46. Foerster, Norman, *American Criticism: A Study in Literary Theory from Poe to the Present*, Boston and New York: Houghton Mifflin Company, 1928.

47. Foerster, Norman, Historian and Critic of Letters: A Diagnosis, *Hound & Horn*, 1929 (3) .

48. Foerster, Norman, *Humanism and America: Essays on the Outlook of Modern Civilization*, New York: Farrar and Rinehart, inc. , 1930.

49. Foerster, Norman, *Towards Standards: A Study of the Present Critical Movement in American Letters*, New York: Farrar & Rinehart, 1930.

50. Fowler, Jeaneane D. , *Humanism: Beliefs and Practices*, Brighton: Sussex Academic Press, 1999.

51. Giustiniani, Vito R. , Homo, Humanus and the Meanings of "Humanism", *Journal of the History of Ideas*, 1985, 46 (2) .

52. Grattan, Clinton Hartley (eds), *The Critique of humanism: A Symposium*, New York: Brewer and Warren Inc. , 1930.

53. Griggs, Edward Howard, *The New Humanism: Studies in Personal and Social Development*, New York: B. W. Huebsch, 1904.

54. Grosselin, Dom Oliver, *The Intuitive Voluntarism of Irving Babbitt: An Anti-Supernaturalistic, Anti-Intellectualistic Philosophy*, Latrobe, PA: St. Vincent Archabbey, 1951.

55. Harris, Michael R. , *Five Counterrevolutionists in Higher Education*, Corvallis: Oregon State University Press, 1970.

56. Heidegger, Martin, *Kant and the Problem of Metaphysics*, James S. Churchill (tran), Bloomington: Indiana University Press, 1962.

57. Hindus, Milton, *Irving Babbitt, Literature and the Democratic Culture*, New Brunswick, New Jersey: Transaction Publishers, 1994.

58. Hindus, Milton, The Consistency of Irving Babbitt (part one),

Modern Age. 1992, 35 (2) .

59. Hindus, Milton, The Consistency of Irving Babbitt (part two), *Modern Age*, 1993, 35 (3) .

60. Hoeveler Jr. J. David, *The New Humanism: A Critique of Modern America*, 1900 – 1940, Charlotte Seville: University Press of Virginia, 1977.

61. Hoeveler Jr. , J. David, The New Humanism, Christianity and the Problem of Modern Man, *Journal of the American Academy of Religion*, 1974, 42 (4) .

62. Hoeveler Jr. , J. David, Babbitt and Contemporary Conservative Thought in America, *Modern Age*, 1984, 28 (2&3) .

63. Hou Chien, *Irving Babbitt in China*, (PhD. Diss.) State University of New York At Stony Book, 1980.

64. Hyde, Lawrence, *The Prospects of Humanism*, New York: Charles Schriner's Sons, 1931.

65. Kirk, Russell, Introduction: Babbitt and the Ethical Purpose of Literary Studies, In Irving Babbitt, *Literature and the American College: Essays in Defense of the Humanities*, 3rd ed. Bowie, Maryland: National Humanities Institute, 1986.

66. Kirk, Russell, *The Conservative Mind: From Burke to Eliot*, Chicago: Henry Regnery Company, 1978.

67. Leander, Folke, *Humanism and Naturalism: A Comparative Study of Ernest Seilliere, Irving Babbitt and Paul Elmer More*, Goteborg: Wettergren and Kerber, 1937.

68. Leander, Folke, Irving Babbitt and the Aestheticians, *Modern Age*, 1960, 4 (4) .

69. Leander, Folke, *The Inner Check: A Concept of Paul Elmer More With Reference to Benedetto Croce*, London: Edward Wright, 1974.

70. Lerner, Max, *Education and A Radical Humanism*, West Lafayette, Indiana: Kappa Delta Pi, 1962.

71. Levin, Harry, *Irving Babbitt and the Teaching of Literature*, Cambridge: Harvard University Press, 1961.

72. Lippmann, Walter, *A Preface to Morals*, New York: Macmillan, 1929.

73. Lippmann, Walter, Humanism As Dogma, *Saturday Review of Literature*, 1930, (6).

74. Lovejoy, Arthur O., Reply to Professor Babbitt, *Modern Language Notes*, 1922 (37).

75. Macnicol, Nicol, The Non-Christian East in the Christian West, *The Expository Times*, 1939 (50).

76. Manchester, Frederick & Odell Shepard (eds), *Irving Babbitt: Man and Teacher*, New York: G. P. Putnam's Sons, 1941.

77. McKean, Keith F., *The Moral Measure of Literature*, Denver: Alan Swallow, 1961.

78. Mei, K. T., Humanism and Modern China, *The Bookman*, 1931.

79. Mercier, Louis J. A., *American Humanism and the New Age*, Mikwaukee: The Bruce Publishing Co., 1948.

80. Mercier, Louis J. A., *Le Mouvement Humaniste Aux Etats-Unis: W. C. Brownell, Irving Babbitt, Paul Elmer More*, Paris: Hachette, 1928.

81. Mercier, Louis J. A., *The Challenge Of Humanism: An Essay In Comparative Criticism*, New York and London: Oxford University Press, 1933.

82. Mercier, Louis J. A., The Legacy of Irving Babbitt, *Harvard Graduates Magazine*, 1934, (42).

83. P. E. More, *On Being Human*, Princeton: Princeton University of Press, 1936.

84. Munson, Gorham B., *Destinations: A Canvass of American Literature Since* 1900, New York, J. H. Sears & Co., 1928.

85. Nevin, Thomas, *Irving Babbitt: Thematic Aspects of His Humanism*, Madison: University of Wisconsin – Madison, 1973.

86. Nickerson, Hoffman, Irving Babbitt, *The Criterion: A Literary Review*, 1934, 13.

87. Panichas, George A. & Clae G. Ryn (eds), *Irving Babbitt in Our Time*, Washington, D. C.: Catholic University of America Press, 1986.

88. Panichas, George A., Introduction, In*Irving Babbitt: Representative*

Writings, London: University of Nerbraska Press, 1981.

89. Panichas, George A., *The Critical Legacy of Irving Babbitt: An Appreciation*, Wilmington, DE: Intercollegiate Studies Institute, 1999.

90. Phillips, Norman R., *The Quest For Excellence: The Neo-Conservative Critique of Educational Mediocrity*, New York: Philosophical Library, 1978.

91. Richard, P. S., Irving Babbitt: A New Humanism, *Nineteenth Century and After*, 1928 (103).

92. Russell, Frances Theresa, The Romanticism of Irving Babbitt, *The South Atlantic Quartarly*. 1933 (32).

93. Ryn, Clae G., Another Conception of Knowing, *Humanitas*, 1996, 9 (1).

94. Ryn, Clae G., Babbitt and the Problem of Reality, *Modern Age*, 1984, 28 (2&3).

95. Ryn, Clae G., Democracy and the Ethical Life: A Philosophy of Politics and Community, Washington, D. C.: The Catholic University of America Press, 1990.

96. Ryn, Clae G., How We Know What We Know: Babbitt, Positivism and Beyond, *Humanitas*, 1995, 8 (1).

97. Ryn, Clae G., Imaginative Origins of Modernity: Life as Daydream and Nightmare, *Humanitas*, 1997, 10 (2).

98. Ryn, Clae G., Interpreting the Sage, Review of The Inner Check, by Folke Leander, *Modern Age*, 1975, 19 (3).

99. Ryn, Clae G., Introduction, In *Rousseau and Romanticism*, New Brunswick, New Jersey: Transaction Publishers, 2009.

100. Ryn, Clae G., Irving Babbitt and the Christians, *Modern Age*, 1989, 32 (4).

101. Ryn, Clae G., Philosophical Reason: Historical, Systematic and Humble, *Humanistas*, 1993, 6 (2).

102. Ryn, Clae G., The Humanism of Irving Babbitt Revisited, *Modern Age*, 1977, 21 (3).

103. Ryn, Clae G., *Will, Imagination and Reason: Irving Babbitt and*

the Problem of Reality, Chicago: Regnery Books, 1986.

104. Salpeter, Harry, Irving Babbitt, Calvinist, *The Outlook*, 1930.

105. Seaton, James, *Cultural Conservatism*, *Political Liberalism*: *From Criticism To Cultural Studies*, Michigan: University of Michigan Press, 1996.

106. Seaton, James, Irving Babbitt and Cultural Renewal, *Humanitas*, 2003, 16 (1).

107. Seaton, James, On the Future of the Humanistic Tradition in Literary Criticism, *Humanitas*, 1998, 11 (1).

108. Shafer, Robert, The Definition of Humanism, *Hound & Horn*, 1930 (3).

109. Similie, Kipton Dale, *Irving Babbitt's New Humanism*: *An Outsider's Perspective on Curricular Debates at the Turn of the 20th Century*, (PhD. Diss.) University of Kansas, 2010.

110. Spanos, William, The Apollonian Investment of Modern Humanist Education: The Example of Matthew Arnold, Irving Babbitt and I. A. Richards (Part One), *Cultural Critique*, 1985 (1).

111. Spanos, William, The Apollonian Investment of Modern Humanist Education: The Example of Matthew Arnold, Irving Babbitt and I. A. Richards (Part Two), *Cultural Critique*, 1986 (2).

112. Spingarn, Joel E., Review of the Master of Modern French Criticism, *The Journal of Philosophy*, *Psychology and Scientific Methods*, 1913, 11 (25).

113. Spitz, David, *Patterns of Anti-Democratic Thought*, New York: Free Press, 1965.

114. Tindall, George, B. & David E. Shi, *America*: *A Narrative History*, 5th ed, New York: W. W. Norton & Company, 2000.

115. Viereck, Peter, *Conservatism Revisited*: *The Revolt against Ideology*, New York: Scribner, 1949.

116. Viereck, Peter, *The Unadjusted Man*: *A New Hero for Americans*, Boston: the Bacon Press, 1956.

117. Warren, Austin, *New England Saints*, Westport: Greenwood Press, 1956.

118. Warren, Austin, The New Humanism, Twenty Years After, *Modern Age*, 1958 - 1959, 3.

119. Weinstein, Michael A., Concentric Imagination: An Alternative to Philosophical Reason, *Humanitas*, 1993, 6 (2).

120. Weinstein, Michael A., Irving Babbitt and Postmodernity: Amplitude and Intensity, *Humanitas*, 1993, 6 (1).

121. Wellek, Rene, Irving Babbitt, Paul Elmer More and Transcendentalism, In Myron Simon, Thornton H. Parsons (eds), *Transcendentalism and Its Legacy*, Ann Arbor: University of Michigan Press, 1966.

122. Yeats, William Butler, The Second Coming, In M. Ferguson, M. Jo Salter, J. Stallworthy (eds), *The Norton Anthology of Poetry*, 4th ed, New York: W. W. Norton & Company, 1970.

三、中文文献

1. [美] 阿拉斯代尔·麦金太尔著，龚群译：《伦理学简史》，北京：商务印书馆 2010 年版。

2. [英] 阿利斯特·麦格拉思著，蔡锦图、陈佐人译：《宗教改革运动思潮》，北京：中国社会科学出版社 2009 年版。

3. [英] 阿伦·布洛克著，董乐山译：《西方人文主义传统》，北京：生活·读书·新知三联书店 1998 年版。

4. [英] 埃德蒙·柏克著，蒋庆王瑞昌、王天成译：《自由与传统》，北京：商务印书馆 2001 年版。

5. [美] 艾伦·布卢姆著，战旭英译，冯克利译：《美国精神的封闭》，南京：凤凰出版传媒集团，译林出版社 2011 年版。

6. [美] 爱德华·W. 萨义德著，王宇根译：《东方学》，北京：生活·读书·新知三联书店 1999 年版。

7. [美] 爱德华·W. 萨义德著，朱生坚译：《人文主义与民主批评》，北京：新星出版社 2006 年版。

8. [英] 安东尼·吉登斯著，赵旭东、方文、王铭铭译：《现代性与自我认同》，北京：生活·读书·新知三联书店 1998 年版。

9. ［美］欧文·白璧德著，胡先骕译：《白璧德中西人文教育谈》，《学衡》1922 年第 3 期。

10. ［美］欧文·白璧德著，孙宜学译：《卢梭与浪漫主义》，石家庄：河北教育出版社 2003 年版。

11. ［美］欧文·白璧德著，孙宜学译：《现代法国批评大师》，桂林：广西师范大学出版社 2002 年版。

12. ［美］欧文·白璧德著，孙宜学译：《性格与文化：论东方与西方》，上海：上海三联书店 2010 年版。

13. ［美］欧文·白璧德著，文美惠译：《批评家和美国生活》，中国社会科学院文学研究所西方文学组编：《现代英美资阶级文艺理论文选》，北京：作家出版社 1962 年版。

14. ［美］欧文·白璧德著，吴宓译：《白璧德论今后诗之趋势》，《学衡》1929 年第 72 期。

15. ［美］欧文·白璧德著，吴宓译：《白璧德论卢梭与宗教》，《大公报·文学副刊》1931 年第 192 期。

16. ［美］欧文·白璧德著，吴宓译：《白璧德论民治与领袖》，《学衡》1924 年第 32 期。

17. ［美］欧文·白璧德著，吴宓译：《白璧德论欧亚两洲文化》，《学衡》1925 年第 38 期。

18. ［美］欧文·白璧德著，徐震堮译：《白璧德释人文主义》，《学衡》1924 年第 34 期。

19. ［美］欧文·白璧德著，张沛、张源译：《民主与领袖》，北京：北京大学出版社 2011 年版。

20. ［美］欧文·白璧德著，张沛、张源译：《文学与美国的大学》，北京：北京大学出版社 2011 版。

21. ［美］欧文·白璧德著，张荫麟译：《白璧德论班达与法国思想》，《学衡》1931 年第 74 期。

22. ［法］柏格森著，吴士栋译：《时间与自由意志》，北京：商务印书馆 1958 年版。

23. ［古希腊］柏拉图著，郭斌和、张竹明译：《理想国》，北京：商务印书馆 1986 年版。

24. 北塔：《白璧德：被夹在鲁、梁之争的剪刀里》，《鲁迅：跨文化对话：纪念鲁迅逝世七十周年国际学术讨论会论文集》，郑州：大象出版社 2006 年版。

25. 曹础基：《庄子浅注》，北京：中华书局 2000 年版。

26. ［美］查尔斯·A. 比尔德著，许亚芬、于干译：《美国文明的兴起》（下卷），北京：商务印书馆 2010 年版。

27. ［美］查尔斯·拉莫尔著，刘擎、应奇译：《现代性的教训》，北京：东方出版社 2010 年版。

28. 陈怀宇：《白璧德之佛学及其对中国学者的影响》，《清华大学学报》（哲学社会科学版）2005 年第 5 期。

29. 陈嘉明：《人文主义思潮的兴盛及其思维逻辑——20 世纪西方哲学的反思》，《厦门大学学报》（哲学社会科学版）2001 年第 1 期。

30. 陈乐民、周弘：《欧洲文明的进程》，北京：生活·读书·新知三联书店 2003 年版。

31. 陈崧编：《“五四”前后东西文化问题论战文选》，北京：中国社会科学出版社 1985 年版。

32. 陈佐人：《宗教改革运动思潮·序言》，［英］阿利斯特·麦格拉思著：《宗教改革运动思潮》，北京：中国社会科学出版社 2009 年版。

33. ［美］丹尼尔·J. 布尔斯廷著，时殷弘、陈秀华等译：《美国人：殖民地历程》，上海：世纪出版集团·上海译文出版社 2009 年版。

34. 邓先珍：《黑格尔与作为隐秘虚无主义的现代性》，《现代哲学》2011 年第 2 期。

35. 邓晓芒：《康德宗教哲学与中西人格结构》，《湖北大学学报》（哲学社会科学版）1998 年第 5 期。

36. 邓晓芒：《牟宗三对康德之误读举要（之四）——关于自我及“心”》，《山东大学学报》（哲学社会科学版）2006 年第 5 期。

37. 邓晓芒：《什么是哲学》，《华中科技大学学报》（社会科学版）2011 年第 1 期。

38. 邓晓芒：《思辨的张力——黑格尔辩证法新探》，北京：商务印书馆 2008 年版。

39. 邓晓芒:《中西文化心理模式分析》,《西北师范大学学报》(社会科学版) 2010 年第 2 期。

40. 邓晓芒:《中西文化心理模式分析(续)》,《西北师范大学学报》(社会科学版) 2010 年第 3 期。

41. [英] 狄更斯著,张玲、张扬译:《双城记》,上海:世纪出版集团·上海译文出版社 2003 年版。

42. [美] 杜维明:《文化多元、文化间对话与和谐:一种儒家视角》,《中外法学》2010 年第 3 期。

43. 段怀清:《白璧德与中国文化》,北京:首都师范大学出版社 2006 年版。

44. 段怀清:《梁实秋与欧文·白璧德的人文主义》,《文艺理论研究》2000 年第 1 期。

45. 段怀清:《欧文·白璧德:绅士传统冥顽不化的坚守者》,《社会科学报》2003 年第 6 期。

46. 段怀清:《欧文·白璧德与西方主义的批判》,乐黛云等主编:《跨文化对话(8)》,上海:上海文化出版社 2002 年版。

47. 段怀清:《新人文主义思潮——白璧德在中国》,南昌:江西高校出版社 2009 年版。

48. 段俊晖:《白璧德与艾略特的人文之争》,《四川外语学院学报》2008 年第 4 期。

49. [德] 恩斯特·卡西尔著,顾伟铭、杨光仲、郑楚宣译:《启蒙哲学》,济南:山东人民出版社 1988 年版。

50. 樊志辉:《内在与超越之间》,哈尔滨:黑龙江人民出版社 2002 年版。

51. [德] 费迪南·费尔曼著,李健鸣译:《生命哲学》,北京:华夏出版社 2001 年版。

52. 冯友兰著,涂又光译:《中国哲学简史》,北京:北京大学出版社 2004 年版。

53. [美] G. F. 穆尔著,郭舜平等译:《基督教简史》,北京:商务印书馆 2010 年版。

54. 甘阳:《政治哲人施特劳斯:古典保守主义政治哲学的复兴》,

［法］列奥·施特劳斯著，彭刚译：《自然权利与历史》，北京：生活·读书·新知三联书店 2003 年版。

55. 高国俊：《19 世纪末 20 世纪初的世界形势简析》，《黄淮学刊》（哲学社会科学版）1998 年第 3 期。

56. 高建平：《杜威美学与当代中国》，《读书》2010 年第 10 期。

57. 高新民、严莉莉、张卫国：《笛卡尔式二元论的重新解读与最新发展——从现代心灵哲学的视域看》，《哲学动态》2011 年第 12 期。

58. ［德］爱克曼著，朱光潜译：《歌德谈话录》，合肥：安徽教育出版社 2006 年版。

59. 葛兆光：《中国思想史》（第 2 卷），上海：复旦大学出版社 2010 年版。

60. 辜鸿铭著，黄兴涛编，黄兴涛等译：《辜鸿铭文集》（下卷），海口：海南出版社 1996 年版。

61. 韩镜清：《汤用彤先生的一些微言大义》，汤一介、赵建永编：《汤用彤学记》，北京：生活·读书·新知三联书店 2011 年版。

62. 何顺果：《美国史通论》，上海：学林出版社 2001 年版。

63. ［德］黑格尔著，范扬、张企泰译：《法哲学原理》，北京：商务印书馆 2007 年版。

64. ［德］黑格尔著，贺麟、王太庆译：《哲学史讲演录》（第二卷），北京：商务印书馆 1960 年版。

65. 洪汉鼎：《作为想象艺术的诠释学（上）——伽达默尔思想晚年定论》，《河北学刊》2006 年第 1 期。

66. 侯建：《文学与人生》，台北：九歌出版社 1980 年版。

67. 侯健：《梅光迪与儒家思想》，傅乐诗编：《近代中国思想人物论——保守主义》，台北：时报文化出版事业有限公司 1986 年版。

68. 黄慧珍：《信仰与觉醒——生存论视域下的信仰学研究》，北京：人民出版社 2007 年版。

69. 黄万盛：《现代性反思的方向和意义》，《古代文明》2007 年第 2 期。

70. 慧能著，唐朋校释：《坛经校释》，北京：中华书局 1991 年版。

71. ［美］J. 艾捷尔编，赵一凡、郭国良译：《美国赖以立国的文本》，海口：海南出版社 2000 年版。

72. ［法］吉尔·德勒兹著，张宇凌、关群德译：《康德与柏格森解读》，北京：社会科学文献出版社 2002 年版。

73. ［美］吉欧·波尔泰编，赵一凡等译：《爱默生集：论文与讲演录》（上集），北京：生活·读书·新知三联书店 1993 年版。

74. 季羡林：《佛教十六讲》，武汉：长江文艺出版社 2010 年版。

75. 蒋书丽：《论吴宓中西融合的文化理想与实践》，华东师范大学博士学位论文，2005 年。

76. ［德］康德著，邓晓芒译，杨祖陶校：《判断力批判》，北京：人民出版社 2002 年版。

77. ［德］康德著，韩水法译：《实践理性批判》，北京：商务印书馆 1999 年版。

78. ［德］康德著，何兆武译：《历史理性批判文集》，北京：商务印书馆 1990 年版。

79. ［德］康德著，蓝公武译：《纯粹理性批判》，北京：商务印书馆 2009 年版。

80. 旷新年：《现代文学与现代性》，上海：上海远东出版社 1998 年版。

81. ［美］拉里·希克曼著，徐陶等译：《阅读杜威：为后现代做的阐释》，北京：北京大学出版社 2010 年版。

82. 乐黛云、陈跃红、王宇根、张辉：《比较文学原理新编》，北京：北京大学出版社 1998 年版。

83. 乐黛云：《梅光迪与学衡派》，《新文学史料》2007 年第 1 期。

84. 乐黛云：《世界文化对话中的中国现代保守主义——兼论〈学衡〉杂志》，《中国文化》1989 年第 1 期。

85. 乐黛云：《世界文化语境中的学衡派》，《中国现代文学研究丛刊》2005 年第 3 期。

86. ［英］雷蒙·威廉斯著，刘建基译：《关键词：文化与社会的词汇》，北京：生活·读书·新知三联书店 2005 年版。

87. ［美］雷纳·韦勒克著，杨自伍译：《近代文学批评史》（第 6 卷），上海：世纪出版集团·上海译文出版社 2005 年版。

88. 李广琼：《学衡派与新人文主义中国化》，中山大学博士学位论文，2006 年。

89. 李剑鸣：《大转折的年代：美国进步主义运动研究》，天津：天津教育出版社 1992 年版。

90. 李龙海：《现代非理性主义的本质及其主要形态》，《学术交流》2002 年第 5 期。

91. 李庆霞：《社会转型中的文化冲突》，哈尔滨：黑龙江人民出版社 2004 年版。

92. 李有成：《白璧德、新人文主义与中国》，《在理论的年代》，台北：允晨文化实业股份有限公司 2006 年版。

93. 李泽厚：《批判哲学的批判》，《李泽厚十年集》（第 2 卷），合肥：安徽文艺出版社 1994 年版。

94. 李泽厚：《实用理性与乐感文化》，北京：生活·读书·新知三联书店 2005 年版。

95. ［美］理查德·塔纳斯著，吴象婴、晏可佳、张广勇译：《西方思想史》，上海：上海社会科学院出版社 2007 年版。

96. 梁实秋：《白璧德及其人文主义》，《现代》（第 5 卷）1934 年第 6 期。

97. 梁实秋：《关于白璧德先生及其思想》，徐静波编：《梁实秋批评文集》，珠海：珠海出版社 1998 年版。

98. 梁实秋：《影响我的几本书》，《雅舍菁华》，长沙：湖南文艺出版社 1990 年版。

99. 梁实秋编，胡先骕、吴宓、徐震堮译：《白璧德与人文主义》，上海：新月书店 1929 年版。

100. 梁漱溟：《东西文化及其哲学》，北京：商务印书馆 1999 年版。

101. ［美］列奥·施特劳斯著，刘小枫编，彭磊、丁耘等译：《苏格拉底问题与现代性》，北京：华夏出版社 2008 年版。

102. 林丽月：《梅光迪与新文化运动》，汪荣祖编：《五四研究论文集》，台北：联经出版事业公司 1980 年版。

103. 林以亮：《美国文学批评选》，香港：今日世界出版社 1961 年版。

104. 林语堂：《〈新的文评〉序言》，《语丝》（第 5 卷）1929 年第30期。

105. 刘聪：《白璧德人文主义运动与现代新儒学》，《文学评论》2009年第6期。

106. 刘放桐：《西方近现代过渡时期哲学》，北京：人民出版社2009年版。

107. 刘小新：《白璧德与20世纪初留美学生文化守成思想的形成》，《华侨大学学报》（哲学社会科学版）2006年第2期。

108. 刘勰著，陆侃如、牟世金译注：《文心雕龙译注》，济南：齐鲁书社1996年版。

109. 刘新利、陈志强：《欧洲文艺复兴史》（宗教卷），北京：人民出版社2008年版。

110. 刘绪贻、杨生茂总主编：《美国通史：崛起和扩张的年代1898—1929》，北京：人民出版社2000年版。

111. ［法］卢梭著，何兆武译：《社会契约论》，北京：商务印书馆2003年版。

112. ［法］卢梭著，李平沤译：《爱弥尔：论教育》，北京：商务印书馆2003年版。

113. ［美］路易斯·亨利·摩尔根著，杨东莼、马雍、马巨译：《古代社会》，北京：商务印书馆1977年版。

114. 栾栋：《辟文化简说》，《中国文化研究》2011年第3期。

115. 栾栋：《辟文学通解》，《文学评论》2008年第3期。

116. 栾栋：《感性学发微：美学与丑学的合题》，北京：商务印书馆1999年版。

117. 栾栋：《略论中国文化的两栖机制》，《陕西师范大学学报》（哲学社会科学版）1994年第4期。

118. 栾栋：《人文精神与学科建设》，《华中师范大学学报》（哲学社会科学版）1996年第6期。

119. 栾栋：《人文学概论》，广州：暨南大学出版社2012年版。

120. 栾栋：《三大学科群方法问题沉思录》，《华中师范大学学报》2001年第4期。

121. 栾栋：《诗学缘构简说》，《广东外语外贸大学学报》2012年第

2 期。

122. 栾栋：《试论人文精神探讨的思维方法问题》，《陕西师范大学学报》（哲学社会科学版）1996 年第 3 期。

123. 栾栋：《释哲》，《中国文化研究》2009 年第 2 期。

124. 栾栋：《说“文”》，《文学评论》2007 年第 4 期。

125. 栾栋：《文学通化论》，《文学评论》2011 年第 4 期。

126. 栾栋：《易辩法界说——人文学方法论》，《哲学研究》2003 年第 8 期。

127. 罗刚：《梁实秋与新人文主义》，《文学评论》1988 年第 2 期。

128. ［英］罗素著，马德元译：《西方哲学史》（下卷），北京：商务印书馆 2001 年版。

129. ［英］罗素著，秦悦译：《中国问题》，上海：学林出版社 1999 年版。

130. ［德］马丁·海德格尔著，陈嘉映、王庆节译：《存在与时间》，北京：生活·读书·新知三联书店 2006 年版。

131. ［德］马丁·海德格尔著，丁耘译：《现象学之基本问题》，上海：世纪出版集团上海译文出版社 2008 年版。

132. ［德］马丁·海德格尔著，彭富春译，戴晖校：《诗·语言·思》，北京：文化艺术出版社 1991 年版。

133. ［德］马丁·海德格尔著，孙周兴译：《在通向语言的途中》，北京：商务印书馆 2004 年版。

134. ［德］马克思、恩格斯著，中共中央马克思恩格斯列宁斯大林著作编译局译：《马克思恩格斯全集》（第 20 卷），北京：人民出版社 2007 年版。

135. ［德］马克思、恩格斯著，中共中央马克思恩格斯列宁斯大林著作编译局译：《共产党宣言》，北京：人民出版社 1997 年版。

136. ［德］马克斯·韦伯著，康乐、简惠美译：《新教伦理与资本主义精神》，桂林：广西师范大学出版社 2009 年版。

137. ［德］马西尔著，吴宓译：《白璧德之人文主义》，《学衡》1923 年第 19 期。

138. 梅铁山主编、梅杰（眉睫）执行主编：《梅光迪文存》，武汉：

华中师范大学出版社 2011 年版。

139. 美国《人文》杂志社、三联书店编辑部编，多人译：《人文主义——全盘反思》，北京：生活·读书·新知三联书店 2006 年版。

140. 牟宗三：《生命的学问》第三版，台北：三民书局股份有限公司 1984 年版。

141. 牟宗三：《智的直觉与中国哲学》，台北：联经出版事业公司 2003 年版。

142. 牟宗三：《中国哲学的特质》，上海：上海古籍出版社 2007 年版。

143. ［德］尼采著，张念东、凌素心译：《权力意志：重估一切价值的尝试》，北京：中央编译出版社 1996 年版。

144. 潘佳铭：《欧洲哲学史上二元论哲学的两个问题》，《西南师范大学学报》（人文社会科学版）1987 年第 5 期。

145. ［英］培根著，许宝骙译：《新工具》，北京：商务印书馆 2008 年版。

146. 钱满素：《爱默生和中国：对个人主义的反思》，北京：生活·读书·新知三联书店 1996 年版。

147. 钱满素：《美国自由主义的历史变迁》，北京：生活·读书·新知三联书店 2006 年版。

148. 钱钟书：《谈艺录·序》，北京：中华书局 1988 年版。

149. ［美］乔治·萨顿著，陈恒六、刘兵、仲伟光译：《科学史和新人文主义》，上海：上海交通大学出版社 2007 年版。

150. 阮炜：《中国与西方：宗教、文化、文明比较》，北京：社会科学文献出版社 2002 年版。

151. ［美］塞缪尔·亨廷顿著，周琪等译：《文明的冲突与世界秩序的重建》，北京：新华出版社 2010 年版。

152. 尚杰：《卢梭的问题——纪念卢梭〈论科学与艺术〉发表 260 周年》，《世界哲学》2010 年第 5 期。

153. 尚新建：《美国世俗化的宗教与威廉·詹姆斯的彻底经验主义》，上海：世纪出版集团·上海人民出版社 2002 年版。

154. 沈松桥：《学衡派与五四时期的新文化运动》，台北：国立台湾大学出版委员会 1984 年版。

155. 沈卫威：《回眸“学衡派”——文化保守主义的现代命运》，北京：人民文学出版社 1999 年版。

156. 施晓光：《20 世纪美国人文主义高等教育思想的进展》，《比较教育研究》2004 年第 8 期。

157. 石敏敏：《希腊人文主义：论德性、教育与人的福祉》，上海：世纪出版集团 · 上海人民出版社 2003 年版。

158. ［德］叔本华著，任立、孟庆时译：《伦理学的两个基本问题》，北京：商务印书馆 1996 年版。

159. ［德］叔本华著，石冲白译：《作为意志和表象的世界》，北京：商务印书馆 1997 年版。

160. ［美］斯蒂芬 · C. 布伦南：《新人文主义》，［美］迈克尔 · 格洛登、马丁 · 克雷斯沃思、伊莫瑞 · 济曼编，王逢振等译：《霍普金斯文学理论和批评指南》，北京：外语教学与研究出版社 2011 年版。

161. 孙尚扬、郭兰芳编：《国故新知：〈学衡〉派文化论著辑要》，北京：中国广播电视出版社 1995 年版。

162. 孙有中：《美国精神的象征：杜威社会思想研究》，世纪出版集团 · 上海人民出版社 2002 年版。

163. 唐君毅：《花果飘零及灵根自植》，张祥浩编：《文化意识宇宙的探索》，北京：中国广播电视出版社 1993 年版。

164. 唐忠毛：《现代性困境与佛教哲学的诊疗价值》，《华东师范大学学报》（哲学社会科学版）2004 年第 2 期。

165. ［英］托马斯 · 斯特恩斯 · 艾略特著，赵萝蕤等译：《艾略特诗选》，济南：山东大学出版社 1999 年版。

166. ［英］托马斯 · 斯特恩斯 · 艾略特著，李赋宁译：《传统与个人才能》，《艾略特文学论文集》，南昌：百花洲文艺出版社 2010 年版。

167. ［法］托克维尔著，董果良译：《论美国的民主》（上下卷），北京：商务印书馆 2009 年版。

168. 王理平：《差异与绵延——柏格森哲学及其当代命运》，北京：人民出版社 2007 年版。

169. 王齐：《克尔凯郭尔之为“存在主义先驱”的再审视》，《杭州师范大学学报》（社会科学版）2011 年第 4 期。

170. 王晴佳：《白璧德与“学衡派”：一个学术文化史的比较研究》，《人文东方》2004 年第 2 期。

171. ［美］威尔·杜兰特著，金发燊等译：《哲学的故事》（下册），北京：生活·读书·新知三联书店 1998 年版。

172. ［英］威廉·詹姆斯著，陈羽纶、孙瑞禾译：《实用主义》，北京：商务印书馆 1997 年版。

173. ［英］威廉·詹姆斯著，尚新建译：《宗教经验种种》，北京：华夏出版社 2005 年版。

174. ［英］威廉·詹姆斯著，吴棠译：《多元的宇宙》，北京：商务印书馆 2007 年版。

175. 惟海：《五蕴心理学》，北京：宗教文化出版社 2006 年版。

176. ［德］文德尔班著，罗达仁译：《哲学史教程》（下册），北京：商务印书馆 1997 年版。

177. ［美］沃格林著，霍伟岸译：《宗教与现代性的兴起》，上海：华东师范大学出版社 2009 年版。

178. ［美］沃格林著，张新樟、刘景联译：《没有约束的现代性》，上海：华东师范大学出版社 2007 年版。

179. 吴伯凡：《“方法”与“道路”》，《社会科学战线》1994 年第 1 期。

180. 吴宓：《白璧德中西人文教育谈·按语》，《学衡》1922 年第 3 期。

181. 吴宓：《悼白璧德先生》，《大公报·文学副刊》1933 年第 312 期。

182. 吴宓：《论新文化运动》，《学衡》1922 年第 4 期。

183. 吴宓：《文学与人生》，北京：清华大学出版社 1993 年版。

184. 吴宓：《我之人生观》，《学衡》1923 年第 16 期。

185. 吴宓：《吴宓日记》，北京：生活·读书·新知三联书店 1998 年版。

186. 吴宓著，吴学昭译：《欧文·白璧德与吴宓的六封通信》，乐黛云等主编：《跨文化对话（10）》，上海：上海文化出版社 2002 年版。

187. 吴学昭：《吴宓与陈寅恪》，北京：清华大学出版社 1996 年版。

188. 谢友倩：《从先验逻辑到存在绽出——海德格尔想象力对康德想象力的超越》，《江苏社会科学》2007 年第 5 期。

189. 辛战军译注：《老子译注》，北京：中华书局 2008 年版。

190. 熊十力：《十力语要》，上海：世纪出版集团 · 上海书店出版社 2007 年版。

191. ［英］大卫 · 休谟著，关文运译，郑之骧校：《人性论》（上下册），北京：商务印书馆 2009 年版。

192. 徐玮：《略论美国第二次工业革命》，《世界历史》1989 年第 6 期。

193. 许纪霖、黄万盛、杜维明：《当前学界的回顾与展望——许纪霖、黄万盛、杜维明三人谈》，《开放时代》2003 年第 1 期。

194. ［瑞士］雅各布 · 布克哈特著，何新译：《意大利文艺复兴时期的文化》，北京：商务印书馆 2010 年版。

195. ［古希腊］亚里士多德著，陈中梅译注：《诗学》，北京：商务印书馆 1999 年版。

196. ［古希腊］亚里士多德著，廖申白译注：《尼各马可伦理学》，北京：商务印书馆 2009 年版。

197. ［古希腊］亚里士多德著，苗力田译：《形而上学》，北京：中国人民大学出版社 2008 年版。

198. ［古希腊］亚里士多德著，吴寿彭译：《政治学》，北京：商务印书馆 2009 年版。

199. 阎孟伟、朱丽君：《全球化的实质和进程与马克思的全球化理论》，《南开学报》（哲学社会科学版）2007 年第 1 期。

200. 杨劼、李芳：《文学的“兼”性》，《求索》2011 年第 5 期。

201. 杨扬：《中国现当代文化语境中的白璧德》，《读书》2011 年第 5 期。

202. 杨祖陶：《德国近代理性哲学和意志哲学的关系问题》，《哲学研究》1998 年第 3 期。

203. 姚卫群：《印度古代哲学中的“一”与“多”》，《海南大学学报》（人文社会科学版）2011 年第 2 期。

204. 叶隽：《“一体二魂”所反映的二元论问题：〈浮士德〉的理性路径与歌德思想的自我矛盾》，《德国研究》2009 年第 3 期。

205. 叶秀山：《苏格拉底及其哲学思想》，北京：人民出版社 2007 年版。

206. ［英］以赛亚·伯林著，吕梁等译：《浪漫主义的根源》（新编版），南京：凤凰出版集团，译林出版社 2011 年版。

207. ［德］于尔根·哈贝马斯著，曹卫东、付德根译：《后形而上学思想》，南京：译林出版社 2006 年版。

208. 于海兵：《跨文化视野中的欧文·白璧德》，北京语言大学博士学位论文，2006 年。

209. 余英时：《文史传统与文化重建》，北京：生活·读书·新知三联书店 2004 年版。

210. 张君劢：《明日之中国文化：中印欧文化十讲》，北京：中国人民大学出版社 2006 年版。

211. 张立成、张梅：《笛卡尔二元哲学的宗教背景探析》，《济南大学学报》（社会科学版）2011 年第 1 期。

212. 张明仓：《唯意志论批判》，《湘潭师范学院学报》（社会科学版）2001 年第 1 期。

213. 张明高、范桥主编：《林语堂文选》（下册），北京：中国广播电视出版社 1990 年版。

214. 张沛：《比较文学·比较诗学·人文之道》，《北京大学学报》（哲学社会科学版）2010 年第 5 期。

215. 张沛：《民主与领袖：白璧德人文思想述评》，《国外文学》2009 年第 3 期。

216. 张世英：《天人之际——中西哲学的困惑与选择》，北京：人民出版社 1995 年版。

217. 张旭东：《全球化时代的文化认同：西方普遍主义话语的历史批判》，北京：北京大学出版社 2006 年版。

218. 张亚红、王秋石：《美国两次镀金时代及其后的治理转型》，《浙江大学学报》（人文社会科学版），2012 年第 2 期。

219. 张源：《从“人文主义”到“保守主义”：〈学衡〉中的白璧

德》，北京：生活·读书·新知三联书店2009年版。

220. 张再林：《康德二元论哲学与儒家天人合一哲学——中西本体论本质之辨析》，《江苏社会科学》1997年第1期。

221. 张志扬：《现代性的问题意识》，《浙江大学学报》（人文社会科学版）1998年第2期。

222. 赵敦华：《基督教哲学1500年》，北京：人民出版社2004年版。

223. 赵卫东：《分判与融通——当代新儒家德性与知识关系研究》，济南：齐鲁书社2006年版。

224. 郑大华：《重评学衡派对五四新文化运动的批评》，《广州大学学报》（社会科学版）2005年第1期。

225. 郑家栋：《断裂中的传统：信念与理性之间》，北京：中国社会科学出版社2001年版。

226. 郑家栋：《熊十力对中西哲学观的比较研究》，《学习与探索》1988年第2期。

227. 郑师渠：《在欧化和国粹之间：学衡派文化思想研究》，北京：北京师范大学出版社2001年版。

228. 周佩瑶：《"学衡派"的身份想象："人文主义者"与"圣人"》，北京师范大学博士学位论文，2007年。

229. 周淑媚：《论学衡派的思想资源——阿诺德的文化论与白璧德的人文主义》，《东海中文学报》2009年第21期。

230. 周晓亮：《直觉与演绎：笛卡尔的方法论选择及其困境》，《云南大学学报》（社会科学版），2005年第1期。

231. 周云：《学衡派思想研究》，兰州：甘肃人民出版社2005年版。

232. 朱二：《鲁迅、梁实秋和白璧德人文主义》，《鲁迅研究月刊》1987年第12期。

233. 朱光潜：《西方美学史》，北京：人民文学出版社2002年版。

234. 朱世达：《当代美国文化》，北京：社会科学文献出版社2001年版。

235. 朱寿桐：《"新人文主义"与"新儒学人文主义"》，《哲学研究》2009年第8期。

236. 朱寿桐：《新人文主义的中国影迹》，北京：中国社会科学出版社 2009 年版。

237. 朱双一：《当代台湾文学的人文主义脉流》，《厦门大学学报》（哲学社会科学版）1995 年第 3 期。

238. 朱熹：《四书章句集注》，中华书局 2010 年版。

239. ［德］黑格尔著，贺麟、王玖兴译：《精神现象学》（上下卷），北京：商务印书馆 1997 年版。

240. ［德］汉斯·格奥尔格·伽达默尔著，洪汉鼎译：《真理与方法——哲学诠释学的基本特征》（上下卷），上海：世纪出版集团·上海译文出版社 1999 年版。

241. ［美］保罗·蒂利希著，尹大贻译：《基督教思想史：从其犹太和希腊发端到存在主义》，北京：东方出版社 2008 年版。

242. ［日］和辻哲郎著，施孟宏译：《原始佛教的实践哲学》，台北：华宇出版社 1977 年版。

后　记

本书稿是在博士论文基础上修改而成的。拙作面世，我并没有多少欣喜的感觉，更多的是内心的自省，因为论文与自己想要达到的程度还有很大差距。出版该书，既是企盼对白璧德研究有所助益，也是希望得到学界同仁的批评指正。

首先，我要感谢导师栾栋先生！没有先生的悉心指导和教诲，文章的完成是根本不可能的。除了会一点外语，我在知识结构、文字表达以及创新思维等各个方面都非常欠缺。对我这个年龄偏大、学术底子薄的学生，先生不仅不嫌不弃，而且还不时进行鼓励并包容学生的诸多缺点。对于我的学术研究，先生殚精竭虑、不吝赐教，耗费了大量时间和心血。先生甚至从标点符号开始对我进行学术启蒙；先生住院期间，还以笔代言，指导我如何写论文，并把自己尚未定稿的论文电子文本发送给我参看，以启发我怎样提炼观点、怎样使用材料以及怎样运思等为学之道。在先生的引领下，我逐渐感觉到论“文”一定要聚“精”会“神”，力求创新。中华文脉不断，正是有文“象”在，有文“神”在。先生对“文心”的不懈追求与对现实的无限关怀常常激励着我这个愚笨的学生。对先生的恩泽，学生感念在心，永志不忘。

感谢广东外语外贸大学各位老师对我的培养。感谢徐真华教授、郑立华教授、陈桐生教授、杨韶钢教授、张宁教授诸位先生都使我受益匪浅。在他们学术研究的沾溉下，我进一步拓宽了学术视野和知识面。

感谢师母关宝艳老师。师母和蔼可亲、善良正直，在我的论文进展困难的情况下，师母不时的鼓励使我备受鼓舞。感谢李瑛老师在事务上所提供的便利。感谢孔莉姮、李亚旭、雷晓敏、章晓宇、何光顺等学友的帮助，与他们的谈话常能给予我很多启示。感谢同事王永老师在加拿大麦吉尔大学（Mcgill Univeristy）以复印、拍照等多种方式帮我收集了许多珍贵文献；感谢郝鲁闽女士利用在外交部礼宾司工作的有利条件，帮助我查取了一些珍贵的资料信息。还要特别感谢美国天主教大学瑞恩教授（Claes G. Ryn）的无私帮助，在与我多次往返的邮件中给予我有关白璧德研究方面一些宝贵建议。也感谢我的妻子李芳老师，她不仅承受着家务的劳累，还帮助我收集资料，利用暑假专门去北京查阅、复印民国以前的外文期刊和报纸。感谢东莞理工学院给我读书提供的诸多便利！书稿得以出版，还要感谢暨南大学出版社史小军总编和侯丽庆编辑，他们为此付出了辛勤的劳动。

最后我要提及我的父母亲。在那个经济极度匮乏的年代，父母亲起早贪黑，风雨无阻，不辞劳苦，借贷度日，竭力供给我们兄弟几人读书。父母的言传身教和慈爱情怀培养了我勤奋坚毅、积极向上的品格，这正是我读书求知的动力和源泉。遗憾的是，在我读博深造期间，母亲遽然辞世，这给我留下了“子欲养而亲不在”的伤痛。

谨以这篇薄薄的论文献给我的母亲周福英，以作纪念。